&lt;핵심요약 및 핵심지문 OX&gt;

# 2025
# 변민재
# 교육학
# 핵인싸

## 핵심 *inside*

변민재

### 2025 9급·7급 공무원 시험대비

# PREFACE
## 머리말

안녕하세요. 교육학 변쌤입니다.

기본이론과 개기뽀에 이어 세 번째 교재, '변민재 교육학 핵인싸'를 출간합니다.
늘 드리는 말씀이지만 교육학은 방대한 학문입니다. 그렇기에 많은 수험생들이 어려움을 겪고 있습니다.

그런 고민의 해결책이 '핵인싸'입니다. 핵심만 선별하였기에 '핵심 인사이드(inside)'입니다. '변민재 교육학 핵인싸'는 망망대해 같은 교육학의 바다에서 '합격'의 목적지까지 안전하게 항해토록 나침반의 역할을 해 줄 것이라 생각합니다.

'2025 변민재 교육학 핵인싸(핵심 inside)' 교재의 특징은 다음과 같습니다.

① 핵심적인 개념들을 선별하여 담았습니다.
② 교육학개론 국가직 및 지방직의 출제경향을 모두 반영하였습니다.
③ 각 영역마다 어떤 주제가 주요한지 한 눈에 파악할 수 있습니다.
④ 모든 개념을 표로 정리하였고 주요 개념들은 강조하여 학습의 효과성을 제고하였습니다.
⑤ 마지막 순간까지 손에서 놓지 않을 교재를 만들고자 하였습니다.

이번 교재 또한 여러분의 합격만을 염두에 두고 구성하였습니다. 핵인싸는 기본이론에 비해 얇지만 핵심적인 내용은 모두 담았기에 여러분의 합격에는 문제가 되지 않을 것입니다.
늘 곁에 두고 최대한 다독하시길 권장합니다. 그러면 어느 날 교육학은 여러분 안에 들어와 있을 것입니다.

여러분의 합격에 교육학이 짐이 아니라 힘이 되는 그 날까지 언제나 여러분 곁에서 응원하겠습니다. 그리고 저 또한 최선을 다하겠습니다.

교육학을 공부하시는 모든 분들의 건승을 기원합니다.
감사합니다.

2024년 10월
변민재 드림

# STRUCTURE & FEATURE
## 이 책의 구성과 특징

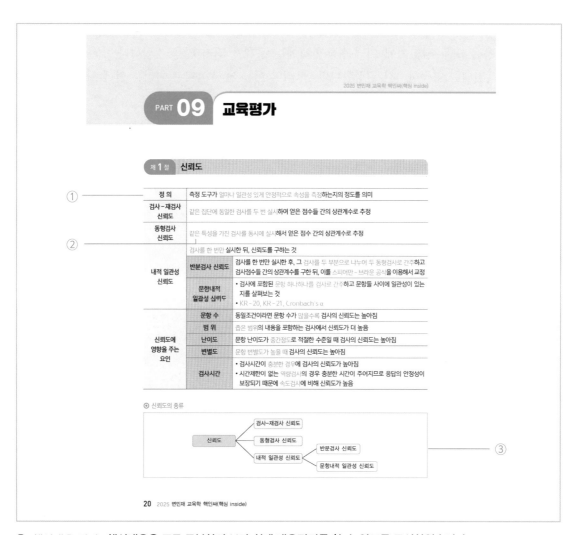

① **핵심내용 정리**: 핵심내용을 표로 구분하여 보다 쉽게 내용정리를 할 수 있도록 구성하였습니다.

② **강조내용 표시**: 반드시 알아두어야 할 내용을 색 글씨로 강조 표시하여 확실한 내용 학습이 가능하도록 구성하였습니다.

③ **체계도 구성**: 체계도 및 그래프 등의 적절한 구성을 통해 학습에 도움을 드리고자 하였습니다.

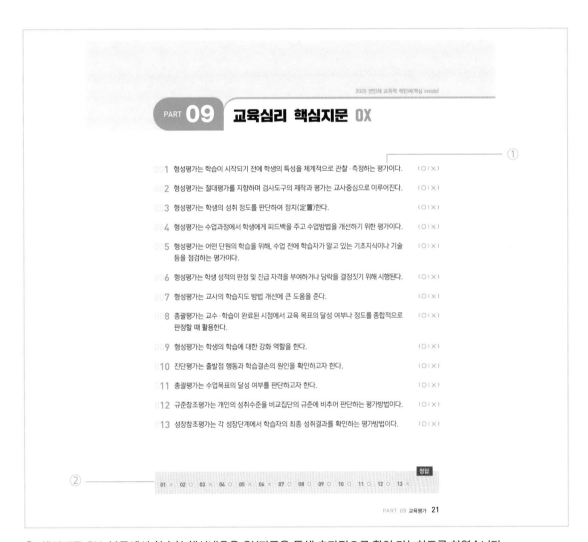

## PART 09 교육심리 핵심지문 OX

①

001 형성평가는 학습이 시작되기 전에 학생의 특성을 체계적으로 관찰·측정하는 평가이다. (○ l ×)

002 형성평가는 절대평가를 지향하며 검사도구의 제작과 평가는 교사중심으로 이루어진다. (○ l ×)

003 형성평가는 학생의 성취 정도를 판단하여 정치(定置)한다. (○ l ×)

004 형성평가는 수업과정에서 학생에게 피드백을 주고 수업방법을 개선하기 위한 평가이다. (○ l ×)

005 형성평가는 어떤 단원의 학습을 위해, 수업 전에 학습자가 알고 있는 기초지식이나 기술 등을 점검하는 평가이다. (○ l ×)

006 형성평가는 학생 성적의 판정 및 진급 자격을 부여하거나 당락을 결정짓기 위해 시행된다. (○ l ×)

007 형성평가는 교사의 학습지도 방법 개선에 큰 도움을 준다. (○ l ×)

008 총괄평가는 교수·학습이 완료된 시점에서 교육 목표의 달성 여부나 정도를 종합적으로 판정할 때 활용한다. (○ l ×)

009 형성평가는 학생의 학습에 대한 강화 역할을 한다. (○ l ×)

010 진단평가는 출발점 행동과 학습결손의 원인을 확인하고자 한다. (○ l ×)

011 총괄평가는 수업목표의 달성 여부를 판단하고자 한다. (○ l ×)

012 규준참조평가는 개인의 성취수준을 비교집단의 규준에 비추어 판단하는 평가방법이다. (○ l ×)

013 성장참조평가는 각 성장단계에서 학습자의 최종 성취결과를 확인하는 평가방법이다. (○ l ×)

**정답**

② 01 × 02 ○ 03 × 04 ○ 05 × 06 × 07 ○ 08 ○ 09 ○ 10 ○ 11 ○ 12 ○ 13 ×

① 핵심지문 OX: 본문에서 학습한 핵심내용을 OX지문을 통해 효과적으로 확인 가능하도록 하였습니다.

② 하단정답 확인: 문제풀이 후 정답확인이 가능하도록 구성하였습니다.

# CONTENTS
## 차례

## PART 03 서양교육사

## PART 04 교육철학

## PART 05 교육과정

## PART 06 교육심리

## PART 07 교수·학습이론

## PART 11 교육사회학

# 개념설계도 - 교육의 이해

- **교육의 어원** ─┬─ 동양의 어원 ─┬─ 맹자
  │                              └─ 설문해자
  │
  └─ 서양의 어원 ─┬─ 페다고지
                  ├─ 에듀케이션(에듀케레/에듀카레)
                  └─ 에어지훙

- **교육의 비유** ─┬─ 주형의 비유
  ├─ 성장의 비유
  ├─ 예술의 비유
  ├─ 성년식의 비유
  └─ 만남의 비유

- **교육의 정의방식** ─┬─ 조작적 정의
  ├─ 약정적 정의
  ├─ 기술적 정의
  └─ 규범적 정의

- **교육의 대표적 정이** ─┬─ 전번모
  └─ 피터스(규범적 준거/인지적 준거/과정적 준거)

- **교육의 목적** ─┬─ 내재적 목적
  └─ 외재적 목적

- **교육의 형식** ─┬─ 형식적 교육
  ├─ 무형식적 교육
  └─ 비형식적 교육

- **교육의 성격** ─┬─ 오코너
  └─ 허스트

- **삼국시대의 교육**
  - 고구려: 태학, 경당
  - 백제: 박사제도
  - 신라: 화랑도

- **남북극시대**
  - 통일신라: 국학
  - 발해: 여사제도

- **고려시대**
  - 관학
    - 국자감
    - 향교
    - 동서학당(오부학당)
  - 사학
    - 십이도
    - 서당

- **조선시대**
  - 관학
    - 성균관
    - 향교
    - 사학(사부학당)
  - 사학
    - 서원
    - 서당
  - 과거제도

- **개화기시대**
  - 관학
  - 기독교계 학교
  - 민간인 사학

- **교육입국조서**

- **일제강점기**
  - 1차 교육령
  - 2차 교육령
  - 3차 교육령
  - 4차 교육령

- **그리스의 교육** ─ 소피스트
  - 소크라테스
  - 플라톤
  - 아리스토텔레스

- **로마의 교육** ─ 공화정시대
  - 제정시대

- **중세의 교육** ─ 기독교 교육
  - 시민학교
  - 대학의 발생

- **근대의 교육** ─ 르네상스기 교육
  - 종교개혁기 교육
  - 실학주의 교육
  - 계몽주의 교육
  - 국가주의 교육
  - 신인문주의 교육

- **20세기 교육사상가**

# 개념설계도 – 교육철학

· **20세기 전기철학** ─ 진보주의
　　　　　　　　　├ 항존주의
　　　　　　　　　├ 본질주의
　　　　　　　　　└ 재건주의

· **20세기 후기철학** ─ 실존주의 교육철학
　　　　　　　　　├ 분석적 교육철학
　　　　　　　　　├ 비판적 교육철학
　　　　　　　　　└ 포스트모더니즘 교육철학

- **교육기획의 종류** ┬ 공식적 교육과정
  ├ 잠재적 교육과정
  └ 영 교육과정

- **교육과정의 관점과 유형** ┬ 교과중심 교육과정
  ├ 학문중심 교육과정
  ├ 사회중심 교육과정
  ├ 경험중심 교육과정
  ├ 인간중심 교육과정
  ├ 역량중심 교육과정
  ├ 개념기반 교육과정
  └ 통합 교육과정

- **교육과정의 설계모형 및 원리** ┬ 타일러의 합리적 교육과정 개발모형
  ├ 타바의 교사참여 교육과정 개발모형
  ├ 스킬벡의 학교중심 교육과정 개발모형
  ├ 위긴스와 맥타이의 백워드 모형
  ├ 워커의 자연주의적 모형
  ├ 아이즈너의 예술적 접근모형
  └ 교육과전 설계의 일반원리

- **교육과정의 재개념화** ┬ 실존적: 윌리엄 파이나
  └ 구조적: 마이클 애플

- **교육과정의 실행** ┬ 충실도 관점
  ├ 상호적응 관점
  └ 교육과정 생성 관점

- **2022 교육과정**

[학습자의 이해]
- **인지 발달** ─┬─ 피아제의 인지발달이론
            └─ 비고츠키의 인지발달이론

- **성격 및 사회성 발달** ─── 성격 발달 ─┬─ 프로이트의 심리성적 발달이론
                                    ├─ 에릭슨의 심리사회적 발달이론
                                    └─ 마샤의 정체성 지위이론

                          사회성 발달 ─┬─ 브론펜브르너의 생태학적 이론
                                     └─ 셀만의 사회적 조망수용이론

- **도덕성 발달** ─┬─ 피아제의 도덕성 발달이론
             ├─ 콜버그의 도덕성 발달이론
             └─ 길리건의 배려윤리

- **지능** ─┬─ 지능의 의미
         ├─ 지능이론
         └─ 지능의 측정 및 검사점수의 의미

- **창의성** ─┬─ 창의성의 개념
          ├─ 창의성 연구의 다양한 접근
          └─ 창의적 사고기법

- **학습자의 다양성** ─┬─ 학습유형
                 ├─ 영재교육
                 └─ 특수교육

[학습의 이해]
- **행동주의 학습이론** ─┬─ 고전적 조건형성
                  ├─ 조작적 조건형성
                  └─ 사회인지 학습이론

- **인지주의 학습이론** ─┬─ 톨만의 잠재학습
                  ├─ 통찰학습
                  └─ 정보처리이론

- **구성주의**

- **학습동기** ─┬─ 내재동기와 외재동기
          └─ 동기이론 ─┬─ 자기결정성이론
                     ├─ 욕구위계이론
                     ├─ 기대가치이론
                     ├─ 자기효능감이론
                     ├─ 귀인이론
                     └─ 목표지향이론

- **전이**

- **교수매체** ─ 정의
  ├ 호반의 분류
  ├ 데일의 분류
  └ ASSURE 모형

- **수업과 테크놀로지** ─ 테크놀로지 활용 수업
  ├ 학습자의 디지털 리터러시
  └ TPACK

- **테크놀로지 활용 수업의 실재** ─ 모바일 러닝
  ├ 스마트 교육
  ├ 온라인 학습
  ├ e-러닝
  ├ 블렌디드 러닝
  ├ 플립러닝
  └ U-러닝

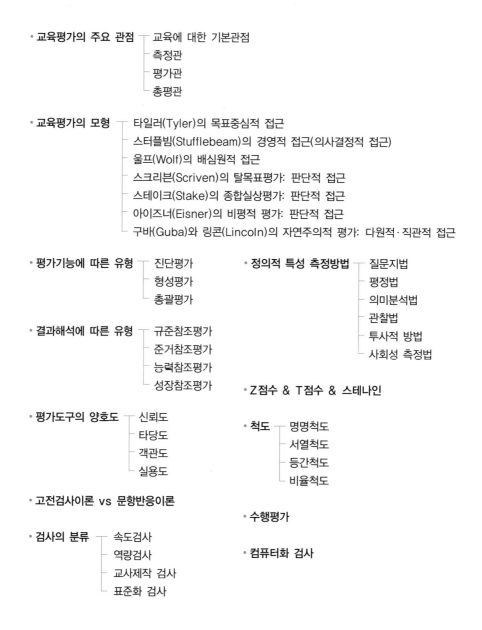

- **교육평가의 주요 관점** ┬ 교육에 대한 기본관점
  - 측정관
  - 평가관
  - 총평관

- **교육평가의 모형** ┬ 타일러(Tyler)의 목표중심적 접근
  - 스터플빔(Stufflebeam)의 경영적 접근(의사결정적 접근)
  - 울프(Wolf)의 배심원적 접근
  - 스크리븐(Scriven)의 탈목표평가: 판단적 접근
  - 스테이크(Stake)의 종합실상평가: 판단적 접근
  - 아이즈너(Eisner)의 비평적 평가: 판단적 접근
  - 구바(Guba)와 링콘(Lincoln)의 자연주의적 평가: 다원적·직관적 접근

- **평가기능에 따른 유형** ┬ 진단평가
  - 형성평가
  - 총괄평가

- **정의적 특성 측정방법** ┬ 질문지법
  - 평정법
  - 의미분석법
  - 관찰법
  - 투사적 방법
  - 사회성 측정법

- **결과해석에 따른 유형** ┬ 규준참조평가
  - 준거참조평가
  - 능력참조평가
  - 성장참조평가

- **Z점수 & T점수 & 스테나인**

- **평가도구의 양호도** ┬ 신뢰도
  - 타당도
  - 객관도
  - 실용도

- **척도** ┬ 명명척도
  - 서열척도
  - 등간척도
  - 비율척도

- **고전검사이론 vs 문항반응이론**

- **수행평가**

- **검사의 분류** ┬ 속도검사
  - 역량검사
  - 교사제작 검사
  - 표준화 검사

- **컴퓨터화 검사**

PART
# 10  개념설계도 – 교육행정학

- **기능론** ┬ 뒤르켐
  ├ 파슨스
  └ 드리븐

- **갈등론** ┬ 부르디외의 문화적 재생산이론
  ├ 번스타인의 문화적 재생산이론
  ├ 보울스와 진티스의 경제적 재생산이론
  ├ 알뛰세의 이데올로기 재생산이론
  └ 일리치의 학교해체론

- **해석적 접근** ┬ 민속연구방법
  ├ 교환이론
  └ 상징적 상호작용론

- **사회평등과 교육** ┬ 평등화론
  ├ 불평등재생산론
  └ 무관계론

- **교육평등론** ┬ 교육기회의 허용적 평등
  ├ 교육기회의 보장적 평등
  ├ 교육조건의 평등
  └ 교육결과의 평등

- **롤스의 정의론**

- **신교육사회학(교육과정 사회학)**

- **윌리스의 저항이론**

- **번스타인의 상대적 자율이론**

- **시험의 기능** ┬ 시험의 교육적 기능
  └ 시험의 사회적 기능

- **콜만보고서 & 학력상승 & 학력격차**

# 개념설계도 - 교육사회학

## ⚡ warm - up

| 구분 | 기능론 | 갈등론 |
|------|--------|--------|
| 기본입장 | • 사회는 유기체처럼 다양한 부분들이 상호 의존적인 관계를 이루며 하나의 체계를 형성(사회유기체설)<br>• 사회의 안정과 질서를 위해 사회 전체의 합의가 반영된 사회규범이 존재<br>• 사회화를 통해 사회규범이 전수되면서 사회의 지속성이 확보<br>• 능력에 따른 차등분배 필요 | • 사회는 사회적 희소가치를 둘러싼 사회구성원들 간의 갈등과 대립의 장(場)<br>• 지배계급과 피지배계급의 이익은 양립 불가능<br>• 불평등을 야기하는 불공정한 분배 |
| 구성요소 | 각 부분들은 사회 전체의 존속과 통합을 위해 맡은 기능을 수행 | • 특정집단의 합의의 산물<br>• 지배계급이 자신들의 이익을 위해 만들어낸 것 |
| 사회안정 | 본질적으로 조화와 균형을 이루며, 일시적으로 불안정한 상태가 발생하더라도 스스로 균형을 회복 | 지배계급의 강요나 억압에 의해 나타난 결과 |
| 갈등 | 일시적이며 병리현상으로 간주 | • 필연적<br>• 갈등이 사회변동의 원동력임 |
| 사회변동 | • 부정적<br>• 원인: 외부에서 제공<br>• 일시적·점진적 | • 긍정적<br>• 원인: 내부에 존재(지배·피지배의 불평등 구조) |

- **생활지도** ┬ 방향
  ├ 기본원리
  ├ 실천원리
  └ 과정

- **상담** ┬ 정신분석적 상담
  ├ 개인심리학적 상담
  ├ 행동주의 상담
  ├ 인간중심 상담
  ├ 합리적·정서적 행동상담
  ├ 게슈탈트 상담
  ├ 의사교류분석 상담
  ├ 현실치료
  └ 해결중심 상담

- **진로** ┬ 특성요인이론
  ├ 성격이론
  ├ 사회이론
  ├ 발날이론
  └ 사회인지이론

- **비행** ┬ 아노미이론
  ├ 사회통제이론
  ├ 낙인이론
  ├ 차별적 접촉이론
  └ 사회학습이론

PART

# 13 개념설계도 – 평생교육

- **평생교육의 개념** ┬ 평생교육
  ├ 다양한 개념
  └ 특성

- **평생교육의 발전** ┬ UNESCO
  ├ OECD
  └ EU

2025
변민재 교육학
핵인싸(핵심 inside)

# PART 01 교육의 이해

## 제 1 절 동양적 어원

| 맹 자 | 군자의 세 가지 즐거움 中 천하의 영재를 얻어 교육하는 것 |
|---|---|
| 설문해자 | 교육은 성숙한 부모나 교사가 미성숙한 자녀나 학생에게 착하게 살도록 모종의 가치 있는 것을 솔선수범하여 가르치고, 자녀나 학생은 그것을 본받고 배우는 것 |

## 제 2 절 서양적 어원

| 페다고지 | | 미성숙한 아동을 가르치고 양육 |
|---|---|---|
| 에듀케이션 | 에듀카레 | • 주형(鑄型)의 비유에 가까움<br>• 교사와 학생 간의 수직적 인간관계 |
| | 에듀케레 | • 성장(成長)의 비유에 가까움<br>• 부모와 아동, 교사와 학생 간의 수평적 인간관계 |
| 에어지홍 | | 에듀케레와 유사한 의미 |

## 제 3 절 교육의 비유

| 주형의 비유 | • 교사: 장인이나 제작자, 교육과정에서 주도적 역할<br>• 학생: 쇳물이나 진흙과 같은 재료에 해당, 무엇인가로 만들어져야 할 존재로 인식, 일방적으로 변화되어야 할 존재 | |
|---|---|---|
| | 로크 | 아동의 마음은 '백지(tabularasa)'와 같아서 아동이 어떤 경험을 하고 교사가 어떤 형태의 감각자료를 제공하는지에 따라 달라질 수 있음 |
| | 행동주의 | 행동주의자들은 자극 – 반응 이론(S – R 이론)에 따른 조건화(conditioning)를 통해 원하는 어떤 인간이라도 만들어 낼 수 있다고 주장 |

| | | |
|---|---|---|
| 성장의 비유 | | • 교사: 식물을 가꾸는 정원사, 식물이 잘 자라날 수 있도록 환경을 조성해 주거나 도와주는 역할을 담당<br>• 학생: 주도적인 역할을 하는 것은 식물에 해당하는 아동 자신<br>• 교육과정: 식물의 성장과정 |
| | 루소 | • 「에밀(Emile)」, 자연에 따라서(according to nature)<br>• 교육은 사회의 나쁜 영향으로부터 아동을 보호하고 아동의 자연적 성장을 격려하는 것 |
| | 진보주의 | • 아동의 내면적 성장과 자율성을 존중하는 아동 중심 교육<br>• "우리는 교과를 가르치는 것이 아니라 아동을 가르친다(We teach children, not subjects)." |
| 예술의 비유 | | 예술가와 재료 사이의 관계처럼 교사와 학생의 관계도 일방적이 아니라 상호작용하는 관계 |
| 성년식의 비유 | | 미성년자가 성년식을 거쳐 어른이 되고 부족사회의 일원이 되는 것처럼 교육은 학생을 '문명화된 삶의 형식', 즉 인류 문화유산에 입문시키는 일 ➾ 피터스 |
| 만남의 비유 | | '종교적 만남'이나 '실존적 만남'에서 보듯이 교육에는 교사가 학생을 만남으로써 갑자기 그리고 비약적으로 변하는 측면이 있음 |

## 제 4 절 교육의 정의

| | |
|---|---|
| 조작적 정의 | 개념을 과학적으로 정의하는 방식 |
| 약정적 정의 | 의사소통을 위해 복잡한 현상을 무엇이라고 부르자고 약속하는 정의 |
| 기술적 정의 | 하나의 개념을 이미 알고 있는 다른 말로 설명함으로써 그 개념이 무엇인지 알려주는 정의 |
| 규범적 정의 | 규범 내지 강령이 들어있는 정의 |

## 제 5 절 대표적 교육의 정의

| | |
|---|---|
| 정범모 | 인간 행동의 계획적인 변화 |
| 피터스 | • "모종의 가치 있는 것이 도덕적으로 온당한 방식으로 의도적으로 전달되고 있거나 전달된 상태"<br>• "교육 개념 안에 붙박여 있는 세 가지 준거를 모두 충족시키는 방향으로 가치 있는 활동 또는 사고와 행동의 양식으로 사람을 입문시키는 성년식" |

| | | |
|---|---|---|
| 피터스 | 규범적<br>준거 | • "교육은 교육에 헌신하려는 사람에게 가치 있는 것을 전달하는 것을 함의한다."<br>• 이 준거의 핵심은 모종의 '가치 있는 것'을 전달하는 것과 관련, 여기서 가치는 교육의 개념 속에 들어 있는 가치, 즉 '내재적 가치(intrinsic value)'<br>• 규범적 준거에 따르면, 교육은 '외재적'으로 규정되어서는 ×<br>• 교육의 규범적 준거라는 것은 교육이 모종의 가치를 추구하는 활동이고, 그 활동은 다름 아닌 교육의 개념 속에 들어 있는 바람직성, 규범성, 가치성, 좋음이 무엇이며 그것이 어떤 점에서 가치를 가지는가를 밝히는 일 |
| | 인지적<br>준거 | • 교육의 규범적 준거인 내재적 가치가 내용 면에서 구체화된 것으로, 피터스의 교육 개념의 핵심을 이루는 것<br>• "교육은 지식과 이해 그리고 모종의 인지적 안목을 포함해야 하고, 이러한 것들은 무기력한 것이어서는 안 된다."<br>• 이 기준에 따르면, 교육은 신념체계 전체를 변화시키는 '전인적 교육'이어야 하며, 제한된 기술이나 사고방식을 길러주는 전문화된 '훈련(training)' 이어서는 안 됨<br>• "교육받은 사람은 교육내용을 통달하여 그것을 모종의 통합된 안목과 자신의 삶 전체에 비추어 볼 수 있으며, 그렇게 하는 것을 소중히 여기는 상태에 있다. 이렇게 할 때 우리는 비로소 무기력하지 않은 지식을 소유할 수 있다." |
| | 과정적<br>준거 | • 교육의 규범적 준거가 방법 면에서 상세화 된 것, 즉 내재적 가치를 실현하는 방법상의 원리를 밝힌 것<br>• "교육은 최소한의 학습자의 의식과 자발성을 전제하고 있다는 점에서 그러한 것이 결여된 몇 가지 전달과정은 교육에서 제외된다."<br>• 교육의 내재적 가치인 '지식, 이해, 인지적 안목'은 아무렇게나 가르친다고 해서 길러지는 것이 아니고 노녁석으로 온당한 방식으로 가르칠 때만 가능<br>• '도덕적으로 온당한 방식으로 가르친다'는 것은 적어도 학습자에게 최소한의 의식과 자발성이 있게 가르치는 것을 의미<br>• 수업 장면에서 학습자의 의식과 자발성을 유도하기 위해서는 전달되는 자료나 내용이 아동에게 '흥미'있는 것이어야 함<br>• 이 기준에 따르면, 교육이 학습자의 최소한의 이해를 포함하는 도덕적으로 온당한 방식으로 이루어져야 하며, 그렇지 못한 '조건화(conditioning)'나 '세뇌(brain-washing)'가 되어서는 안 됨 |

<br>

| 제 6 절 | 교육의 목적 |
|---|---|

| 내재적 목적 | 교육이 다른 것의 수단이 아닌 교육의 개념 혹은 활동 자체가 가지고 있는 목적 |
|---|---|
| 외재적 목적 | 교육이 다른 활동의 목적을 위한 수단으로 사용되는 것 |

**교육의 형식**

| 무형식 교육 | 비형식 교육 | 형식 교육 |
|---|---|---|
| 조직적, 체계적 × | 조직적, 체계적 | |
| 학교 밖 | | 학교 내 |

제 **8** 절 **교육학의 성격에 대한 논쟁**

| | |
|---|---|
| 오코너 | • 이론의 전형은 자연과학 이론에서 찾아볼 수 있으며, 자연과학 이론은 어떤 현상을 관찰, 기술, 설명, 일반화, 예언하는 가설 연역체계를 갖추고 있음<br>• 교육학은 엄밀한 의미에서 '자연과학 이론체계'를 갖추고 있지 못하며, 이 점에서 교육이론은 기껏해야 '예우상의 칭호(a courtesy title)'에 불과함 |
| 허스트 | • 교육이론은 과학적 지식이나 방법뿐만 아니라 형이상학적 신념, 도덕, 종교 등의 가치판단을 포함하고 있으며, 실제적 질문에 대해 판단을 내리고 교육 실제를 합리적으로 정당화하는 일을 하는 학문이라는 점에서 '실제적 이론'<br>• 실제적 이론으로서의 교육이론은 교육학이 가진 독특한 이론이며, 결코 과학이론에 종속되거나 열등한 이론이 아님<br>• 1990년대에 들어 허스트는 교육의 개념을 '지식의 형식에의 입문(initiation into forms of knowledge)'에서 '사회적 실제에의 입문(initiation into social practices)'으로 변경<br>• 사회적 실제는 좋은 삶을 영위하기 위해 사회적으로 발달된 일관성 있는 활동양식으로서, 지식, 신념, 판단, 성공의 준거, 원리, 기술, 성향, 감정 등의 인지적·정서적·행동적 측면이 서로 긴밀하게 관련되어 있는 요소들의 복합체<br>• 교육이론도 이론이나 실제의 어느 하나에 속하는 것이라기보다는 교육활동에 종사하여 온 사람들의 계속적인 논의 전통에 의해 확립된 이론, 실제, 기술을 포괄함<br>• 사회적 실제에 기반을 둔 교육이론은 '과학적 이론'이나 '실제적 이론'에 비해 교육과 사회(혹은 사회 전통)의 관련성, 이론과 실제의 통합 그리고 교육의 역동성 측면에서 강점 |

PART **01** **교육의 이해 핵심지문 OX**

**001** 피터스(R. Peters)의 규범적 준거는 '무엇인가 가치 있는 것'을 추구하는 활동이다. (○ | ×)

**002** 피터스(R. Peters)의 인지적 준거는 학습자의 의식과 자발성을 전제하는 것이다. (○ | ×)

**003** 피터스(R. Peters)의 절차적 준거는 지식, 이해, 인지적 안목을 길러주는 것이다. (○ | ×)

**004** '국가 경쟁력 강화'는 교육의 내재적 목적에 해당한다. (○ | ×)

**005** '지식의 형식 추구'는 교육의 내재적 목적에 해당한다. (○ | ×)

**006** '인적 자원의 개발'은 교육의 외재적 목적에 해당한다. (○ | ×)

**007** '합리적 마음의 계발'은 교육의 외재적 목적에 해당한다. (○ | ×)

**008** 피터스(R. Peters)는 교육의 내용이 일차적으로 특정한 사회적 활동(social practices)의 영역에 학생을 입문시키는 일로 이루어져야 한다고 주장하였나. (○ | ×)

**009** 오코너(O'Connor)는 교육이론이 예우상의 경칭(a courtesy title)에 불과하다고 주장하였다. (○ | ×)

**010** 성년식의 비유에서 교육은 마치 석회나 진흙을 일정한 모양의 틀에 부어 어떤 것을 만들어 내는 것과 같다. (○ | ×)

**011** 만남의 비유는 식물이 스스로 자라나듯이 교육은 아동이 가진 잠재적 가능성을 자연스럽게 실현해가는 과정으로 본다. (○ | ×)

정답

**01** ○  **02** ×  **03** ×  **04** ×  **05** ○  **06** ○  **07** ×  **08** ×  **09** ○  **10** ×  **11** ×

MEMO

# 2025
# 변민재 교육학
# 핵인싸(핵심 inside)

PART

# 02

# 한국교육사

PART **02** # 한국교육사

---

제 **1** 절 **삼국시대의 교육**

| 고구려 | 태 학 | 우리나라 최초의 관학 |
|---|---|---|
| | 경 당 | • 미혼 자제를 대상으로 한 교육기관<br>• 신분적 차별이 크게 ×<br>• 문과 무를 함께 교육<br>• 「문선(文選)」을 교재로 사용 |
| 백 제 | | • 학교를 세운 기록 無<br>• 박사 – 교육을 담당하는 관직 |
| 신 라 | | [화랑도]<br>• 도의(윤리·도덕교육) + 가악(정서교육) + 유오산수(체육교육)<br>• 유(儒) + 불(佛) + 선(仙) 사상의 가르침<br>• 화랑(귀족) + 낭도<br>• 국가에 예속된 교육기관 × |

---

제 **2** 절 **통일신라와 발해의 교육**

| 통일신라 | [국학]<br>• 교수: 박사, 조교<br>• 필수 교육과정: 논어, 효경<br>• 입학자격: 대사 이하 무위자의 신분을 가진 자 중에서 나이가 15세에서 30세에 해당하는 사람<br>• 학업연한: 9년(워낙 둔하여 가망이 없는 자는 퇴학, 가망은 있으나 아직 미숙한 자는 9년 이상의 재학도 허락)<br>• 독서삼품과: 국학에 재학하는 학생을 대상으로 실시된 선발시험 |
|---|---|
| 발 해 | • 주자감<br>• 여사제도: 여사(女使)는 모(姆), 여부(女傅) 등과 함께 중국 고대 궁중의 여자 스승을 일컫는 말 |

**고려시대의 교육**

| 관 학 | 국자감 | • 교수: 박사, 조교<br>• 필수 교육과정: 논어, 효경<br>• 문묘제도<br>• 7재: 문무 양학을 전문성에 따라 7개의 전문강좌로 분류하고, 이것을 다시 유학(儒學)의 6강좌와 무학(武學)의 1강좌로 구분<br>• 양현고: 국자감에서 필요한 교육재정을 해결할 목적으로 세운 기관 |
| | 오부학당<br>(동서학당) | • 고려 후기에 운영된 개경에 있던 중앙학교<br>• 국자감에 비해 한 단계 낮은 수준으로 지방의 향교와 비슷한 수준 |
| | 향 교 | • '지방의 학교'란 뜻으로 언제부터 시작되었는지 명확한 기록은 ×<br>• 지방의 주, 부, 군, 현에 설치한 지방의 양반 자제들을 공부시키기 위한 학교 |
| 사 학 | 십이도 | 최충(崔沖, 984~1068)이 설립한 문헌공도를 비롯하여 개경에 설립된 당시의 유명한 사학 12개 |
| | 서 당 | 일반 서민자제들을 교육시킨 초등교육기관 |

**조선시대의 교육**

| 관 학 | 성균관 | • 고구려의 태학, 신라의 국학, 고려의 국자감을 계승한 조선의 최고학부로서 태조 7년(1398)에 건립<br>• 입학자격: 과거 시험의 소과(小科)에 합격한 생원(生員)과 진사(進士)나 정원 미달시에는 13세 이상의 사학(四學) 학생으로 보충<br>• 교육목적: 성리학 연구 + 관리 양성<br>• 구조: 문묘(文廟)[제사] + 명륜당(明倫堂)[교육] | | |
| | | 강독(講讀) | 강독 교재는 사서오경을 위주로 하여 중국의 사서(史書) 등을 순서대로 읽도록 했으며 노장(老莊), 불서(佛書), 백가(百家), 잡류(雜類)는 잡서로 취급하여 읽기를 금지 |
| | | 제술(製述) | 의(疑), 논(論), 부(賦), 표(表), 송(頌), 명(銘), 잠(箴), 기(記) 등 여러 종류의 문장을 초순·중순·하순에 따라 나누어 지음 |
| | | 서법(書法) | 해서 위주로 했고 해서로 쓰지 않는 자는 처벌 |
| | 사부학당 | • 태종대에서 세종대에 이르기까지 한성의 남부, 중부, 동부에 차례로 세워진 유학교육기관<br>• 고려시대의 오부학당을 계승 | | |

| 관학 | 향교 | | • 지방학교란 의미<br>• 고려 때부터 존속되어 온 중등 정도의 교육기관으로 조선시대에 와서도 건국 초기부터 중시<br>• 구조: 문묘(文廟)[제사] + 명륜당(明倫堂)[교육] | | |
|---|---|---|---|---|---|
| 사학 | 서원 | 정의 | 조선시대의 대표적인 사립 교육기관 | | |
| | | 교육목적 | 법성현(法聖賢, 성현을 본받음, 제사) + 후진 양성(교육) | | |
| | | 교육과정 | 「소학」, 사서오경 등의 성리서인데 특히 「소학」이 강조 | | |
| | | 자체 규약 | 원규(院規), 학규(學規)라 불리는 자체의 규약 有 | | |
| | | 백운동서원<br>(白雲洞書院) | • 우리나라 최초의 서원으로 중종 38년(1543) 풍기군수 주세붕(周世鵬)이 성리학의 도입에 공이 컸던 고려 말의 성리학자 안향을 추모하기 위해 건립<br>• 1550년 풍기군수 이황의 요청으로 명종이 친필로 쓴 '소수서원(紹修書院)'이란 편액을 비롯하여 각종 경서와 노비, 학전(學田)을 하사받음으로써 우리나라 최초의 '사액서원(賜額書院)'이 되었음 | | |
| | 서당 | 정의 | 각 고을에 설립되어 문자계몽에 역할을 맡은 초등교육기관 | | |
| | | 설립 | 훈장 한 사람과 방 한 칸만 있으면 누구나 설립 가능 | | |
| | | 접장 제도 | 비교적 큰 서당에서 훈장 한 사람이 많은 학생을 훈도할 수 없을 때 나이와 학력이 우수한 학생을 접(接)의 장(長)으로 하는 일종의 보조교사격인 학생을 의미 | | |
| | | 개별식<br>수업 | 오늘날처럼 동일 연령의 학생이 같은 날 입학하여 같은 날 졸업하며 동일 교재를 가지고 같은 내용을 공부하는 일제식(一齊式) 수업이 아니라 개별식 수업 | | |
| | | 교재 | 「천자문」, 「동몽선습」, 「통감」, 「소학」 등이 위주였으며, 사서오경이나 「사기」, 「당송문·당률」 등을 가르치기도 함 | | |
| | | | 강독(講讀) | 천자문 | • 한문을 처음 배우는 사람을 위해 편찬한 교재 |
| | | | | 동몽선습 | • 유학 입문용 교재<br>• 중종 때 박세무가 저술<br>• 학습내용: 경(經)과 사(史)로 나누어 제시<br>• 일제 강점기에 우리 역사를 다룬다는 이유로 서당에서 사용 금지 |
| | | | | 소학 | • 유교 사회의 도덕 규범 중 기본적이고 필수적인 내용을 가려 뽑은 것으로서 유학교육의 입문서 |

| 사 학 | 서 당 | 교 재 | 강독(講讀) | 소 학 | • 주자에 의하면 「소학」은 집을 지을 때 터를 닦고 재목을 준비하는 것이며, 「대학」은 그 터에 재목으로 집을 짓는 것이 된다고 비유하여 「소학」이 인간 교육의 바탕이 됨을 강조<br>• 내용: 내편은 입교(立敎)·명륜(明倫)·경신(敬身)·계고(稽古), 외편은 가언(嘉言)·선행(善行)으로 구성 |
|---|---|---|---|---|---|
| | | | 제술(製述) | | 오언절구, 칠언절구, 사율, 십팔구시(十八句詩) 등을 가르침 |
| | | | 습자(習字) | | 해서를 많이 연습 |

## 제 5 절 │ 조선 – 교육법규

| 학 령 | 조선 초에 제정한 성균관에 관한 규정 | |
|---|---|---|
| 권학사목 | 권근이 태종에게 올린 글로서 「소학」을 교육의 기초로 하여 생원시 등에서 「소학」을 시험과목으로 부과하자는 규칙 | |
| 향학사목 | 권근이 태종에게 올린 학규. 사학 교사를 관학에 채용하는 것과 아동을 강제로 관학에 옮기는 일이 없도록 규정한 법규 | |
| 구재학규 | • 조선조 세조(世祖) 4(1458)년, 예조(禮曹)에서 성균관의 교육을 위해서 만든 학규(學規)<br>• 사서오경(四書五經)인 대학·논어·맹자·중용·시·서·춘추·예기·주역 등을 그 전문적인 성격에 따라 각각 재(齋)로 편성하여 구재(九齋)로 하고, 대학에서부터 순차적으로 주역에까지 이르게 하는 단계적인 9개의 교육과정, 혹은 9개의 전문강좌였음 | |
| 학교절목 | • 조선조 16대 인조 7(1629)년 조익(趙翼)이 입안<br>• 학교의 신입생·결석생·장학관계·성적·설규·학과목·자격에 관하여 기존의 학교 관계의 조항을 보완하고 강조사항을 명시한 규정집 | |
| 제강절목 | 조선조 영조(英祖) 18(1742)년에 제정한 성균관의 학생 정원에 관한 규정 | |
| 원점절목 | • 원점이란 조선조 때 성균관과 사학(四學)의 유생들의 출결석을 점검하기 위한 일종의 출석부<br>• 식당에 들어갈 때 도기(到記)에 찍던 점으로 아침·저녁 두 끼를 1점으로 하고, 일정한 점에 이르면 과거(科擧)를 볼 자격을 부여하였음 | |
| 경외학교절목 | • 1546년 예조에서 성균관과 사학(四學)·향교 등 전국의 모든 학교를 대상으로 제정·반포한 규정집<br>• 교사채용·교과과정·입학·평가·상벌 등에 관하여 상세히 규정 | |
| 학교사목 | • 교사와 학생에 관한 인사문제를 규정<br>• 교사의 선별·중등임용·승급·예우(禮遇)에 관한 5개 항목과 학생의 입학·정원·선발·거재(居齋)·대우·장학·자격에 관한 5개 항목의 규정을 포함하였음 | 율곡 이이가 제시 |

| | | | |
|---|---|---|---|
| 학교모범 | • 학생 수양에 관한 상세하고 구체적인 훈규<br>• 학교모범은 모두 16조목으로 선비된 자의 몸가짐과 일해나가는 준칙(準則)으로서 ① 입지(立志), ② 검신(檢身), ③ 독서(讀書), ④ 신언(愼言), ⑤ 존심(存心), ⑥ 사친(事親), ⑦ 사군(事君), ⑧ 택우(擇友), ⑨ 거가(居家), ⑩ 접인(接人), ⑪ 응과(應科), ⑫ 수의(守義), ⑬ 상충(尙忠), ⑭ 독경(篤敬), ⑮ 학교생활(居學), ⑯ 글 읽는 순서(讀法)로 구성<br>• 글 읽는 순서는 「소학」을 먼저 배워 근본을 배양하고, 다음에는 「대학」과 「근사록」으로써 그 규모를 정하고, 그 다음에는 「논어」·「맹자」·「중용」 등 오경(五經)을 읽으라고 권하고 있음 | 율곡 이이가 제시 |

---

## 제 6 절　조선 – 과거제도

### 1 선발방식

| 문 과 | 소과<br>(초급문과시험)<br>(대과예비시험) | 생원시 | 사서, 오경 | • 백패(白牌)<br>• 대과 응시 자격<br>• 성균관 입학 자격 |
|---|---|---|---|---|
| | | 진사시 | 부(賦), 고시(古詩), 명(銘), 잠(箴) 등 | |
| | 대과<br>(중급문과시험) | • 자격: 생원과 진사<br>(실제는 일반 유생인 유학(幼學)들에게도 기회) | | • 홍패(紅牌) |
| 무 과 | 소과와 대과의 구별 × | | | |
| 잡 과 | 역과(譯科), 의과(醫科), 음양과(陰陽科), 율과(律科) | | | |

### 2 선발인원

| 과 명 | | 초 시 | 복 시 | 전 시 |
|---|---|---|---|---|
| 소과 | 생원과 | 700 | 100 | – |
| | 진사과 | 700 | 100 | – |
| 대과(문과) | | 240~340 | 33 | 33 |
| 무 과 | | 230 | 28 | 28 |
| 역 과 | | 34 | 19 | – |
| 의 과 | | 18 | 9 | – |
| 음양과 | | 18 | 9 | – |
| 율 과 | | 18 | 9 | – |

## 3 시행방법

| 식년시<br>(式年試) | 3년마다 보는 정기 시험 | |
|---|---|---|
| 특별시<br>(特別市) | 증광시(增廣試)<br>별시(別試) | 비정기적으로 국가에 큰 경사가 있을 때 거행 |
| | 알성시(謁聖試) | 성균관 문묘 때 왕이 참석하여 시행 |
| | 춘당대시(春塘臺試) | 왕이 창덕궁 내의 춘당대에 참석하여 시행 |
| | 중시(重試) | 10년마다 병년(丙年)에 문무과에 급제한 자와 현직에 있는 자에 대한 승진시험 |
| | 정시(廷試) | 임시로 문무의 응시자를 궁전의 뜰에 모아서 보는 시험 |

## 제 7 절  권근 & 이황 & 이이 & 정약용

| 권근 | 입학도설 | 「대학」과 「중용」을 쉽게 이해할 수 있도록 40여종의 도표를 활용하여 설명한 책 |
|---|---|---|
| | 권학사목 | • 태종의 명을 받아 권근이 「권학사목」을 저술<br>• 교육체제를 정비하기 위해 만든 일종의 규정집<br>• 「소학」은 모든 교육의 기초가 되어야 한다고 강조 |
| 이 황 | 위기지학<br>(爲己之學) | • 「논어」 헌문편의 "옛날에는 자기 자신을 위해 배웠지만, 오늘날은 남을 위해 한다(古之學者爲己, 今之學者爲人)."에서 비롯되었음. 학문이 남에게 보이기 위한 것이 되어서는 안 되며 자신의 인간됨을 위한 것이어야 함<br>• 이황(李滉)은 「주자서절요」 서문에서 "나의 참다운 삶의 길을 위해 성현을 알 필요가 있고, 그 때문에 성경(聖經)과 현전(賢傳)을 공부하는 것"이라고 자신의 학문적 성격이 위기지학임을 명백히 하였음 |
| | 주자서절요 | 이황이 「주자대전」의 서간 중에서 중요 부분을 발췌하여 편찬한 유학서 |
| | 성학십도 | • 이황이 1568년 12월 왕에게 올린 상소문으로 선조가 성군이 되기를 바라는 뜻에서 군왕의 도(道)에 관한 학문의 요체를 도식으로 설명<br>• 이 책은 10개의 도(圖)와 설(說)로 구성<br>• 1~5도는 인륜을 밝히고 덕업을 이룩하는 방법, 6~10도는 심성에 근거한 것으로 일용(日用)에 힘쓰고 경외(敬畏)를 숭상하는 방법을 설명 |
| 이 이 | 수양론 | • 본연인 선의 실현을 위해 기질을 바로잡을 것을 강조 ⇨ 교기질(矯氣質)<br>• 경(敬)을 통해 성(誠)에 이를 것을 강조 |
| | 성학집요 | • 왕을 위한 지침서<br>• 「대학」의 내용을 중심으로 정리<br>• 통설(統說), 수기(修己), 정가(正家), 위정(爲政), 성학도통(聖學道通)의 5편으로 구성 |

| | | |
|---|---|---|
| 이 이 | 격몽요결 | • 율곡이 관직을 사직하고 파주 율곡에 내려가서 학생들을 가르치는 가운데 지은 책<br>• 책명은 몽매함을 크게 깨우치라는 원리라는 뜻<br>• 입지(立志), 혁구습(革舊習), 지신(持身), 독서(讀書), 사친(事親), 상제(喪製), 제례(祭禮), 거가(居家), 접인(接人), 처세(處世)등 총 10장으로 구성 |
| | 학교모범 | • 「격몽요결」에서 제시한 덕목보다 더 많은 덕목을 제시<br>• 글 읽는 순서는 「소학」을 먼저 배워 근본을 배양하고, 다음에는 「대학」과 「근사록」으로써 그 규모를 정하고, 그 다음에는 「논어」·「맹자」·「중용」 등 오경(五經)을 읽으라고 권함 |
| 정약용 | 제도측면 | • 다산은 진정한 학문과 교육에 일차적 걸림돌을 과거제로 보고 이 제도의 개혁을 주장<br>• 과거시험에서 우리 역사인 「삼국사기」, 「고려사」, 「동국통감」 등을 포함시켜야 한다고 주장 |
| | 삼불가독설 | 「천자문」, 「통감(通鑑)」, 「사략(史略)」 등 당시에 널리 읽혔던 책들을 읽지 못하게 하는 '삼불가독설'을 주장 |

| | 천자문 | • 문자학습서임에도 불구하고 문자가 체계적으로 배열되어 있지 않은 폐단<br>• 천자문의 폐단을 시정하기 위해 「아학편」을 저술 |
|---|---|---|
| | 통 감 | 중국 역사로서 중국에서조차 그 가치를 인정받지 못하고 있음 |
| | 사 략 | 중국 역사의 요약본으로 그 첫머리부터 허구적인 내용이 많음 |

| | 아학편 | • 다산 정약용이 아동의 한자 학습을 위하여 저술한 교재로 한자학습서<br>• 2권 1책. 상하 두 권으로 나누어 각각 1,000자의 문자를 수록하여 도합 2,000자로 구성 |
|---|---|---|

| 상 권 | 유형적 개념에 해당하는 한자 |
|---|---|
| 하 권 | 계절, 기구, 방위 등의 무형적 개념에 해당하는 한자 |

• 당시 대표적인 한자학습서인 「천자문」이 체계적인 글자의 배열과 초학자를 배려한 학습의 단계성이나 난이도를 전적으로 무시하고 있음을 지적하고, 이러한 내용 및 체계상의 결점을 극복하고자 이 책을 저술

## 제 8 절  개화기 학교

| 정 부 | 통변학교 | • 정부의 외교 고문으로 있던 묄렌도르프가 설립<br>• 동문학(同文學)이라고도 하며 일종의 통역관 양성소<br>• 영국인 할리팍스를 주무 교사로 하여 주로 영어를 가르쳤으나 육영공원이 설립되고 폐지 |
|---|---|---|

| | | |
|---|---|---|
| **정부** | 육영공원 | • 정부에 봉사할 수 있는 인재양성이라는 목적을 가지고 설립된 학교<br>• 고급관료의 자제에 한정하였고, 헐버트, 길모어, 번커 등 미국 교사가 영어를 위주로 가르침<br>• 1894년 재정난으로 폐지, 학생들은 배재학당에 위탁하여 교육 |
| | 연무공원 | • 1888년(고종 25)에 설치된 사관양성학교<br>• 1882년 임오군란으로 신식군대 양성이 좌절되자 정부는 1883년부터 장교를 양성하고 군대를 근대식으로 훈련시키기 위해 미국에 군사교관을 보내 줄 것을 요청 |
| **기독교** | 배재학당 | • 아펜젤러는 1885년 7월에 서울에 들어와 1개월 먼저 와 있던 의사 스크랜튼의 집 한 채를 빌려 방 두 칸 벽을 헐어서 조그마한 교실에서 수업<br>• 같은 해 8월 3일 두 명의 학생으로 수업을 시작하니, 고종은 1886년 6월 8일에 배재학당(培材學堂)이라는 교명과 편액을 하사 |
| | 경신학교 | • 언더우드는 1885년 4월에 입국하여 광혜원에서 화학과 물리학을 가르치다가 1886년 서울 정동 자기 집에 붙어 있는 건물을 이용하여 고아원 형식의 학교를 창설<br>• 이는 통칭 언더우드 학당이라는 것으로 곧 오늘의 경신 중·고등학교의 전신 |
| | 이화학당 | • 감리교 여선교사 스크랜튼 부인은 1886년 5월경에 정동 자신의 집에서 30대 여성 한 명을 상대로 학교를 시작하였는데, 이것이 우리나라 여학교의 시초가 된 이화학당<br>• 1887년 고종은 이 학교를 이화학당이라 명명하고 현판을 하사 |
| | 연희<br>전문학교 | • 서울 종로의 한국 기독교청년회(YMCA)회관을 빌려 경신학교 대학부라는 이름으로 개학<br>• 이것이 연희전문학교의 시작 |
| **민간인<br>사학** | 원산학교 | 우리나라 최초의 민간인 사학으로 1885년 아펜젤러가 세운 배재학당보다 2년 앞선 1883년에 세워졌음 |
| | 점진의숙<br>대성학교 | 안창호 |
| | 강명의숙<br>오산학교 | 이승훈 |

---

## 제 9 절 　 교육입국조서(敎育立國, 1895)

| | |
|---|---|
| **정 의** | 1895년 2월 2일에 고종이 조칙(詔勅)으로 발표한 교육에 관한 특별조서 |
| **의 의** | • 교육에 의한 입국(立國)의 의지를 천명한 것으로, 근대식 학제를 성립시킬 수 있는 기점을 마련<br>• 1894년 6월에 학무아문을 두고 제도상으로 새로운 학제를 실시, 이를 통해 관학(官學)을 세우고, 1895년 1월에 선포한 <홍범14조>의 제11조에서 외국유학과 새로운 학문에 관해 언급하였으나 전 국민을 상대로 해서 새로운 교육의 필요성과 중요성을 강조한 것은 교육조서가 최초 |

| 내용 | • 교육은 국가를 보존하는 근본임<br>• 기본 교양교육과 더불어 실용적인 교육을 중시<br>• 허명(虛名)을 버리고 실질을 숭상할 것을 강조<br>• 삼양(三養): 덕(德), 체(體), 지(智)<br>• 학교를 널리 세우고 인재를 양성하며 백성들의 학식을 증진함으로 국가중흥을 이룩함 |
|---|---|
| 실행 | • 조서의 발표 뒤 정부에서는 교육을 통한 국가중흥의 이상을 실현하기 위해서 1895년 4월에 교사양성을 목적으로 한 <한성사범학교 관제>를 공포<br>• 계속해서 <외국어학교 관제>·<소학교령>·<성균관 관제> 등의 학교법제와 법칙을 제정 |

## 제 10 절  조선교육령

| 1차 교육령 | 2차 교육령 | 3차 교육령 | 4차 교육령 |
|---|---|---|---|
| 무단통치 | 문화통치 | 황국신민화 | 전시동원체제 |
| 보통학교 4년 | 보통학교 6년 | ⇨ 소학교 | 교육은 전쟁의 수단 |
| 고등 보통학교 4년 | 고등 보통학교 5년 | ⇨ 중학교 | 중학교, 고등여학교 수업연한 4년으로 축소 |
| 여자고등 보통학교 3년 | 여자고등 보통학교 4년 | ⇨ 고등여학교 | 조선어 폐지 |
| 성균관 폐지 | 조선어 필수 | 조선어 선택 | 조선 역사 폐지 |
| 외국어 학교 폐지 | 대학 교육 조항 신설 | 3대강령 주입 | |

# PART 02 한국교육사 핵심지문 OX

## 삼국시대

**001** 고구려의 태학은 우리나라 최초의 관학이다. ( ○ | × )

**002** 고구려의 경당은 유교 경전으로는 사서(四書)를 중시하였다. ( ○ | × )

**003** 백제는 박사 파견 등을 통해 고대 일본의 학문과 교육 발전에 영향을 미쳤다. ( ○ | × )

**004** 신라의 화랑도 교육에는 고유의 사상 및 종교의 요소가 있었다. ( ○ | × )

**005** 신라의 화랑도는 청소년들의 심신을 수련하는 교육집단이다. ( ○ | × )

**006** 신라의 국학(國學)은 교수와 훈도를 교관으로 두어 교육하게 하였다. ( ○ | × )

**007** 신라의 국학(國學)은 독서삼품과를 도입하여 독서의 정도에 따라 관직에 진출시켰다. ( ○ | × )

**008** 신라의 국학(國學)은 6두품 출신 자제들에게만 입학자격이 부여되었다. ( ○ | × )

**009** 신라의 국학(國學)은 수학기간은 관직에 진출할 때까지 누구에게도 제한하지 않았다. ( ○ | × )

**010** 통일신라의 학교교육은 당나라의 교육제도를 모방하여 설립한 국학에서 시작되었다. ( ○ | × )

**011** 신라 국학(國學)의 교수는 박사(博士)나 조교(助敎)가 담당하였다. ( ○ | × )

**012** 신라 국학(國學)에서 논어와 효경은 필수과목이었다. ( ○ | × )

**정답**

01 ○  02 ×  03 ○  04 ○  05 ○  06 ×  07 ○  08 ×  09 ×  10 ○  11 ○  12 ○

**001** 12도(十二徒)는 국가가 설립한 교육기관이다. (○ | ×)

**002** 향교(鄕校)는 고려시대에 설립되었으나 조선시대에 들어와 크게 확충되었다. (○ | ×)

**003** 고려의 학교교육은 불교사상을 근간으로 전개되었다. (○ | ×)

**004** 국자감은 유학부와 기술부의 이원체제로 운영되었다. (○ | ×)

**005** 국자감의 유학부에서는 논어와 주역을 필수교과로 하였다. (○ | ×)

**006** 예종 때에 국자감에 설치한 7재에는 무학도 포함되어 있었다. (○ | ×)

**007** 국자감은 향사의 기능을 가진 문묘와 강학의 기능을 가진 학당이 별도로 있었다. (○ | ×)

**008** 서당은 향촌에 설치된 민간의 자생적인 사설 초등교육기관이다. (○ | ×)

**009** 국자감은 유학계의 3학인 국자학, 태학, 사문학과 기술계의 3학인 율학, 서학, 산학으로 (○ | ×)
구성되었다.

**010** 향교는 공지 등 성현을 모시는 제사 기능의 문묘와 학생들에게 수업을 하는 교육 기능의 (○ | ×)
명륜당으로 구성되었다.

**011** 고려시대의 관학에는 국자감, 학당, 향교가 있었고, 사학에는 12도, 서당, 서원이 있었다. (○ | ×)

정답

**01** ×  **02** ○  **03** ×  **04** ○  **05** ×  **06** ○  **07** ○  **08** ○  **09** ○  **10** ○  **11** ×

**001** 성균관은 문묘에서 성현의 제사와 교육을 병행하였다. (○│×)

**002** 성균관은 학생을 4학(四學) 출신으로 제한하여 선발하였다. (○│×)

**003** 성균관은 4서 5경과 제자백가 관련 서적들을 교육내용으로 삼았다. (○│×)

**004** 성균관은 논술시험인 제술(製述)과 구두시험인 강경(講經)이 있었다. (○│×)

**005** 성균관은 양반(귀족)의 자제면 누구나 입학할 수 있었다. (○│×)

**006** 성균관은 성현의 제사를 지내는 것이 주목적이었다. (○│×)

**007** 성균관은 강독, 제술, 서법 등이 교육내용이었다. (○│×)

**008** 성균관은 생원이나 진사가 되기 위한 준비기관이다. (○│×)

**009** 성균관은 문묘와 학당이 공존하는 묘학(廟學)의 형태를 띠고 있었다. (○│×)

**010** 성균관은 고려의 국자감과 달리 순수한 유학(儒學) 교육기관으로 운영되었다. (○│×)

**011** 성균관은 유생들이 생활하며 공부할 때 지켜야 할 수칙으로 학령(學令)이 존재하였다. (○│×)

**012** 성균관은 재학 유생이 정원에 미달하면 지방 향교(鄉校)의 교생을 우선적으로 승보시켰다. (○│×)

**013** 조선시대 성균관의 교육과정은 4서와 5경, 역사서의 강독과 제술 및 서법으로 구성되어 있었다. (○│×)

**014** 조선시대 사학(四學)은 경서 중에서 소학(小學)은 필수과목이었다. (○│×)

**015** 조선시대 사학(四學)은 향교와 같이 중등교육을 담당하였다. (○│×)

**016** 조선시대 사학(四學)은 성균관과 같이 명륜당과 문묘를 갖추고 있었다. (○│×)

**정답**

**01** × **02** × **03** × **04** ○ **05** × **06** × **07** ○ **08** × **09** ○ **10** ○ **11** ○ **12** × **13** ○ **14** ○
**15** ○ **16** ×

**017** 조선시대 사학(四學)은 입학 후 15세 이상이 되어 학문이 우수하면 성균관에 입학할 수 있었다. ( ○ | × )

**018** 향교의 기능은 크게 제례(祭禮)와 강학(講學)의 두 가지로 나뉜다. ( ○ | × )

**019** 향교는 조선시대에 처음 설치된 관학 교육기관이다. ( ○ | × )

**020** 향교의 교생은 양반 이외에 일반 양인(良人) 신분도 등록할 수 있었다. ( ○ | × )

**021** 향교에 대한 관리와 감독은 지방수령의 기본업무 중 하나이다. ( ○ | × )

**022** 향교는 전국의 부·목·군·현에 일읍일교(一邑一校)의 원칙에 따라 설립된 지방관학이다. ( ○ | × )

**023** 향교의 교관으로는 중앙에서 파견하는 교수(敎授)나 훈도(訓導)가 있었다. ( ○ | × )

**024** 향교는 성균관과 마찬가지로 문묘와 학당으로 구성된 묘학(廟學)의 구조를 갖추고 있었다. ( ○ | × )

**025** 향교 유생들은 성균관 유생들을 대상으로 거행하는 알성시나 황감제, 도기과 등의 시험에 함께 응시할 수 있었다. ( ○ | × )

**026** 동몽선습은 중종 때 박세무가 저술하였다. ( ○ | × )

**027** 성균관에서는 사서오경과 역사서뿐만 아니라 노자와 장자, 불교, 제자백가 관련 서적도 함께 공부하도록 하였다. ( ○ | × )

**028** 성균관에서는 매월 옷을 세탁하도록 주어지는 휴가일에는 활쏘기와 장기, 바둑, 사냥, 낚시 등의 여가 활동을 허용하였다. ( ○ | × )

**029** 성균관 유생의 출석확인을 위한 방식은 「학교모범」이다. ( ○ | × )

**030** 문과 대과에 급제한 자에게는 홍패(紅牌)가 지급되었다. ( ○ | × )

**031** 생진과의 복시(覆試)에 합격한 자에게는 성균관에 입학할 수 있는 자격이 주어졌다. ( ○ | × )

---

**정답**

17 ○  18 ○  19 ×  20 ○  21 ○  22 ○  23 ○  24 ○  25 ×  26 ○  27 ×  28 ×  29 ×  30 ○
31 ○

032 생원시에서는 유교경전을, 진사시에서는 부(賦), 시(詩) 등의 문학을 시험보았다. (O|X)

033 과거시험은 정규시험인 정시(庭試)와 특별시험인 별시(別試)로 구분된다. (O|X)

034 조선시대의 문과시험 중 대과는 초시와 복시 2단계로 구분되었다. (O|X)

035 율곡 이이는 입지(立志)와 성경(誠敬)을 바탕으로 지행합일, 내면적 동기, 반복학습을 (O|X)
통한 점진적 발전 등을 강조하였다.

036 퇴계 이황은 거경(居敬)과 궁리(窮理)를 근본원리로 삼아 도덕적 심성을 배양하고 의심 (O|X)
이 없도록 사물의 이치를 깨닫는 교육방법을 강조했다.

037 과거제도는 크게 문과, 무과, 잡과의 세 종류로 나뉜다. (O|X)

038 과거제도는 3년에 한번, 식년(式年)에 실시하는 것을 원칙으로 한다. (O|X)

039 과거제도 잡과의 시험은 초시, 복시, 전시의 3단계로 치러진다. (O|X)

040 생원시와 진사시의 합격자에게는 성균관에 입학하여 수학할 수 있는 자격이 주어진다. (O|X)

041 이황과 이이는 위인지학(爲人之學)을 강조하였다. (O|X)

042 정약용이 저술한 「성학집요」는 체계적 한자 학습을 위하여 엮은 교육용 교재로서 천자 (O|X)
문의 결점을 극복하기 위하여 만들어졌다.

043 정약용은 「천자문」, 「사략」, 「통감」 등의 교재로 아동교육을 내실화 해야 한다고 주장 (O|X)
하였다.

044 학교모범(學校模範)은 조선전기 학자 이이가 왕명으로 학교·가정·사회생활의 규칙을 정 (O|X)
하여 1582년에 저술한 규정집으로 학생 수양에 관한 상세하고 구체적인 훈규를 다루었다.

045 조선 정부에서 설립한 신식학교는 동문학과 육영공원이 있다. (O|X)

**정답**

| 32 ○ | 33 × | 34 × | 35 ○ | 36 ○ | 37 ○ | 38 ○ | 39 × | 40 ○ | 41 × | 42 × | 43 × | 44 ○ | 45 ○ |

**046** 원산학사는 개항장인 함경남도 원산의 일본인 거류지에 일본 상인들이 주도하여 설립하였다. (○│×)

**047** 배재학당과 이화학당은 감리교 선교사인 아펜젤러(H. G. Appenzeller)와 스크랜튼(M. F. Scranton)이 각각 설립하였다. (○│×)

**048** 육영공원은 핼리팩스(T. E. Halifax)가 주무 교사였으며, 통역관을 양성하기 위해 설립되었다. (○│×)

**049** 도산 안창호는 초등교육기관인 강명의숙(講明義塾)을 설립하였다. (○│×)

**050** 동문학은 통역관 양성을 위한 목적으로 출발하였다. (○│×)

**051** 배재학당은 우리나라 최초로 설립된 민간 신식교육기관이다. (○│×)

**052** 육영공원은 엘리트 양성을 위한 목적으로 설립된 관립 신식교육기관이다. (○│×)

**053** 안창호는 대성학교를 설립하여 무실역행을 강조하였다. (○│×)

**054** 동문학, 육영공원, 연무공원 모두 관립 신식학교에 해당한다. (○│×)

**055** 고종은 교육입국조서에서 초등단계의 의무교육을 시행할 것임을 선언하였다. (○│×)

**056** 고종은 교육입국조서에서 유교식 교육기관인 성균관을 근대식 대학으로 전환할 것을 천명하였다. (○│×)

**057** 고종은 교육입국조서에서 교육의 3대 강령으로 덕양(德養), 체양(體養), 지양(智養)을 제시하였다. (○│×)

**058** 고종은 교육입국조서에서 과거의 허명(虛名)교육을 버리고 실용(實用)교육을 중시할 것임을 밝혔다. (○│×)

**059** 일제 강점기의 제2차 조선교육령에서 조선어를 필수과목으로 정했다. (○│×)

**정답**

| 46 × | 47 ○ | 48 × | 49 × | 50 ○ | 51 × | 52 ○ | 53 ○ | 54 ○ | 55 × | 56 × | 57 ○ | 58 ○ | 59 ○ |

**060** 일제 강점기의 제2차 조선교육령에 고등보통학교의 수업 연한을 3년으로 정했다. ( ○ | × )

**061** 일제 강점기의 제2차 조선교육령에 대학 설립에 관한 조항을 두었다. ( ○ | × )

**062** 일제 강점기의 제2차 조선교육령은 3·1 운동으로 표출된 반일감정을 무마하기 위한 회 ( ○ | × )
유책이었다.

**063** 1895년에 한성사범학교가 설립되어 근대적인 초등교원을 양성하였다. ( ○ | × )

**064** 통감부 시기에 초등교육기관의 명칭이 보통학교에서 소학교로 바뀌었다. ( ○ | × )

**065** 제1차 조선교육령(1911년)에는 소학교와 보통학교의 수업연한 상의 차별이 없었다. ( ○ | × )

**066** 제2차 조선교육령(1922년)에 의해 초등 교육기관의 명칭이 초등학교로 바뀌었다. ( ○ | × )

정답

60 × 61 ○ 62 ○ 63 ○ 64 × 65 × 66 ×

# 2025
# 변민재 교육학
# 핵인싸(핵심 inside)

PART

# 03

# 서양교육사

# PART 03 서양교육사

## 제 1 절 소피스트 vs 소크라테스

| | |
|---|---|
| 소피스트 | • 인간의 세계인식은 감관의 작용으로 제한하기 때문에 인식된 세계는 감각경험을 통해서만 드러남<br>• 상대적·가변적<br>• 경험 중심<br>• 보편적이고 절대적인 진리 혹은 지식은 존재하지 않으며 보편적인 기준도 × |
| 소크라테스 | • 지덕복합일설<br>• 지행합일설<br>• 보편적·절대적<br>• 이성 중심<br>• 반문법, 산파술 |

## 세 2 절 플라톤 vs 아리스토텔레스

| | |
|---|---|
| 플라톤 | • 이상주의<br>• 이분법적 세계관: 현상계, 이데아계<br>• 영혼삼분설: 이성, 기개, 욕구<br>• 사주덕: 지혜, 용기, 절제, 정의<br>• 철인정치 |
| 아리스토텔레스 | • 현실주의<br>• 목적론적 세계관: 인간의 최고선은 행복<br>• 지성적 덕 by 학습, 품성적 덕 by 습관<br>• 중용: 지나침에 따른 악덕과 모자람에 따른 악덕 사이의 중간<br>• 자유교육: 직업적인 일을 하기 위한 교육이 아니라 여가를 올바르게 누리도록 준비시키는 교육<br>• 교육단계 '신체교육 ⇨ 인격교육 ⇨ 이성교육' |

## 제 3 절　로마의 교육

| 공화정 시대 | • 가정 중심<br>• 루두스 | | |
|---|---|---|---|
| 제정 시대 | • 학교 중심 | | |
| | 문자학교 | 초보적인 독(讀), 서(書), 산(算) 교육 등의 초등교육을 담당 | |
| | 문법학교 | 언어나 문자연구, 중등교육을 담당 | |
| | 수사학교 | 유능한 웅변가를 양성하고 전문적인 지식인을 양성, 고등교육을 담당 | |

## 제 4 절　중세의 교육

| 기독교 교육 | 인간을 순종과 신앙으로 이끌고 기독교적 완전성에로 인도 |
|---|---|
| 시민학교 &<br>대학 | • 중세 말 도시의 새로운 시민정신과 시민문화가 형성됨으로써 세속적이고 현실적인 시민교육이 요청되어 조합학교(guild school) 설립<br>• 시대의 객관적 상황 변화로 인해 지적 요구가 충만한 학생들이 유명한 스승을 찾아 집결함으로써 각지에 대학 설립 |

## 제 5 절　인문주의 교육: 르네상스기

| 인문주의<br>교육 | • 현세에서 '인간다운 삶', '교양 있는 삶'을 누릴 수 있도록 준비하는 것<br>• 인문주의 교육 = 고전 공부 |
|---|---|
| 개인적<br>인문주의 | • 이탈리아 반도에서 전개된 인문주의 경향<br>• 예술활동과 문학공부를 통해 개인의 교양을 넓히는 것 |
| 사회적<br>인문주의 | • 15세기 중반 이후 북유럽 지역에서 전개된 인문주의 경향<br>• 개인의 교양을 넓히기 위한 것이 아니라 사회개혁을 위한 것 |
| 키케로 주의 | • 고전문학 공부가 인간다운 삶을 위한 수단의 단계를 넘어서 그 자체가 목적으로 추구되는 경향<br>• 문학의 내용보다 문법과 문체같은 형식적인 측면을 더 중요시 |

**종교개혁기: 루터**

| 의무교육제도 | 모든 부모는 귀천, 빈부, 남녀의 구별 없이 자녀를 학교에 보내야 함 |
|---|---|
| 공교육제도 | 교육의 국가책임론을 강조 |
| 교육과정 | • 다양한 교과를 중시<br>• 특히 정서교육과 건강교육의 수단으로서 음악과 체육을 강조 |
| 교수방법 | 사물 자체에 대한 인식을 강조 |
| 인격존중 | • 아동의 인격을 존중<br>• 체벌에 반대하였으며 아동의 자유스럽고 자연스러운 성장을 촉구 |
| 교직의 고귀성 | 교직과 성직을 동일한 차원에서 이해 |

제 **7** 절 **실학주의**

| 실학주의<br>교육 | • 실용성과 실천성을 중요시하는 교육사조<br>• 언어로 표현되는 추상적 관념의 습득보다 구체적 사물에 대한 직접적 경험을 강조<br>• 언어 또는 문학보다 자연현상이나 사회제도를 대상으로 연구<br>• 현실생활에 대한 구체적이고 실제적인 학습을 강조하는 경험주의 교육사조 |
|---|---|
| 인문적<br>실학주의 | • 인문주의에서 실학주의로 넘어가는 과도기에 나타난 실학주의 초기의 모습<br>• 인문주의의 형식화에 대한 반발<br>• 인문주의를 비판하며 교육의 현실적 적합성과 실용성을 강조 |
| 사회적<br>실학주의 | • 사회생활을 통해 얻어지는 실재적인 경험을 중시한 교육사상<br>• 실제 생활을 통해 폭넓은 지식과 교양을 겸비한 사람, 신사 양성<br>• 참된 교육은 서적을 통해서가 아니라 실제 생활을 통해 이루어져야 함<br>• 여행을 통해 풍부한 지식과 경험을 쌓으며 실제 생활에 도움을 주는 교과목을 배우고 익힘 |
| 감각적<br>실학주의 | • 진정한 의미의 실학주의<br>• 자연과학의 지식과 연구방법을 교육에 끌어들임으로써 교육의 현실적 적합성과 실용성을 확보하고<br>  자 한 교육사조 ⇨ 과학적 실학주의<br>• 감각경험만이 올바른 지식을 획득하는 통로<br>• 감각경험을 통해 이루어지는 실물학습은 책을 통한 간접학습보다 효과적<br>• 자연법칙에 따라 교육을 하고 자연과학의 지식을 존중 |

## 제 8 절  감각적 실학주의: 코메니우스

| 교육목적 | 지식을 쌓고, 도덕을 함양하며, 신앙심을 길러 완전한 삶을 준비 |
|---|---|
| 교육내용 | • 범지학(汎知學, pansophia: 일체지 – 지식의 총체)의 획득<br>• "모든 사람들에게 모든 것을 가르친다." |
| 교육방법 | 합자연의 원리 |
| 교육단계 | 어머니 학교 – 모국어 학교 – 라틴어 학교 – 대학 |
| 교육대상 | 교육은 일부 상류층을 위한 것이 아니라 모든 인간을 위한 것 |
| 저 서 | 대교수학, 세계도회 |

## 제 9 절  자연주의: 루소

| | | |
|---|---|---|
| 교육목적 | • 자연인을 육성<br>• 성선설<br>• 인간의 자연스런 본성을 최대로 드러내는 것을 목표로 하는 교육 | |
| 교육내용 | • 「에밀」 | |
| | 0~5세 | • 가능하면 많은 자유를 주어야 하며 자연스러운 성장의 발달을 저해하는 요소를 제거해야 함<br>• 아이의 자연스러운 성장을 막는 인위적인 지적이고 도덕적인 교육을 삼가야 함 |
| | 5~12세 | • 아동기는 언어의 습득과 오관의 발달이 주요한 시기<br>• 언어와 오관의 발달은 책을 통해서가 아니라 직접적인 경험을 통해서 배워야 함 |
| | 12~15세 | • 천문학, 물리, 지리 등 자연과학과 수공(手工)을 배움<br>• 책을 통해서가 아니라 실물교육을 통해 스스로 발견하도록 해야 함 |
| | 15~20세 | • 사회학, 심리학, 윤리학, 정치학 등을 배움<br>• 이 시기는 정열이 발달하는 시기로 이 정열을 통제하기 위해 종교교육과 도덕교육이 이루어져야 함 |
| 교육방법 | • 소극적 교육론<br>• 아동의 자연스러운 본성이 최대한 드러나도록 하기 위해서는 가능한 많은 자유를 주어야 하며 간섭을 최소화 | |
| 범애주의 | 바제도, 잘츠만 | |

## 제 10 절 신인문주의: 페스탈로치

| 교육목적 | • 인격 완성<br>• 도덕적 인간 |
|---|---|
| 교육사상 | • 평등적 인간관<br>• 삼육론(三育論): 머리·가슴·손으로 특정 지어지는 인간의 지능(知能), 심정(心情), 기능(技能)을 모든 사람에게 고르게 도야하고자 하는 전인교육관 |
| 교육방법 | • 합자연(合自然)<br>• 안방교육의 원리: 인간교육은 안방에서 출발되어야 함<br>• 일반 도야의 원리: 직업교육보다 인간교육이 우선, 지·덕·체의 세 힘을 조화롭게 발전<br>• 자기계발의 원리: 안에서 지니고 있는 내면적 힘을 스스로 계발·발전<br>• 도덕교육 중시의 원리: 지·덕·체의 조화로운 교육을 인간교육의 기본으로 생각, 이 중에서 도덕성 함양이 인간교육의 가장 핵심<br>• 직관의 원리: 내적직관, 외적직관<br>• 기초도야의 원리: 산수, 도형, 국어 |

## 제 11 절 신인문주의: 헤르바르트

| 교육목적 | | • 도덕성을 함양<br>• 도덕성 함양은 교육의 모든 세부적 목적들을 포괄하는 최고의 목적 |
|---|---|---|
| 교육내용 | | • 내면적 자유의 이념<br>• 완전성 또는 완벽성의 이념<br>• 선의지 또는 호의의 이념<br>• 권리의 이념<br>• 형평 또는 공정성의 이념 |
| 교육방법 | 관 리 | • 아동이 아직 자신의 본능적 욕구나 행동을 스스로 조절하지 못할 때 외부적 권위의 힘으로 규제하는 것<br>• 이것은 교수나 훈련을 효과적으로 하기 위한 준비로서 꼭 필요한 것이지만 교육 본래의 영역은 × |
| | 훈 련 | • 교재나 아이디어를 매개로 하지 않고 직접적으로 아동의 정서와 도덕성을 도야<br>• 교육 본래의 영역<br>• 교재를 매개로 하지 않는다는 점에서 교수와는 구별 |
| | 교 수 | • 인격형성을 목적으로 학생들에게 정보를 전달하는 것<br>• 교육적 교수<br>• 의지는 사고권에서 솟아나오는 것이므로 도덕성은 지식에 기초를 두고 있음 |

| 4단계<br>교수론 | 전 심 | 명 료 | 개개의 대상에 몰입하여 명료한 인식을 획득 |
| | | 연 합 | 하나의 전심에서 다른 전심으로 전이되어 이미 습득한 표상이 새로운 표상과 결합하여 표상 간의 연합 |
| | 치 사 | 체 계 | 중요한 관련과 중요하지 않은 관련을 구분하고 관련 사실들을 하나의 통일된 전체로서 배열 |
| | | 방 법 | 지식내용의 체계를 실제의 생활 속에 적용 |

## 제 12 절  20세기 교육사상가

| 몬테소리 | 어린이집 | • 1907년 로마의 산 로렌조(San Lorenzo)에 '어린이집'을 개원<br>• 신체는 건강하지만 보호받지 못하는 저소득층의 2~6세에 해당하는 아동들을 돌보기 위해 보모를 구하고 기부금을 모았으며 아이들이 사용할 교구를 직접 제작<br>• 그녀가 직접 제작한 교구를 '몬테소리 교구'라고 부름 |
| | 교육관 | • 어린이의 집을 운영하는 가운데 아동들에 대한 관찰과 실험을 통하여 아동을 무한한 잠재능력을 가진 존재로 파악<br>• 아동을 존중하는 것이 교육의 출발점이 되어야 하며, 아동의 내적 생명력과 자발적인 능력을 길러주는 것이 교육의 사명이 되어야 함 |
| 니 일 | 아동관 | • "어린이는 태어날 때부터 본성적으로 슬기롭고 실제적이라는 것이 나의 생각이다. 어른들이 간섭하지 않고 그렇게 맡겨 둔다면 어린이는 자기가 발전할 수 있는 최대한도까지 발전할 것이다."<br>• 오랫동안 섬머힐 학교를 운영하면서 얻어낸 관찰과 실험의 결과, 니일은 아동의 성선(性善)과 생래적 발전 가능성을 굳게 믿었음<br>• 간섭과 통제를 없앴을 때 아동의 착한 본성이 훨씬 더 잘 드러난다는 사실을 확신하게 되었으며 이것을 교육사상의 출발점으로 삼았음 |
| | 교육목적 | • 아동에게 최대한의 자유가 주어질 때 교육목적을 실현할 수 있다고 생각<br>• 실현하고자 했던 교육목적들은 행복, 균형, 진실성, 독창성 등 |
| | 섬머힐<br>학교 | • 교육목적을 실현하기 위해 1921년 섬머힐 학교를 건립<br>• 이 학교는 "어린이를 학교에 맞추는 대신 아이들에게 맞는 학교"로서 완전한 자유의 원칙에 입각하여 운영<br>• 섬머힐 학교는 학습과 관련하여 최대한의 자유를 허용<br>• 학습하고자 하는 학과목의 선택, 학습동기 및 목표의 선택 등에 관하여 학생들로 하여금 자율적인 결정을 하도록 했으며 수업 출석, 놀이의 자유를 허용<br>• 일체의 도덕적 훈육을 배제 |

| 허친스 | 교육사상 | • 항존주의 교육사상의 창시자<br>• 이 세상에는 영원불변하는 진리가 있다고 믿고 이러한 진리를 탐구하는 것이 교육의 중요한 사명<br>• 플라톤, 아리스토텔레스, 아퀴나스의 철학에 기초하여 진리란 어느 곳, 어느 때이든지 보편적이고 항구적이며 영원하다고 주장<br>• 그는 듀이와 진보주의 교육이론이 미국교육계를 황폐하게 만들었다고 비판 |
|---|---|---|
| | 교육방법 | • 지적 탁월성과 도덕적 탁월성을 기르는 것이 교육의 중요한 사명<br>• 이러한 능력을 기르기 위해서는 무엇보다 이성(理性)과 합리성(理性)을 계발해야 한다고 주장<br>• 서양의 지혜를 담고 있는 위대한 저서들(Great Books)을 탐독함으로써 이성과 합리성을 계발할 수 있음<br>• 허친스는 그의 동료 아들러(M. J. Adder)를 비롯한 여러 편집위원들의 도움을 받아 '위대한 저서 읽기 프로그램(Great Books Program)'을 만들어 학부 학생들에게 널리 보급하기 시작 |
| | 영 향 | • 허친스의 교육사상은 그 당시와 그의 사후에도 미국의 중등학교와 대학에 큰 영향을 주지 못했음<br>• 1977년 허친스가 타계한 후 동료인 아들러는 대학교육과 성인교육을 개혁하는 일보다 초·중등교육을 개혁하는 일이 더 우선해야 한다고 생각<br>• 아들러는 초·중등교육을 개혁하기 위한 방안으로 '파이데이아 그룹(Paideia Group)'을 결성<br>• 그는 1982년 그룹의 교육적 입장을 「파이데이아 선언」이라는 책으로 발표하여 허친스와 함께 사색해 왔던 교육직 신념을 간결하게 천명하였음 |

# PART 03 서양교육사 핵심지문 OX

**001** 소크라테스의 산파술은 교육자는 상대가 이미 알고 있다고 생각하는 관념에 대해 그것이 과연 타당한 것인지 계속해서 질문을 제기한다. (○ | ×)

**002** 소크리테스의 산파술은 교육자는 대화를 통해 상대방이 스스로 발견한 지식의 옳고 그름을 판정해주는 역할을 한다. (○ | ×)

**003** 소크라테스의 산파술은 교육자가 피교육자에게 무엇인가를 일러주는 것이 아니라 피교육자 스스로 생각하도록 유도하는 교육방법이다. (○ | ×)

**004** 소크라테스의 산파술은 상대방으로 하여금 결국 자신이 모르고 있었다는 것을 깨닫게 하여 배움의 새로운 단계로 이끄는 교육방법이다. (○ | ×)

**005** [소크라테스] 덕(德)과 지식은 동일하다고 주장하였다. (○ | ×)

**006** [소크라테스] 도덕성 함양을 위해 습관 형성을 강조하였다. (○ | ×)

**007** [소크라테스] 교육방법으로 대화법과 산파술을 사용하였다. (○ | ×)

**008** [소크라테스] 절대적이고 객관적인 진리의 존재를 역설하였다. (○ | ×)

**009** [소크라테스] 교수방법으로서 반어법과 문답법을 활용하였다. (○ | ×)

**010** [이소크라테스] 논증과 변론을 통한 수사학 교육을 강조하였다. (○ | ×)

**011** [플라톤] 교육에서 교육의 초기 단계에서는 변증법을 공부한다. (○ | ×)

**012** [플라톤] 교육에서 교육의 최종 단계는 선의 이데아를 획득하는 것이다. (○ | ×)

**정답**

01 ○  02 ×  03 ○  04 ○  05 ○  06 ×  07 ○  08 ○  09 ○  10 ○  11 ×  12 ○

**013** [플라톤] 학문을 탐구하는 목적은 변화의 모습을 파악하는 데 있다. (○ | ×)

**014** [플라톤] 계층에 관계없이 모든 사람에게 동일한 교육을 실시한다. (○ | ×)

**015** [플라톤] 웅변가를 이상적으로 교육받은 인간상으로 간주하였다. (○ | ×)

**016** [프로타고라스] 모든 가치의 기준이 개인에 따라 상대적이라고 주장하였다. (○ | ×)

**017** [플라톤] 교육의 궁극적인 목적은 개인의 자아실현에 있다. (○ | ×)

**018** [플라톤] 국가는 능력에 따라 구분된 계급에 적합한 교육을 시켜야 한다. (○ | ×)

**019** [플라톤] 모든 인간은 백지상태에서 태어나므로 개인의 사회적 역할은 평등하다. (○ | ×)

**020** [플라톤] 국가는 교육에 최소한으로 개입하여 개인의 발달을 보장해야 한다. (○ | ×)

**021** [아리스토텔레스] 최고선으로서의 행복을 추구하기 위해 지성적 삶과 습관 형성을 중시 (○ | ×)
하였다.

**022** [아리스토텔레스] 교육은 시민들의 행복한 삶을 다룬다는 점에서 정치와 동일하다. (○ | ×)

**023** [아리스토텔레스] 도덕적 탁월성이란 개인이 가진 내적 소질을 최대한 발현시키는 것이다. (○ | ×)

**024** [아리스토텔레스] 인간을 포함하여 존재하는 모든 것은 장차 실현될 모습을 스스로 지니 (○ | ×)
고 있다.

**025** [아리스토텔레스] 반어법(反語法)과 산파술(産婆術)은 학습자의 무지를 일깨우기 위 (○ | ×)
한 교수법이다.

**026** [아리스토텔레스] 모든 인간은 장차 실현될 모습을 스스로 지니고 있다는 목적론적 세계 (○ | ×)
관을 지향한다.

**027** [아리스토텔레스] 교육의 최종적인 목적은 행복한 삶을 영위할 수 있는 인간을 기르는 (○ | ×)
것이다.

**정답**

| 13 × | 14 × | 15 × | 16 ○ | 17 × | 18 ○ | 19 × | 20 × | 21 ○ | 22 ○ | 23 ○ | 24 ○ | 25 × | 26 ○ |
| 27 ○ |

**028** [아리스토텔레스] 자유교육은 직업을 준비하거나 실용적인 목적을 위해 행해지는 것이 아니라 지식 자체의 목적에 맞추어져 있다. ( ○ | × )

**029** [로마 교육] 로마 초기에는 부모가 자녀교육에 대하여 절대적인 권한을 행사하였다. ( ○ | × )

**030** [로마 교육] 문법학교가 수사학교보다 높은 수준의 교육기관이었다. ( ○ | × )

**031** [로마 교육] 중등교육기관에서는 7자유학과를 체계적으로 가르쳤다. ( ○ | × )

**032** [로마 교육] 현학적인 학문보다 실용적인 학문을 더 중요시하였다. ( ○ | × )

**033** [중세 교육] 스콜라 철학이 발달하면서 학문적 열기가 고조되었다. ( ○ | × )

**034** [중세 교육] 십자군 원정 이후 외부 지역으로부터 실용학문이 널리 유입되었다. ( ○ | × )

**035** [중세 교육] 도시와 상공업이 발달하면서 법조인, 의사와 같은 전문인력에 대한 수요가 증가하였다. ( ○ | × )

**036** [인문주의] 고대 그리스·로마의 자유교육의 이상을 계승하였다. ( ○ | × )

**037** [인문주의] 자연이나 실재하는 사물을 매개로 하는 실물교육을 도입하였다. ( ○ | × )

**038** [인문주의] 민족적으로 각성된 관점에서 공동체 의식을 기르는 데 주력하였다. ( ○ | × )

**039** [인문주의] 인간 중심적 사고를 강조하였다. ( ○ | × )

**040** [인문주의] 감각적 실학주의를 비판하며 등장하였다. ( ○ | × )

**041** [인문주의] 북유럽의 인문주의 교육은 개인보다는 사회 개혁에 주된 관심을 가졌다. ( ○ | × )

**042** [인문주의] 이탈리아의 인문주의 교육에서는 자기표현 및 창조적 능력의 실현을 강조하였다. ( ○ | × )

**043** [종교개혁기] 교육의 구심점이 국가에서 교회로 이동하였다. ( ○ | × )

---

**정답**

28 ○  29 ○  30 ×  31 ○  32 ○  33 ○  34 ○  35 ○  36 ○  37 ×  38 ×  39 ○  40 ×  41 ○
42 ○  43 ×

**044** [종교개혁기] 성서 중심 교육이 중시되어 교육의 종교화를 초래하였다. (○ | ×)

**045** [종교개혁기] 라틴어 대신에 모국어가 성경과 교육의 언어로 사용되면서 교육의 보편화 (○ | ×)
에 기여하였다.

**046** [종교개혁기] 교회 중심의 기독교교육을 강조하였다. (○ | ×)

**047** [종교개혁기] 교육에서 현세의 고행과 금욕을 강조하였다. (○ | ×)

**048** [종교개혁기] 성서 읽기를 위한 기본 문해교육이 강조되었다. (○ | ×)

**049** [종교개혁기] 스콜라철학을 바탕으로 한 대학교육이 발달하였다. (○ | ×)

**050** [실학주의] 실학주의는 기독교 교육의 형식주의에 대한 반성에서 생겨났다. (○ | ×)

**051** [실학주의] 감각적 실학주의는 여행이나 사회생활을 통한 학습을 강조하였다. (○ | ×)

**052** [실학주의] 인문적 실학주의는 실물이나 표본에 의한 학습을 강조하였다. (○ | ×)

**053** [실학주의] 사회적 실학주의는 신사(紳士) 양성을 교육의 주된 목적으로 삼았다. (○ | ×)

**054** [실학주의] 현학적인 교양인을 기르는 데 목적을 두었다. (○ | ×)

**055** [실학주의] 구체적 사물에 대한 직접적 경험을 강조하였다. (○ | ×)

**056** [실학주의] 현실 생활에 대한 이해와 교육의 현실적 적합성을 중시하였다. (○ | ×)

**057** [실학주의] 이성에 의해 모든 것을 판단하는 합리적 인간을 이상적 인간상으로 보았다. (○ | ×)

**058** [코메니우스] 고전(古典)의 내용을 체계적으로 전달하고 이해하는 것이 중요하다. (○ | ×)

**059** [코메니우스] 감각교육의 중요성을 강조한다. (○ | ×)

**060** [코메니우스] 교육을 이끌어가는 방법상의 원리를 자연에서 찾는다. (○ | ×)

정답

**44** ×　**45** ○　**46** ×　**47** ×　**48** ○　**49** ×　**50** ×　**51** ×　**52** ×　**53** ○　**54** ×　**55** ○　**56** ○　**57** ×
**58** ×　**59** ○　**60** ○

**061** [코메니우스] 수업에서는 사물이 사물에 대한 언어보다 앞서야 한다.　　　　　(○ㅣ×)

**062** [코메니우스] 모든 사람에게 모든 것을 철저하게 가르쳐야 한다고 주장하였다.　　　(○ㅣ×)

**063** [코메니우스] 그림을 넣은 교재인 「세계도회」를 제작하여 문자 위주 언어교육의 문제를　(○ㅣ×)
해결하고자 하였다.

**064** [코메니우스] 동굴의 비유를 통해 교육의 핵심적 원리와 지식의 단계를 제시하였다.　　(○ㅣ×)

**065** [코메니우스] 어머니 무릎 학교, 모국어 학교, 라틴어 학교, 대학으로 이어지는 단계적 학　(○ㅣ×)
교 제도를 제안하였다.

**066** [인문적 실학주의] 고전연구를 통해 현실생활에 잘 적응하는 유능한 인간 양성을 강조하　(○ㅣ×)
였다.

**067** [사회적 실학주의] 여행과 같은 경험중심 교육을 통하여 사회적 조화와 신사 양성을 교　(○ㅣ×)
육목적으로 강조하였다.

**068** [감각적 실학주의] 감각적 경험을 통하여 생활의 지식을 습득하며, 이해와 판단을 중시　(○ㅣ×)
하는 교육방법을 강조하였다.

**069** [인문적 실학주의] 고전중심의 교과를 토의와 설명에 의해 개별적으로 교육하는 것을 강　(○ㅣ×)
조하였다.

**070** [감각적 실학주의] 인문주의 교육을 비판한 몽테뉴(Montaigne)가 대표적인 사상가이다.　(○ㅣ×)

**071** [감각적 실학주의] 고전을 중시하지만, 고전을 가르치는 목적이 현실 생활을 이해하는　(○ㅣ×)
데 있다.

**072** [감각적 실학주의] 세상은 가장 훌륭한 교과서이며, 세상사에 밝은 인간을 기르는 데 교　(○ㅣ×)
육의 목적이 있다.

**073** [감각적 실학주의] 자연과학의 지식과 방법론을 활용하여 교육의 현실적 적합성과 실용　(○ㅣ×)
성을 추구한다.

정답

| 61 ○ | 62 ○ | 63 ○ | 64 × | 65 ○ | 66 ○ | 67 ○ | 68 × | 69 ○ | 70 × | 71 × | 72 × | 73 ○ |

**074** [계몽주의] 인간의 이성적 능력을 신뢰하였다. ( ○ | X )

**075** [계몽주의] 전통적인 관습과 권위에 도전하였다. ( ○ | X )

**076** [계몽주의] 인문·예술교과를 통한 감성교육을 강조하였다. ( ○ | X )

**077** [계몽주의] 교육을 통한 무지의 타파와 사회개혁을 추구하였다. ( ○ | X )

**078** [자연주의] 루소는 인위적 교육을 비판하고 자연의 원리에 맞는 교육을 해야 한다고 강조하였다. ( ○ | X )

**079** [자연주의] 위대한 고전을 통하여 교양의 폭을 넓힘으로써 개인적 발달을 가져올 수 있다고 믿었다. ( ○ | X )

**080** [자연주의] 교육에 있어서 인공적인 것을 배격하는 입장을 취하였다. ( ○ | X )

**081** [자연주의] 자연의 법칙을 발견하여 그것을 교육의 과정에 적용하는 것을 강조하였다. ( ○ | X )

**082** [자연주의] 20세기의 진보주의 교육운동과 아동 중심 교육운동으로 이어졌다. ( ○ | X )

**083** [자연주의] 루소는 자신의 교육관을 담은 「에밀(Emile)」을 저술하였다. ( ○ | X )

**084** [신인문주의] 인간본성의 미적, 지적 차원의 조화로운 발달을 추구하였다. ( ○ | X )

**085** [신인문주의] 국민국가의 민족적 관점에서 전통과 유산을 중요한 교육소재로 삼았다. ( ○ | X )

**086** [신인문주의] 고전 연구와 교육을 위해 이탈리아의 궁정학교와 독일의 김나지움 같은 학교가 생겨났다. ( ○ | X )

**087** [신인문주의] 공리주의적이고 실리적인 계몽주의에 맞서 학교교육 전반에 걸친 개혁을 추구하였다. ( ○ | X )

**088** [페스탈로치] 교육방법은 직관의 원리에 따른다. ( ○ | X )

**정답**

**74** ○  **75** ○  **76** X  **77** ○  **78** ○  **79** X  **80** ○  **81** ○  **82** ○  **83** ○  **84** ○  **85** ○  **86** X  **87** ○
**88** ○

089 [페스탈로치] 교육목적을 지식·도덕·기능의 조화로운 발달에 둔다. ( ○ | × )

090 [페스탈로치] 「일반교육학」을 저술하여 심리학적 원리에 기초한 교육방법을 정립하였다. ( ○ | × )

091 [페스탈로치] 아동의 자발적 활동과 실물을 활용한 직관교육을 중시하였다. ( ○ | × )

092 [페스탈로치] 루소의 자연주의 교육사상을 교육 실제에 적용하여 빈민학교를 설립하였다. ( ○ | × )

093 [헤르바르트] 명료, 연합, 체계, 방법으로 이어지는 수업의 단계를 주장하였다. ( ○ | × )

094 [헤르바르드] '다면적 흥미'의 형성을 중시하였다. ( ○ | × )

095 [헤르바르트] 단순한 지식 전달을 넘어 도덕적 인격을 갖추는 데 기여하는 '교육적인 수 ( ○ | × )
업'을 강조하였다.

096 [헤르바르트] 심리학과 윤리학을 교육학의 기초학문으로 삼았다. ( ○ | × )

097 [헤르바르트] 교육의 모든 세부적 목적들을 포괄하는 최고의 목적으로 도덕성의 함양을 ( ○ | × )
강조하였다.

098 [헤르바르트] 어머니무릎학교 – 모국어학교 – 라틴어학교(김나지움) – 대학으로 구성된 ( ○ | × )
4단계의 학교제도를 제안하였다.

099 [헤르바르트] 도덕적 품성은 다섯 가지 기본 이념으로 이루어져 있으며, 이는 내적 자유 ( ○ | × )
의 이념, 완전성의 이념, 호의(선의지)의 이념, 정의(권리)의 이념, 공정성(보상)의 이념
이다.

100 프뢰벨(Fröbel)은 종교, 자연, 수학, 언어를 중심으로 한 유아 교육을 강조하였다. ( ○ | × )

101 헤르바르트(Herbart)가 제시한 수업의 형식단계설에서 체계와 방법은 전심(concentration) ( ○ | × )
과정에 해당한다.

102 파크허스트(H. Parkhurst)는 달톤플랜(Dalton plan)에서 학생과 교사가 계약을 맺 ( ○ | × )
는 계약학습을 제시하였다.

정답

| 89 ○ | 90 × | 91 ○ | 92 ○ | 93 ○ | 94 ○ | 95 ○ | 96 ○ | 97 ○ | 98 × | 99 ○ | 100 × | 101 × | 102 ○ |

**103** 아들러(M. J. Adler)는 파이데이아 제안서(Paideia proposal)에서 학생들이 동일한 교육목표를 가지는 교육과정을 주장하였다. ( ○ | × )

**104** 허친스(R. M. Hutchins)는 듀이(J. Dewey)와 함께 진보주의 교육협회를 설립하고 진보주의 교육운동을 전개하였다. ( ○ | × )

**105** 킬패트릭(W. H. Kilpatrick)은 학생이 자신의 학습을 계획하고 활동을 수행하는 프로젝트 학습법(project method)을 제시하였다. ( ○ | × )

정답

**103** ○ **104** × **105** ○

2025
변민재 교육학
핵인싸(핵심 inside)

PART

# 04

# 교육철학

# PART 04 교육철학

## 제 1 절  프래그머티즘

| 근본원리 | • 이 세상에 영원·불변하는 것은 없고 오직 변화만이 실재<br>• 가치는 상대적<br>• 인간은 사회적이고 생물학적인 존재<br>• 모든 인간의 행동에 있어 비판적 지성의 가치가 발동되어야 함 |
|---|---|
| 지 식 | • 절대적으로 참되고 변화하지 않는 지식이란 없음<br>• 끊임없이 변화하고 진화 |
| 학 교 | • 지역사회의 중심<br>• 교육은 생활, 구체적으로 사회적 생활을 의미 |
| 교육목적 | 개인의 경험이 반복되고 재구성되어감에 따라 융통성 있게 조절 |
| 교육방법 | 개인의 욕구와 흥미와 필요에 기초 |
| 교육과정 | 개인의 경험을 재구성하는 일이며 개인을 성장시키는 과정 |
| 학습자 | 수용력과 잠재적 능력을 갖춘 발전적 성장체 |

## 제 2 절  진보주의 교육철학

| 교 육 | 교육은 미래 생활을 위한 준비가 아니라 현재의 생활 그 자체 |
|---|---|
| 학 습 | 학습은 직접적으로 아동의 흥미와 관련되어야 함 |
| 교육내용 | 교육내용의 이수보다 더 중요한 것은 문제해결 방법을 배우는 것 |
| 교 사 | 교사는 권위를 지닌 자로서가 아니라 경험이 풍부한 조력자 |
| 학 교 | 경쟁보다 협동을 장려하는 곳 |
| 민주주의 | • 민주주의만이 성장에 필요한 사상과 인격의 자유로운 상호작용을 허용하고 촉진함<br>• 민주주의는 하나의 정치제도 이상의 것이며 사람들이 협력해서 사는 방식이자 경험을 교환하는 방식임 |

| | | |
|---|---|---|
| **교육원리** | | ① 교육은 미래 생활을 위한 준비가 아니라, 현재의 생활 그 자체이다. |
| | | • **교육**은 문제 해결을 통한 경험이 계속적으로 재구성되는 성장의 과정 |
| | | • **교육**을 통해 아이들에게 비판적 지성적 사고방식을 길러 주어야 함 |
| | | • **학교**는 비판정신과 지성을 발로시킬 수 있는 곳이어야 함 |
| | | • **학교**는 어린이가 장차 부딪칠 생활환경과 비슷한 것을 교육해야 함 |
| | | ② 학습은 직접적으로 아동의 흥미와 관련되어야 한다. |
| | | • 학습과정은 교사 혹은 교과서에 의해 일방적으로 정해져서는 안 되며, 아동의 흥미와 욕구가 반영된 것이어야 함 |
| | | • 아동은 그들의 생활 속에서 배워야 하며 학습은 어린이의 성취도에 맞추어 진행되어야 함 |
| | | ③ 교육내용의 이수보다 더 중요한 것은 문제해결 방법을 배우는 것이다. |
| | | • 전통적인 학교에서는 지식은 그 자체로서 가치가 있는 것이므로 교사를 통해 그것은 체계적으로 배워야 할 것으로 여겨졌음 |
| | | • 진보주의 교육운동은 지식이란 늘 새롭게 전개되며 능동적인 활동에 의해 얻어지기 때문에 행동으로도 옮겨져야 할 것 |
| | | • 안다는 것과 행동한다는 것은 일치해야 함 |
| | | ④ 교사는 아동을 지휘하는 입장이 아니라 도와주는 입장이어야 한다. |
| | | • 교사는 어린이가 자신의 발달단계와 능력에 맞는 학습계획을 짤 수 있도록 상담해 주며, 자유롭게 학습하도록 하되, 곤경에 처해 있을 때는 도와주어야 함 |
| | | • 교사는 권위를 지닌 자로서가 아니라 경험이 풍부한 조력자가 되어야 함 |
| | | ⑤ 학교는 경쟁보다 협동을 장려하는 곳이어야 한다. |
| | | • 인간이란 원래 사회적이고 대인관계가 원만할 때 만족을 느끼는 존재 |
| | | • 경쟁심을 길러주거니 개인적인 성공을 위해 뛰게 하지 말고, 사랑과 동료의식을 갖도록 인도 |
| | | • 더욱이 과학기술문명이 발달하면 할수록 공동체적 경험이 중요한 것임을 인식하고 학교는 공동체적 가치를 심어 주도록 해야 함 |
| | | ⑥ 민주주의만이 성장에 필요한 사상과 인격의 자유로운 상호작용을 허용하고 촉진한다. |
| | | • 진보주의 입장에서는 민주주의는 하나의 정치제도 이상의 것이며 사람들이 협력해서 사는 방식이자 경험을 교환하는 방식 |
| **사상가** | **킬패트릭** | [구안법(The Project Method)]<br>• 학습자가 마음 속에 가지고 있는 생각을 외부로 던짐으로써 구체적으로 실현하고 형상화하기 위해 학습자 스스로 계획에 따라 시행하게 하는 자발적이고 창의적인 학습방법<br>• 사회환경 속에서 전심전력을 다하여 행하는 목적지향적 활동을 의미 |
| | **올 센** | [지역사회 학교]<br>• 학교는 지역사회의 중심<br>• 교육과정은 지역사회의 문화와 문제를 담으며, 지역사회의 여러 활동에 참여하면서 그 발전에 기여하여야 함<br>• 오늘날 학교가 실사회나 지역사회에서 떨어져 있는 현실을 비판하고, 이 같은 학교를 실사회, 지역사회와 연결시키는 데는 '열 개의 다리'가 필요하다면서, 이 다리를 중심으로 교육을 전개할 것을 주장 |

| 사상가 | 파크허스트 | [달톤플랜]<br>• 아동이 꽤 긴 시간 자기의 어느 한 문제를 집중적으로 다루면서 스스로 학습하게 하는 방법<br>• 아동과 교사가 학습활동에 대해서 계약을 맺고 그대로 진행하여 계약학습(the contract plan)이라고도 함 |
|---|---|---|
| | 쿡 | [놀이학습법]<br>• 놀이의 특성을 교육의 방법으로 도입한 학습법<br>• 방법의 핵심은 놀이(play)와 작업(work)과의 결합 |

## 제 3 절  항존주의 교육철학

| 교 육 | 인간성은 변하지 않기 때문에 교육의 본질도 변하지 않음. 따라서 교육은 언제 어디서나 동일해야 함 |
|---|---|
| 교육목적 | 이성의 계발 |
| 교육내용 | • 세계의 영원성에 익숙하게 하는 기본적인 과목<br>• 위대한 고전들 |
| 학 교 | 학교는 학습자가 그의 문화적 전통이 가장 훌륭한 업적을 습득할 수 있도록 준비된 인위적인 환경이 되어야 함 |
| 기본원리 | ① 인간성은 변하지 않기 때문에 교육의 본질도 변하지 않는다. 따라서 교육은 언제 어디서나 동일해야 한다.<br>② 인간의 뛰어난 특징은 이성에 있기 때문에, 교육은 이성을 발달시키는 데 집중되어야 한다.<br>③ 교육의 과업은 영원한 진리에 인간을 적응시키는 것이다.<br>  • 허친스는 "교육은 교수를 포함한다. 교수는 지식을 가르치는 것을 의미한다. 여기서 지식은 진리이다. 진리는 어느 곳에서나 동일하다. 그러므로 교육은 학습자를 현실적 세계가 아닌 진리의 세계에 적응시켜야 한다."고 보았음<br>④ 교육은 생활의 모방이 아니라 생활을 위한 준비이다.<br>  • 학교는 실제 생활상황이 아니며 또 그렇게 되어서도 안 됨<br>  • 학교는 학습자가 그의 문화적 전통이 가장 훌륭한 업적을 습득할 수 있도록 준비된 인위적인 환경이 되어야 함<br>⑤ 학생들은 세계의 영원성에 익숙하게 하는 기본적인 과목들을 배워야 한다.<br>  • 학습자는 그 시대에 중요하게 여기는 것을 학습하는 데 급급해서는 안 되며, 그 자신의 특정한 연령에 있어서 절실하게 요구되는 것을 학습하도록 허용해서도 안 됨<br>  • 학습자는 기본적인 과목을 통해 이성을 일깨우고 지성을 배양해야 함<br>⑥ 학생들은 문학, 철학, 역사, 과학과 같이 여러 시대를 거쳐 인간의 위대한 소망과 성취를 나타낸 '위대한 고전들'을 읽어야 한다.<br>  • 고전에 담긴 메시지는 결코 시대에 뒤떨어진 것이 아님<br>  • 고전은 인류가 오랜 세월동안 담아 온 지혜의 보고임<br>  • 과거의 전통을 공부함으로써 학생들은 진리를 발견하게 됨 |

| | | |
|---|---|---|
| **사상가** | **허친스** | "교육은 가르침이요, 가르침은 지식이요, 지식은 진리다. 진리는 모든 곳에서 동일하다. 그러기에 교육은 모든 곳에서 동일하다."<br><br>[교육목적]<br>• 지성의 계발<br>• 지성의 계발은 덕성의 계발로 이어짐<br><br>[교육방법]<br>• 지성의 계발을 위해서는 전통적인 3학4과를 주축으로 하는 교양교육이 유효<br>• 허친스는 여기에 고전독서교육을 하나 더 첨가<br>• 고전은 모든 시대의 과제들과 씨름한 귀한 경험들을 담고 있기 때문<br><br>[고전독서교육]<br>• 허친스와 아들러 등은 100종에 걸치는 144권의 '위대한 고선들'을 선성하고, 이것을 1년에 16권씩 9개년에 걸쳐 완독시킬 독서계획을 수립 |
| | **마리땡** | [교육목적]<br>• 인간성(humanity)의 도야와 문화유산에의 적응<br>• 각 개인이 지식과 판단력 그리고 도덕성으로 무장하도록 돕는 일<br>• 민족과 문명의 정신적 유산을 전달 |

<br>

## 제 4 절 본질주의 교육철학

| 교 육 | 학습은 원래 강한 훈련을 수반하는 것이어야 함 |
|---|---|
| 교 사 | 교육의 주도권은 교사에게 있어야 함 |
| 교육과정 | 소정의 교과를 철저하게 이수하는 일 |
| 학 교 | 전통적인 학문적 훈련방식을 계속 유지 |
| 교육원리 | ① 학습은 원래 강한 훈련을 수반하는 것이어야 한다.<br>　• 학습자들이 싫어하는 경우에도 이것을 시켜야 하며, 또 응용도 시켜야 함<br>　• 진보주의에서는 학습자의 자유, 직접적인 흥미를 중시하지만 본질주의는 훈련 그 자체와 장래의 목적과 그리고 노력 자체를 소중히 여김<br>② 교육의 주도권은 교사에게 있어야 한다.<br>　• 진보주의에서 학습하는 것은 학생이기 때문에, 학생이 교육과정의 주역을 담당해야 한다고 생각하지만 본질주의는 이런 생각을 전적으로 부정함<br>　• 어린이가 한 인간으로서 잠재능력을 충분히 발휘하려면 그것을 객관적으로 잘 알고 있는 교사의 지도와 감독이 필요하기 때문임<br>　• 교사는 어린이의 잠재능력을 계발시켜야 함<br>③ 교육과정의 핵심은 소정의 교과를 철저하게 이수하는 일이다.<br>　• 이것은 아동이 흥미를 가지고 배우는 내용에 몰입해야 한다고 주장하는 진보주의의 입장과 일치 |

| | |
|---|---|
| 교육원리 | • 그러나 본질주의자들은 이런 흥미가 교과의 논리적 체계와 자신의 도덕적 훈련에 의한 결과로 수반되어야 한다는 점을 강조<br>④ 학교는 전통적인 학문적 훈련방식을 계속 유지해야 한다.<br>• 진보주의 문제해결 방식에도 장점은 있지만, 그것이 모든 교과에 적용되는 것은 아님<br>• 어떤 지식은 원래 추상적이기 때문에 현실적인 문제해결 방법으로는 적합하지 않음<br>• 아동이 배워야 할 것은 교과나 지식의 본질적인 개념들이며, 이런 개념들은 전통적인 학문적 훈련방식으로 가르쳐져야 함 |

## 제 5 절 재건주의 교육철학

| | |
|---|---|
| 교육목적 | 사회를 재구성하는 데 필요한 프로그램 제작 |
| 교 사 | 재건주의 사상의 타당성과 긴급성을 민주적 방법으로 학생들에게 설득시켜야 하고, 교육자들은 열심히 맡은 바 과업을 수행해야 함 |
| 교육과정 | 사회재건의 도구로 사용될 수 있는 사회과학 |
| 학 교 | 사회적·문화적 힘에 의해 재구성되어야 함 |
| 교육원리 | ① 교육의 가장 중요한 목적은 사회를 재구성하는 데 필요한 프로그램 제작에 있다.<br>• 오늘의 문명은 파멸의 가능성에 직면해 있음. 이 긴박한 위기의 극복은 오직 교육의 힘을 통해 가능함<br>• 교육은 인간 정신에 깊은 변화를 줌으로써, 거대한 과학의 힘을 인류를 파멸시키는 일보다는 새로운 문화를 창조하는 일에 사용하도록 해야 함<br>② 새로운 사회 질서는 완전히 민주적인 것이어야 한다.<br>• 이상적인 사회는 민주주의 사회이며, 이러한 사회는 또한 민주적인 방법으로 실현되어야 함<br>• 새로운 사회질서의 구조나 목적이나 정책은 국민의 지지를 받아서 결정되어야 함. 이것을 위해서는 정치적 혁명보다 더욱 어려운 마음의 혁명을 해야 하는데, 이것은 교육을 통할 수밖에 없음<br>③ 교사는 재건주의 사상의 타당성과 긴급성을 민주적 방법으로 학생들에게 설득시켜야 하고, 교육자들은 열심히 맡은 바 과업을 수행해야 한다.<br>• 교사 자신이 먼저 구체적인 문제에 대하여 뚜렷한 해결방안을 가지고, 공개강연이나 공개토론 등의 기회를 이용하여 이것을 피력해야 함<br>• 교사는 교사인 동시에 시민임을 잊어서는 안 됨<br>④ 교육의 목적과 방법은 행동과학에 의해 발견된 연구 성과에 따라 재구성되어야 한다.<br>• 교육의 목적과 방법들은 현재의 위기에 대처하기 위하여 모양을 바꾸어야 하며, 특히 이것은 행동과학의 연구성과를 이용하여 이룩되어야 함<br>• 행동과학은 역사상 처음으로 각 문화에 공통되거나 보편적인 가치에 근거하여 인간의 목적을 설정할 수 있다는 가능성을 보여주었음<br>• 교육과정의 구성, 교과내용, 수업방법, 행정조직, 교사양성 등은 과학적이고 합리적으로 도출된 인간성에 대한 통합적 원리에 따라 재조직되어야 함 |

| | |
|---|---|
| **교육원리** | ⑤ 학생·교육·학교는 크게는 사회적·문화적 힘에 의해 재구성되어야 한다.<br>• 물론 진보주의도 교육의 문화·사회적 성격 및 협동적 성격배양을 중시하였음. 그러나 진보주의는 개인주의적 입장에서 아동의 자유를 강조하는 면이 더욱 강했음<br>• 재건주의는 학생·교육·학교가 사회문화에 의하여 규정되어야 한다고 보고 본질주의자들이 말하는 자기실현을 사회적 자아실현으로 전환시켜야 한다고 주장했음 |
| **브라멜드** | • 브라멜드는 1950년 「교육철학의 유형」, 1955년 「문화적 입장에서 본 교육철학」, 1956년 「재건된 교육철학을 지향하여」를 통해 재건주의를 체계화<br>• 특히 「재건된 교육철학을 지향하여」에서 진보주의, 본질주의, 항존주의를 다음과 같이 비판하고 재건주의를 제창 |

| | |
|---|---|
| **진보주의** | • 진보주의는 비록 과학적 방법에 있어서는 강하지만, 이 방법의 구체적, 포괄적 결과에 대한 관심에 있어서는 약함<br>• 사고방식을 가르치는 데는 강하지만, 무엇을 향하여 사고할 것인가 하는 목적을 제시하는 데는 약함<br>• 진보주의는 자유주의의 강점에 있어서는 전적으로 강하지만, 자유주의의 약점에 있어서는 전적으로 약함 |
| **본질주의** | • 본질주의의 공헌을 전적으로 감안하더라도 우리가 당면한 문화적 변동기에 적당한 것이라고 생각할 수 없음<br>• 본질주의의 의식적, 무의식적 의도는 지나간 시대에 적합하였던 신조와 습관을 영속시키고 복구시키자는 데 있음. 그러나 이것을 통해서는 안정되고 역동적인 문화를 수립할 수 없음 |
| **항존주의** | • 항존주의는 역사의 시계를 되돌리려 하기 때문에, 우리 문화의 향상에 부적당할 뿐 아니라 위험한 길임<br>• 전형적 항존주의자는 진정한 의미에 민주적이 될 수 없음<br>• 항존주의는 고답적인 귀족 계급의 부활을 추구하는 것으로 민주주의와 상반됨 |

• 항존주의는 과거를, 본질주의는 과거와 현재의 중간적 위치를, 진보주의는 현재를 지향함에 반해 재건주의는 미래를 지향한다고 하면서 자신의 교육철학을 전개

```
                항존주의      본질주의      진보주의    재건주의
    과 거 ◄─────────┼──────────┼──────────┼─────────┼────────► 미 래
```

| | |
|---|---|
| 기본입장 | • 전통적 의미에서의 교육이 인간을 지속적으로 자신을 형성해 나가는 존재로 이해한다는 점을 비판<br>• 전통적 교육은 인간의 가소성(可塑性)을 전제로 하기 때문에 교육을 통한 지속적인 발전과 점진적 개량이 가능하다는 신념이 생기게 된다는 것<br>• 실존철학은 인간의 가소성을 전제로 한 교육을 부인<br>• 인간에게는 '실존'이라는 핵심이 있고, 이는 본질적으로 지속적인 형성의 과정을 거부<br>• 인간의 실존이란 순간적으로 실현되었다가 또 다시 순간적으로 소멸하는 특성을 지님 |
| 단속적<br>교육 | • 실존적인 영역에서는 지속적인 형성은 물론이고 순간을 보존하는 일조차 가능하지 않음<br>• 실존주의 교육학은 지속적 과정으로 교육을 이해하는 전통적 관점에 대비되는 개념으로 '단속적 교육 형식'을 제시<br>• 지속적 교육 형식은 단속적 교육 형식을 통해 보충되고 확장되어야 함. 이 두 가지 교육 형식은 정당한 관계 형성을 통해 서로를 보충해야 한다는 것<br>• 단속적 교육 형식에는 '위기, 각성, 충고, 상담, 참여'와 같은 개념이 중요<br>• 이러한 개념들 가운데 실존주의 교육학을 설명하는 데 가장 잘 알려진 개념은 '만남' |
| 부 버 | • 부름을 받는 자로서의 실존적 인격은 항상 다른 인격들과 관계를 형성<br>• 인격과 인격 '사이에' 관계를 형성하는 일은 삶의 실천적 차원으로서 교육적으로 중요한 의미<br>• '사이'(between)는 서로가 서로를 부르는 공간으로서 만남과 대화의 공간<br>• 부버는 자신의 철학적 원리라고 할 수 있는 대화, 만남, 관계 또는 사이의 개념을 철학은 물론 종교, 윤리, 사회 그리고 교육에 적용하여 만남과 대화의 사상을 펼침<br>• '만남은 교육에 선행한다'는 부버의 교육사상은 흔히 '대화의 교육' 또는 '인격적 만남이 교육'으로 칭함<br>• 부버에 따르면 '나 – 그것'의 관계는 객관적 경험과 인식 또는 이용의 대상이 되는 사물의 세계이고, '나 – 너'의 관계는 인격적 만남의 세계<br>• 교육은 인격적 만남의 세계인 대화적 관계에서 일어남 |
| 교 사 | 학생 각자의 특수성에 맞는 적절한 만남을 예비하는 사람 |
| 지 식 | 지식 그 자체가 목적이 아니라 지식은 인간의 자아실현을 위한 수단 |
| 교육과정 | • 철학적 대화를 내포한 경험 및 주제로 구성<br>• 주제로는 감성적, 미적, 시적인 것들이 해당 |
| 학 교 | • 삶과 개인적 선택에 관하여 대화하고 토론하는 장소<br>• 개인을 자유롭고 창의적이며 주체적인 인간으로 성장하도록 하며 각자의 자아실현을 돕는 곳 |

## 제 7 절   분석적 교육철학

| 분석철학 | • 분석철학자들은 언어의 모호성을 제거하기 위하여 언어의 분석, 즉 언어의 논리적 구조를 밝히고 그 뜻을 분명히 하는 작업을 중시<br>• 분석이란 개념에 대해서는 학자마다 조금씩 견해를 달리하는데, 러셀(B. Russell)은 복잡한 것들의 궁극적 구성 요소들을 밝혀냄을 분석이라 함<br>• 무어(G. E. Moore)는 개념이나 명제의 명료화 또는 정의(定義)를 분석이라 함<br>• 분석철학자들 상호간의 개념 차이에도 불구하고, 그들의 공통점은 모두 철학의 명료성을 확립하고자 함 |
|---|---|

| | 논리 실증주의 | 일상언어학파 |
|---|---|---|
| **경 향** | 명제 진술의 문법적 구조나 논리적 구조를 논리적으로 분석 | 일상언어의 의미를 명료히 하고자 함 |
| | 둘 다 언어와 그 의미에 관심을 두고 있고, 가치와 규범적인 문제에는 관심을 배제하려고 하며, 철학은 주로 학문의 언어인 이차 언어를 연구의 대상으로 함 ||

| 교육철학<br>기본입장 | • 개념 분석방법을 통하여 교육의 주요 개념이나 의미를 명료하게 함<br>• 교육적 주장과 논의에 들어 있는 각종 논리적 가정과 함의를 분석함<br>• 교육에 관한 주요 주장들을 검토하고 정당화하는 일에 관심을 가짐<br>• 가치중립적 |
|---|---|

| 피터스 | • 교육의 주요 개념의 일상적 용법과 사용규칙을 분석하여 교육문제 논의에 사용<br>• 피터스는 일상적으로 사용되고 있는 교육의 개념을 규범적 준거, 인지적 준거, 과정적 준거로 나누어 분석<br>• 분석적 교육철학자의 주요과제는 교육의 주요개념을 명확하게 규정하고 분석하는 일, 다양한 교육 논의 속에 들어 있는 논리적 가정을 밝히고 정당화하는 일, 지식의 근거를 밝히고 정당화하는 일 등<br>• 교육, 교수, 학습, 발달, 창의성, 정서, 자유, 평등, 권위, 벌 등과 같은 개념들의 준거를 밝히고, 그들 교육개념들 사이의 상호 관련성을 탐색 |
|---|---|

## 제 8 절   비판적 교육철학

| 비판이론 | • 비판적 교육이론은 비판이론에 기초하여 성립<br>• 비판이론은 독일철학, 특히 헤겔(G. W. Hegel)과 마르크스(K. Marx) 철학에 뿌리를 두고 있음<br>• 비판이론은 인간의 의식이나 지식이 사회적·정치적·경제적 제약 하에서 형성된다는 인식 하에, 인간의 자유로운 의식의 형성을 억압하고 왜곡시키는 사회적·정치적·경제적 제약 요인들을 분석, 비판하고자 함<br>• 분석과 비판을 통하여 불필요한 사회적 억압이나 지배로부터 벗어난 자유롭고 합리적인 인간과 사회의 형성을 위한 방안을 제기<br>• 인간과 사회의 해방이라는 목적을 실현하고자 함 |
|---|---|

| | |
|---|---|
| **형 성** | • 비판이론은 1세대로 일컫는 호르크하이머(M. Horkheimer)와 아도르노(T. Adorno) 등과 같은 프랑크푸르트 학파, 2세대로 불리는 하버마스(J. Haberms)와 같은 철학자들에 의해 형성되고 발전<br>• 비판이론 1세대는 자본주의적 사회체제와 정통 마르크스주의를 동시에 비판 |
| **기본입장** | • 이론은 해방적 실천을 목적으로 개발되는 것이므로 실천과 분리될 수 있는 것이 아니며 또한 가치 중립적일 수 없음<br>• 이론과 실천은 다소 거리를 두고 있으나 서로 동맹의 관계에 있어야 함<br>• 개인과 집단 간의 조화로운 합의보다는 갈등과 긴장이 사회적 삶의 중심<br>• 지식이나 사회적 실제가 특정의 개인이나 집단에 어떤 이익과 불이익을 주는지 탐색하고, 불의와 불평등 등의 근원을 폭로하여, 사회적 삶의 실질적 조건을 드러내고자 함<br>• 교육이 사회적·정치적·경제적 제약과 억압구조 속에서 이루어지고 있음<br>• 그러한 제약 속에서 이루어지는 교육은 학생들의 자유와 주체성을 손상시키며 또한 억압적인 사회 구조를 재생산하는 사회기구의 역할<br>• 교육은 특정 사회집단에 대한 억압과 소외의 사회 구조를 재생산하는 데 기여한다는 점을 비판하는 데 주된 관심 |
| **교육목적** | 인간의 자유로운 사고와 대화를 억압하고 왜곡시키며 특정 사회 집단을 소외시키는 불합리한 사회적 요인을 분석·비판하는 능력을 기름 |
| **프레이리** | • 기존의 교육을 '은행저축식 교육(banking education)'으로 규정한 대표적 비판적 교육이론가<br>• 프레이리는 비판적 교육이론이 목적으로 하는 불합리한 사회적 요인의 분석·비판 능력을 '의식화'로 표현하고 의식화 개념의 발달 단계를 다음의 4단계로 나누어 설명<br><br>**본능적 의식의 단계** — • 가장 낮은 단계의 의식으로서, 이 단계에서는 가장 원초적 욕구의 충족에 매몰되어 있어서 생물학적 영역을 넘어선 문제나 도전들에 대해서는 거의 둔감<br><br>**반본능적 혹은 주술적 의식의 단계** — • 제3세계의 신생국이나 패쇄사회에서 주로 나타나게 되며, 침묵문화의 지배적 의식수준을 형성<br>• 이 단계의 사람들은 그들의 사회문화적 상황을 '주어진 것'으로 받아들이며, 그것을 피할 수 없이 받아들여야만 하는 것으로 간주<br><br>**반 자각적 의식의 단계** — • 대중적 의식이라고도 부름<br>• 이 단계에서는 침묵이 계속되지는 않으며, 자신을 둘러싼 사회문화적 상황에 대한 문제의식과 의문이 제기되기 시작<br><br>**비판적 의식의 단계** — • 의식화 과정을 통해 형성<br>• 비판적 의식은 인간에 의해 만들어진 비인간적 사회구조에 대한 합리적이고, 격렬한 비판의식<br>• 자신을 둘러싼 사회 문화적 환경에 대한 심각한 문제의식, 상황에 대한 정확한 인식, 논리적 사고, 다른 사람과의 토론에서의 자신감, 개방적 태도, 책임감 등이 이 단계에서의 일반적 특성<br><br>• 의식의 한 단계에서 그 다음 단계로 발전하려면 학습이 필요. 이때의 학습은 비판적 의식을 지향하는 하나의 운동이며, 구체적으로 '문제제기식 교육'<br>• '문제제기식 교육'에서의 학습은 교사와 학생 상호 간에 가르치고 배우는 상호작용의 관계 속에서 이루어짐. 반면, 종래의 '은행저축식 교육'에서의 학습은 지식을 가진 것으로 자처하는 교사가 무지하다고 생각되는 학생에게 지식을 부여하는 것으로 간주 |

| | |
|---|---|
| 프레이리 | • 프레이리는 비판이론이 추구하는 인간 해방을 위한 '의식화'는 일상적인 사회 현실에 대한 교사와 학생이 동등한 자격으로 자유롭게 참여하는 대화를 통해 가능<br>• 프레이리는 '사회 현실에 대한 문제제기'와 '자유로운 대화'를 인간 해방을 위한 '의식화' 교육의 두 가지 요소로 강조 |

## 제 9 절  포스트모더니즘 교육철학

| | |
|---|---|
| 기본입장 | • 근대적 사고에 대한 도진의 형태로 나타난 움직임<br>• 진리와 합리성은 역사적 · 사회적 산물이며, 우연적이고 임의적인 것이고, 인간의 관심과 목표와 삶의 형식에 의해서 성립된 것<br>• 상대주의적 경향의 사고 |
| 반정초주의 | 가치는 문화적인 구성물이며, 시대에 따라 변하고, 문화에 따라 다르기 때문에 도덕에 불변하는 기초는 × |
| 다원주의 | 포스트 모더니스트들은 다양성을 수용 |
| 반권위주의 | • 도덕적 탐구가 민주주의적이며 반권위적인 방법으로 시행되어야 한다고 주장<br>• 개방적이고 비판적인 대화의 중요성이 무엇보다도 강조 |
| 연대의식 | 공동체, 존중, 상호협력의 정신을 증진 |
| 반합리주의 | 자아는 우연적 · 타율적 · 분열적 · 모순적이므로 결코 합리적 사고와 행동의 주체일 수 × |
| 상대적 인식론 | • 모든 인식활동은 인식자의 주관에 따른 상대적인 관점에서 이루어질 수밖에 없음<br>• 불변의 실재와 그것에 대한 합리적 인식은 허구 |
| 탈정전화 | • 정전이란 의미가 없으며, 고급문화와 대중문화의 구분 또한 무의미<br>• 차이의 인정과 존중이야말로 포스트모더니즘적 사고방식 |
| 유희적 행복감 | 자기 주변에 대한 실험적 · 유희적 · 감성적 접근태도를 갖는 것이 오히려 바람직 |
| 소서사적 지식관 | • 보편타당한 객관적 진리의 추구, 즉 대서사가 정당화되었던 근 · 현대 사회와는 달리 포스트모던 사회에서는 소서사가 정당화<br>• 인지적 지식만을 지식으로 인정하는 대서사적 지식관은 포스트모던 사회에 부적합함<br>• 포스트모던 사회에서는 기술적인 요소, 윤리적인 요소, 미적인 요소가 인지적 요소와 대등한 지식으로 다루어져야 함 |
| 교육과정 | • 사람들의 다양한 관심과 가치를 존중하고 반영할 수 있는 것이어야 함<br>• 교육과정은 지식의 논리적 특성에 근거할 것이 아니라 지식의 사회문화적 특성에 근거해야 함 |
| 교육방법 | • 개방적이고 비판적인 대화와 토론, 협동, 자율적인 참여와 창의적인 탐구의 방법으로 전환<br>• 공동학습 혹은 협동학습을 장려 |
| 교육내용 | 지식중심의 교육 속에서 청소년들의 마음을 풀어 줄 새로운 다양한 감성교육을 요구 |

# PART 04 교육철학 핵심지문 OX

001 [진보주의] 학습자의 필요와 흥미에 따른 학습을 중시한다. ( O | X )

002 [진보주의] 경험 중심 교육과정을 운영한다. ( O | X )

003 [진보주의] 사회적 자아실현을 교육목적으로 추구한다. ( O | X )

004 [진보주의] 구안법(project method) 수업을 활용한다. ( O | X )

005 [진보주의] 킬패트릭(Kilpatrick)의 교육사상을 지지한다. ( O | X )

006 [진보주의] 아동중심 교육관에 기반하여 아동의 흥미를 중시한다. ( O | X )

007 [진보주의] 교육원리는 프래그머티즘(pragmatism)에 철학적 기반을 둔다. ( O | X )

008 [진보주의] 교육은 현재 생활 그 자체이지 미래 생활을 준비하는 과정이 아니다. ( O | X )

009 [진보주의] 고대 그리스의 자유교양교육을 교육적 이상으로 삼는다. ( O | X )

010 [진보주의] 경험에 의한 학습과 학습자의 참여를 중시한다. ( O | X )

011 [항존주의] 아동 존중의 원리를 채택한다. ( O | X )

012 [항존주의] 교육을 통한 사회 개조를 중시한다. ( O | X )

013 [항존주의] 지식이나 진리의 영원성을 강조한다. ( O | X )

014 [항존주의] 실제적인 삶의 문제를 해결하는 데 초점을 둔다. ( O | X )

정답

01 ○  02 ○  03 ×  04 ○  05 ○  06 ○  07 ○  08 ○  09 ×  10 ○  11 ×  12 ×  13 ○  14 ×

**015** [본질주의] 교재를 사용하여 교사중심의 수업을 실시한다. ( ○ | × )

**016** [본질주의] 수업의 주안점을 학생의 미래준비를 위한 훈련에 둔다. ( ○ | × )

**017** [본질주의] 인류의 전통과 문화유산을 소중히 여기며 교육을 통해 문화의 주요 요소들을 ( ○ | × )
다음 세대에 전달할 것을 강조한다.

**018** [본질주의] 진리를 인간의 경험에서 나오는 실험적 혹은 가설적인 것으로 간주한다. ( ○ | × )

**019** [본질주의] 교육에서 전통과 고전의 원리를 강조하고 불변의 진리를 인정한다. ( ○ | × )

**020** [본질주의] 교육이 문화의 기본적인 가치를 실현시키는 새로운 사회질서를 창조하는 일 ( ○ | × )
에 전념할 것을 강조한다.

**021** [본질주의] 읽기, 쓰기, 셈하기 등의 기초학습능력을 강조하였다. ( ○ | × )

**022** [본질주의] 허친스(Hutchins)는 '위대한 고전(Great Books)' 읽기 교육을 주장하였다. ( ○ | × )

**023** [본질주의] 인류의 문화유산 중 핵심적인 것을 다음 세대에 교육할 것을 주장하였다. ( ○ | × )

**024** [재건주의] 브라멜드(Brameld), 카운츠(Counts) 등이 주창하였다. ( ○ | × )

**025** [재건주의] 문화유산과 고전과목 등 전통적 교과과정을 중시하였다. ( ○ | × )

**026** [재건주의] 교육에서는 개인의 자유가 존중되어야 하며, 교육의 목표는 개인적 자아실현 ( ○ | × )
의 추구이어야 한다.

**027** [재건주의] 교육은 문화의 기본적 가치 실현을 위한 새로운 사회질서창조에 기여해야 한다. ( ○ | × )

**028** [재건주의] 교육의 목적과 방법은 행동과학의 연구성과에 의해 혁신되어야 한다. ( ○ | × )

**029** [재건주의] 교사는 새로운 사회건설의 긴급성과 타당성을 학습자들에게 교육해야 한다. ( ○ | × )

정답

15 ○  16 ○  17 ○  18 ×  19 ×  20 ×  21 ○  22 ×  23 ○  24 ○  25 ×  26 ×  27 ○  28 ○
29 ○

**030** [실존주의] 지식과 진리는 주체의 삶 속에서 구체적인 의미를 부여하며 '지금 여기에' 존재한다.　　　　( ○ | × )

**031** [실존주의] 인간의 성장과 발달은 점진적이고 지속적으로 이루어진다.　　　　( ○ | × )

**032** [실존주의] 교육은 인간의 본래적 모습을 회복하는 데 초점을 두어야 한다.　　　　( ○ | × )

**033** [실존주의] 교육은 적극적 형성 작용도 아니고 소극적 보호 작용도 아니다.　　　　( ○ | × )

**034** [실존주의] 교과보다는 학생에 관심을 기울이고, 교사와 학생의 인격적 만남을 중시한다.　　　　( ○ | × )

**035** [실존주의] 교육의 목적은 자유롭고 주체적이며 창조적인 인간형성에 있다.　　　　( ○ | × )

**036** [실존주의] 교육은 자기결정적인 자아의 형성을 위한 것이다.　　　　( ○ | × )

**037** [실존주의] 교육에서는 인간적인 만남이 중요하다.　　　　( ○ | × )

**038** [실존주의] 인간의 본질을 규격화된 것으로 이해한다.　　　　( ○ | × )

**039** [실존주의] 부버(M. Buber)는 대표적인 실존주의 사상가로 '인격적 만남'을 중시하였다.　　　　( ○ | × )

**040** [실존주의] 삶의 긍정적·부정적 측면을 통해 학습자 스스로가 삶의 문제를 해결하고 주체적으로 성상할 수 있다.　　　　( ○ | × )

**041** [실존주의] 교육의 사회적 역할을 강조하고 교육을 통한 사회개조를 강조한다.　　　　( ○ | × )

**042** [실존주의] 교육의 주도권은 교사에게 있고 교육과정의 핵심은 소정의 교과를 철저하게 이수하는 것이다.　　　　( ○ | × )

**043** [실존주의] 교육에서 현실의 학문을 무시하고 고전의 지식을 영원한 것으로 여기며 지적인 훈련을 매우 강조한다.　　　　( ○ | × )

**044** [분석적 교육철학] 개념적 구조를 명료화하고 개념의 일관성과 타당성을 검토함으로써 언어의 혼란으로 인해 빚어진 교육 문제를 제거하는 일에 관심을 둔다.　　　　( ○ | × )

---

**정답**

30 ○　31 ×　32 ○　33 ○　34 ○　35 ○　36 ○　37 ○　38 ×　39 ○　40 ○　41 ×　42 ×　43 ×　44 ○

**045** [분석적 교육철학] 위대한 사상가의 교육사상이나 교육적 주장에서 교육의 목적과 방향 (○ㅣ×)
을 찾으려 하였다.

**046** [분석적 교육철학] 전통적 교육철학에서 애매하거나 모호하게 사용되고 있는 개념의 의 (○ㅣ×)
미를 명료화하는 데 치중하였다.

**047** [분석적 교육철학] 교육을 과학적·논리적 방법으로 탐구함으로써 교육철학을 객관적인 (○ㅣ×)
체계를 갖춘 독립 학문으로 발전시키려 하였다.

**048** [분석적 교육철학] 이차적 또는 반성적이라는 철학적 방법의 성격상 교육의 가치나 실천 (○ㅣ×)
의 문제에 소홀한 한계를 지닌다.

**049** [비판적 교육철학] 비트겐슈타인(Wittgenstein), 피터스(Peters), 허스트(Hirst)가 (○ㅣ×)
주장하였다.

**050** [비판적 교육철학] 퍼스(Peirce), 제임즈(James), 듀이(Dewey)가 주장하였다. (○ㅣ×)

**051** [비판적 교육철학] 니체(Nietzsche), 사르트르(Sartre), 부버(Buber)가 주장하였다. (○ㅣ×)

**052** [비판적 교육철학] 호르크하이머(Horkheimer), 아도르노(Adorno), 하버마스(Habermas) (○ㅣ×)
가 주장하였다.

**053** [비판적 교육철학] 철학은 사변적인 학문인 동시에 실천적인 학문이다. (○ㅣ×)

**054** [비판적 교육철학] 교육철학은 교육이론과 교육실천에 숨어 있는 이데올로기적 전제를 (○ㅣ×)
드러냄으로써 교육의 자율성을 추구한다.

**055** [비판적 교육철학] 특정 사회의 정치·경제 구조가 교육에 미치는 영향에 관해 분석한다. (○ㅣ×)

**056** [비판적 교육철학] 교육을 교육의 논리가 아니라 정치·경제·사회의 논리에 의해 해석 (○ㅣ×)
하는 경향이 있다.

**057** [비판적 교육철학] 프랑크푸르트 학파의 이론적 성과를 수용하였다. (○ㅣ×)

**정답**

| 45 × | 46 ○ | 47 ○ | 48 ○ | 49 × | 50 × | 51 × | 52 ○ | 53 ○ | 54 ○ | 55 ○ | 56 ○ | 57 ○ |

**058** [비판적 교육철학] 자본주의 사회의 불평등 문제와 교육의 관련성에 주목하였다. ( ○ | × )

**059** [비판적 교육철학] 인간의 의식과 지식이 사회, 정치, 경제에 의해 결정되는 것으로 보았다. ( ○ | × )

**060** [비판적 교육철학] 인간의 자유로운 의식의 형성을 억압하고 왜곡하는 사회적·경제적· ( ○ | × )
정치적 제약요인들을 분석하고 비판한다.

**061** [비판적 교육철학] 하버마스(J. Habermas), 지루(H. Giroux), 프레이리(P. Freire) ( ○ | × )
등이 대표적인 학자이다.

**062** [비판적 교육철학] 지식 획득을 포함한 인간의 모든 인식행위는 가치중립적인 것으로 간 ( ○ | × )
주한다.

**063** [비판적 교육철학] 교육문제에 대해 좀 더 실제적이고 정치사회적인 관점을 취한다. ( ○ | × )

**064** [비판적 교육철학] 애플은 기존의 교육을 은행예금식 교육으로 비유하면서, 기존의 교육 ( ○ | × )
이 피억압자들을 수동적으로 만들고 인간화한다고 비판한다.

**065** [포스트모더니즘 교육철학] 객관적이고 보편적인 지식을 교육내용으로 가르친다. ( ○ | × )

**066** [포스트모더니즘 교육철학] 중앙집권형 교육과정 개발의 이론적 근거를 정당화한다. ( ○ | × )

**067** [포스트모더니즘 교육철학] 수업시간에 문화적 다원주의 또는 상대주의를 강조한다. ( ○ | × )

**068** [포스트모더니즘 교육철학] 현대의 과학적 관리이론을 적용하여 인적 자원을 효율적으 ( ○ | × )
로 개발한다.

**069** [포스트모더니즘 교육철학] 포스트모던 사회에서는 소서사(작은 이야기)가 정당화되 ( ○ | × )
며, 지식 면에서 인지적 요소뿐만 아니라 윤리적·미적인 요소가 다양한 삶의 양식으로
대등하게 다루어질 것이 요구된다.

**070** [포스트모더니즘 교육철학] 포스트모더니스트들은 가치란 문화적 구성물이기 때문에 ( ○ | × )
적어도 기초는 존재한다고 주장한다.

**정답**

| 58 ○ | 59 ○ | 60 ○ | 61 ○ | 62 × | 63 ○ | 64 × | 65 × | 66 × | 67 ○ | 68 × | 69 ○ | 70 × |

**071** [포스트모더니즘 교육철학] 포스트모던 사회의 교육 문제로는 극단적 이기주의, 생태 위기와 환경문제, 감각과 쾌락의 증대로 인한 정신적 빈곤화를 들 수 있다. ( ○ | × )

**072** [포스트모더니즘 교육철학] 지식사회의 도래, 과학기술혁명의 진전과 함께 포스트모던 시대에는 급격한 사회변화에 따른 교육의 질적 변화가 한층 더 요구된다. ( ○ | × )

**073** [포스트모더니즘 교육철학] 다원주의를 추구한다. ( ○ | × )

**074** [포스트모더니즘 교육철학] 반정초주의(anti – foundationalism)를 추구한다. ( ○ | × )

**075** [포스트모더니즘 교육철학] 소서사(little narrative)가 정당화된다. ( ○ | × )

**076** [포스트모더니즘 교육철학] 보편적·절대적 지식을 추구한다. ( ○ | × )

**077** [포스트모더니즘 교육철학] 진리의 상대성을 주장하며, 다원주의적 입장에 서 있다. ( ○ | × )

**078** [포스트모더니즘 교육철학] 다문화적 문해교육을 강조한다. ( ○ | × )

**079** [포스트모더니즘 교육철학] 서구 계몽주의 교육유산을 계승한다. ( ○ | × )

**080** [포스트모더니즘 교육철학] 교육적 언어의 의미 분석, 교육적 개념의 명료화를 중시한다. ( ○ | × )

**081** [포스트모더니즘 교육철학] 학교 내 소수자를 보호하는 방안을 모색한다. ( ○ | × )

**082** [포스트모더니즘 교육철학] 발표 수업에서 학생들의 다양한 관점을 수용한다. ( ○ | × )

**083** [포스트모더니즘 교육철학] 대화와 타협의 과정에 충실한 토론식 수업을 권장한다. ( ○ | × )

**084** [포스트모더니즘 교육철학] 학습 과정에서 지식의 실재성과 가치의 중립성을 강조한다. ( ○ | × )

**085** [포스트모더니즘 교육철학] 반권위주의를 표방한다. ( ○ | × )

**086** [포스트모더니즘 교육철학] 반연대의식을 표방한다. ( ○ | × )

---

**정답**

71 ○　72 ○　73 ○　74 ○　75 ○　76 ×　77 ○　78 ○　79 ×　80 ×　81 ○　82 ○　83 ○　84 ×
85 ○　86 ×

# 2025
# 변민재 교육학
## 핵인싸(핵심 inside)

PART

# 05

# 교육과정

# PART 05 교육과정

## 제 1 절 교육과정의 종류

| 공식적 교육과정 | 교육 목적과 목표에 따라 분명하게 의도되고 계획된 교육과정 | |
|---|---|---|
| 잠재적 교육과정 | 공식적 교육과정에서 의도·계획하지 않았으나 수업이나 학교교육의 관행으로 학생들이 은연중에 배우는 가치, 태도, 행동양식과 같이 교육결과로서 경험된 교육과정 | |
| | 잭 슨 | 무리짓기, 칭찬하기, 학교권력 |
| | 드리븐 | 독립심, 성취감, 성인의 권위수용 |
| | 일리치 | 탈학교론 |
| | 보울스와 진티스 | 자본가에 의해 숨겨진 교육과정 |
| 영 교육과정 | • 아이즈너(E. W. Eisner)가 제안한 개념<br>• 학교에서 소홀히 하거나 공식적으로 가르치지 않는 지식, 사고양식, 가치, 태도, 행동양식, 교과 등을 일컬으며 학습자들이 아직 경험하지 못한 것 | |

## 제 2 절 교육과정의 관점과 유형

| 교과중심 교육과정 | • 교육목적: 문화유산의 전달<br>• 전통적 관점에서는 교과내용을 강조<br>• 교사중심의 수업<br>• 단일교과에 초점<br>• 학업성취 정도나 학생의 집단 속에서의 상대적 서열 및 평점을 강조 |
|---|---|
| 학문중심 교육과정 | • 브루너(Bruner)<br>• 교육목적: 지력의 개발<br>• 지식의 구조, 교과의 구조, 학문의 구조<br>• 나선형 교육과정<br>• 단일 교과 내에 단일 학문으로 제한<br>• 학습자의 능동적인 탐구와 발견을 강조 |

| | |
|---|---|
| **사회중심 교육과정** | • 보비트(Bobbitt)<br>• 학교는 아동이 성인 세계에 적응할 수 있도록 준비시키는 기관<br>• 교육과정: 학교에서 학생에게 무엇을 가르칠 것인가를 결정하기 위해 먼저 '이상적인 어른'의 세계를 분석하고 이를 기초로 아동에게 가르칠 구체적인 그 무엇을 '목표화'<br>• 과학적인 절차에 따른 교육과정 편성 |
| **경험중심 교육과정** | • 듀이(Dewey)<br>• 교육목적: 아동의 발달<br>• 교육내용: 소풍, 여행, 전시회, 자치활동, 클럽활동 등도 중시<br>• 교육과정은 교육이 실행되는 그 자리에서 생성되기도 함<br>• 교과보다 학습자의 경험과 사회적 활동이 중요시<br>• 광역 교육과정, 통합 교육과정 |
| **인간중심 교육과정** | • 교육목적: 온전한 자아실현<br>• 교육목표: 잠재력의 발현<br>• 교육과정: 아동중심 교육과정, 생활적응 교육과정 등과 비슷<br>• 교사: 학생들의 삶과 배움에서 어려움에 동감하고 이를 조력하거나 촉진하는 역할<br>• 학생: 독특한 기질과 개성을 가진 존재로 이해하고 대우 |
| **역량중심 교육과정** | • 역량: 21세기 사회에서 개인이 성공적인 삶을 살아가는 데 있어서 필요한 자질과 능력<br>• 교육목적: 의미 있고 적극적인 방식으로 참여하는 데에 필요한 역량을 발달<br>• 교육과정: 지식이나 내용이 더 이상 교육과정 설계를 위한 출발점이 아니라 지식이나 내용은 역량을 발달시키기 위한 수단<br>• 교사: 자신들의 교수맥락에서 특정 역량을 가장 잘 발달시키는 방법이 무엇인가에 대한 탐색을 통해 적절한 지식·내용 조직방식을 결정 |
| **개념중심 교육과정** | • 브루너(Bruner)의 학문중심 교육과정에서 말하는 지식의 구조 및 전이<br>• 에릭슨(Erickson)의 지식의 구조에 기반<br>• 사실은 지식에 해당하고 개념은 이해에 해당함<br>• 사실적 지식은 전이되지 않지만 개념적 이해는 전이됨<br>• 개념: 보편적, 시대 초월, 추상적 / 광범위한 아이디어<br>• 일반화는 영속한 이해(Wigging & McTighe) 또는 본질적인 이해(Erickson), 빅 아이디어 등으로 표현<br>• 형성전략<br><br>{표: 형성전략}<br>**개념의 선택** \| 개념은 매우 맥락적이며 시간이 지남에 따라 변경될 수 있기 때문에 학습자의 연령, 발달단계, 능력수준을 고려하여 적절한 개념을 선택<br>**영역별 학습** \| 개념은 일반적인 맥락보다는 특정 지식 영역의 맥락에서 가르치는 것이 효과적<br>**실제적 학습** \| 정보가 파편적으로 제시될 때보다는 실제 또는 실생활 문제를 해결하는 과정에서 학습 증진<br>**비계 학습** \| 과제의 난이도가 학생의 능력에 부합해야 함 |

| | | | |
|---|---|---|---|
| **개념중심 교육과정** | • 3차원 모형 | | |
| | | **시너지적 사고** | 사실적 수준과 개념적 수준에서 사고하는 것 사이의 상호작용 |
| | | **지식과 기능의 전이** | 개념적 수준에서만 전이 |
| | | **의미의 사회적 구성** | 학생들은 협동 및 협력을 통하여 상호의존성을 형성하고 새로운 아이디어와 해결방안을 고안함으로써 개념을 형성 |
| **통합 교육과정** | **교육적 가치** | | • 교과학습의 의미를 삶과 관련지어 인식<br>• 현대사회에서 발생하는 복잡한 문제들을 해결하는 능력을 길러줌<br>• 학생들의 흥미와 관심을 반영<br>• 학생들의 학습선택권이 확대됨<br>• 구성주의 학습이론과 부합<br>• 학습동기가 높고 학습에 대한 책임감 증진<br>• 비판적 사고를 길러주고 교과의 경계를 벗어나서 독립적으로 사고하고 문제를 해결하는 능력 증진<br>• 교과에 흩어진 정보를 관련짓는 그물망을 형성하는 습관을 길러줌 |
| | **일반적 원칙** | **중요성의 원칙** | • 교과의 통합 운영에서 각 교과들의 중요한 내용이 반영되어야 함<br>• 학생의 흥미와 관심에도 부합되어야 하지만 지적 능력의 개발에도 관심이 있다는 것을 강조 |
| | | **일관성의 원칙** | • 통합 단원에 포함되는 내용과 활동이 단원의 목표달성을 위하여 고안된 수업 전략과 부합되어야 함<br>• 교과의 통합 운영은 통합 단원의 얼개를 작성하는 것으로 끝나는 것이 아니라 효과적인 수업계획안을 함께 마련해야 한다는 것 |
| | | **적합성의 원칙** | • 통합 단원이 학습자의 개성과 수준에 맞으며, 학습자의 전인격적인 성장을 목표로 해야 함<br>• 교과들 간의 내용 관련성도 중요하지만, 이들 관련성이 궁극적으로는 학습자의 과거, 현재, 미래의 삶과 연결되어야 한다는 것 |
| | **통합의 유형** | **다학문적 통합** | • 여러 교과에서 각각 교과의 내용과 기능을 통해 다룰 수 있도록 교육과정을 조직<br>• 교육과정 계획은 개별 교과들의 정체성을 인정하고, 이들 교과에서 숙달되어야 할 중요한 내용과 기능을 확인하는 것으로 시작 |
| | | **간학문적 통합** | • 여러 교과에 걸친 공통적인 주제나 개념, 기능을 밝히고 이를 중심으로 교육과정을 조직<br>• 계획은 여러 교과에 걸쳐 학습되어야 할 중요성이 크다고 간주되는 주제·개념·기능을 밝히는 것으로 시작<br>• 개별 교과의 내용과 기능의 습득보다는 간학문적인 주제·개념·기능의 습득이 더 강조<br>• 다학문적 접근과 마찬가지로 학문이나 교과에 기반을 둔 접근 |

| | | | |
|---|---|---|---|
| **통합<br>교육과정** | **통합의<br>유형** | **초학문적<br>통합** | • 교과 간의 구분을 염두에 두지 않고 문제나 쟁점을 중심으로 교육과정을 조직<br>• 교육과정 계획은 주제와, 그 주제를 탐색하는 데 활용될 활동과 관련된<br>  빅 아이디어(big idea)나 개념을 규명하는 것으로 시작<br>• 개별 교과의 정체성은 사라짐 |
| | **KDB<br>모형** | | • 드레이크(Drake)<br>• 핵심개념이나 빅 아이디어를 중심으로 교과의 통합을 시도하여 학생의 진정한 학습을 강<br>  조한 이론 |

| | | |
|---|---|---|
| **Know** | 사실로부터 차례로 추상화된 간학문적 개념으로부터 이어지는 지속적<br>이해를 의미 |
| **Do** | 이 과정에서 학생이 습득하게 되는 복잡한 간학문적 기능을 의미 |
| **Be** | 학생이 갖추게 되는 신념이나 태도, 가치 등을 의미 |

---

제 **3** 절 **교육과정의 설계모형 및 원리**

| | | |
|---|---|---|
| **타일러의<br>합리적<br>교육과정<br>개발모형** | • 교육목표는 이후의 교육과정(교육 내용과 경험), 수업<br>  그리고 교육평가의 기준<br>• 교육목표가 교육의 전반적인 과정에서 가장 중요한 역할<br>• 교육목표: 내용 + 행동<br>• 학습경험의 선정 기준<br>  ① 기회의 원리<br>  ② 만족의 원리<br>  ③ 가능성의 원리<br>  ④ 다성과의 원리<br>  ⑤ 다경험의 원리<br>• 학습경험의 조직: 계열성, 계속성, 통합성<br>• 평가: 행동변화가 어느 정도 일어났나를 확인·판별하<br>  는 과정 | |
| **블룸** | | • 지적 영역: 지식, 이해, 적용, 분석, 종합, 평가<br>• 정의적 영역: 감수, 반응, 가치화, 조직화, 가치 또는 가치복합에 의한 인격화 |
| **메이거** | | • 행동용어: 잘못 해석될 여지가 없는, 학생의 행동을 구체적으로 명시하여 학생이 그 행동<br>  을 보이는지의 여부를 눈으로 직접 확인할 수 있는 용어<br>• 교육목표 진술방법의 구체화<br>  ① 학습자가 목표에 도달한 증거로 받아들일 수 있는 종착행동의 종류 명시<br>  ② 바라는 행동이 일어나리라고 기대되는 중요한 조건의 상술<br>  ③ 학생의 종착행동의 성취가 어느 정도로 정확할 때 목표가 달성되었다고 판정할 수 있<br>    는가의 기준 제시 |

PART 05 교육과정 **93**

| | |
|---|---|
| 타바의<br>교사참여<br>교육과정<br>개발모형 | • 교육과정은 교원들에 의해 만들어지는 현장지향적인 것이 되어야 함<br>• 교육과정 개발과 교육과정 실천을 하나의 과정으로 이해<br>• 귀납적 모형: 구체적인 '교수학습 단원'을 만드는 것에서 시작<br>• 교육과정의 보다 일반적인 측면(교육관, 교육목적, 교육목표의 제시)이 구체적인 교과 측면(수업목표,<br>수업방법, 평가 등)보다 앞서 와야 한다고 믿는 교육과정 개발자들에게는 환영 X |

| | | |
|---|---|---|
| 스킬벡의<br>학교중심<br>교육과정<br>개발모형 | • 학교중심 교육과정은 학교 구성원들에 의하여 편성되고 운영<br>• 상호작용모형<br>• 지역과 학교의 실정을 반영하고 학생들의 요구를 수용<br>• 융통성과 역동성: 교육과정 개발은 어느 요소에서든지 시작할 수 있으며, 개발과정에서 순서가 바뀔 수<br>있음<br>• 학교의 여건과 지역사회의 변화를 잘 수용하고 교사, 학생, 학부모의 다양한 요구를 적절한 때에 반영 | |
| | 찬 성 | • 중앙집권적인 교육과정 개발방식은 성공을 거두기 어려움<br>• 학교는 사회환경의 변화에 능동적으로 대응하여 교육과정을 계획하고 설계하는 데 유리함<br>• 교사들이 교육과정의 개발에 참여함으로써 근무의욕이 높아지고 성취감이 커짐 |
| | 반 대 | • 교육과정을 계획·반성·개발하는 데 필요한 시간이 부족함<br>• 교육과정 개발과 운영에 관련된 지식·이해·기술 등의 전문성이 부족함<br>• 자료개발과 교사들의 휴식을 위한 재정이 부족함<br>• 고용주와 학부모 등 외부의 강요에 부딪힘<br>• 수많은 저항자, 효율적인 지도력의 부족 등 위협적인 학교분위기가 조성됨 |

| | | |
|---|---|---|
| 위긴스와<br>맥타이의<br>백워드 모형 | • 타일러 + 브루너 ⇨ 백워드 모형 | |
| | 타일러 | "백워드 설계관점은 새로운 것이 아니다. 50년 전에 타일러가 백워드 설계의 논리를 제<br>시하였다." |
| | 브루너 | • 지식의 구조: 영속적 이해(enduring understanding)<br>• 영속적 이해: 학습자들이 비록 아주 상세한 것들을 잊어버린 이후에도 머릿속에 남아<br>있는 큰 개념 혹은 중요한 이해 |
| | • 목표(바람직한 결과, 즉 목적 혹은 성취기준)에서 시작하여 목표의 성취결과로서 학습되었다고 판단할<br>만한 증거(수행준거)를 마련하고 구체적인 교육활동을 적절하게 계획하는 반대방향<br>• 백워드라는 표현은 교사들이 기존에 해왔던 것과 반대되는 순서로 교육과정에 접근해야 한다는 의미<br>• 결과/목표를 먼저 확인하고 그에 따른 수업을 계획<br>• 평가에 대한 계획을 단원의 마무리 단계에서 하기 보다는 학습경험이나 수업활동을 계획하기 전에 세우<br>기를 주장<br>• 이해의 6가지 측면: 설명, 해석, 적용, 관점, 공감, 자기지식<br>• GRASPS 기법: Goal, Role, Audience, Situation, Performance, Standard | |

| | • WHERETO 원리 | |
|---|---|---|
| **위긴스와 맥타이의 백워드 모형** | W | 단원이 어디로(where) 향하고 있는지, 무엇을(what) 기대하는지 학생이 알도록 도와주어라 |
| | H | 모든 학생의 주의를 환기시키고(hook), 그들의 흥미를 유지(hold)시켜라 |
| | E | 학생들을 준비(equip)시키고, 주요 아이디어를 학생들이 경험(experience)할 수 있도록 도우며, 이슈를 탐험(explore)하도록 도와주어라 |
| | R | 학생들의 이해와 작업을 재고(rethink)하고 개정(revise)할 수 있는 기회를 제공하라 |
| | E | 학생들이 그들의 작업과 그것의 함축적인 의미를 평가(evaluate)하도록 허락하라 |
| | T | 서로 다른 요구와 흥미, 학습자의 능력에 대해 맞추도록(tailor) 개별화하라 |
| | O | 효과적인 학습뿐만 아니라 주도적이고 지속적인 참여를 최대화할 수 있도록 조직(organize)하라 |

**워커의 자연주의적 모형**

• 슈왑(J. J. Schwab)
 – 교육과정이 '실제적인 특성'을 가진 데 주목해야 함
 – 교육과정은 환경, 교과내용, 교사, 학습자라는 네 가지 필수요소들 간의 상호작용으로 이루어짐

| 토대 다지기 | • 토론에서 기준 또는 기초가 되거나 합의의 발판<br>• 교육과정 개발 참여자들이 지닌 지식과 신념체계로서 다음에 오는 숙의를 위한 자원 |
|---|---|
| 숙 의 | • 더 나은 교육과정 대안을 찾기 위한 체계적·집단적 사고와 논의과정<br>• 목적달성과 문제해결에 최선의 대안을 선택 |
| 설 계 | • 교육 프로그램의 상세한 계획을 수립<br>• 교육과정 문서로 번역 |

**아이즈너의 예술적 접근모형**

• 행동목표 비판

| 문제해결 목표 | 어떤 문제와 그 문제를 해결할 때 지켜야 할 조건이 주어지면, 그 조건을 충족시키면서 문제를 해결해야만 하는 경우 |
|---|---|
| 표현적 결과 | 활동의 목표가 사전에 정해지지 않고 활동하는 도중에 형성 가능 |

• 교육적 감식안 & 교육비평

| 교육적 감식안 | 교과에 대한 학생들의 수행(performances) 사이의 미묘한 차이를 구별할 수 있는 감식안 |
|---|---|
| 교육비평 | 감식가가 자신이 느끼는 미묘한 질의 차이를 일반인들도 볼 수 있도록 언어로 표현한 것 |

• 참 평가 & 질적탐구
• 영 교육과정
• 교육적 상상력: 교사들이 실제 학생들에게 의미 있고 만족스러운 다양한 학습기회를 제공할 수 있도록 교육목표와 교육내용을 학생들에게 적합한 형태로 변형하는 능력

## 제 4 절 교육과정 설계의 일반 원리

| 교육목표 | 설정자원 | 사회, 학습자, 교과 |
|---|---|---|
| | 목표의 진술 | • 관찰할 수 있는 학생들의 행동을 규명해서 이를 행위동사(behavioral verb)로 진술<br>• 구체적인 행동변화를 나타낼 수 있는 동사로 진술 |
| 교육내용 | 범 위 | • 교육과정에서 다룰 내용의 폭과 깊이<br>• 인지적, 정의적, 심동적 영역 모두를 포함 |
| | 통 합 | • 교육과정의 내용으로 포함될 수 있는 모든 유형의 지식과 경험을 서로 연결짓는 것<br>• 통합은 분과와 대비되는 것 |
| | 계속성 | • 특정 지식이나 학습 영역에서 시간의 경과에 따라 동일한 개념이나 기능을 계속해서 반복적으로 다루어야 한다는 것<br>• 특정 지식/학습 영역을 구성하는 내용요소의 수직적인 반복 |
| | 계 열 | • 학습내용이나 경험을 조직하는 순서<br>• 계열을 보장하기 위해 사용해 온 원칙<br>　① 단순한 것으로부터 복잡한 것으로 나아감<br>　② 전체로부터 부분으로 발전함<br>　③ 사건의 연대기적 순서로 제시함<br>　④ 구체적 경험에서 개념의 순서로 나아감<br>　⑤ 특정 개념이나 아이디어를 계속적으로 제시하되 나선형적으로 그 내용을 심화·<br>　　확대해서 제시함 |
| | 연 계 | • 맞물리는 두 개의 학교급이나 학년이 만나는 지점에서의 특정 내용요소 간이나, 동일 학년에서 제시되는 유사안 내용요소 간의 사연스런 관계 맺음<br>• 수직적인 연계: 후속학습의 선행요건이 되는 학습을 보장<br>• 수평적인 연계: 동일 학년 내 교과 간에 유사한 개념이나 주제·기능 등이 있을 때, 이들 내용요소들이 동일한 수준으로 다루어질 수 있도록 조직 |
| | 균 형 | • 여러 측면의 내용을 적절한 비중으로 조화롭게 담아내야 한다는 것<br>• 특정한 내용이나 경험이 과도하게 편성되는 것을 방지하기 위한 것 |

## 제 5 절 교육과정의 재개념화

| 파이나 | • 해방: 자신의 모든 학문적 노력이 궁극적으로 추구하는 기본목표는 인간의 해방이라고 규정하고, 해방이란 '정치적·경제적·심리적 불공정성에서 자신과 타인을 자유롭게 하는 과정'<br>• 개인: 인간의 경험을 이해하는 가장 올바른 방법은 그 경험이 갖는 개별적 특수성을 강조하는 것 |
|---|---|

| | |
|---|---|
| 파이나 | • 교육과정의 재개념화 방법<br>  ① 자신의 교육경험을 있는 그대로 표현하는 방법의 단계<br>  ② 그 경험 속에서 자신의 행동과 사고를 결정하는 데 작용했던 가정이나 논리가 무엇이었는지를 비판적으로 살펴보는 일<br>  ③ 다른 사람의 교육경험을 자서전적으로 분석함으로써 타인과 함께 교육이 갖는 기본적인 구조와 과정을 인식하고 공감하는 단계<br>• 쿠레레(curere)<br><br>| curriculum | 외부에서 나에게 주어지는 하나의 자료 |<br>| curere | 내가 그 자료를 접하고, 읽고, 생각하고, 느끼고, 배우는 나의 모든 생생한 경험들 |<br><br>• 쿠레레의 방법론: 교육경험의 본질을 분석하여 그 실존적 의미를 찾는 작업 |
| 애 플 | • 학교: 기성세대가 갖는 사회체제와 권력관계를 다음 세대에 그대로 전달하는 '문화재생산(cultural reproduction)'의 기능을 하고 있다고 비판<br>• 지식: 문화적 자본(cultural capital)<br>• 컴퓨터 교육 비판<br>• 잠재적 교육과정: 학교는 '잠재적 교육과정'을 통하여 그 사회가 갖는 기존의 권력관계를 유지시키는 데 기여<br><br>| 보울스와 진티스 | 경제적인 측면에서 잠재적 교육과정을 분석 |<br>| 애 플 | • 현행 학교교육은 헤게모니 유지에 결정적인 역할을 하고 있음<br>• 경제적인 측면에서만이 아니라 문화적이고 이데올로기적인 측면에서도 분석<br>• 헤게모니 투쟁을 통해 잠재적 교육과정을 적극적으로 극복하기 위해 노력 |<br>| 지 루 | 지배적인 헤게모니에 대한 비판을 전개하면서 대항 헤게모니를 형성 | |

---

**제 6 절  교육과정의 실행**

| | |
|---|---|
| 충실도<br>관점 | • 교육과정이 의도한 바대로 학교현장에서 충실히 이행되어야 한다고 보는 입장<br>• 계획된 교육과정의 중요성을 강조<br>• 교사: 낮은 수준의 교육과정 소양(curriculum literacy)을 가지고 있다고 가정<br>• 계획된 교육과정은 매우 구조화되어야 하며, 교사들은 이것을 가르치는 방법에 대한 명확한 지침을 제공받아야 함<br>• '교사배제(teacher proof)' 교육과정 패키지로 설계: 교사의 역할을 최소화<br>• 교사를 교육상품의 피동적인 수령자로 간주 |

| | |
|---|---|
| **상호적응 관점** | • 국가로부터 주어진 공식적 교육과정이 그것의 실행과정에서 실행상황 및 이를 실행하는 교사와 상호 적응의 과정을 거침<br>• 교육과정 실행이라는 것이 교육과정 개발자와 교사 간의 타협이나 의미의 교환을 포함<br>• 상호적응: 개발자와 사용자 간에 이루어지는 바람직하고 합리적인 수정과정<br>• 실행 과정에서의 수정은 필수적<br>• 교사: 주어진 교육과정을 적절하게 변화시켜 나가는 능동적인 주체 |
| **교육과정 생성 관점** | • 교실에서 교사와 학생들이 함께 교육적 경험을 생성하는 활동 그 자체가 교육과정 실행<br>• 국가 교육과정: 교사와 학생들이 교실에서 교육적 경험을 생성할 때 활용할 수 있는 도구 정도로 간주<br>• 교육과정을 외부적 기준에 의해서만이 아니라 개인적인 수준에서도 구성될 수 있는 것으로 간주<br>• 교사와 학생들에게도 교육과정을 생성할 수 있는 권한 有<br>• 교사: 적극적인 교육과정 개발자, 학생 또한 교사와 함께 교육과정의 공동 창안자<br>• 교직의 발달에 더 책임감을 갖도록 격려<br>• 성공적인 실행: 국가 수준의 계획이 아니라 개별 실행가 수준, 즉 교사와 학생들의 사고와 실천에 있어서의 성장과 변화 |

◉ 교육과정 실행과 교육과정 계획 간의 관계

---

제 **7** 절 **2022 개정 교육과정**

| | |
|---|---|
| **구성의 중점** | • 디지털 전환, 기후·생태환경 변화 등에 따른 미래 사회의 불확실성에 능동적으로 대응할 수 있는 능력과 자신의 삶과 학습을 스스로 이끌어가는 주도성을 함양함<br>• 학생 개개인의 인격적 성장을 지원하고, 사회 구성원 모두의 행복을 위해 서로 존중하고 배려하며 협력하는 공동체 의식을 함양함<br>• 모든 학생이 학습의 기초인 언어·수리·디지털 기초소양을 갖출 수 있도록 하여 학교 교육과 평생 학습에서 학습을 지속할 수 있게 함<br>• 학생들이 자신의 진로와 학습을 주도적으로 설계하고, 적절한 시기에 학습할 수 있도록 학습자 맞춤형 교육과정 체제를 구축함<br>• 교과 교육에서 깊이 있는 학습을 통해 역량을 함양할 수 있도록 교과 간 연계와 통합, 학생의 삶과 연계된 학습, 학습에 대한 성찰 등을 강화함 |

| | |
|---|---|
| 구성의 중점 | • 다양한 학생 참여형 수업을 활성화하고, 문제 해결 및 사고의 과정을 중시하는 평가를 통해 학습의 질을 개선함<br>• 교육과정 자율화·분권화를 기반으로 학교, 교사, 학부모, 시·도 교육청, 교육부 등 교육 주체들 간의 협조 체제를 구축하여 학습자의 특성과 학교 여건에 적합한 학습이 이루어질 수 있도록 함 |
| 인간상 | • 전인적 성장을 바탕으로 자아정체성을 확립하고 자신의 진로와 삶을 스스로 개척하는 자기주도적인 사람<br>• 폭넓은 기초 능력을 바탕으로 진취적 발상과 도전을 통해 새로운 가치를 창출하는 창의적인 사람<br>• 문화적 소양과 다원적 가치에 대한 이해를 바탕으로 인류 문화를 향유하고 발전시키는 교양 있는 사람<br>• 공동체 의식을 바탕으로 다양성을 이해하고 서로 존중하며 세계와 소통하는 민주시민으로서 배려와 나눔, 협력을 실천하는 더불어 사는 사람 |
| 핵심역량 | • 자아정체성과 자신감을 가지고 자신의 삶과 진로를 스스로 설계하며 이에 필요한 기초 능력과 자질을 갖추어 자기주도적으로 살아갈 수 있는 자기관리 역량<br>• 문제를 합리적으로 해결하기 위하여 다양한 영역의 지식과 정보를 깊이 있게 이해하고 비판적으로 탐구하며 활용할 수 있는 지식정보처리 역량<br>• 폭넓은 기초 지식을 바탕으로 다양한 전문 분야의 지식, 기술, 경험을 융합적으로 활용하여 새로운 것을 창출하는 창의적 사고 역량<br>• 인간에 대한 공감적 이해와 문화적 감수성을 바탕으로 삶의 의미와 가치를 성찰하고 향유하는 심미적 감성 역량<br>• 다른 사람의 관점을 존중하고 경청하는 가운데 자신의 생각과 감정을 효과적으로 표현하며 상호협력적인 관계에서 공동의 목적을 구현하는 협력적 소통 역량<br>• 지역·국가·세계 공동체의 구성원에게 요구되는 개방적·포용적 가치와 태도로 지속 가능한 인류 공동체 발전에 적극적이고 책임감 있게 참여하는 공동체 역량 |

# PART 05 | 교육과정 핵심지문 OX

**001** 잠재적 교육과정은 교육적 가치가 있는 내용임에도 불구하고 학교교육과정에서 배제하여 가르치지 않는 것이다. ( O | X )

**002** 공식적 교육과정은 국가 교육과정과 시·도 교육청 교육과정 편성·운영 지침에 의거해 학교교육과정을 편성하는 것이다. ( O | X )

**003** 영 교육과정은 학교교육과정에서 계획하거나 의도하지 않았지만, 교육과정이 전개되는 동안 학생들이 바람직하지 못한 가치와 태도도 은연중에 배우는 것이다. ( O | X )

**004** 프레이리(P. Freire)는 교실생활의 군집성, 상찬, 권력구조 등이 학생들의 행동과 학습 결과에 미치는 영향을 설명하면서, 잠재적 교육과정의 개념을 제시하였다. ( O | X )

**005** 잠재적 교육과정은 모든 교과나 학문 분야에서 지식의 구조를 중시한다. ( O | X )

**006** 잠재적 교육과정은 주로 정의적인 영역이나 학교풍토와 관련된다. ( O | X )

**007** 잠재적 교육과정은 정부나 교사에 의해 의도적으로 조직된다. ( O | X )

**008** 잠재적 교육과정은 교육목표가 구체적으로 설정되고 진술된다. ( O | X )

**009** 잠재적 교육과정에서는 문서 속에 담긴 교육계획이 중요한 의미를 가진다. ( O | X )

**010** 교육과정을 수업을 통해 실현된 학습경험으로 본다면 교육과정은 학생마다 다를 수 있다. ( O | X )

**011** 우리나라의 공식적 교육과정은 국가 수준의 교육과정과 시·도 교육청 수준의 교육과정 편성 및 운영 지침 등 두 수준으로 구성된다. ( O | X )

---

**정답**

01 × 02 ○ 03 × 04 × 05 × 06 ○ 07 × 08 × 09 × 10 ○ 11 ×

**012** 아이즈너(Eisner)는 영 교육과정이 공식적 교육과정에 포함되지 않기 때문에 교육적으로 중요한 의미를 갖지 않는다고 하였다. （○｜×）

**013** 잠재적 교육과정은 주로 정의적 영역과 관계가 있다. （○｜×）

**014** 학교에서의 상과 벌, 평가, 사회적 관행 등이 잠재적 교육과정을 형성한다. （○｜×）

**015** 교육활동이 수행된 후에 가지게 되는 학습경험을 교육의 목적이라고 할 때, 브루너는 이 목적을 '표현적 결과(expressive outcomes)'라고 불렀다. （○｜×）

**016** 학교 교육과정은 장차 젊은이들이 몸담게 될 '성인의 활동 영역'에 대한 과학적 조사를 바탕으로 새롭게 구성되어야 한다. 보비트의 연구에 의하면, 성인의 활동 영역은 언어 활동, 건강 활동, 시민 활동 등 10가지로 분류될 수 있다. （○｜×）

**017** [타일러(Tyler)] 집단적 숙의의 과정을 거쳐 교육과정을 설계한다. （○｜×）

**018** [타일러(Tyler)] 탈역사적인 성격을 가지며 가치중립성을 표방한다. （○｜×）

**019** [타일러(Tyler)] 교육과정 개발자들이 따라야 할 절차를 제시하는 처방적 모형이다. （○｜×）

**020** [타일러(Tyler)] 어떤 학습경험을 선정하는가는 설정되는 교육목표에 따라 달라진다. （○｜×）

**021** [타일러(Tyler)] 교육과정 설계에서 교육목표는 가장 먼저 결정되어야 하고, 그 이후 모든 활동의 기준역할을 하는 것으로 간주되었다. （○｜×）

**022** [타일러(Tyler)] 교육의 과정에서 형성되는 사회적 관계, 가치갈등 등에 주목하면서 내용을 목표보다 우위에 두었다. （○｜×）

**023** [타일러(Tyler)] 교육목표의 원천은 제시하고 있으나, 무엇이 교육목표이고 왜 다른 목표보다 우선적으로 선정되어야 하는지를 밝혀주지 못했다. （○｜×）

**024** [타일러(Tyler)] 교육목표는 학생들의 목표도달 여부를 판단할 수 있는 준거가 될 수 있도록 구체적이고 명시적으로 표현할 것이 강조되었다. （○｜×）

정답

| 12 | × | 13 | ○ | 14 | ○ | 15 | × | 16 | ○ | 17 | × | 18 | ○ | 19 | ○ | 20 | ○ | 21 | ○ | 22 | × | 23 | ○ | 24 | ○ |

**025** [다성과(多成果)의 원리] 하나가 아닌 여러 가지 교육목표를 달성하는 데 도움이 되는 행동을 선택한다. ( ○ | × )

**026** [다활동(多活動)의 원리] 동일한 목표를 달성하는 데도 다양한 학습경험을 사용할 수 있다. ( ○ | × )

**027** [만족의 원리] 학생에게 요구되는 행동이 현재의 능력, 성취, 발달 수준에 맞아야 한다. ( ○ | × )

**028** [기회의 원리] 교육목표가 의미하는 행동을 학생 스스로 해보는 기회를 가지게 한다. ( ○ | × )

**029** 타일러(Tyler)가 제시한 학습경험을 효과적으로 조직하는 원리는 계속성, 계열성, 유용성이다. ( ○ | × )

**030** 타일러(Tyler)가 제시한 학습경험 선정의 일반적 원리는 모두 기회의 원리, 만족의 원리, 가능성의 원리 등 총 세 가지이다. ( ○ | × )

**031** [블룸] 인지적 영역 목표의 분류 준거는 복잡성이다. ( ○ | × )

**032** [블룸] 정의적 영역 목표는 위계적으로 구성되어 있다. ( ○ | × )

**033** [블룸] 정의적 영역 목표의 분류 준거는 다양성이다. ( ○ | × )

**034** [블룸] 학습목표를 행위동사로 기술한다. ( ○ | × )

**035** [블룸] 교육목표 간의 유목 구분이 명확하다. ( ○ | × )

**036** [학문중심 교육과정] 교과내용을 미리 선정하거나 조직하지 않고 학습의 장에서 결정한다. ( ○ | × )

**037** [학문중심 교육과정] 교과의 목적은 사회의 재구조화를 위한 비판적 시민을 양성하는 데 있다. ( ○ | × )

**038** [학문중심 교육과정] 핵심적인 아이디어 또는 기본적인 원리 및 개념을 중시한다. ( ○ | × )

**039** [학문중심 교육과정] 교육과정의 효율성을 위하여 체계적이고 과학적인 방법론을 적용한다. ( ○ | × )

---

**정답**

25 ○   26 ○   27 ×   28 ○   29 ×   30 ×   31 ○   32 ○   33 ×   34 ○   35 ×   36 ×   37 ×   38 ○
39 ×

**040** [학문중심 교육과정] 교사가 결과적 지식을 먼저 제시하기보다 학생들로 하여금 탐구과정을 통해 일반화된 원리를 발견하게 한다. (○ㅣ×)

**041** 파이너(W. Pinar)는 인간의 내면세계에 보다 가까이 다가가기 위해 학생 자신의 전기적 (biographical) 상황에 주목하는 쿠레레(curere) 방법을 제시하였다. (○ㅣ×)

**042** [영 교육과정] 아이즈너(E. W. Eisner)가 제시한 개념이다. (○ㅣ×)

**043** [영 교육과정] 교과 지식을 아동의 흥미와 요구에 맞추어 재구성한 것이다. (○ㅣ×)

**044** [영 교육과정] 학생이 학교생활을 통해 은연중에 가지게 되는 경험의 총화이다. (○ㅣ×)

**045** [영 교육과정] 교육적 가치가 있음에도 불구하고 학교에서 학생들이 학습할 기회를 갖지 못하는 내용이다. (○ㅣ×)

**046** [아이즈너] 교육적 감식안에 토대한 표준화 검사가 필요하다. (○ㅣ×)

**047** [아이즈너] 평가는 교육과정 개발의 모든 과정에서 이루어져야 한다. (○ㅣ×)

**048** [아이즈너] 교육내용을 선정할 때 학교에서 가르치지 않는 것에 대하여 고려해야 한다. (○ㅣ×)

**049** [아이즈너] 행동적 목표에 대한 보완으로 표현적 결과(expressive outcomes)를 고려해야 한다. (○ㅣ×)

**050** [아이즈너] 행동목표 중심으로 교육과정을 개발해야 한다. (○ㅣ×)

**051** [아이즈너] 내용선정 과정에서 영 교육과정에 대해서 신중히 고려해야 한다. (○ㅣ×)

**052** [아이즈너] 학습기회의 유형을 개발할 때 교육적 상상력을 동원해야 한다. (○ㅣ×)

**053** [아이즈너] 교육과정 개발 과정은 목표설정부터 평가방법 개발에 이르는 직선적 과정이다. (○ㅣ×)

**054** [경험중심 교육과정] '지식의 구조'를 중시한다. (○ㅣ×)

**정답**

| 40 ○ | 41 ○ | 42 ○ | 43 × | 44 × | 45 ○ | 46 × | 47 ○ | 48 ○ | 49 ○ | 50 × | 51 ○ | 52 ○ | 53 × |
| 54 × | | | | | | | | | | | | | |

**055** [잠재적 교육과정] 학교가 교육목표를 달성하는 과정에서 발생하는 모든 경험을 말한다. (○ㅣ×)

**056** [나선형 교육과정] 학문의 공통된 내용을 수준을 달리하여 반복적으로 학습하는 것과 관련 있다. (○ㅣ×)

**057** [경험중심 교육과정] 교과중심 교육과정을 비판하는 가운데 나온 것이다. (○ㅣ×)

**058** [경험중심 교육과정] 사전에 계획된 조직적이고 계통적인 수업을 선호한다. (○ㅣ×)

**059** [경험중심 교육과정] 학문의 핵심적인 아이디어 또는 기본 원리 및 개념을 중시한다. (○ㅣ×)

**060** [경험중심 교육과정] 문화유산 가운데 영구적이고 객관적인 사실, 개념, 법칙을 강조한다. (○ㅣ×)

**061** [경험중심 교육과정] 학생의 실생활 내용을 주로 다루며, 학생 흥미 위주의 수업을 지향한다. (○ㅣ×)

**062** [경험중심 교육과정] 교육과정은 사전에 계획되는 것이 아니라 교육의 과정에서 생성되는 것으로 본다. (○ㅣ×)

**063** [경험중심 교육과정] 교사가 아니라 학생 중심의 수업을 강조한다. (○ㅣ×)

**064** [경험중심 교육과정] 교육내용을 학생과 환경 간의 상호작용이라는 측면에서 이해한다. (○ㅣ×)

**065** 보비트(Bobbitt)는 성인의 활동영역을 전문적으로 분석하여 교육목표를 설정할 것을 강조하였다. (○ㅣ×)

**066** 브루너(Bruner)는 지식의 구조를 나선형으로 조직하여 가르칠 것을 제안하였다. (○ㅣ×)

**067** [교과중심 교육과정] 교과지식을 통해 사회변화를 위한 비판적 의식을 기를 것을 강조한다. (○ㅣ×)

**068** [인간중심 교육과정] 교육을 삶 그 자체로 간주하고 학생의 정서를 중시한다. (○ㅣ×)

**069** [학문중심 교육과정] 나선형 교육과정의 원리를 채택한다. (○ㅣ×)

---

**정답**

55 ×  56 ○  57 ○  58 ×  59 ×  60 ×  61 ○  62 ○  63 ○  64 ○  65 ○  66 ○  67 ×  68 ○
69 ○

**070** [인간중심 교육과정] 정의적 특성의 발달보다는 지적 능력의 성취를 강조한다.　　　　( ○ | × )

**071** [경험중심 교육과정] 학습자의 삶과 관련이 있는 다양한 경험을 주된 교육내용으로 삼는다.　( ○ | × )

**072** [교과중심 교육과정] 문화유산의 전달을 목적으로 하는 내용을 논리적으로 체계화하여　( ○ | × )
교과로 분류한다.

**073** [경험중심 교육과정] 아동의 성장과 발달에 목적을 둔다.　　　　　　　　　　　( ○ | × )

**074** [교과중심 교육과정] 교사 중심의 설명식 교수법을 요구하는 경우가 많다.　　　　　( ○ | × )

**075** [학문중심 교육과정] 전통적으로 내려오는 가치와 문화의 전수를 교육과정의 핵심으로　( ○ | × )
본다.

**076** [인간중심 교육과정] 개인적 의미의 중요성을 강조하고 전인적 발달을 추구함으로써 학　( ○ | × )
습자의 자아실현을 돕는다.

**077** 백워드 설계의 단계는 학습자의 요구와 상황 분석하기, 학습되었다고 수용할 만한 증거　( ○ | × )
결정, 학습경험과 수업 계획으로 구성된다.

**078** 타일러(R.Tyler)는 교육과정 개발 단계를 교육목표 설정, 학습경험 선정, 학습경험 조　( ○ | × )
직, 교육평가로 제시하였다.

**079** 워커(D.Walker)가 제안한 교육과정 개발 단계는 강령(platform), 처방(prescription),　( ○ | × )
설계(design)로 구성된다.

**080** 계속성의 원리에 따르면 학습자의 발달 단계에 따른 학습 능력을 고려하여 단순한 것에　( ○ | × )
서 복잡한 것으로, 친숙한 것에서 생소한 것으로 교육내용을 조직해 나간다.

**정답**

| 70 × | 71 ○ | 72 ○ | 73 ○ | 74 ○ | 75 × | 76 ○ | 77 × | 78 ○ | 79 × | 80 × |

# 2025
# 변민재 교육학
# 핵인싸(핵심 inside)

PART

# 06

# 교육심리

# PART 06 교육심리

## 제 1 절 인지 발달

| | |
|---|---|
| **피아제** | • 도식(스키마): 사고의 기본단위<br>• 적응<br><br>**동화** 우리가 세상에서 일어나는 일들을 이해하기 위해 이미 갖고 있는 기존의 도식을 사용할 때 발생<br>**조절** 새로운 상황에 반응하기 위해 기존의 도식을 변화시켜야 할 때 발생<br><br>• 평형화: 사고에서의 실제적인 변화는 균형을 찾으려는 행위인 평형화(Equilibration) 과정을 통해 이루어짐<br>• 인지발달단계<br><br>**감각운동기** • 반사작용, 감각, 움직임을 통해 환경을 학습<br>• 타인을 모방하고 사건을 기억 / 대상영속성<br><br>**전조작기** • 언어 및 상징과 같은 표상적 사고능력의 발달<br>• 과거 및 미래 시간개념에 어려움<br>• 물활론적 사고 / 자기중심성 / 직관적 사고 / 비가역성<br><br>**구체적 조작기** • 논리적 방식의 사고 / 보존법칙 이해 / 서열화·분류 가능<br>• 가역성 이해 / 탈중심화 / 사회지향성<br><br>**형식적 조작기** • 추상적 문제를 논리적 방식으로 해결 / 더욱 과학적인 사고<br>• 사회적 쟁점, 정체성에 관심 / 반성적 추상화 / 가설연역적 추론 |
| **비고츠키** | • 아동의 학습의 상당 부분은 환경과의 상호작용을 통해 이루어짐<br>• 언어: 학습 및 발달에서 핵심역할(사회적 언어 ⇨ 자아중심적 언어 ⇨ 내적 언어)<br>• 근접발달영역(ZPD): 혼자서는 문제를 해결할 수 없지만 성인의 안내를 받거나 친구와 협동하면 성공적으로 문제를 해결할 수 있는 영역<br>• 비계설정(scaffolding, 발판화): 근접발달영역에서 제공되는 더 뛰어난 친구나 성인의 도움 ⇨ 실제적 발달수준보다 약간 더 높은 수준의 과제를 제시한 다음 문제를 해결하는 과정에서 도움을 주는 것이 효과적<br>• 역동적 평가: 근접발달영역의 개념에 근거하여 발달잠재력을 확인하기 위한 평가 |

| 피아제<br>vs<br>비고츠키 | 구 분 | 피아제 | 비고츠키 |
|---|---|---|---|
| | 발달의 주요동인 | 개인 내부에 존재,<br>사회환경은 발달에 큰 영향 × | 사회적 영향 강조 |
| | 언어의 역할 | 사고의 징표에 불과 | 언어가 사고발달에 핵심적 역할 |
| | 학습과 발달 | 발달이 학습에 선행 | 학습이 발달에 선행 |
| | 인지발달 | 평형화를 중시 | 내면화를 중시 |

---

제 2 절 성격 발달

| 프로이트 | | |
|---|---|---|
| | • 정신결정론(psychic determinism)의 입장을 취하고 있고, 어릴 적에 한 번 형성된 성격은 회복 불가능<br>• 인간의 심리현상과 행동은 주로 무의식에서 비롯<br>• 태어나서 5세까지의 유아기 경험이 성격발달에서 가장 중요<br>• 성격을 원초아(id), 자아(ego), 초자아(super-ego)로 나누는데, 이 세 구조는 각기 고유한 기능과 특성, 기제 및 역동성을 가지고 있지만 서로 밀접하게 관련 | |
| | 원초아 | 성욕이나 공격욕과 같은 본능적 충동을 주관하며 쾌락원리(pleasure principle)를 따름 |
| | 자 아 | • 원초아의 욕구가 현실적으로 합당한 방법으로 만족을 얻을 수 있는 방도를 모색하고 계획함<br>• 자아는 현실의 원리(reality principle)를 따름<br>• 원초아의 욕구와 초자아의 욕구를 조정<br>• 불안에서 벗어나기 위해 동원하는 여러 가지 방어기제를 사용하는 주체 |
| | 초자아 | • 사회적 가치와 도덕이 내면화된 것<br>• 무엇이 옳고 그른가를 판단하는 원천이 되며 행동을 규제함<br>• 양심과 이상의 원리(도덕원리)를 따름 |
| | • 자기방어기제 | |
| | 억 압 | 불안을 일으키거나 극도로 불쾌한 생각들을 무의식의 영역으로 묻어버리는 것 |
| | 투 사 | 사회적으로 인정받을 수 없는 자신의 행동이나 생각의 책임을 타인에게 전가하는 과정 |
| | 반동<br>형성 | 자신의 무의식적인 비도덕적 감정을 실제로는 정반대로 표현 |
| | 치환<br>(대치) | 감정을 본래의 대상으로부터 덜 위험하고 다루기 쉬운 대상으로 돌리는 것 |
| | 합리화 | 사회적으로 용납될 수 없는 동기에 의해 일어난 행동에 대해 사회적으로 용납될 수 있는 그럴듯한 이유를 붙여 자신의 동기를 은폐 |

| | | |
|---|---|---|
| **고 착** | 정서적 발달이 어떤 단계에서 정지되는 것 | |
| **퇴 행** | 초기 단계로 후퇴하는 것 | |
| **보 상** | 다른 분야에서 만족을 구하려는 적응기제 | |

- 심리성적 발달 5단계

| | | |
|---|---|---|
| 구강기 | • 리비도가 입으로 집중되어 입, 혀, 입술을 통해 젖을 빠는 데서 쾌감을 느끼며 유아성욕 (infantile sexuality)을 충족<br>• 자아중심적이고 자신의 욕구중심적 | |
| 항문기 | • 배변훈련시기<br>• 유아는 본능을 충족하고 싶지만 배변훈련자(부모)에 의해 자기 본능을 마음대로 충족할 수 없음<br>• 자신의 욕구를 통제하는 배변훈련자에 대해 적대감이 생기고, 이러한 적대감과 부모의 사랑을 받으려고 하는 욕구 간의 갈등을 해결해야 함 | |
| 남근기 | • 아동이 성기에 관심을 가지게 되는 시기로서, 아동은 순진무구하지 않다는 프로이트의 가설을 가장 단적으로 나타내는 단계<br>• 오이디푸스 콤플렉스(Oedipus complex)<br>• 엘렉트라 콤플렉스(Electra complex) | |
| 잠재기 | 다른 단계에 비해서 평온한 시기로 성적 욕구가 억압되어서 앞의 세 단계에서 가졌던 충동이나 상상, 욕구 등이 잠재되어 있음 | |
| 성기기 | 사회성이 발달하는 사춘기에 접어들면서 잠복해 있던 성적 욕구가 활발해지기 시작 | |

프로이트 (세로 레이블)

에릭슨 (세로 레이블)

- 사회적 경험의 영향을 강조하며 전 생애에 걸친 성격발달을 설명하면서 성인도 발달과정에 있음을 설명
- 성격의 단계는 미리 예정되어 있고 그 순서가 불변
- 생애주기의 각 단계에는 그 단계가 우세하게 출현되는 최적의 시간이 있고, 또 모든 단계가 계획대로 전개될 때 완전한 기능을 하는 성격이 형성
- 각 단계에는 심리사회적 위기(psycho-social crisis)가 있으며, 각 단계의 위기를 성공적으로 해결했을 때 성격발달이 제대로 이루어짐

| | | |
|---|---|---|
| 출생~1년 | 신뢰감 대<br>불신감 | • 신뢰감은 유아가 지속적으로 애정 어린 보살핌을 받을 때 형성됨<br>• 불신감은 예상하지 못한 결과나 냉정한 보살핌을 받을 때 생김 |
| 1~3세 | 자율성 대<br>회의감 및<br>수치심 | • 자율성은 유아가 새롭게 형성된 사고능력과 심동기술을 이용해 세상을 탐구할 때 발달함<br>• 부모는 이러한 탐구를 격려하고, 피할 수 없는 실수를 받아주면서 자녀의 자율성을 키워줌 |
| 3~6세 | 주도성 대<br>죄책감 | • 주도성은 야망과 책임감에 대한 것으로, 새로운 일을 찾아 나서고 도전해 보려는 아동의 시도를 성인이 격려하고 보상해 줄 때 발달함<br>• 아동을 지나치게 통제하거나 비판하면 아동은 자신의 행동에 대해 죄책감을 느끼게 됨 |

| | | |
|---|---|---|
| **에릭슨** | **6~12세** / 근면성 **대 열등감** | • 학교와 가정은 학생이 도전적 과제에서 성공함으로써 유능감을 키울 수 있는 기회를 제공함<br>• 반면, 반복적 실패는 열등감을 갖게함 |
| | **12~18세** / 정체감 **대 역할혼돈** | • 지금까지의 모든 특성들이 종합적으로 작용함<br>• 역할혼돈은 가정에서 필요한 조건을 제공하지 못하거나 지나치게 통제할 때 혹은 다양한 역할 속에서 개인을 탐구할 기회를 제공하지 못할 때 발생함 |

• 정체성 지위는 과업에 대한 전념(무엇에 전념하고 있는가)과 정체성 위기경험 여부(정체성을 갖기 위해 노력하는가)라는 두 가지 기준에 따라 네 가지로 분류
• 정체성 성취와 유예 상태가 청소년에게 바람직

**마 샤**

| | |
|---|---|
| **정체성** 혼돈 | • 개인이 명확한 선택을 내리지 못했을 때 **나타남**<br>• 여러 가지 인생경로에 있어 무계획적인 선택이나 행동으로 묘사됨<br>• 선택하는 것을 어려워하고 개인은 발달과정상 선택을 내릴 준비가 되어 있지 않음 |
| **정체성** 폐쇄·유실 | • 개인이 부모와 같은 다른 사람의 가치체계(position)를 성급하게 채택할 때 나타남<br>• 다른 사람의 정체성에 기반을 둔 것이므로 개인이 원하지 않은 가치체계 |
| **정체성** 유예 | • 개인이 양식을 결정하는 데 있어 휴식을 취하거나 보류할 때 나타남<br>• 장기간 정체성 형성을 위한 노력이 연기됨 |
| **정체성** 성취 | • 개인이 일련의 위기를 경험하고 의사결정을 했을 때 **나타남**<br>• 정세성 형성은 목표나 방향을 위한 노력에 영향을 끼침 |

| 단 계 | 위기(crisis) | 전념(commitment) |
|---|---|---|
| **정체성** 혼돈<br>(Identity diffusion) | × | × |
| **정체성** 폐쇄·유실<br>(Identity foreclosure) | × | ○ |
| **정체성** 유예<br>(Identity moratorium) | ○ | × |
| **정체성** 성취<br>(Identity achievement) | ○ | ○ |

| 브론펜브레너 | • 개인은 브론펜브레너 모형의 중심에 있고, 그들의 발달은 유전적 배경과 환경에 의해 이루어짐 | |
|---|---|---|
| | • 인지발달은 유전자와 사람들의 경험 모두의 영향을 받음: 성격, 사회성, 도덕성 발달에서도 마찬가지 | |
| | 미시체계 | • 아동 가까이에 있는 사람과 활동 |
| | | • 텔레비전 및 인터넷 같은 매체**뿐만** 아니라 가족, 또래, 학교, 아이의 이웃을 포함 |
| | 중간체계 | 미시체계 요소 간의 상호작용 |
| | 외체계 | 부모의 직업, 건강관리, 다른 사회적 서비스와 같은 미시체계와 중간체계 모두에 영향을 주는 사회적 영향 |
| | 거시체계 | 아이가 속하여 자란 문화 |
| | 시간체계 | 시간의 변화에 따른 영향 |
| 셀만 | • 사회적 조망수용능력: 타인의 사고와 의도, 정서를 생각할 수 있는 능력 | |
| | • 사회적 조망수용능력의 발달은 타인과 잘 지낼 수 있는 성숙한 사회행동을 가능하게 함 | |
| | • 사회적 조망수용능력이 발달한 아동: 다른 사람의 정서상태를 대리적으로 경험하는 감정이입(empathy)능력＋동정심(compassion)＋사회적 문제해결(social problem solving)능력 | |
| | 0단계 | 자기중심적 관점수용단계 |
| | 1단계 | 주관적 조망수용단계 |
| | 2단계 | 자기반성적 조망수용단계 |
| | 3단계 | 상호적 조망수용단계 |
| | 4단계 | 사회적 조망수용단계 |
| | • 아동에게 조망수용능력을 지도하고 훈련하면 반사회적 행동이 감소되고 감정이입과 친사회적 행동(예 돕기, 나누기, 보살피기, 위로하기, 협조하기 등)이 증가 | |

제 **4** 절 | 도덕성 발달

| 피아제 | 인지발달과 도덕성 발달이 함께 이루어진다고 생각하여 자율적·타율적이라는 기준에 따라 도덕성 발달을 크게 3단계로 구분 | |
|---|---|---|
| | 전도덕성 단계 | • 4세까지의 아동이 해당 |
| | | • 규칙을 전혀 이해하지 못하며 규칙을 따라야 한다는 생각도 거의 없음 |
| | 타율적 도덕성 단계 | • 전조작기에 해당 |
| | | • 아동은 외부의 규율과 법칙, 권위에 의존하여 행동의 결과에 따라 선악을 판단하는 구속의 도덕성(morality of constraint)을 발달시킴 |

| | | | |
|---|---|---|---|
| 피아제 | 자율적 도덕성 단계 | | • 구체적 조작기 이후<br>• 규칙이나 질서가 다른 사람과의 협의에 의해 결정된다는 것을 이해하고, 다른 사람과의 상호작용을 고려하며, 행동의 결과보다는 의도를 기준으로 선악을 판단<br>• 서로 다른 사람이 각각 다른 규칙을 갖는다는 것을 알게 되는 협력의 도덕성(morality of cooperation)으로 발달 |
| 콜버그 | 인습이전 수준 | [1단계]<br>복종과 처벌 지향 | • 어떻게 처벌을 면할 수 있을까?<br>• 아동의 행위결과가 벌인가 칭찬인가 또는 행위를 강요하는 사람이 누구인가에 의해 선악이 판별됨 |
| | | [2단계]<br>개인적 쾌락주의 지향 | • 나에게 뭐가 좋아?<br>• 아동 자신의 욕구충족이 도덕판단의 기준이며, 다른 사람의 욕구충족을 고려하지만 자신의 욕구충족을 우선 생각함 |
| | 인습 수준 | [3단계]<br>착한 소년 · 소녀 지향 | 다른 사람을 기쁘게 하고, 도와주는 행위 여부가 선악을 결정하며 타인의 승인을 중요하게 생각함 |
| | | [4단계]<br>사회질서와 권위 지향 | • 법은 절대적이고 사회질서는 유지되어야 함<br>• 개인적인 문제보다 전체를 위한 의무감을 더욱 중요하게 여김. 즉, 주어진 사회질서를 유지하려는 행동이 나타남 |
| | 인습이후 수준 | [5단계]<br>사회계약 지향 | • 법의 사회적 유용성에 대한 합리적 고려에 따라 법이 바뀔 수도 있다고 생각함<br>• 인간으로서의 기본원리에 따라 행동함 |
| | | [6단계]<br>보편적 윤리원리 지향 | 스스로 선택한 도덕원리에 따른 양심적인 행위가 곧 올바른 행위가 됨 |
| 길리건 | • 서양의 기존 윤리관을 남성중심의 성차별적 윤리관으로 규정하고, 이에 대한 대안으로서 배려의 윤리를 주장<br>• 남성은 추상적 판단에 기초한 정의관점(justice perspective)으로 도덕적 판단을 하고, 여성은 인간관계와 타인을 돌보는 것을 기초로 하는 배려(care)와 책임감(responsibility)을 중심으로 판단 | | |
| | [수준 1]<br>자기 지향 | 여성이 자기의 이익과 생존에 자기중심적으로 몰두하는 단계 | |
| | [전환기 1]<br>이기심에서 책임감으로 | • 애착과 다른 사람과의 관계형성이 중요<br>• 도덕적 판단기준이 독립적이고 이기적인 것에서 관계와 책임감으로 옮겨가기 시작<br>• 책임감과 배려를 도덕적 판단기준으로 통합 | |

| | | |
|---|---|---|
| 길리건 | [수준 2]<br>자기희생으로서의 선 | • 자신의 욕구를 억제하고 타인의 요구에 응하려 노력하게 되고 타인에 대한 배려, 책임감, 자기희생을 지향<br>• 자신의 주장을 포기<br>• 다른 사람에게 상처를 줄 때 불평형이 일어나고 자기희생과 타인에 대한 배려를 선한 것으로 간주 |
| | [전환기 2]<br>선에서 진실로 | • 왜 다른 사람을 위해서 자신을 희생해야 하는가에 대한 의문<br>• 도덕적 판단기준이 자신 주변의 타인과의 일치에서보다 넓은 범위의 타인의 욕구와 통합되는 것으로 발전 |
| | [수준 3]<br>비폭력 도덕성 | • 개인의 권리주장과 타인에 대한 책임이 조화를 이룸<br>• 의사결정과정에 적극적으로 참여하고, 다른 사람에게 상처주는 것을 회피<br>• 비폭력, 평화, 박애 등은 이 시기 도덕성의 주요 지표 |

## 제 5 절 지능

| | | | |
|---|---|---|---|
| 일반요인<br>이론 | 스피어만 | | • 인간의 지능은 g요인(일반지능요인)과 s요인(특수지능요인)으로 구성<br>• g요인으로서 '언어, 수, 정신속도, 주의, 상상'의 다섯 가지 요인이 공존<br>• 인간은 일반지능과 특수능력 모두에서 개인차가 발생하며, 이 두 요인이 함께 정신과제에 대한 수행을 결정 |
| 다요인<br>이론 | 서스톤 | | • 지능이란 한 개가 아닌 몇 개의 기본 정신능력(primary mental ability, PMA)으로 구성<br>• 기본 정신능력(PMA)으로 '언어이해요인, 기억요인, 추리요인, 공간시각화요인, 수요인, 단어유창성요인, 지각속도요인'의 7가지 집단요인을 제시 |
| | 길포드 | | • 지능구조모형(structure of intellect model)을 제안 |
| | | 내 용 | 시각, 청각, 단어의미, 상징, 행동의 5개 하위요인 |
| | | 조 작 | 인지, 수렴적 사고, 확산적 사고, 기억부호화, 기억파지, 평가의 6개 하위요인 |
| | | 산 출 | 단위, 유목, 관계, 체계, 변환, 함축의 6개 하위요인 |
| | 카 텔 | 유동적<br>지능 | • 유전 및 신경생리적 영향에 의하여 발달하는 지능<br>• 생리적 발달이 지속되는 청년기까지는 그 수준이 꾸준히 증가하나 생리적 발달이 쇠퇴하는 성인기 이후에는 감퇴 |
| | | 결정적<br>지능 | • 환경 및 경험, 문화적 영향에 의해 발달하는 지능으로, 가정환경 및 교육의 정도, 직업 등의 영향을 받음<br>• 논리적 추리력, 언어능력, 문제해결력, 상식 등의 하위속성에서 잘 드러나는 결정적 지능은 환경적인 자극이 지속되는 한 성인기 이후에도 꾸준히 발달 |
| | 혼과<br>캐롤 | | • 일반요인이론과 카텔이 제시한 지적 능력의 하위속성을 결합하여 C – H – C(Cattell – Horn – Carroll) 모델을 제안<br>• 위계적 지능이론으로 불림 |

| 다중지능<br>이론 | 가드너 | • 지능은 그 문화에서 유용하게 쓰일 수 있는 정보를 처리하는 생물·심리적인 잠재력<br>• 사람은 모든 지능을 가지고 있지만, 지능의 조합은 사람에 따라 다름<br>• 지능은 향상될 수 있음. 다만, 향상 속도에서 차이를 보임 | | |
|---|---|---|---|---|

| | | 언어지능 | 작가, 시인, 법률가, 교사 |
|---|---|---|---|
| | | 논리 – 수학지능 | 수학자, 논리학자, 과학자 |
| | | 공간지능 | 조각가, 항해사, 건축가, 그래픽 아티스트 |
| | | 신체운동지능 | 운동선수, 배우, 무용가, 외과의사, 기술자 |
| | | 음악지능 | 기악 연주가나 성악가, 작곡자, 지휘자 |
| | | 대인 간 지능 | 교사, 심리치료사, 종교지도자, 징치가 |
| | | 개인 내 지능 | 심리학자, 수도자 |
| | | 자연지능 | 생물학자, 동물학자, 식물학자, 농부 |

**스턴버그**

• 지능의 삼원론

| 분석적 지능 | • 지적인 행동과 관련된 인간의 정신과정과 연관된 것으로서 흔히 학문적인 영역의 지능을 의미<br>• 이 지능은 기본적인 정보처리를 위한 메타요소, 수행요소, 지식습득요소라는 세 가지 요인으로 구성 |
|---|---|
| 창조적 지능 | 인간의 경험과 긴밀하게 연관된 것으로 신기성(novelty)을 다루는 능력과 정보처리를 자동화하는 능력으로 구성 |
| 실제적 지능 | • 전통적인 지능검사의 점수나 학업성취도와는 무관한 지능으로 선택·적응·조성의 세 부분으로 구성<br>• 적응력이나 사회적 유능성 등과 관련된 실제적 지능은 정규교육을 통해 향상되는 것이 아니라 일상에서 개인의 경험을 통하여 획득되고 발달 |

• 성공지능(successful intelligence)
① 성공지능은 앞에서 언급한 세 가지 지능으로 구성됨
② 인간이 개인의 목표를 달성하는 데에 도움을 주는 지능으로, 분석적·창조적·실제적 지능과 그에 해당되는 특별한 능력들 간의 균형이 유지될 때 인간은 자신의 목표를 성취하고 그에 따른 성공을 경험

**측정 및 검사**

• 지능검사

| 비네 – 시몬검사 | 검사의 결과를 해당 연령집단의 평균능력인 정신연령(MA: mental age)으로 나타냄 |
|---|---|
| 스탠포드 – 비네검사 | 정신연령과 생활연령의 비율에 100을 곱한 값으로, 비율지능지수로도 불림 |
| 편차지능지수 | • 동일한 연령집단에서의 상대적인 위치로 피험자의 지능을 표현<br>• 현재 활용되는 대부분의 검사는 편차지능지수를 활용 |

| 측정 및 검사 | • 지능검사 점수의 분포 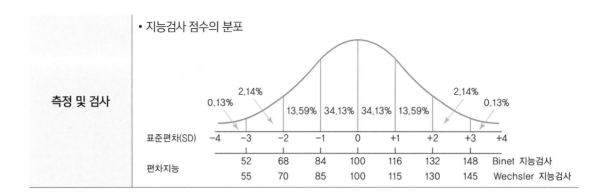 |
| --- | --- |

| 표준편차(SD) | −4 | −3 | −2 | −1 | 0 | +1 | +2 | +3 | +4 | |
| --- | --- | --- | --- | --- | --- | --- | --- | --- | --- | --- |
| 편차지능 | | 52 | 68 | 84 | 100 | 116 | 132 | 148 | | Binet 지능검사 |
| | | 55 | 70 | 85 | 100 | 115 | 130 | 145 | | Wechsler 지능검사 |

(분포 곡선 위: 0.13%, 2.14%, 13.59%, 34.13%, 34.13%, 13.59%, 2.14%, 0.13%)

| | | |
| --- | --- | --- |
| **구성요인** | • 창의적 사고는 지능구조의 한 부분인 확산적 사고(divergent thinking) 능력을 포함<br>• 확산적 사고 · 수렴적 사고 | |
| | **확산적 사고** | 여러 가지 다른 개념이나 답변을 제안하는 능력 |
| | **수렴적 사고** | 한 가지 답변만을 생각해 내는 보편적인 능력 |
| | • 유창성 · 융통성 · 독창성 · 민감성 | |
| | 유창성 | 주어진 자극에 대하여 제한된 시간 동안 어느 정도의 반응을 보일 수 있는가의 능력<br>예 단어 유창성, 연상 유창성, 표현 유창성, 아이디어 유창성 등 |
| | 융통성 | • 변화하는 상황에 적응할 수 있도록 현상을 변화시키는 능력<br>• 질적으로 서로 다른 방안을 산출하는 능력 |
| | 독창성 | 기존 지식의 단순한 통합이 아닌, 새롭고 흔히 볼 수 없는 반응을 도출하는 능력 |
| | 민감성 | 아이디어를 세심하게 발전시킬 수 있는 능력 |
| **창의적<br>사고과정** | **준비단계** | 문제와 관련된 기본적인 정보를 모으고 연구할 만한 가치가 있는지, 적절한 주제인지 인식함 |
| | **배양단계** | 일정 기간 동안 어떤 주제나 문제에 대해 곰곰이 생각하거나, 때로는 인식하지 못하지만 무의식 수준에서 아이디어를 탐색하기도 함 |
| | **영감단계** | 기발하고 결정적인 아이디어가 떠오르는 단계 |
| | **검증단계** | 해결책의 적절성을 검증하거나 아이디어가 실제로 작품으로 실행됨 |
| **사고기법** | **브레인스토밍** | • 평가는 마지막까지 유보하며 비판하지 않는다.<br>• 우스꽝스러운 아이디어라도 수용한다. 아이디어는 자유분방할수록 좋다. 따라서 아무리 우스꽝스러운 아이디어라도 수용하여야 한다.<br>• 아이디어는 가능한 한 많이 내도록 한다.<br>• 결합과 개선을 추구하여야 한다. |

| | | | |
|---|---|---|---|
| 사고기법 | SCAMPER | S | 대체(Substitute): 재료, 인물, 성분, 과정, 에너지의 대체 |
| | | C | 결합(Combine): 기능의 결합 또는 단위의 결합 |
| | | A | 적용(Adapt): 번안하거나 각색 또는 아이디어를 발전시킴 |
| | | M | 확대 및 축소(Magnify/Minify): 크기나 빈도, 밀도의 변화, 간소화, 생략 |
| | | P | 다른 용도(Put to other use): 다른 용도로 사용 |
| | | E | 제거(Eliminate): 없애거나 부품 수를 줄임 |
| | | R | 역방향/재배열(Reverse/Rearrange): 역할과 위치, 원인과 결과를 바꿈 |
| | 여섯색깔 모자기법 | | 여섯 가지 다른 색깔의 모자(six hat)로 어떤 문제에 접근하는 여섯 가지의 역할과 방법을 규정하는 창의적 사고방법 |

## 제 7 절　학습자의 다양성

| | | |
|---|---|---|
| 위트킨 | 장독립형 | • 장(배경)의 영향을 별로 받지 않는 인지양식<br>• 주변 상황으로부터 자신을 잘 분리<br>• 방해요인에 대해 독립적이고, 비사교적이며, 다양한 자극 중에서도 추상적인 것에 대해 더 많은 관심<br>• 사람 간의 상호작용을 덜 강조하는 천문학이나 공학과 관련된 직업을 선호, 수학이나 물리같은 추상적인 과목을 선호<br>• 장독립형 교사는 학생 간의 경쟁을 이용하거나 독립적인 성취를 조장하는 교수유형을 선호 |
| | 장의존형 | • 장의 영향을 많이 받는 인지양식<br>• 주변 상황의 방해요인을 무시하기가 어려움<br>• 사회 분야에 관심이 많으며, 자신의 태도와 믿음을 정할 때 다른 사람에게 의존<br>• 사람들과 관계있는 사회과학과 같은 학문이나 가르치는 직업을 선호, 인간적<br>• 장의존형 교사는 학생들과 상호작용하거나 대화하는 것을 좋아함 |
| 영재교육 | | • 렌줄리(Renzulli)<br>• 평균 보다 높은 능력 + 창의성 + 강한 과제집착력 |
| 특수교육 | 지적장애 (정신지체) | 지적기능과 개념적·사회적·실제적 적응기술로 표현되는 적응행동에 있어서의 심각한 제한을 가지는 것으로 특징지어지며 18세 이전에 나타남 |
| | 정서·행동장애 | 지적·감각적·건강상의 이유로 설명할 수 없는 학습상의 어려움을 지닌 사람 |
| | 주의력결핍 과잉 행동장애 | 부주의(inattention), 충동성(impulsivity), 과잉행동(hyperactivity)을 보임 |
| | 학습장애 | 일반적으로 평균적인 지적능력을 가지고 있으면서도 특정 영역의 학습에 심각한 결함을 보이는 경우 |
| | 학습부진 | 정상적인 학교 학습능력이 있으면서도 선수 학습요소의 결손으로 인하여 설정된 교육목표의 최저 학업 성취수준에 도달하지 못한 학습자 |

| | | |
|---|---|---|
| **파블로프**<br>(고전적<br>조건형성) | 무조건자극 | 본능적 또는 반사적(학습되지 않은) 생리반응 또는 정서반응을 일으키는 사물이나 사건 |
| | 무조건반응 | 무조건 자극에 의한 본능적 또는 반사적(학습되지 않은) 생리반응 또는 정서반응 |
| | 중성자극 | 애초 행동에 아무런 영향을 주지 않는 사물이나 사건 |
| | 조건자극 | 이전에 중성자극이었으나 무조건자극과 연합이 이루어진 자극 |
| | 조건반응 | 무조건반응과 동일하지만 학습된 생리반응 또는 정서반응 |
| | 변 별 | 서로 다른 자극을 구별하고 그 자극에 대해 각각 다르게 반응하도록 학습 |
| | 자극일반화 | 유사한 다른 자극에도 반응하도록 학습 |
| | 소 거 | 무조건자극이 제공되지 않고 계속해서 조건자극만 제시된다면 조건화된 반응의 빈도가 점차 감소하거나 사라짐 |
| | 자발적 회복 | 소거절차 이후 무조건자극과 연합하지 않은 채 다시 조건화된 자극을 제시하였을 경우, 재훈련을 하지 않아도 조건화된 반응이 다시 나타나는 것 |

**스키너**<br>(조작적<br>조건형성)

• 강 화

| | |
|---|---|
| 정적 강화 | 어떤 행동 후에 만족스러운 강화물을 제공함으로써 의도한 행동의 빈도와 강도를 증가시키고 유지하는 것 |
| 부적 강화 | 어떤 행동 후에 싫어하는 자극을 제거함으로써 의도한 행동의 빈도와 강도를 증가시키는 깃 |

• 강화물

| | |
|---|---|
| 일차적 강화물 | 그 자체로 강화능력을 가지고 있어 생리적 욕구를 충족해 주는 것으로서 음식물이나 물 같은 것이 이에 해당 |
| 이차적 강화물 | 그 자체로 강화능력을 가지지 않는 중성자극이 강화능력을 가지고 있는 자극과 결합되어 강화의 속성을 갖고 있는 것으로서 돈, 토큰(별 도장, 스티커 차트 등)과 같은 것 |

• 처 벌

| | |
|---|---|
| 수여성 벌 | 바람직하지 않은 행동의 빈도를 감소시키기 위해 혐오하는 자극을 제공하는 것 |
| 제거성 벌 | 바람직하지 않은 행동의 빈도를 감소시키기 위해 좋아하는 자극을 제거하는 것 |

• 강화와 처벌

| 구 분 | 자극의 유형 | |
|---|---|---|
| | 긍정적 자극 | 부정적 자극 |
| 반응 후에 제공 | 정적 강화 | 수여성 벌 |
| 반응 후에 제거 | 제거성 벌 | 부적 강화 |

| 스키너<br>(조작적<br>조건형성) | • 강화계획 | |
|---|---|---|
| | **고정간격 강화계획** | 일정한 시간간격을 기준으로 강화가 제시되는 조건 |
| | **변동간격 강화계획** | 강화가 제시되는 시기를 학생들이 예측할 수 없도록 설정하여 행동의 빈도를 증가시키고 유지하는 조건 |
| | **고정비율 강화계획** | 정해진 반응횟수에 따라 강화물이 제시되는 조건 |
| | **변동비율 강화계획** | 학생들이 강화물을 얻기 위해서 수행해야 하는 수행횟수를 전혀 예측하지 못하도록 강화물을 제시하는 조건 |
| | • 교육에서 조작적 조건화 이론 적용 | |
| | **토큰 경제** | 바람직한 목표행동이 발생할 경우 정해진 규칙에 따라 지급되는 토큰을 모아 이후 사물이나 특권으로 교환 |
| | **프리맥 원리** | 덜 선호하는 행동을 증가시키기 위해 선호하는 행동을 강화요인으로 이용하는 것 |
| | **체계적 둔감법** | 학생들의 공포나 불안을 줄이기 위하여 대상반응을 이끄는 가장 약한 자극에서부터 점차 강한 자극을 다른 긍정적 경험과 함께 제시하는 방법 |
| 반두라<br>(사회인지<br>학습이론) | **사회인지<br>학습이론** | • 강화는 학습의 필수요건이 아니며 대부분의 학습이 관찰을 통해 일어남<br>• 인간은 관찰을 통해 지식, 기술, 신념, 전략, 태도, 정서 등을 학습하고, 모델로부터 그 행동의 유용성과 적합성을 배우게 됨 |
| | **모델링** | 모델을 관찰한 결과로 발생하는 행동·인지·정서 변화를 지칭하는 일반적 용어로 특정한 행동을 관찰하고 흉내내는 과정 |
| | **대리학습** | • 타인의 행동결과를 관찰하고 그에 따라 자신의 행동을 조절함으로써 학습<br>• 다른 사람이 행동했을 때 나타나는 결과를 관찰함으로써 자신이 그러한 행동을 했을 경우를 예측하여 행동하는 것<br>• 인간의 학습은 관찰을 통해 보이지 않는 기대·신념과 같은 정신적인 과정을 통해서도 이루어질 수 있음 |
| | **관찰학습** | **주의집중단계** | 학습자가 모델의 행동에 관심을 가지고 주의집중을 가지게 하는 단계 |
| | | **파지단계** | 주의집중을 통해 얻은 모델의 행동이 정신적으로 언어화되거나 시각적으로 표현되어 학습자의 기억에 전이되는 단계 |
| | | **재생단계** | 모델의 기억된 행동을 학습자가 능숙하게 재생하는 단계 |
| | | **동기화단계** | 모델의 행동을 재생한 것에 대해 강화를 기대하면서 동기를 갖게 되는 단계 |
| | **자기조절** | • 목표를 세우고, 그 목표에 도달할 수 있도록 이끌어 주는 동기, 사고과정, 전략, 행동을 통합하는 과정<br>• 목표 설정하기 – 목표를 향한 진행 점검하기 – 목표달성 정도 평가하기(자기평가) – 전략을 효과적으로 사용하기<br>• 인지적 행동수정: 자기대화(self – talk)나 자기교수(self – instruction)로써 행동을 수정하기 위해 행동적 원리와 인지적 원리를 결합한 과정 |

| 주요원리 | • 학습자는 능동적인 존재<br>• 인간의 반응은 사전경험에 따라 다양<br>• 학습은 행동잠재력의 변화까지 포함 | | |
|---|---|---|---|

| 구 분 | 행동주의 학습이론 | 인지주의 학습이론 |
|---|---|---|
| 인간관 | 백지설 인정, 수동적 존재 | 백지설 거부, 능동적 존재 |
| 학습과정 | 자극과 반응의 연합을 통한 점진적인 행동의 형성 | 종종 갑작스러운 통찰을 포함한 인간의 인지구조의 변화 |
| 학습범위 | 직접경험에 근거한 행동의 변화 | 직접경험을 뛰어넘는 행동잠재력의 변화 |

| 톨만의<br>잠재학습 | 미로실험 | • 학습을 단순한 자극과 반응의 연합으로 설명하는 행동주의와 달리 눈에 보이지 않는 인지적 변화도 학습에 포함된다고 주장<br>• 이를 증명하기 위하여 그는 쥐의 미로실험 결과를 제시<br>• 인지도: 환경의 여러 특성과 위치에 관한 정보를 그림 또는 지도와 같이 형태화한 정신적 표상 |
|---|---|---|
| | 잠재학습 | • 눈에 보이지 않는 인지적 변화도 학습이며, 이러한 학습은 강화와 관계없이 일어날 수 있음<br>• 톨만은 이러한 학습을 잠재학습(latent learning)이라고 하였음<br>• 강화물은 잠재학습을 직접 관찰할 수 있는 행동으로 표현하게 만드는 유인책의 역할 |
| | 목적적<br>행동주의 | • 학습: 단순히 자극-반응의 연합이 아니라 어떤 행동을 하면 특정한 결과를 얻을 것이리는 기대를 학습하는 과정이고 그 결과를 얻기 위해 행동<br>• 행동의 목적지향성을 강조<br>• 목적적 행동주의(purposive behaviorism)<br>• '자극(S) ⇨ 유기체(O) ⇨ 반응(R)'의 공식을 제안함으로써 인간의 행동을 결정하는 유기체의 기대, 목적, 인지도 등의 내부 인지과정의 중요성을 역설 |

| 형태주의 | 기본입장 | 유기체가 환경을 있는 그대로 받아들이는 것이 아니라 환경을 능동적으로 구조화하고 조직함으로써 형태(Gestalt)를 구성 |
|---|---|---|
| | 쾰 러 | • 행동주의자들의 자극-반응의 연합을 통한 점진적인 반응으로서의 학습을 거부<br>• 침팬지의 문제해결능력을 알아보는 실험 |
| | 형태주의<br>심리학 | • "전체는 부분의 합 이상"이라고 주장하는 심리학파<br>• 우리가 지각하는 세상은 개별적인 외부자극의 합 이상<br>• 학습은 '원리의 이해'라는 인지현상<br>• 학습의 결과는 인지구조의 변화<br>• 유기체는 문제를 숙고해 보고 그 다음 그 해결책을 '알기에 이른다.' |

| | | |
|---|---|---|
| **형태주의** | **통찰학습** | • 문제상황에서 관련 없는 여러 요인이 갑자기 완전한 형태로 재구성되어 문제를 해결하는 것<br>• 서로 관련 없던 부분의 요소들이 유의미한 전체로 갑자기 파악되면서 문제해결을 위한 수단과 목적으로 결합<br>• '아하' 현상(아르키메데스의 '유레카') |
| **정보처리<br>이론** | | • 정보처리 모형 |

• 감각기억 · 작업기억 · 장기기억

| | |
|---|---|
| **감각기억** | • 환경으로부터 들어온 자극 또는 정보를 원래의 형태 그대로 잠시 보존<br>• 시각적 정보는 시각적 형태로, 청각적 정보는 청각적 형태로 짧은 시간 동안 유지<br>• 정보가 보존되는 시간은 1~4초(시각적 정보는 약 1초, 청각적 정보는 2~4초) |
| **작업기억** | • 주의와 지각의 과정을 거친 정보는 우리의 기억체계의 두 번째 기억저장소인 작업기억으로 전달<br>• 새로운 정보를 조작하여 저장하거나 행동적인 반응을 하는 곳으로, 지금 의식적으로 활성화된 기억저장소<br>• 중앙집행부, 조음루프, 시공간 스케치판으로 구성<br>• 작업기억에 들어온 정보는 기억전략을 쓰지 않을 경우 약 10~20초 동안만 유지되고, 용량도 7±2개(item)로 제한<br>• 오래 기억되어야 할 정보는 부호화의 과정을 통해 장기기억으로 이동되어야 함 |
| **장기기억** | • 작업기억의 정보는 부호화 과정을 통해 장기기억(long-term memory)에 저장<br>• 작업기억은 용량과 저장기간에서의 기능적 한계가 있는 반면, 장기기억은 용량이 무제한이며 저장기간도 영구적<br>• 지금 활성화된 기억인 작업기억과 달리 장기기억은 비활성화된 상태<br>• 정보를 인출하려면 저장되었던 정보가 작업기억으로 이동하여야 함<br>• 일화기억, 의미기억, 절차기억으로 분류 |

| 정보처리 이론 | | • 부호화 · 인출 · 망각 · 메타인지 | |
|---|---|---|---|
| | 부호화 | 새로운 정보를 장기기억에 표상하는 과정 | |
| | | 심상 | 정보에 대한 시각적 이미지를 머릿속에 표상하는 과정 |
| | | 조직화 | 관련 있는 내용을 공통 범주나 유형으로 묶는 과정 |
| | | 정교화 | 기존에 가지고 있던 정보를 새로운 정보에 연결하여 정보를 유의미한 형태로 저장하는 과정 |
| | 인출 | • 저장된 정보 자체를 사용하거나 새로운 정보를 부호화하기 위해 장기기억에 저장된 정보를 작업기억으로 이동시키는 과정<br>• 정보가 저장되었던 맥락과 같은 환경에서는 정보인출이 쉽지만, 저장되었던 맥락과 다른 환경에서는 정보인출이 좀 더 어려워짐 | |
| | 망각 | • 에빙하우스(Ebbinghaus): 새로운 내용을 학습한 후 1시간이 경과되면 내용의 50% 정도를 망각하고, 48시간 후에는 약 70%, 31일 후에는 약 80%를 망각<br>• 초두 – 최신효과/계열위치효과: 학습상황에서 처음과 마지막에 배운 것을 잘 기억하고 중간에 배운 것은 잘 기억하지 못함 | |
| | 메타인지 | • 사고과정에 대한 지식<br>• 내가 무엇을 알고 무엇을 모르는지에 대한 지식<br>• 사고에 대한 사고, 인지에 대한 인지<br>• 기억체계의 과정 전체를 지각하고 통제<br>• 인지과정 전체를 계획하고 점검하며 평가 | |

## 제 10 절　구성주의

| 특징 | • 지식은 학습자와 별도로 외부에 독립되어 있는 것이 아니라 학습자가 구성<br>• 지식은 매우 개별적이고 주관적<br>• 지식은 절대적 · 획일적인 것이 아니라 적응적 |
|---|---|
| 인지적 구성주의 | • 개인의 인지적 구조 변화에 관심을 둔 구성주의 관점<br>• 지식의 형성과정에서 인간의 인지적 작용을 주요 요인으로 보고 있으며, 상대적으로 사회문화적 측면과 역할은 거의 관심을 두지 않음<br>• 피아제(Piaget)가 주장한 인지발달이론에 의하면, 인간들은 환경과의 상호작용 속에서 동화와 조절을 통해 기존의 스키마를 변경시킴으로써 새로운 의미를 구성 |
| 사회적 구성주의 | • 지식구성의 사회문화적 요인, 언어, 타인의 역할에 관심을 둔 구성주의 관점<br>• 학습자들이 사회적 맥락 내에서 먼저 지식을 구성하고 이후에 개인이 그 지식을 자기 것으로 내면화<br>• 비고츠키의 근접발달영역(zone of proximal development)이라는 개념에서 잘 나타남 |

| 사회적<br>구성주의 | | • 학습자는 타인과의 상호작용을 통해 문제를 해결하는 중재학습 경험을 통해서 학습내용을 내면화하게<br>되고, 이 과정에서 지식의 구성이 촉진됨<br>• 교사는 학습자들이 문제해결을 위한 활발한 토론과 협력이 이루어질 수 있는 학습환경을 만들어야 함 |
|---|---|---|
| 수업이론 | 인지적 도제학습 | • 초보학습자가 전문가와 함께 학습하는 과정<br>• 교사의 역할은 시범을 통해 내적인 사고과정을 외현화하여 학생들이 이를 내면화<br>할 수 있도록 지원하는 것<br>• 구성요소: 모델링, 비계설정, 언어화, 복잡성 증가 |
| | 상보적 교수학습 | 읽기학습 시 활용되는 수업모형으로, 교사와 학생이 번갈아 가면서 교사 역할을 하<br>고 대화를 통해 이루어지는 학습 |
| | 문제해결학습 | 실생활문제를 바탕으로 상황에 대한 추론능력 및 문제해결능력을 향상시키는 것을<br>목적으로 하는 학습방법 |
| | 상황학습 | • 실제적인 상황이나 맥락 속에서의 경험과 학습과정에 초점을 두고 다양한 사례를<br>활용하여 학습자의 능동적인 문제해결을 유도하는 학습방법<br>• 이전에 학습이 일어났던 상황과 매우 다른 상황에서는 전이가 발생하기 어려움 |
| | 협동학습 | 두 사람 또는 그 이상의 학습자들이 함께 협력하여 과제를 완수하는 것 |

제 11 절 **학습동기**

| 내재동기<br>vs<br>외재동기 | 내재동기 | • 과제 그 자체가 즐겁고 보상의 역할을 하기 때문에 지속하게 되는 동기<br>• 해당 활동 자체가 보상의 역할을 하므로 주변의 제약이나 외부적 보상에 의존하지<br>않음 |
|---|---|---|
| | 외재동기 | • 해당 활동이 다른 일의 수단이 되기 때문에 그 활동을 하게 되는 동기<br>• 해당 활동을 통해 얻게 될 보상이나 자신이 원하는 결과를 얻을 수 있다고 믿기에 그<br>활동을 함 |
| | 과정당화 가설 | 내재동기를 느끼는 활동에 보상을 주는 경우 내재동기가 감소할 수 있음 |
| 자기결정성<br>이론 | | 주어진 과제의 가치를 스스로 이해하고 자율적으로 과제에 임하는 동기는, 비록 내적 흥미나 즐거움에 기<br>반하지 않더라도 자기결정적인 동기라고 간주 |
| | 외적 조절 | 보상이나 처벌에 의해 동기가 부여 |
| | 부과된 조절 | 타인의 관심이나 인정에 의해 과제를 수행 |
| | 확인된 조절 | 자율적인 목표를 설정 | • 바람직한 형태의 외재동기<br>• 내재동기만큼 학습이나 과제수행에 긍<br>정적인 역할 |
| | 통합된 조절 | 목표들 간에 통합을 이룸 |

# 자기결정성 이론

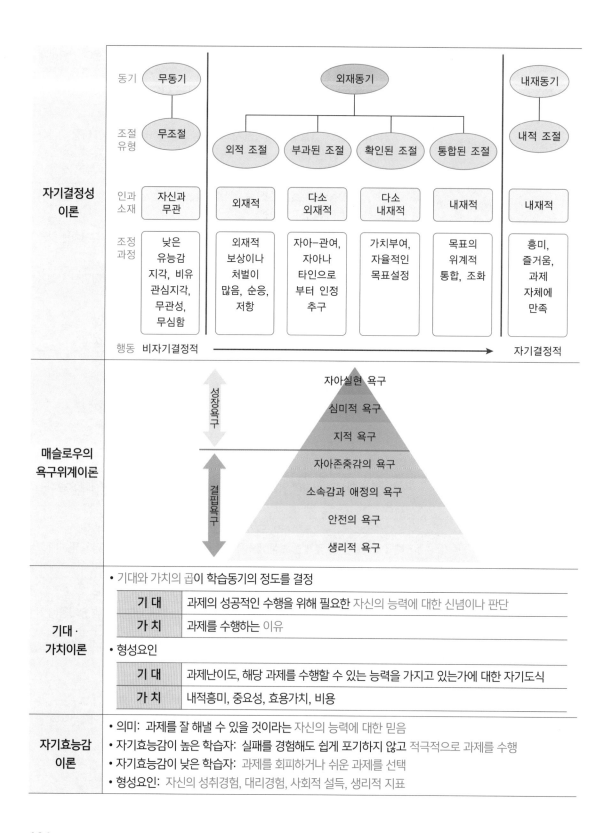

| 동기 | 무동기 | 외재동기 | | | | 내재동기 |
|---|---|---|---|---|---|---|
| 조절유형 | 무조절 | 외적 조절 | 부과된 조절 | 확인된 조절 | 통합된 조절 | 내적 조절 |
| 인과소재 | 자신과 무관 | 외재적 | 다소 외재적 | 다소 내재적 | 내재적 | 내재적 |
| 조정과정 | 낮은 유능감 지각, 비유관심지각, 무관성, 무심함 | 외재적 보상이나 처벌이 많음, 순응, 저항 | 자아-관여, 자아나 타인으로부터 인정 추구 | 가치부여, 자율적인 목표설정 | 목표의 위계적 통합, 조화 | 흥미, 즐거움, 과제 자체에 만족 |
| 행동 | 비자기결정적 ——————————————————————→ 자기결정적 | | | | | |

# 매슬로우의 욕구위계이론

성장욕구 / 결핍욕구

- 자아실현 욕구
- 심미적 욕구
- 지적 욕구
- 자아존중감의 욕구
- 소속감과 애정의 욕구
- 안전의 욕구
- 생리적 욕구

# 기대·가치이론

- 기대와 가치의 곱이 학습동기의 정도를 결정

| 기 대 | 과제의 성공적인 수행을 위해 필요한 자신의 능력에 대한 신념이나 판단 |
|---|---|
| 가 치 | 과제를 수행하는 이유 |

- 형성요인

| 기 대 | 과제난이도, 해당 과제를 수행할 수 있는 능력을 가지고 있는가에 대한 자기도식 |
|---|---|
| 가 치 | 내적흥미, 중요성, 효용가치, 비용 |

# 자기효능감 이론

- 의미: 과제를 잘 해낼 수 있을 것이라는 자신의 능력에 대한 믿음
- 자기효능감이 높은 학습자: 실패를 경험해도 쉽게 포기하지 않고 적극적으로 과제를 수행
- 자기효능감이 낮은 학습자: 과제를 회피하거나 쉬운 과제를 선택
- 형성요인: 자신의 성취경험, 대리경험, 사회적 설득, 생리적 지표

| 귀인 \ 차원 | 원인소재 | 안정성 | 통제가능성 |
|---|---|---|---|
| **능 력** | 내부 | 안정 | 통제 불가능 |
| **노 력** | 내부 | 불안정 | 통제 가능 |
| **난이도** | 외부 | 안정 | 통제 불가능 |
| **운** | 외부 | 불안정 | 통제 불가능 |

**와이너의 귀인이론**

**목표지향 이론**

**숙달목표**
- 학습목표라고도 불리며, 학습에 대한 이해를 도모하고, 자신의 능력이나 관련 기술을 개발하고, 향상시키는 것을 추구하는 것
- 노력에 귀인, 도전적 과제를 선호
- 닌관에 봉착하더라도 끈기있게 문제해결을 시도
- 필요한 도움을 요청하고 긍정적인 감정상태를 유지
  ≫ 숙달목표를 증진하는 방향으로 교수 – 학습환경을 형성

**수행목표**
- 다른 사람들의 경쟁과 비교를 통해 자신의 능력이 우월하다는 것을 드러내려는 경향성
- 능력에 귀인을 하고 아주 쉽거나 매우 어려운 과제를 선호
- 난관에 봉착하면 쉽게 좌절하고 도움을 요청하지 않으며 부정적 감정을 표출

| **수행접근목표** | • 타인과의 비교에서 상대적으로 유능하다고 평가받으려는 목표<br>• 학습활동에 적극적인 참여를 유발한다는 면에서 긍정적인 역할 |
|---|---|
| **수행회피목표** | • 상대적으로 무능력하게 평가되는 것을 피하려는 목표<br>• 방어적이고 실패회피전략 사용<br>• 실패를 반복하면 학습된 무기력(learned helplessness) 상태의 학습자가 됨 |

## 제 12 절  전 이

| **전 이** | 특정 장면에서 학습한 지식이나 기술이 새로운 장면의 학습이나 행동으로 옮겨져 새로이 영향을 미치는 현상 | |
|---|---|---|
| **전이의 유형** | 긍정적 전이 | 선행학습이 후행학습을 조장하거나 촉진함 |
| | 부정적 전이 | 선행학습이 후행학습을 방해하거나 억제함 |
| | 수평적 전이 | 선행학습이 후행학습과 내용은 다르지만 난이도가 유사한 것일 때의 전이 |
| | 수직적 전이 | 선행학습이 후행학습과 내용면에서 계열성이 있을 때의 전이. 주로 낮은 수준에서의 학습이 고차원적 수준의 학습을 촉진하는 경우를 의미 |
| | 일반적 전이 | 특정한 상황에서 학습한 지식, 기능, 법칙을 완전히 새로운 장면에 적용하는 것 |
| | 특수적 전이 | 특정한 상황에서 학습한 지식, 기능, 법칙을 매우 유사한 장면에 적용하는 것 |

| 전이에 영향을 미치는 요인 | 선행학습 수준 | 새로이 학습하게 되는 내용과 관련된 사전지식을 가지고 있을 때 보다 효과적으로 학습할 수 있음 |
|---|---|---|
| | 메타인지 능력 | 학습자가 자신의 인지과정을 인식, 점검 및 조절하고 다양한 인지전략을 언제 어떻게 활용하는지를 알 수 있을 때 전이가 잘 일어남 |
| | 학습상황 사이의 유사성 | 선행학습 장면과 새로운 학습장면이 유사할수록 전이가 촉진됨 |
| | 학습맥락 및 경험의 다양성 | 다양한 사례와 충분한 연습기회를 제공할수록 전이가 촉진됨 |

# PART 06 교육심리 핵심지문 OX

**001** [피아제] 인지발달은 인지구조의 변화에 의해 일어난다. ( ○ | × )

**002** [피아제] 인지발달단계는 사고의 질적 변화를 나타낸다. ( ○ | × )

**003** [피아제] 인지기능은 적응과 조직화 기능으로 구성된다. ( ○ | × )

**004** [피아제] 고차적 인지능력은 사회적 상호작용의 결과다. ( ○ | × )

**005** [피아제] 물활론적 사고는 구체적 조작기의 특징이다. ( ○ | × )

**006** [피아제] 가역적 사고는 구체적 조작기의 특징이다. ( ○ | × )

**007** [피아제] 보존개념은 구체적 조작기의 특징이다. ( ○ | × )

**008** [피아제] 탈중심화는 구체적 조작기의 특징이다. ( ○ | × )

**009** [피아제] 다른 나라를 방문할 때 그 나라의 문화와 음식, 언어에 빠르게 순응하려고 노력 ( ○ | × )
하는 것은 동화에 해당한다.

**010** [피아제] 아빠는 양복을 입은 사람이라는 생각을 가진 유아가 양복을 입은 사람을 모두 ( ○ | × )
'아빠'라고 부르는 것은 조절에 해당한다.

**011** [피아제] 피아제의 인지발달단계는 전조작기 – 감각운동기 – 구체적 조작기 – 형식적 조 ( ○ | × )
작기로 구성된다.

**012** [피아제의 구체적 조작기] 가설연역적 사고가 가능하다. ( ○ | × )

**013** [피아제의 구체적 조작기] 서열화와 분류가 가능하다. ( ○ | × )

정답

**01** ○ **02** ○ **03** ○ **04** × **05** × **06** ○ **07** ○ **08** ○ **09** × **10** × **11** × **12** × **13** ○

**014** [피아제의 구체적 조작기] 상징을 형성하고 사용하는 능력이 발달하기 시작한다. ( ○ | × )

**015** [피아제의 구체적 조작기] 가역적 사고가 가능하다. ( ○ | × )

**016** [비고츠키] 근접발달영역은 아동이 다른 사람의 도움을 받아 발달할 수 있는 영역이다. ( ○ | × )

**017** [비고츠키] 학생의 현재 발달수준보다 앞선 내용을 가르치는 것은 효과적이지 않다. ( ○ | × )

**018** [비고츠키] 성인과의 상호작용보다는 또래와의 상호작용이 인지발달에 유용하다. ( ○ | × )

**019** [비고츠키] 문제해결에 있어서 곤란도가 높아지면 내적 언어사용은 감소한다. ( ○ | × )

**020** [비고츠키] 언어의 습득은 아동의 인지발달에 있어 매우 중요한 변인이다. ( ○ | × )

**021** [비고츠키] 사회적 상호작용을 인지발달의 주된 원인으로 보았다. ( ○ | × )

**022** [비고츠키] 발판 제공하기(scaffolding) 기법으로는 프롬프트, 암시, 점검표, 모델링, 피드백 제공, 인지 구조화하기, 질문하기 등이 있다. ( ○ | × )

**023** [비고츠키] 아동이 스스로 할 수 있는 것과 약간의 도움을 받아 성취할 수 있는 것 간의 차이인 근접발달영역(ZPD)을 강조한다. ( ○ | × )

**024** [비고츠키] 아동의 혼잣말은 자기중심적 언어로서 미성숙한 사고를 보여준다. ( ○ | × )

**025** [비고츠키] 아동의 혼잣말은 자신의 사고과정과 행동을 스스로 조절하고 주도한다. ( ○ | × )

**026** [비고츠키] 아동의 혼잣말은 연령이 증가함에 따라 점차 줄어들면서 내적 언어로 바뀐다. ( ○ | × )

**027** [비고츠키] 아동의 혼잣말은 쉬운 과제보다 어려운 과제를 해결할 때 더 많이 사용한다. ( ○ | × )

**028** 피아제는 학습이 발달을 주도한다고 보는 반면 비고츠키는 발달에 기초하여 학습이 이루어진다고 본다. ( ○ | × )

정답
14 ×   15 ○   16 ○   17 ×   18 ×   19 ×   20 ○   21 ○   22 ○   23 ○   24 ×   25 ○   26 ○   27 ○
28 ×

029 피아제는 아동이 스스로 세계를 구조화하고 이해하는 존재라고 생각한 반면 비고츠키는 아동이 타인과의 관계에서 영향을 받아 성장하는 사회적 존재임을 강조한다. ( ○ | × )

030 피아제는 혼잣말을 미성숙하고 자기중심적 언어로 보지만 비고츠키는 혼잣말이 자신의 사고를 위한 수단, 문제해결을 위한 사고의 도구라고 생각한다. ( ○ | × )

031 피아제는 개인 내적 지식이 사회적 지식으로 확대 또는 외면화된다고 보는 반면 비고츠키는 사회적 지식이 개인 내적 지식으로 내면화된다고 본다. ( ○ | × )

032 피아제(J.Piaget)와 달리 비고츠키(L.S.Vygotsky)는 인지발달에서 환경과의 상호작용을 강조했다. ( ○ | × )

033 피아제는 전조작기 단계에서 아동의 자기중심적 사고가 타인에 대한 관심으로 전환된다고 보았다. ( ○ | × )

034 피아제는 아동이 획득하는 특정 사고와 기술을 결정하는 데 문화가 중요하다고 강조하였다. ( ○ | × )

035 비고츠키는 아동의 자기중심적 언어가 문제해결을 위한 사고의 도구라고 주장하였다. ( ○ | × )

036 비고츠키는 학습자의 인지가 연령에 따라 단계적으로 발달한다고 설명하였다. ( ○ | × )

037 [프로이트] 원초아는 도덕적 원리를 추구한다. ( ○ | × )

038 [에릭슨] 인생 주기 단계에서 심리사회적 위기가 우세하게 출현하는 최적의 시기는 개인에 따라 차이가 있지만, 그것이 출현하는 순서는 불변한다고 가정한다. ( ○ | × )

039 [에릭슨] 현 단계에서는 직전 단계에서 실패한 과업을 해결할 수 없다고 본다. ( ○ | × )

040 [에릭슨] 청소년기에는 이전 단계에서의 발달적 위기가 반복하여 나타난다고 본다. ( ○ | × )

041 [에릭슨] 발달단계를 신뢰감 대 불신감 – 주도성 대 죄책감 – 자율성 대 수치심과 회의 – 근면성 대 열등감 – 정체성 대 역할혼미로 보았다. ( ○ | × )

정답

| 29 ○ | 30 ○ | 31 ○ | 32 × | 33 × | 34 × | 35 ○ | 36 × | 37 × | 38 ○ | 39 × | 40 ○ | 41 × |

**042** [마샤] 의사결정을 할 때, 대안을 고려하지 않고 부모 등이 제시하는 역할이나 가치를 그 대로 선택하거나 수용하는 것은 정체성 유예에 해당한다. ( O | X )

**043** [마샤] 개인이 양식을 결정하는 데 있어 휴식을 취하거나 보류할 때 정체성 성취에 해당 한다. ( O | X )

**044** [브론펜브레너] 중간체계는 아동과 아주 가까운 주변에서 일어나는 활동과 상호작용을 나타낸다. ( O | X )

**045** [브론펜브레너] 미시체계는 가정, 학교, 또래집단과 같은 미시체계들 간의 연결이나 상 호 관계를 나타낸다. ( O | X )

**046** [콜버그] 복종과 처벌 지향, 개인적 쾌락주의 지향은 인습수준에 해당한다. ( O | X )

**047** [콜버그] '주변에서 착한 아이라는 말을 듣기 좋아한다.'는 인습수준에 해당한다. ( O | X )

**048** [콜버그] 인습이후 수준은 자신의 욕구나 다른 사람의 욕구를 충족하는 것이 옳은 행위 라고 판단한다. ( O | X )

**049** [콜버그] 인습이후 수준은 법이나 규칙을 준수하고 사회 질서를 유지하는 행위를 옳은 행위라고 판단한다. ( O | X )

**050** [콜버그] 개인의 도덕적 판단은 인지발달 수준과 병행한다. ( O | X )

**051** [콜버그] 아동 초기에 초점을 둔 이론으로 도덕성 발달은 동화와 조절의 과정을 거쳐 이 루어진다. ( O | X )

**052** [콜버그] 전인습(preconventional) 수준에서 도덕성 발달의 시작은 처벌을 피하기 위 한 행동에서 비롯된다. ( O | X )

**053** [콜버그] 선악을 판단하는 초자아(superego)의 작동에 의해 도덕성이 발달한다. ( O | X )

**정답**

| 42 × | 43 × | 44 × | 45 × | 46 × | 47 ○ | 48 × | 49 × | 50 ○ | 51 × | 52 ○ | 53 × |

**054** [콜버그] 인습(conventional) 수준에서 도덕성은 정의·평등·생명과 같은 보편적인 ( ○ | × )
원리를 지향한다.

**055** [지능이론] 가드너(Gardner)는 지능이 일반요인(general factor)과 특수요인(specific ( ○ | × )
factor)으로 구성되어 있다고 하였다.

**056** [지능이론] 스턴버그(Sternberg)는 지능연구에서 상황적 측면, 경험적 측면 그리고 요 ( ○ | × )
소적 측면을 고려해야 한다고 하였다.

**057** [지능이론] 가드너(Gardner)의 다중지능 가운데 공간적 능력은 조각가와 관련이 있다. ( ○ | × )

**058** [지능이론] 스턴버그(Sternberg)의 삼원지능이론은 실제적 능력, 자기 성찰적 능력, ( ○ | × )
대인적 능력으로 구성되어 있다.

**059** [지능이론] 써스톤(Thurstone)은 인간의 기본 정신능력의 핵심요소로서 언어능력, 수 ( ○ | × )
리능력, 예술적 능력을 들고 있다.

**060** [지능이론] 스턴버그(Sternberg)는 지능을 상황하위이론, 경험하위이론, 요소하위이 ( ○ | × )
론으로 구성된 종합적 능력으로 보았다.

**061** [지능이론] 길포드(J. P. Guilford)는 지능이 내용·형식·조작·산출이라는 4개의 차원 ( ○ | × )
으로 구성된다고 가정하였다.

**062** [지능이론] 스턴버그(R. J. Sternberg)는 지능이 맥락적 요소, 정신적 요소, 시간적 요 ( ○ | × )
소로 구성된다는 삼위일체이론을 주장하였다.

**063** [지능이론] 가드너(H. Gardner)는 지능이 사회문화적 맥락의 영향을 받지 않는, 서로 ( ○ | × )
독립적이며 다양한 능력으로 구성되어 있다고 보았다.

**064** [지능이론] 카텔(R. B. Cattell)은 지능을 유동적 지능과 결정적 지능으로 구분하고, 결 ( ○ | × )
정적 지능은 교육이나 훈련의 결과로 형성되는 것으로 보았다.

정답

54 ×   55 ×   56 ○   57 ○   58 ×   59 ×   60 ○   61 ×   62 ×   63 ×   64 ○

**065** [지능이론] 스피어만(Spearman)은 지능이 일반요인과 특수요인으로 구성된다고 하였다.　　　　( ○ | × )

**066** [지능이론] 서스톤(Thurstone) – 지능의 구성요인으로 7개의 기본정신능력이 존재한다.　　　　( ○ | × )

**067** [지능이론] 길포드(Guilford) – 지능은 내용, 산출, 조작(operation)의 세 차원으로 구성되어 있다.　　　　( ○ | × )

**068** [지능이론] 비율지능지수는 편차지능지수의 문제점을 해결하기 위해 고안된 것으로 정신연령과 생활연령의 비로 나타낸다.　　　　( ○ | × )

**069** [창의성] 유창성은 주어진 자극에 대하여 제한된 시간동안 어느 정도의 반응을 보일 수 있는가의 능력을 의미한다.　　　　( ○ | × )

**070** [창의성] 융통성은 변화하는 상황에 적응할 수 있도록 현상을 변화시키는 능력으로 질적으로 서로 다른 방안을 산출하는 능력을 의미한다.　　　　( ○ | × )

**071** [위트킨] 장독립적 양식을 지닌 학습자는 정보를 분석적으로 처리한다.　　　　( ○ | × )

**072** [위트킨] 장독립적 양식을 지닌 학습자는 개별학습보다는 협동학습을 선호한다.　　　　( ○ | × )

**073** [위트킨] 장독립적 양식을 지닌 학습자는 비구조화된 과제의 수행에 어려움을 겪는다.　　　　( ○ | × )

**074** [위트킨] 장독립적 양식을 지닌 학습자는 교사 또는 동료 학생과의 대인 관계를 중시한다.　　　　( ○ | × )

**075** [렌줄리] 영재성의 구성요소로 높은 도덕성이 있다.　　　　( ○ | × )

**076** [렌줄리] 영재성의 구성요소로 높은 창의성이 있다.　　　　( ○ | × )

**077** [렌줄리] 영재성의 구성요소로 높은 과제집착력이 있다.　　　　( ○ | × )

**078** [렌줄리] 영재성의 구성요소로 평균 이상의 능력이 있다.　　　　( ○ | × )

**정답**

| 65 ○ | 66 ○ | 67 ○ | 68 × | 69 ○ | 70 ○ | 71 ○ | 72 × | 73 × | 74 × | 75 × | 76 ○ | 77 ○ | 78 ○ |

**079** [특수학습자] 학습부진(under achiever) – 정서적 혼란과 같은 의미로 사용되며 개인
적 불만, 사회적 갈등, 학교성적부진이 지속적으로 나타난다.　　　　　　　　　（○ㅣ×）

**080** [특수학습자] 학습장애(learning disabilities) – 지능 수준이 낮지 않으면서도 말하기,
쓰기, 읽기, 셈하기 등 특정 학습에서 장애를 보인다.　　　　　　　　　　　（○ㅣ×）

**081** [특수학습자] 행동장애(behavior disorders) – 지적 수준이 심각할 정도로 낮고, 동시
에 적응적 행동의 결함을 보인다.　　　　　　　　　　　　　　　　　　　（○ㅣ×）

**082** [특수학습자] 정신지체(mental retardation) – 선수학습 결손으로 인해 자신의 지적
능력에 비해서 최저 수준에 미달하는 학업 성취를 보인다.　　　　　　　　　（○ㅣ×）

**083** [행동주의] 조건 자극이 무조건 자극으로 대체된다.　　　　　　　　　　　（○ㅣ×）

**084** [행동주의] 반응 뒤에 자극이 오기 때문에 R – S이론이라고도 한다.　　　　　（○ㅣ×）

**085** [행동주의] 불수의적 행동이 어떻게 학습되는지를 이해하는 데 도움이 된다.　（○ㅣ×）

**086** [행동주의] 프리맥(Premack) 원리는 덜 선호하는 행동을 증가시키기 위해 선호하는
행동을 강화요인으로 이용하는 것을 의미한다.　　　　　　　　　　　　　（○ㅣ×）

**087** [행동주의] 고정비율 강화계획은 일정한 시간 간격을 기준으로 강화가 제시되는 것을 의
미한다.　　　　　　　　　　　　　　　　　　　　　　　　　　　　　（○ㅣ×）

**088** [행동주의] 부적 강화란 어떤 행동 후 싫어하는 자극을 제거함으로써 특정 행동을 증가
시키는 것을 의미한다.　　　　　　　　　　　　　　　　　　　　　　　（○ㅣ×）

**089** [행동주의] 일차적 강화물은 그 자체로 강화능력을 가지고 있지 않는 자극이 다른 강화
물과 연합하여 가치를 얻게 된 강화물이다.　　　　　　　　　　　　　　　（○ㅣ×）

**090** [행동주의] 교장 선생님께 공손하게 인사한 영희가 칭찬 스티커를 받은 것은 부적 강화
에 해당한다.　　　　　　　　　　　　　　　　　　　　　　　　　　　（○ㅣ×）

**정답**

79 ×　80 ○　81 ×　82 ×　83 ×　84 ×　85 ○　86 ○　87 ×　88 ○　89 ×　90 ×

**091** [행동주의] 중간시험에서 교과성적이 많이 오른 영수가 화장실 청소를 면제받은 것은 부적 강화에 해당한다. (○ | ×)

**092** [행동주의] 게임하느라고 엄마 심부름을 하지 않은 철수의 용돈이 줄어든 것은 부적 강화에 해당한다. (○ | ×)

**093** [행동주의] 수학 수업시간에 지각한 지희가 선생님으로부터 꾸중을 들은 것은 부적 강화에 해당한다. (○ | ×)

**094** [행동주의] 토큰경제는 바람직한 목표 행동이 발생할 경우 정해진 규칙에 따라 지급되는 토큰을 모아 이후 사물이나 특권으로 교환하는 것을 의미한다. (○ | ×)

**095** [행동주의] 얕은 물에서부터 점차 깊은 물로 들어가는 상상과 긴장이완을 통해 물에 대한 두려움을 줄여나가는 것은 체계적 둔감법에 해당한다. (○ | ×)

**096** [행동주의] 환경은 학습자의 행동에 영향을 끼치는 변인이다. (○ | ×)

**097** [행동주의] 학습자는 상황에 관계없이 스스로 사고하고 판단하는 존재이다. (○ | ×)

**098** [행동주의] 바람직한 행동뿐만 아니라 부적응 행동도 학습의 결과이다. (○ | ×)

**099** [행동주의] 학습은 외현적 행동으로 나타나기 때문에 과학적 연구가 가능하다. (○ | ×)

**100** [행동주의] 학습태도가 좋은 학생을 칭찬하는 것은 제거성 벌에 해당한다. (○ | ×)

**101** [행동주의] 행동의 강도와 빈도를 높이는 데 있어 강화보다 벌이 더 효과적이다. (○ | ×)

**102** [행동주의] 선호하지 않는 것을 제거함으로써 행동의 강도와 빈도를 높일 수 있다. (○ | ×)

**103** [행동주의] 선호하는 것을 제공함으로써 행동의 강도와 빈도를 높일 수 있다. (○ | ×)

**104** [반두라] 관찰된 모델의 행동에 따라 자신이 행동하는 것을 마음속으로 상상해 보는 것은 파지에 해당한다. (○ | ×)

정답

91 ○  92 ×  93 ×  94 ○  95 ○  96 ○  97 ×  98 ○  99 ○  100 ×  101 ×  102 ○  103 ○
104 ○

**105** [반두라] 학습은 단순히 모델을 관찰하는 것만으로도 이루어질 수 있다. (○ㅣ×)

**106** [반두라] 학습에서는 개인의 신념, 자기 지각 등과 같은 인지적 요인들의 역할이 중요하다. (○ㅣ×)

**107** [반두라] 모델이 높은 지위와 능력을 가지고 있다고 판단될 경우 모델의 행동을 모방할 (○ㅣ×)
가능성이 높아진다.

**108** [반두라] 행동의 빈도를 결정하는 것은 결과에 대한 개인의 해석으로서, 강화는 행동의 (○ㅣ×)
지속에 중요한 역할을 하지 못한다.

**109** [반두라] 강화 없이 관찰하는 것만으로 학습이 일어날 수 있다. (○ㅣ×)

**110** [반두라] 강화는 수행을 위해 필요한 조건이지 학습을 위해 반드시 필요한 조건은 아니다. (○ㅣ×)

**111** [반두라] 인간의 행동은 보상이나 처벌보다는 자기 조절에 의해 이루어진다. (○ㅣ×)

**112** [반두라] 재생단계 ⇨ 주의집중단계 ⇨ 동기화단계 ⇨ 파지단계 (○ㅣ×)

**113** [형태주의] 학습자는 세상을 지각할 때 외부자극을 단순히 합하는 것 이상의 작업을 수 (○ㅣ×)
행한다.

**114** [형태주의] 문제 장면에 존재하는 다양한 요소의 관계를 파악하는 통찰에 주목한다. (○ㅣ×)

**115** [형태주의] 학습은 인지구조의 변화가 아니라 행동의 변화를 나타낸다. (○ㅣ×)

**116** [형태주의] 퀼러(W. Köhler)의 유인원 실험은 중요한 근거를 제공한다. (○ㅣ×)

**117** [형태주의] 학습은 계속적인 시행착오의 결과이다. (○ㅣ×)

**118** [형태주의] 인간은 완전하지 않은 대상을 보완하여 완전한 형태로 지각하는 경향이 있다. (○ㅣ×)

**119** [형태주의] 전체는 단순히 부분의 합이 아닌 그 이상을 의미한다. (○ㅣ×)

**120** [형태주의] 복잡한 현상을 단순한 구성 원자로 환원할 때 더 정확하게 이해할 수 있다. (○ㅣ×)

**정답**

**105** ○  **106** ○  **107** ○  **108** ×  **109** ○  **110** ○  **111** ○  **112** ×  **113** ○  **114** ○  **115** ×  **116** ○
**117** ×  **118** ○  **119** ○  **120** ×

**121** [정보처리이론] 메타인지는 자신의 인지를 알고 통제하고 조절하는 것이다. ( ○ | × )

**122** [정보처리이론] 메타인지는 주의·부호화·조직화 등 정보를 처리하는 방식이다. ( ○ | × )

**123** [정보처리이론] 자신의 학습전략이 효과적인지 아닌지를 판별하는 것도 메타인지의 사 ( ○ | × )
례이다.

**124** [정보처리이론] 새로운 개념을 학습할 때 그 이해과정을 모니터하는 것도 메타인지에 포 ( ○ | × )
함된다.

**125** [정보처리이론] 정교화 ⇨ 개별적 정보를 범주나 유형으로 묶는다. 도표나 그래프, 위계 ( ○ | × )
도를 작성하는 것이 그 예이다.

**126** [정보처리이론] 심상 ⇨ 정보를 시각적인 형태인 그림으로 저장한다. 자동차를 언어적 ( ○ | × )
서술 대신에 그림으로 기억하는 것이 그 예이다.

**127** [정보처리이론] 조직화 ⇨ 새로운 정보를 기존의 지식과 관련짓는다. 학습한 정보를 자 ( ○ | × )
신의 말로 바꾸어 보거나 또래에게 설명해 보는 것이 그 예이다.

**128** [정보처리이론] 감각기억 ⇨ 인지과정에 대한 자각과 통제로 자신의 사고를 확인하고 점 ( ○ | × )
검하는 기능을 한다.

**129** [정보처리이론] 시연 ⇨ 관련 있는 내용을 공통 범주나 유형으로 묶는 과정이다. ( ○ | × )

**130** [정보처리이론] 정교화 ⇨ 새로운 정보를 저장된 지식에 연결하고 의미를 부여하기 위해 ( ○ | × )
정보를 재처리하는 과정이다.

**131** [정보처리이론] 조직화 ⇨ 정보에 대한 시각적 이미지를 머릿속에 표상하는 과정이다. ( ○ | × )

**132** [구성주의] 지식의 외재적인 실재를 강조한다. ( ○ | × )

**133** [구성주의] 사실이나 개념, 원리 등 지식의 요소를 이해하는 것에 초점을 둔다. ( ○ | × )

**정답**

**121** ○ **122** × **123** ○ **124** ○ **125** × **126** ○ **127** × **128** × **129** × **130** ○ **131** × **132** ×
**133** ×

**134** [구성주의] 교수목표와 과제를 사전에 구체적으로 분석하고, 목표달성전략을 고안한다. ( ○ | × )

**135** [구성주의] 학습과정에서 학습자의 능동적 참여와 문제해결 수행 여부를 중시한다. ( ○ | × )

**136** [구성주의] 지식을 효과적으로 전달하기 위해 구조화된 문제와 반복학습을 강조한다. ( ○ | × )

**137** [구성주의] 학생 스스로 사고과정을 통해 문제를 해결하도록 촉진한다. ( ○ | × )

**138** [구성주의] 협동학습을 통해 학생이 생각을 능동적으로 발전시키도록 돕는다. ( ○ | × )

**139** [구성주의] 실제 환경에서 직면하게 되는 문제를 학습과제로 제시하여 학습한 내용과 실 ( ○ | × )
제 세계를 연결하도록 한다.

**140** [구성주의] 교수의 내용은 객관적 법칙이라고 밝혀진 체계화된 지식이다. ( ○ | × )

**141** [구성주의] 실재하는 지식을 효과적으로 전달할 수 있는 교수·학습 방법을 강조한다. ( ○ | × )

**142** [구성주의] 학습자가 정보를 획득하고 의미를 재구성할 수 있도록 복잡하고 비구조화된 ( ○ | × )
과제를 제시한다.

**143** [구성주의] 협동 수업, 소집단 활동, 문제해결학습 등을 통해 사고와 메타인지를 촉진하 ( ○ | × )
는 다양한 교육방법을 적용한다.

**144** [귀인이론] 귀인은 통제가능성 차원에 따라 내적 귀인과 외적 귀인으로 구분된다. ( ○ | × )

**145** [귀인이론] 성공과 실패에 영향을 주는 주요 원인으로 능력, 노력, 과제난이도, 행운 등을 ( ○ | × )
들 수 있다.

**146** [귀인이론] 학습의 실패를 자신의 능력보다 노력에 귀인시킬 때 학습동기는 증가하는 경 ( ○ | × )
향이 있다.

**147** [귀인이론] 학교학습 장면에서 학생이 자신의 성공과 실패의 원인을 어떻게 설명하는가 ( ○ | × )
에 대해 체계적으로 이해할 수 있게 해 준다.

**정답**

| 134 × | 135 ○ | 136 × | 137 ○ | 138 ○ | 139 ○ | 140 × | 141 × | 142 ○ | 143 ○ | 144 × | 145 ○ |
| 146 ○ | 147 ○ | | | | | | | | | | |

**148** [귀인이론] 외적이며, 안정적이고, 통제불가능한 귀인은 운이다. (○ | ×)

**149** [목표지향이론] 숙달목표를 지닌 학습자는 자신의 유능성을 입증하고자 과제에 대하여 (○ | ×)
계속해서 노력하는 경향이 있다.

**150** [목표지향이론] 숙달목표를 지닌 학습자는 어려움이나 실패에 직면했을 때에도 학습을 (○ | ×)
지속해 나가는 경향이 있다.

**151** [목표지향이론] 숙달목표를 지닌 학습자는 학습기회를 극대화하는 과제를 선택하고 도 (○ | ×)
전하는 경향이 있다.

**152** [목표지향이론] 숙달목표를 지닌 학습자는 자신의 능력을 진단하고 향상을 도울 수 있는 (○ | ×)
피드백을 추구하는 경향이 있다.

**153** [자기결정성이론] 학습에 대한 선택권을 제공함으로써 학생의 자율성을 신장시킬 수 있다. (○ | ×)

**154** [욕구위계이론] 안전의 욕구는 성장 욕구에 해당한다. (○ | ×)

**155** [욕구위계이론] 소속과 애정의 욕구는 성장 욕구에 해당한다. (○ | ×)

**156** [욕구위계이론] 자존의 욕구는 성장 욕구에 해당한다. (○ | ×)

**157** [욕구위계이론] 자아실현의 욕구는 성장 욕구에 해당한다. (○ | ×)

**158** [기대가치이론] 과제수행의 성공가능성에 대한 개인의 높은 기대는 과제수행 동기를 감 (○ | ×)
소시킨다.

**159** [자기결정성이론] 통제나 평가를 받고 있다고 느낄 때 내재적 동기는 감소한다. (○ | ×)

**160** [목표지향성이론] 수행목표지향은 자신의 능력을 증명하고 다른 사람과 비교하는 데 초 (○ | ×)
점을 둔다.

정답

148 ×   149 ×   150 ○   151 ○   152 ○   153 ○   154 ×   155 ×   156 ×   157 ○   158 ×   159 ○
160 ○

**161** [전이] 수학시간에 배운 가감승제를 물리시간에 활용하는 것은 긍정적 전이이며 수평적 전이에 해당한다. 　　　　　　　　　　　　　　　　　　　　　　　　( ○ | × )

**162** [전이] 일반적으로 원래의 학습장면과 새로운 학습장면이 다를수록 전이가 촉진된다. 　( ○ | × )

**163** [전이] 수학시간에 배운 사칙연산으로 가게에서 물건값을 지불하고 잔돈을 계산하는 것은 일반적 전이에 해당한다. 　　　　　　　　　　　　　　　　　( ○ | × )

정답

161 ○ 　162 × 　163 ×

# 2025
# 변민재 교육학
# 핵인싸(핵심 inside)

# 교수 · 학습이론

# PART 07 교수 · 학습이론

## 제 1 절 교수설계의 요소

| | | |
|---|---|---|
| 교수조건 | 학습내용 특성 | 정보의 기억능력, 관계의 이해, 적용능력, 일반적 적용능력 등 |
| | 학습자 특성 | 선행지식, 학습전략, 학습동기 등 |
| | 학습환경 특성 | 학습집단의 크기, 사용 가능한 학습매체, 학습자료의 구비 정도 등 |
| | 제한조건 | 수업설계 및 설계에 따른 수업개발에 소요되는 인력, 시간, 비용 등 |
| 교수방법 | 조직전략 | 미시적 조직전략: 단일한 개념이나 원리 등을 가르치고자 할 때 |
| | | 거시적 조직전략: 여러 개의 개념, 원리, 아이디어들을 서로 연결하여 가르치고자 할 때 |
| | 전달전략 | 조직된 학습내용을 학생들에게 제시하고 학생들의 학습수행을 이끌어 가는 방법 |
| | 관리전략 | 수업의 진행과정에서 언제, 어떻게 조직 및 전달전략의 요소를 사용할 것인가 |
| 교수결과 | 효과성 | 교수활동이 얼마나 잘 진행되었으며 학습목표가 얼마나 잘 달성되었는가에 관한 것 |
| | 효율성 | 효과성의 수준에 도달하는 데 학생들이 얼마나 많은 시간과 비용을 필요로 하는가 |
| | 매력성 | 학습자가 그 수업을 자신에게 얼마나 유의미한 것으로 인식하는가 |

## 제 2 절 교수 · 학습이론

| | | |
|---|---|---|
| 브루너의 발견학습 | 지식의 구조 | • 학문의 기저를 이루고 있는 일반적 아이디어 및 원리, 기본 개념<br>• 학생 자신이 학습하고 있는 주제의 구조를 이해하는 데 초점을 둔다면 학습이 더 의미있고 유용하며 잘 기억될 것 |
| | 발견 학습 | • 정보의 구조를 잘 파악하기 위해서는 학습자 스스로 능동적이어야 함<br>• 교사가 예시(example)를 제시하고 학습자는 이들 예시 간의 관계, 즉 학습주제의 구조를 발견할 때까지 공부 |
| | 귀납적 추리 | 구체적인 사례를 이용하여 일반적인 원리를 추출 |

| 브루너의<br>발견학습 | 나선형교육과정 | 동일한 내용을 처음에는 쉽게 제시하고 학년이 올라감에 따라 점차 심화·확대해 감으로 인해 결국 어려운 내용을 완전히 이해하게 되는 교육과정 | |
| --- | --- | --- | --- |
| | 강 화 | 외적 보상보다 내적 보상이 중요 | |
| | 학습 단계 | 감각운동적 단계 ⇨ 영상적 단계 ⇨ 상징적 단계 | |
| 오수벨의<br>유의미<br>학습을 위한<br>설명식 교수이론 | 유의미 학습 | • 교사중심적인 수업을 하며 학습자는 발견이 아닌 수용을 통해서 지식을 습득<br>• 학습자가 새로운 학습과제를 자신의 인지구조, 즉 기존에 가지고 있는 지식 (정착지식)과 의미 있게 관련지어 학습하는 것<br>• 새로운 과제의 학습은 활성화된 정착지식이 새로운 학습과제에 의해 의미를 구성하면서 인지구조가 성숙하고 발전 | |
| | 선행조직자 | • 학습자가 이미 알고 있는 것과 배울 것의 사이를 연결하는 교육적 장시<br>• 새로운 학습을 촉진하기 위해 새로운 과제를 본격적으로 공부하기 전에 제시되는 지도나 도표, 개념도, 학습할 내용의 중요 상위개념 등<br>• 새로운 지식을 의미 있게 학습하는 데 필요한 관련 정착지식을 자극하고 활성화하는 역할 | |
| | | 비교조직자 | 학습할 과제와 인지구조 내에 있는 지식 간에 상당한 유사성이 있는 경우 |
| | | 설명조직자 | 학습과제가 학습자가 알고 있는 기존의 지식과는 전혀 관계가 없는 새로운 것 |
| 가네의<br>수업설계이론 | 학습결과 | 언어정보 | • 조직화된 정보 또는 지식으로서 학습자가 자신의 용어를 사용하여 정보를 진술하는 능력<br>• 명제적 지식(propositional knowledge), 선언적 지식 (declarative knowledge)<br>• 블룸의 교육목표 분류에서 인지적 영역의 지식과 비슷한 맥락 |
| | | 지적기능 | • 읽기, 쓰기, 숫자 등의 상징을 이용하여 환경과 상호작용하는 능력<br>• 언어정보가 내용(what)이라고 본다면 지적기능은 방법적 지식 (knowing how) 또는 절차적 지식(procedural knowledge)<br>• 블룸의 교육목표 분류에서 인지적 영역의 이해, 적용, 분석, 종합, 평가능력과 비슷한 맥락 |
| | | 인지전략 | 학습자가 자신의 학습·기억·사고·행동을 관리하는 기능 |
| | | 태 도 | 특정한 방식으로 행동하는 것을 선택하는 것으로서 개인의 선호 경향성 |
| | | 운동기능 | 단순한 행동에서 복잡한 수준까지의 행동을 수행하는 능력 |

| | | 구 분 | 인지과정 | 교수사태 |
|---|---|---|---|---|
| 가네의<br>수업설계이론 | 학습자의<br>내적 인지과정<br>9단계 | 학습을 위한<br>준비 | 주의집중 | 주의집중 유발 |
| | | | 기대 | 수업목표 제시 |
| | | | 작업기억으로 재생 | 선행지식 자극 |
| | | 획득과 수행 | 선택적 지각 | 자극자료 제시 |
| | | | 의미론적 부호화 | 학습안내 제공 |
| | | | 재생과 반응 | 성취행동 유발 |
| | | | 강화 | 피드백 제공 |
| | | 학습의 전이 | 재생을 위한 암시 | 성취행동 평가 |
| | | | 일반화 | 파지와 전이 높이기 |
| 켈러의 학습동기<br>설계이론<br>(ARCS) | 주의<br>(Attention) | 지각적<br>주의환기 | 새롭고, 놀라우면서, 기존의 것과 모순되거나 불확실한 사건 또는 정보를 수업에 사용함으로써 학습자의 주의를 유발하고 유지하는 전략 | |
| | | 인식적<br>주의환기 | 학습자의 호기심과 탐구심을 자극하여 학습에 대한 기대감을 갖게 하는 것 | |
| | | 다양성 | 수업의 요소를 변화시킴으로써 학습자의 흥미를 지속시키는 것 | |
| | 관련성<br>(Relevance) | 친밀성 | 학습자의 경험이나 가치와 관계가 있는 구체적 용어, 보기, 개념 등을 사용하는 것 | |
| | | 목표지향성 | 성취를 위한 목표를 제시하거나 학습자들이 그 목표를 정의하게 함 | |
| | | 필요나 동기와의<br>부합성 | 학습자들의 필요나 동기와 결합되는 수업전략을 사용 | |
| | 자신감<br>(Confidence) | 학습의<br>필요조건 제시 | 수행에 필요한 조건과 평가기준을 제시해 줌으로써 학습자가 성공의 가능성을 짐작하도록 도와주는 것 | |
| | | 성공의 기회 제시 | 학습과정과 수행 조건에서 성공을 경험할 수 있도록 적절한 수준의 도전감을 제공하는 것 | |
| | | 개인적 조절감<br>증대 | 학습자들에게는 평가나 피드백을 사용하여 성공의 내적 요인(능력이나 노력)을 부각시킴으로써 학습자가 개인적 조절감을 갖도록 도와줌 | |
| | 만족감<br>(Satisfaction) | 자연적 결과 | 학습자의 내적 동기를 유지시키는 것으로 새롭게 습득한 지식이나 기능을 실제 또는 모의상황에 적용해 볼 수 있는 기회를 제공하는 것 | |

| 켈러의 학습동기 설계이론 (ARCS) | 만족감 (Satisfaction) | 외적 보상 | 바람직한 행동을 계속 유지시킬 수 있는 강화와 피드백을 제공하는 것 |
|---|---|---|---|
| | | 공정성 | 학습자의 학업성취에 대한 기준과 결과를 일관성 있게 유지시키는 것 |

**메릴의 내용요소 제시이론**

- 수행과 내용의 두 차원으로 학습과제를 분류하여 가르치도록 한 처방적 교수이론
- 사실, 개념, 절차, 원리와 같은 인지적 영역의 내용요소를 하나씩 교수하고자 할 때에 적용할 수 있는 미시적 교수설계

| | | | |
|---|---|---|---|
| | 수행차원 | 기억하기 | 기존의 저장된 정보를 재생하기 위하여 학습자가 기억된 정보를 탐색하는 수행 |
| | | 활용하기 | 추상적인 학습내용(개념, 절차, 원리)을 구체적인 실제상황에 적용해 보는 수행 |
| | | 발견하기 | 새로운 내용을 도출하거나 창안하는 수준의 수행 |
| | 내용차원 | 사 실 | 이름, 사건, 명제, 날짜, 장소 등을 지칭하기 위하여 사용한 기호들과 같이 이름을 붙인 정보 |
| | | 개 념 | 공통적인 속성을 지니고 있고 동일한 명칭으로 불리는 사물, 사건, 기호들의 집합 |
| | | 절 차 | 특정한 목적을 달성하거나, 특정한 문제를 해결하거나, 산출물을 만드는 데 필요한 단계들을 순서화한 것 |
| | | 원 리 | 현상이나 사건을 설명하기 위한 인과관계나 상호관련성을 해석하고 장차 발생하게 될 사태에 대하여 예측하는 것 |

◉ 수행×내용 행렬표에 의한 학습과제 보기

| 수행수준 | | 사실 | 개념 | 절차 | 원리 |
|---|---|---|---|---|---|
| | 발견 | – | 곤충이 주는 생활의 이점과 피해를 찾을 수 있다. | 다양한 물질을 현미경으로 관찰하는 방법을 찾을 수 있다. | 일식이 일어나는 현상을 설명할 수 있다. |
| | 활용 | – | 곤충의 특성에 적합한 종류를 분류할 수 있다. | 현미경을 조작하여 솔잎의 세포구조를 관찰할 수 있다. | 일식이 일어나는 원리에서 월식이 일어나는 원리를 이해한다. |
| | 기억 | 지도에서 교회를 나타내는 기호는 무엇인가? | 곤충의 개념을 말할 수 있다. | 현미경을 조작하는 절차를 말한다. | 일식이 일어나는 원리를 말한다. |
| | 사고과정 | 사실 | 개념 | 절차 | 원리 |

**내용의 형태(가르치는 원리)**

| 롸이겔루스의 정교화이론 | 정 수 | 가장 단순하면서도 내용 전체의 윤곽이 될 수 있는 과제 |
|---|---|---|
| | 줌렌즈의 비유 | 정수를 시작으로 점차적으로 과제를 상세하고 정교하게 다루는 계열화 전략이 마치 카메라의 렌즈가 줌아웃과 줌인으로 촬영할 대상을 포착하는 과정하고 유사 |

| | | | |
|---|---|---|---|
| 라이겔루스의<br>정교화이론 | 정교화 | • 정수에서 좀 더 구체적이고 자세하고 복잡한 수준으로 나아가는 것<br>• 학습자의 능력, 주제의 복잡성 정도, 학습자의 주제에 대한 친숙도 정도를 고려 | |
| | 거시적 전략 | • 메릴(Merrill)의 내용요소 제시이론을 거시적 수준으로 확장<br>• 넓은 범위와 많은 교수내용에 대한 조직원리 | |
| | 정교화 전략 | 정교화된 계열화<br>(elaborative sequence) | 학습내용을 조직할 때 단순 ⇨ 복잡, 일반성 ⇨ 구체성으로 계열화하는 전략 |
| | | 선수학습능력의 계열화<br>(learning prerequisite sequence) | 새로운 학습내용을 학습하기 전에 어떤 내용을 먼저 학습해야 할지를 밝혀 주는 전략 |
| | | 요약자<br>(summarizer) | 학습자가 이미 학습한 내용을 다시 검토하고 복습하게 하는 전략요소 |
| | | 종합자<br>(synthesizer) | 학습자들이 학습한 내용요소들을 유의미하게 사전지식에 동화시킬 수 있도록 하는 전략요소 |
| | | 비유<br>(analogy) | 새롭게 학습하는 내용요소들을 학습자에게 이미 친숙한 내용요소와 관련짓게 하는 전략요소 |
| | | 인지전략 활성자<br>(cognitive strategies activator) | 다양한 단서, 다이어그램, 암기법 등은 학습자들이 학습자료를 적절하게 처리하기 위해 필요한 인지전략들을 사용하게 하며, 이러한 전략을 인지전략 활성자라고 함 |
| | | 학습자 통제<br>(learner control) | 학습자가 자신의 학습내용과 학습전략을 모두 스스로 통제할 수 있도록 하는 전략 |
| 완전학습모형 | 캐 롤 | 학습의 정도 $= f\left(\dfrac{\text{학습지속력} \times \text{학습기회}}{\text{적성} \times \text{수업이해력} \times \text{수업의 질}}\right)$ | |
| | | 적 성 | 특정의 학습과제를 학습하는 데 필요한 시간 |
| | | 수업이해력 | 수업내용이나 수업에서 사용되는 여타 자료나 학습절차를 이해하는 학습자의 능력 |
| | | 수업의 질 | 학습과제의 제시, 설명 및 구성이 학습자에게 최적의 상태로 접근된 정도 |
| | | 학습지속력 | 학습과정에서의 불편과 고통을 이겨내고 실제로 학습하는 데 사용한 시간 |
| | | 학습기회 | 어떤 과제의 학습을 위해 학생에게 실제로 주어지는 시간량 |
| | 블 룸 | 지적·능력적인 면에 결함이 있는 5% 정도의 학생을 제외한 약 95%의 학생이 교수내용의 90% 이상을 학습 가능 | |

| | | | | |
|---|---|---|---|---|
| **ADDIE 모형** | **분석**<br>(Analysis) | • 설계를 위한 조직적인 계획을 결정하는 활동을 수행함<br>• 일반적으로 요구 분석, 학습자 특성 분석, 환경 및 맥락 분석, 학습과제 분석 및 출발점 수준 진단 등이 실시됨 | | |
| | **설계**<br>(Design) | • 합리적이면서도 창의적으로 수업프로그램의 세부요소들을 기획<br>• 학습목표의 명세화, 수업평가전략 및 평가도구의 설계, 수업내용의 계열화, 수업전략 및 매체의 선정 등을 기획<br>• 전반적인 수업의 청사진 또는 수업설계안 제작 | | |
| | **개발**<br>(Development) | 수업에서 사용할 다양한 유형의 자료들을 실제로 개발하고 제작 | | |
| | **실행**<br>(Implementation) | 개발된 수업프로그램을 실제 수업현장에 사용하거나 교육과정에 반영하면서 계속 유지하거나 필요한 경우에 수정·보완 | | |
| | **평가**<br>(Evaluation) | 결과물의 효과성과 효율성, 가치 등을 평가하는 활동을 수행 | | |
| | | **형성평가** | 수업프로그램을 개발하는 과정에서 발생하는 오류를 수정·보완하면서 완성도를 높이기 위해 실시 | |
| | | **총괄평가** | 완성된 수업프로그램의 효과성과 효율성, 가치 등을 최종적으로 평가 | |

| 수업설계의 과정 | 역할(기능) | 세부단계(활동) | 산출결과 |
|---|---|---|---|
| **분석** | 학습내용(what)을 정의하는 과정 | 요구, 학습자, 환경, 과제 분석 | 요구, 교육목적, 제한점, 학습과제 |
| **설계** | 수업방법(how)을 구체화하는 과정 | 성취행동목표 진술, 평가도구개발, 수업전략 및 매체선정 | 성취행동목표, 수업전략 등을 포함한 설계명세서 |
| **개발** | 수업자료를 제작하는 과정 | 수업자료의 제작, 형성평가의 실시 및 수업자료의 수정 | 완성된 수업자료 |
| **실행** | 수업자료를 실제상황에 적용하는 과정 | 수업자료의 사용 및 관리 | 실행된 수업자료 |
| **평가** | 수업자료의 효과성·효율성을 결정하는 과정 | 총괄평가 | 프로그램의 가치와 평가보고서 |

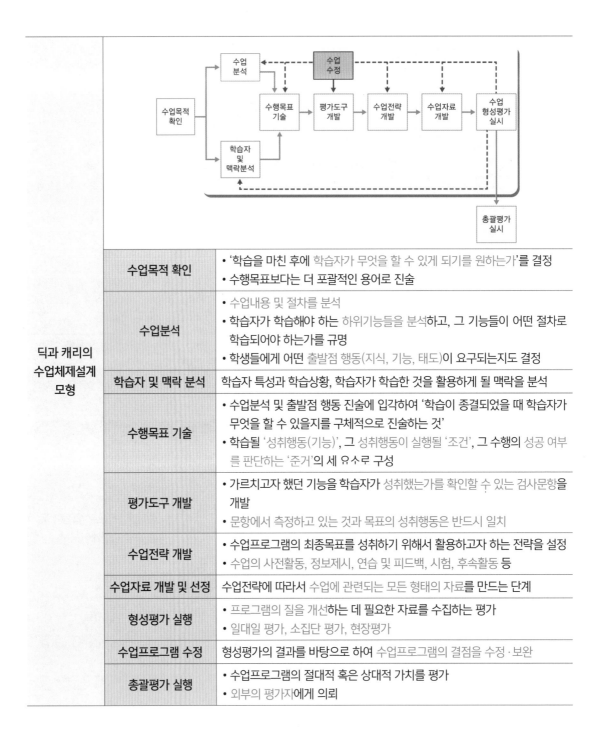

| 딕과 캐리의<br>수업체제설계<br>모형 | 수업목적 확인 | • '학습을 마친 후에 학습자가 무엇을 할 수 있게 되기를 원하는가'를 결정<br>• 수행목표보다는 더 포괄적인 용어로 진술 |
| --- | --- | --- |
| | 수업분석 | • 수업내용 및 절차를 분석<br>• 학습자가 학습해야 하는 하위기능들을 분석하고, 그 기능들이 어떤 절차로 학습되어야 하는가를 규명<br>• 학생들에게 어떤 출발점 행동(지식, 기능, 태도)이 요구되는지도 결정 |
| | 학습자 및 맥락 분석 | 학습자 특성과 학습상황, 학습자가 학습한 것을 활용하게 될 맥락을 분석 |
| | 수행목표 기술 | • 수업분석 및 출발점 행동 진술에 입각하여 '학습이 종결되었을 때 학습자가 무엇을 할 수 있을지를 구체적으로 진술하는 것'<br>• 학습될 '성취행동(기능)', 그 성취행동이 실행될 '조건', 그 수행의 성공 여부를 판단하는 '준거'의 세 요소로 구성 |
| | 평가도구 개발 | • 가르치고자 했던 기능을 학습자가 성취했는가를 확인할 수 있는 검사문항을 개발<br>• 문항에서 측정하고 있는 것과 목표의 성취행동은 반드시 일치 |
| | 수업전략 개발 | • 수업프로그램의 최종목표를 성취하기 위해서 활용하고자 하는 전략을 설정<br>• 수업의 사전활동, 정보제시, 연습 및 피드백, 시험, 후속활동 등 |
| | 수업자료 개발 및 선정 | 수업전략에 따라서 수업에 관련되는 모든 형태의 자료를 만드는 단계 |
| | 형성평가 실행 | • 프로그램의 질을 개선하는 데 필요한 자료를 수집하는 평가<br>• 일대일 평가, 소집단 평가, 현장평가 |
| | 수업프로그램 수정 | 형성평가의 결과를 바탕으로 하여 수업프로그램의 결점을 수정·보완 |
| | 총괄평가 실행 | • 수업프로그램의 절대적 혹은 상대적 가치를 평가<br>• 외부의 평가자에게 의뢰 |

| | |
|---|---|
| **객관주의** | • 지식: 인간의 외부에 실세계가 존재하며, 그 실세계는 인간의 경험과는 독립적으로 존재하는 것<br>• 교수: 이미 존재하는 지식이 그 지식을 알고 있는 교수자에 의해 학습자에게 전달되는 과정<br>• 학습: 전달되는 지식을 수동적으로 받아들이는 과정<br>• 교육 목적: 학습자들이 지식의 구조를 있는 그대로 반영할 수 있도록 돕는 것<br>• 수업활동의 중심: 교수 |
| **구성주의** | • 지식: 개인의 경험에 의한 해석이고, 지식을 가진 사람의 마음에 존재하는 것, 지식은 사전경험과 정신구조, 사물과 사건을 해석할 때 사용하는 개인의 신념에 의해 구성됨<br>• 학습: 학습자가 지식의 내적인 표상을 구축하는 과정으로서 경험에 의해 개발되는 개인적인 해석. 그러므로 세계에 대한 객관적이고 절대적인 지식은 존재하지 않고, 개인에 따라 다양한 의미나 관점이 존재<br>• 교육 목적: 학습자가 사실이나 개념, 원리 등 어떤 지식의 요소를 알도록 하는 것이 아니라 학습자에게 세상을 해석하는 방법을 보여주는 것<br>• 학습의 중심: 교수자가 아니라 학습자<br>• 교수자: 학습자가 의미를 구성할 수 있도록 보조하는 보조자나 촉진자, 코치의 역할<br>• 수업설계: 교수활동보다는 학습자들의 문제해결활동과 문제해결을 도와줄 수 있는 환경을 설계하는 데 관심 |
| **수업설계 원리** | • 학습자 중심의 학습환경: 학습을 촉진하는 환경을 설계<br>• 실제적 과제와 맥락 강조: 비구조하된 실제상황과 유사한 것<br>• 문제해결 중심의 학습: 문제는 학습자의 흥미를 유발하고, 유지하는 기능<br>• 교수자 역할 – 코치·촉진자: 학습자의 흥미를 유발하고, 질문을 유도하며, 지속적인 피드백과 도움을 제공<br>• 협동학습의 강조: 사회적 상호작용의 역할이 중요<br>• 평가: 학습의 결과뿐만 아니라 학습의 과정도 중시 |
| **구성주의 학습환경 설계모형** | ⊙ 조나센(Jonassen)의<br>　구성주의 학습환경(Constructivist Learning Environment: CLE) 설계모형<br><br> |

| | | | |
|---|---|---|---|
| **구성주의<br>학습환경<br>설계모형** | **질문·문제·<br>프로젝트** | \- 학습자가 해결해야 하는 질문이나 문제, 프로젝트가 중심<br>\- 여기에서 사용되는 문제들은 비구조적(ill - structured)이고 정답이 한정되지 않은(ill - defined) 문제 | |
| | | **문제 맥락** | 문제를 표현할 때 문제의 맥락에 대한 설명이 제시되어야 함 |
| | | **문제 표현** | 학습자의 관심을 끌면서 학습자가 문제를 매력적으로 느끼고 몰입할 수 있게 문제를 제시하는 것 |
| | | **문제 조작공간** | 유의미한 학습이 발생하기 위해서는 학습자들이 사물을 조작하고 환경과 상호작용할 수 있는 활동에 참여해야 함 |
| | **관련 사례** | 관련 사례는 학습자가 이러한 인지모형을 형성하는 데 도움을 주고 다른 관점과 해석을 제공해줌으로써 학습자의 인지적 유연성을 길러줌<br>▷ 인지모형: 어떤 사물이나 현상이 현실세계에서 어떻게 작동하는지를 설명하는 사고과정 | |
| | **정보자원** | 정보는 학습자가 문제를 확인하고 가설을 설정하는 데 필요 | |
| | **인지도구** | 학습자들의 생각을 시각화하거나 조직하는 것을 도와주기 위해 개발된 컴퓨터 소프트웨어 | |
| | **대화와 협력도구** | 이상적인 팀 기반 학습을 위해서는 학습자들이 협력해서 사회적으로 공유된 지식을 구성할 수 있는 도구를 지원 | |
| | **사회·맥락적 지원** | 구성주의 학습환경을 성공적으로 실행할 때 고려해야 하는 환경적 요소를 의미 | |
| | **학습지원을 위한<br>교수활동** | **모델링** | \- 행동모델링: 바람직한 수행의 사례를 보여주는 것<br>\- 인지모델링: 전문가가 과제수행 시 사용하는 추론과 의사결정을 위한 인지과정을 보여주는 것 |
| | | **코 칭** | 개인이 학습을 하거나 과제를 수행하는 동안 그들을 관찰하고 돕는 것 |
| | | **스캐폴딩** | 학습자가 자신의 능력 이상의 과제를 수행할 수 있도록 지원하기 위한 방법 |
| **구성주의<br>학습이론** | **문제중심학습** | \- 문제를 중심으로 학습을 시작하는 교수설계모형<br>\- 비구조화된(ill - structured) 문제<br>\- 실제성<br>\- 자기주도적 학습<br>\- 협동학습 | |
| | **인지적 도제이론** | \- 교사(전문가)와 학생(견습생)이라는 두 축을 중심으로 어느 특정 사회집단에 참여하여 지속적으로 실제적 과제들을 해결해 나가는 과정을 통해서 문제해결을 하는 학습<br>\- 교사의 역할은 시범을 통해 내적인 사고과정을 외현화하여 학생들이 이를 내면화할 수 있도록 지원하는 것<br>\- 콜린스(Collins), 브라운(Brown), 뉴만(Newman) 등에 의해 구체화<br>\- 인지적 도제모형은 인지적, 메타인지적 기술과 지식의 습득을 의미 | |

| | | |
|---|---|---|
| | 인지적 도제이론 | • 모델링(modeling), 코칭(coaching), 비계설정(scaffolding), 페이딩(fading), 명료화(articulation), 반성적 사고(reflection) |
| **구성주의<br>학습이론** | 앵커드 수업모형<br>(상황적 교수 -<br>학습이론) | • 앵커: 학습자의 인지구조 내에 존재하는 구체적인 지식, 개념, 아이디어로 새로운 정보와 관련지어질 수 있는 것<br>• 목적: 다양한 교수매체를 활용하여 실제와 유사한 학습환경을 제공, 현실상황에서 활용 가능한 지식을 제공해주어 문제해결력이 증진되도록 도움을 주는 것<br>• 거시적 맥락을 제공<br>• 상위인지(meta cognition)의 활용<br>• 통합교과적 접근<br>• 공학의 기능을 활용<br>• 교시: 코치나 촉진자 |
| | 인지적 유연성<br>이론 | • 지식의 복잡성·불규칙성을 고려하여 다양한 관점을 이해하고 종합적으로 지식을 구성하도록 지원하는 방식<br>• 인지적 유연성이란 여러 지식의 범주를 넘나들며 다양한 방법으로 연결하는, 급격하게 변화해가는 상황적 요구에 대해 적응력 있는 대처능력 |
| | 자원기반 학습 | • 특별히 설계된 학습자원과 상호작용적인 매체와 공학기술을 통합함으로써 대량 교육상황에서 학습자 중심의 학습을 증진하기 위한 일련의 통합된 전략<br>• 교사, 학습자원, 학습자 등의 모든 자원요소를 활용<br>• 학습자는 자유롭게 자신의 속도에 맞추어 자신이 직접 선택한 학습을 하게 되며, 교사는 학습자가 필요로 하는 자원을 제공<br>• 목표: 모든 학습자가 평생학습자가 되는 데 필요한 기본적인 지식을 획득<br>• Big 6 모형: 인식, 이해, 적용, 분석, 통합, 평가 |
| | 상황인지이론 | • 학습: 실천공동체의 주변적 참여자로부터 핵심적 구성원이 되는 과정 혹은 공동체의 구성원으로서 자신의 정체성을 개발하는 과정<br>• 학습의 원리: 원하는 공동체에 학습자가 스스로 참여하여 활동하는 것 |

| | | |
|---|---|---|
| **목표기반<br>시나리오** | | • 학습자에게 실제적 과제를 제시하여 학습자의 목표의식을 자극하고, 과제를 수행하는 과정에서 다양한 도구와 정보를 활용하여 지식, 기술, 태도 등을 학습할 수 있도록 하는 실천학습 시뮬레이션<br>• 학습은 실제 생활 맥락 속에서 실천을 통해 이루어짐<br>• 사례기반추론: 이치나 논리에 따라 사고하고 결론을 이끌어 내는 추론과정에 과거의 경험 또는 사례를 이용하는 것 |
| | 목 표 | 시나리오를 통해 도달하게 되는 것 |
| | 임 무 | 설정된 목표를 성취하기 위해 수행해야 하는 과제 |
| | 표지이야기 | 임무의 당위성과 실체성을 나타내기 위한 이야기 |
| | 역 할 | 표지이야기에서 맡게 되는 인물에 대한 정의 |
| | 시나리오 운영 | 학습자가 임무달성을 위해 학습활동을 예측하고, 이를 시나리오의 이야기를 구성하는 데 배치하는 것 |
| | 자 원 | 목표달성에 필요한 정보와 도구 |
| | 피드백 | 학습자가 임무수행 과정에서 발생하는 활동에 대해 교수적 도움을 제공하는 것 |

| 강의법 | | • 가장 오랜 역사를 가진 보편화된 교수방법 |
|---|---|---|
| | | • 교사가 언어적인 방법으로 지식을 전달하기 때문에 의사소통이 일방적으로 이루어지며, 학생은 강의내용을 듣고 필기(note)하며 수동적으로 이해 |
| | | • 본질을 이해하고 교수·학습과정 요소의 특성에 맞추어 적절히 활용한다면 얼마든지 효과적인 교수방법이 될 수 있음 |
| 토의법 | | • 교수자와 학습자 간 그리고 학습자들 간의 상호작용을 전제 |
| | | • 비교적 다수가 서로 의견을 교환해 가면서 문제를 원만하고 바람직하게 해결해가는 교수방법 |
| | 원탁토의 | • 토의의 가장 기본적인 형태로 참가인원은 5~10명 정도의 소규모 집단구성 |
| | | • 참가자 전원이 상호 대등한 관계 속에서 정해진 주제에 대해 자유롭게 서로의 의견을 교환하는 좌담형식 |
| | 버즈토의 | • 3~6명으로 편성된 집단이 주어진 주제에 대해 6분 정도 토의하는 6×6의 형태 |
| | | • 토의과정이 벌집을 쑤셔놓은 것처럼 윙윙거린다는 뜻에서 버즈(buzz)라고 함 |
| | 배심토의 | • 토의에 참가하는 소수의 선정된 배심원과 다수의 일반청중으로 구성되어 특정 주제에 대해 상반되는 견해를 대표하는 패널주자들이 사회자의 진행에 따라 토의하는 형태 |
| | | • 청중은 주로 듣기만 하는데, 경우에 따라서는 질문이나 발언권을 주기도 함 |
| | 공개토의 (포럼) | • 1~3인 정도의 전문가나 자원인사가 10~20분간 공개적인 연설을 한 후 이를 중심으로 하여 청중과 질의응답하는 방식으로 토의를 진행 |
| | | • 청중(비전문가)이 직접 토의에 참가하여 공식적으로 발표한 연설자에게 질의를 하거나 받을 수 있음 |
| | 단상토의· 심포지엄 | • 토의주제에 대해 권위 있는 전문가 2~5명이 각기 다른 의견을 공식발표한 후 사회자에 의해 청중과 발표자 간에 질의 및 토론을 전개하는 방식 |
| | | • 단상토의에 참가한 전문가와 사회자 그리고 청중 모두는 특정 주제에 관한 전문적인 지식이나 정보, 경험 등을 지니고 있어야 함 |
| | 세미나 | • 참가자 모두가 토의주제 분야에 권위있는 전문가나 연구가로 구성된 소수집단 형태 |
| | | • 세미나를 주도해 나갈 주제발표자의 공식적인 발표에 대해 참가자가 사전에 준비된 의견을 개진하거나 질의하는 방식으로 토의가 이루어짐 |
| | | • 참가자에게 특정 주제에 대한 전문적인 연수나 훈련의 기회를 제공해 주는 데 목적이 있음 |
| 협동학습 | | • 대표적인 학습자 중심 학습방법 |
| | | • 학습능력이 각기 다른 학습자가 동일한 학습목표를 달성하기 위하여 소집단 내에서 함께 활동하는 교수방법 |
| | 성취과제 분담학습 (STAD) | 슬라빈(Slavin)에 의해 고안된 학습모형으로, 지식의 완전학습을 하는 데 효과적이고 절차가 간편하여 널리 쓰이는 협동학습 방법 |

| | | |
|---|---|---|
| 협동학습 | 토너먼트식<br>게임 모형<br>(TGT) | • 토너먼트식 게임 모형은 성취과제 분담학습과 마찬가지로 전통적 수업방식에 비해 지식이해력과 적응력 등 학업성취면에서 효과적<br>• 각 집단에서 능력이 비슷한 구성원들끼리 한 테이블에 모여 토너먼트 게임을 실시 |
| | 팀 보조<br>개별학습 모형<br>(TAI) | • 개별화학습과 협동학습의 장점이 결합된 형태<br>• 이질적 팀을 구성하여 팀 동료와의 상호교수에 기초한 상호작용을 활발하게 하고, 교사는 같은 수준의 학생을 개별지도 |
| | 직소모형<br>(Jigsaw) | • 모든 학생이 교사와 학생의 역할을 동시에 수행하는 과제분담 협동학습 모형<br>• 같은 부분을 맡은 각 집단의 학생들끼리 모여 전문가 집단으로서 심도 있게 공부하고 내용을 토의한 후 다시 자신이 속한 집단으로 돌아가 학습한 내용과 결과를 그 집단의 학생들에게 가르침 |
| | 집단탐구 모형<br>(GI) | 학생이 주제를 선택하고, 정보를 찾고 토론하고 분석하고, 그것을 이미 배운 지식에 관련시키는 기회를 가질 수 있음 |
| | 코프코프 모형<br>(Co-Op<br>Co-Op) | • 과제를 나누어 맡는 협동학습으로, 학급 모두가 전체 주제에 관해 개략적인 학습내용을 토론한 뒤 여러 소주제로 나누고, 각 개인은 원하는 소주제를 다루는 소집단에 속함<br>• 소집단에서는 토의를 통해 그 소주제를 또 다시 더 작은 소주제로 나누어 각자 맡은 부분을 심도 있게 조사 |
| 협동학습의<br>원리 | | • 긍정적인 상호의존성<br>• 면대면을 통한 상호작용<br>• 개별적인 책무성<br>• 사회적 기술<br>• 집단의 과정화<br>• 구성원의 이질적 편성 |
| 프로젝트<br>중심학습 | | • 학습자가 주체적인 역할을 수행함으로써 지식을 구성하고, 교수자는 질문을 통해 문제해결을 촉진시키는 코치의 역할을 주로 수행<br>• 학생들 간의 협동과 활발한 상호작용을 중시<br>• 프로젝트나 문제를 중심으로 학습내용과 교수·학습과정이 재구성 |
| 플립러닝<br>(거꾸로<br>학습) | | • 학교에서의 강의식 수업과 집에서의 숙제로 구성된 전형적인 학습과정을 거꾸로 하는 교육모형<br>• 직접적인 강의와 구성주의 학습이 통합된 교수방법 |
| | 장 점 | • 수업내용에 대한 개별화 학습이 가능하여 학생들의 학습결손을 줄일 수 있음<br>• 교사와 학생 간 그리고 학생들 간의 상호작용을 높임<br>• 학생들이 자신의 학습에 대해 책임을 가지도록 함<br>• 동료교수를 강화하고 배운 지식의 활성화를 도움 |
| | 단 점 | • 개인 및 환경 차이로 인해 예습에 대한 개인차가 심할 수 있음<br>• 교수자가 사전 동영상 강의 제작 등 수업준비를 많이 해야 한다는 부담감이 큼 |

| 자기주도<br>학습<br>(자기조절<br>학습) | • Knowles: 학습자가 스스로 자신의 학습요구를 진단하고, 학습목표를 설정하며, 학습에 필요한 인적·물적 자원을 파악하고, 적절한 학습전략을 선택·실행하며, 학습결과를 평가하는 과정<br>• Zimmerman: 학습자가 능동적으로 상위인지적·행동적·동기적 전략을 사용하여 학습과정을 조절해가는 학습<br>• 구성요인: 학습기회에 대한 개방성, 효율적인 학습자로서의 자아개념, 학습에 대한 주도성 및 독립심, 자신의 학습에 대한 책임감, 학습에 대한 애정과 열정, 미래지향성, 창의성 그리고 기본학습기능과 문제해결기능을 사용하는 능력<br>• 자신의 학습에 대한 주도권, 자율성, 책임성<br>• 동료학습자와의 상호작용 ⇨ 토론과 같은 협력학습<br>• 학습에 대한 책임을 교사로부터 점진적으로 학생들에게로 전환<br>• 자신의 능력에 따라 학습속도를 조절<br>• 자기평가가 중시 |
| --- | --- |

# PART 07 교수·학습이론 핵심지문 OX

**001** [브루너] 발견학습을 제시하였다. (○ㅣ×)

**002** [브루너] 내재적 보상보다 외재적 보상을 강조한다. (○ㅣ×)

**003** [브루너] 각각의 교과목이 가지고 있는 나름의 지식의 구조를 학생에게 탐색하도록 한다. (○ㅣ×)

**004** [브루너] 기본적 원리나 개념의 이해를 통해 전이의 가능성을 최대로 한다. (○ㅣ×)

**005** [브루너] 아동의 사고방식과 지적 수준을 고려하여 교과의 내용을 가르친다. (○ㅣ×)

**006** [브루너] 어떤 교과든지 지적으로 올바른 형식으로 표현하면 어떤 발달 단계에 있는 아동에게도 효과적으로 가르칠 수 있다. (○ㅣ×)

**007** [브루너] 학습자의 발달 단계에 맞게 학습내용을 구조화하고 조직함으로써 학습자가 교과내용을 잘 이해할 수 있다. (○ㅣ×)

**008** [브루너] 지식의 표상 양식은 영상적 표상으로부터 작동(행동)적 표상을 거쳐 상징적 표상의 순서로 발달해 나간다. (○ㅣ×)

**009** [브루너] 지식의 구조를 이해하게 되면 학습자 스스로가 사고를 진행할 수 있으며, 최소한의 지식으로 많은 것을 알 수 있다. (○ㅣ×)

**010** [오수벨] 선행조직자는 학습자의 인지구조의 조정을 위해 학습 이전에 미리 제공되는 일반적, 포괄적, 추상적인 도입자료이다. (○ㅣ×)

**011** [오수벨] 새로운 지식·정보와 선행 학습내용의 통합을 강조한다. (○ㅣ×)

정답

**01** ○ **02** × **03** ○ **04** ○ **05** ○ **06** ○ **07** ○ **08** × **09** ○ **10** ○ **11** ○

**012** [오수벨] 학습자의 인지구조에 알맞게 포섭 및 동화되도록 학습과제를 제시한다. ( ○ | × )

**013** [오수벨] 일반적이고 포괄적인 지식을 먼저 제시하고, 그 다음에 세부적이고 상세한 지 ( ○ | × )
식을 제시한다.

**014** [가네] 학습에 대한 인지적 접근에서 말하는 선언적 지식(declarative knowledge)에 ( ○ | × )
해당하는 것은 지적기능이다.

**015** [가네] 언어정보는 방법적 지식 혹은 절차적 지식에 해당한다. ( ○ | × )

**016** [가네] 인지전략은 지식이나 정보의 내용(what)을 아는 것이 아니라 그 방법(how)을 ( ○ | × )
아는 것으로 정의한다.

**017** [가네] 학습의 결과는 언어정보, 지적기능, 인지전략, 태도, 탐구기능이다. ( ○ | × )

**018** [켈러] ARCS 모형은 주의(Attention), 관련성(Relevance), 자신감(Confidence), ( ○ | × )
만족감(Satisfaction)의 첫 글자를 따서 만들었다.

**019** [켈러] 주의집중 – 비일상적인 내용이나 사건을 제시함으로써 학습자의 흥미를 유발한다. ( ○ | × )

**020** [켈러] 관련성 – 쉬운 것에서부터 어려운 것 순으로 과제를 제시해 준다. ( ○ | × )

**021** [켈러] 만족감 – 친밀한 예문이나 배경지식, 실용성에 중점을 둔 목표를 제시한다. ( ○ | × )

**022** [켈러] 자신감 – 적절한 강화계획을 세워, 의미 있는 강화나 보상을 제공한다. ( ○ | × )

**023** [ADDIE] 설계 – 평가도구를 고안하고 교수전략과 교수매체를 선정한다. ( ○ | × )

**024** [ADDIE] 개발 – 실제 수업에 사용할 교수 프로그램이나 교수자료를 제작한다. ( ○ | × )

**025** [ADDIE] 분석 – 요구분석, 환경분석, 과제분석 등을 포함한다. ( ○ | × )

**026** [ADDIE] 실행 – 투입된 교수자료의 효과성과 효율성을 결정한다. ( ○ | × )

**정답**

**12** ○ **13** ○ **14** × **15** × **16** × **17** × **18** ○ **19** ○ **20** × **21** × **22** × **23** ○ **24** ○ **25** ○
**26** ×

**027** [ADDIE] 개발단계 – 학습을 위해 개발된 자원과 과정을 실제로 사용하는 것을 말한다. ( ○ ㅣ × )

**028** [ADDIE] 실행단계 – 설계에서 구체화된 내용을 물리적으로 완성하는 단계로 실제 수업 ( ○ ㅣ × ) 에서 사용할 자료를 만든다.

**029** [ADDIE] 평가단계 – 앞으로의 효과 및 결과를 예견하고 평가하는 과정으로 학습과 관 ( ○ ㅣ × ) 련된 요인과 학습자 요구를 면밀히 분석한다.

**030** [ADDIE] 설계단계 – 설정된 목표를 달성하기 위해 어떤 내용을 어떻게 조직하고 제시 ( ○ ㅣ × ) 해야 효과적인 결과를 얻을 것인가를 핵심질문으로 하는 수업의 청사진이다.

**031** [ADDIE] '학습목표 명세화'는 개발에 해당한다. ( ○ ㅣ × )

**032** [ADDIE] '평가도구 개발'은 개발에 해당한다. ( ○ ㅣ × )

**033** [ADDIE] '교수매체 선정'은 개발에 해당한다. ( ○ ㅣ × )

**034** [ADDIE] 분석 – 요구 분석, 학습자 분석, 환경 분석, 과제 분석 등이 실시된다. ( ○ ㅣ × )

**035** [ADDIE] 설계 – 수행 목표 명세화, 교수전략 및 매체 선정 등이 실시된다. ( ○ ㅣ × )

**036** [ADDIE] 개발 – 설계멍세서를 토대로 교수학습자료를 개빌한다. ( ○ ㅣ × )

**037** [ADDIE] 평가 – 평가도구를 제작하고 평가를 실시한다. ( ○ ㅣ × )

**038** [딕과 캐리] 체제적 접근에 입각하여 교수목적 확인에서부터 총괄평가 실행에 이르는 일 ( ○ ㅣ × ) 련의 과정을 제시하는 절차모형이다.

**039** [딕과 캐리] 교수 프로그램을 설계 및 개발하기 위해 체제적인 접근을 한다. ( ○ ㅣ × )

**040** [딕과 캐리] 딕과 캐리의 교수설계모형에는 ADDIE 모형의 실행단계(I)가 생략되어 있다. ( ○ ㅣ × )

**041** [딕과 캐리] 교수 프로그램 설계 및 개발 과정을 주도한 교수설계자가 총괄평가를 실시 ( ○ ㅣ × ) 할 것을 권한다.

정답

27 ×  28 ×  29 ×  30 ○  31 ×  32 ×  33 ×  34 ○  35 ○  36 ○  37 ×  38 ○  39 ○  40 ○
41 ×

**042** [딕과 캐리] 수행목표진술 단계에서는 학습이 끝났을 때 학습자가 할 수 있는 것으로 기 (○|×) 대되는 목표를 구체적으로 진술한다.

**043** [딕과 캐리] 교수분석 단계에는 목표를 학습 영역(learning outcomes)에 따라 분류 (○|×) 하고 수행 행동의 주요 단계를 파악하는 활동이 포함된다.

**044** [딕과 캐리] 교수설계자의 입장에 초점을 두어 개발된 체제적 교수 설계모형이다. (○|×)

**045** [딕과 캐리] 교수분석 단계에서는 수업목표의 유형을 구분하고 세부 과제를 도출한다. (○|×)

**046** [딕과 캐리] 수행목표진술 단계에서는 학습자에게 기대되는 성과를 구체적으로 진술한다. (○|×)

**047** [딕과 캐리] 각 단계명의 영어 첫째 글자를 조합하여 ASSURE모형으로 명명하기도 한다. (○|×)

**048** [토의법] 버즈토의는 3~6명으로 편성된 소집단이 주어진 주제에 대해 6분가량 토론한다. (○|×)

**049** [협동학습] 학습과정에서 리더십, 의사소통기술과 같은 사회적 기능들을 직접 배운다. (○|×)

**050** [협동학습] 협동기술은 청취기술, 번갈아 하기, 도움주기, 칭찬하기 등이 있다. (○|×)

**051** [협동학습] 정해진 시간에 다양한 지식을 전달할 수 있으며, 교사의 의사대로 수업시간 (○|×) 과 학습량에 대한 조절이 용이하다.

**052** [협동학습] 팀경쟁학습(TGT) – 모둠원들에게 학습과제를 세부 영역으로 할당하고, 해 (○|×) 당 세부 영역별로 전문가 집단을 구성한 후 전문가 집단별로 학습한다. 이후, 원래 모둠에 돌아와서 동료학습자를 교육한다.

**053** [협동학습] 직소모형(Jigsaw) – 팀 구성원들은 소주제를 더 작은 미니 주제들(mini – (○|×) topics)로 나누어 개별 학습한 후, 그 결과를 팀 내에서 발표한다.

**054** [협동학습] 모든 구성원이 함께 참여하여 성취할 수 있는 명확한 공동의 목표가 있어야 (○|×) 효과적이다.

정답

42 ○  43 ○  44 ○  45 ○  46 ○  47 ×  48 ○  49 ○  50 ○  51 ×  52 ×  53 ×  54 ○

**055** [협동학습] 효과적인 협동학습이 되기 위해서는 기본적으로 동질집단으로 구성되어야 한다. ( ○ | × )

**056** [협동학습] 자신의 역할을 완수하지 않으면 구성원이 불이익을 받게 된다. ( ○ | × )

**057** [협동학습] 협동학습이 잘 이루어지기 위해서는 신뢰에 바탕을 둔 구성원 간의 상호의존 관계가 필요하다. ( ○ | × )

**058** [문제중심학습] 문제는 복잡하고 비구조적이며 실제적인 특성을 지닌다. ( ○ | × )

**059** [문제중심학습] 평가는 과정 중심적이라기보다는 결과 중심적이다. ( ○ | × )

**060** [문제중심학습] 상대주의적 인식론인 구성주의에 이론적 근거를 둔다. ( ○ | × )

**061** [문제중심학습] 학습방식은 자기주도적 학습과 협동학습으로 이루어진다. ( ○ | × )

**062** [문제중심학습] 실제성을 중시한다. ( ○ | × )

**063** [문제중심학습] 협동학습을 중시한다. ( ○ | × )

**064** [문제중심학습] 자기주도학습을 중시한다. ( ○ | × )

**065** [문제중심학습] 구조적인 문제를 중시한다. ( ○ | × )

**066** [문제중심학습] 비구조화된 문제상황에서 추론기능과 자기주도적 학습을 필요로 한다. ( ○ | × )

**067** [문제중심학습] 의과대학에서 전통적인 교육방식의 문제점을 개선하기 위해 개발된 모형이다. ( ○ | × )

**068** [문제중심학습] 실제 문제를 중심으로 학습내용을 학습자가 찾아서 해결하는 학습자 중심의 모형이다. ( ○ | × )

**069** [문제중심학습] 문제해결 과정이 끝난 후 실시되는 평가는 교사에 의해 시험으로 이루어진다. ( ○ | × )

---

**정답**

55 × 　 56 ○ 　 57 ○ 　 58 ○ 　 59 × 　 60 ○ 　 61 ○ 　 62 ○ 　 63 ○ 　 64 ○ 　 65 × 　 66 ○ 　 67 ○ 　 68 ○
69 ×

**070** [문제중심학습] 모델링, 코칭, 비계설정, 명확한 표현, 반성적 사고 등이 핵심적인 방법으로 활용된다. (○ | ×)

**071** [문제중심학습] 자기주도적 학습이 이루어지면서 문제해결 전략을 선택하고 적용하는 방법을 배우게 된다. (○ | ×)

**072** [문제중심학습] 실제 생활과 관련된 문제가 제시된다는 점에서 실제성이 강조되어 활동의 의미가 더 커진다. (○ | ×)

**073** [문제중심학습] 비구조적 문제를 특징으로 하며, 학습자가 문제를 찾아내고 분석하며 전략을 찾는다. (○ | ×)

**074** [문제중심학습] 문제의 성격이 불분명한 비구조적 문제를 교수자가 사전에 제거할수록 학습자의 학습효과를 높일 수 있다. (○ | ×)

**075** [토의법] 학습자 상호간의 상호작용을 전제로 학습구성원의 자발성, 창의성 및 미지에 대한 인내심을 요구한다. (○ | ×)

**076** [직소모형(Jigsaw model)] 협동학습 교수모형의 하나로 모집단이 전문가집단으로 갈라졌다가 다시 모집단으로 돌아오는 과정에서 구성원 간 상호의존성과 협동성을 유발하게 된다. (○ | ×)

**077** [발견학습(discovery learning)] 교수자는 학습자의 발견과정을 촉진하고 안내하는 역할을 담당하고, 학습자는 가설 검증을 통해 능동적으로 학습하는 주체가 된다. (○ | ×)

**078** [플립러닝] 거꾸로 학습이나 거꾸로 교실로 알려져 있다. (○ | ×)

**079** [플립러닝] 학습할 내용을 수업 이전에 온라인으로 미리 공부한다. (○ | ×)

**080** [플립러닝] 일종의 블렌디드 러닝(blended learning)으로서 학습의 효과를 높이기 위한 전략이다. (○ | ×)

**081** [인지적 도제학습] 전문가의 사고과정을 내면화하는 것이다. (○ | ×)

정답

| 70 × | 71 ○ | 72 ○ | 73 ○ | 74 × | 75 ○ | 76 ○ | 77 ○ | 78 ○ | 79 ○ | 80 ○ | 81 ○ |

**082** [인지적 도제학습] 콜린스(Collins)와 동료들이 발전시켰다. (○Ⅰ×)

**083** [인지적 도제학습] 모델링, 코칭, 비계설정, 발화, 반성, 탐구의 수업방법을 활용한다. (○Ⅰ×)

**084** 롸이겔루스(Reigeluth)의 교수설계이론은 조직, 전달, 평가, 관리전략으로 구성된다. (○Ⅰ×)

**085** 메릴(Merrill)의 내용요소제시 이론은 학습결과의 범주를 이차원적인 수행 – 내용 행렬 (○Ⅰ×)
표로 제시하고 있다.

**086** 캐롤(Carroll)의 학교학습모형은 학습 정도를 시간의 함수로 본다. (○Ⅰ×)

**087** 켈러(Keller)의 ARCS 모형은 주의집중, 관련성, 자신감, 만족감을 학습동기 유발의 주 (○Ⅰ×)
요 요인으로 고려한다.

**088** 메릴(Merrill)의 내용요소제시이론은 '내용' 수준과 '수행' 수준의 이차원적 구분에 따라 (○Ⅰ×)
교수전략을 제안한다.

**089** 롸이겔루스(Reigeluth)의 정교화이론은 미시적 조직전략을 대표하는 것으로 복잡한 (○Ⅰ×)
내용에서 점차 단순한 내용으로의 수업전개를 제안한다.

정답

82 ○   83 ○   84 ×   85 ○   86 ○   87 ○   88 ○   89 ×

# 2025
# 변민재 교육학
# 핵인싸(핵심 inside)

# 08

# 교육공학

PART **08** **교육공학**

제 **1** 절 **교수매체**

| | |
|---|---|
| **정 의** | • 전통적인 입장에서 교수매체란 교수자의 교수활동을 도와주면서 내용을 보충하는 보조자료라는 협의의 개념으로 주로 시청각 매체를 의미<br>• 현대에 와서는 교수 – 학습 과정에서 교수목표를 달성하기 위해 교수자와 학습자 간에 사용되는 모든 수단을 교수매체로 생각하는 광의의 교수매체 개념으로 확대<br>• 여기에는 시청각 매체뿐 아니라 인적자원, 학습내용(메시지), 학습환경, 시설, 자원 등 모두를 포함하는 교수자원(instructional resources)이라는 개념으로 확대<br>• 최근 들어 원격학습 환경을 포함하게 되면서 매체는 학습내용을 전달하는 역할뿐만 아니라 교수자와 학습자, 학습자와 학습자 사이의 상호작용과 의사소통을 매개하는 역할까지 확대<br>• 따라서 매체는 단순한 교수도구가 아니라 교수 – 학습활동 자체를 구성하고 이해하는데 중요한 체제라고 할 수 있음 |
| **호반의 분류** | • 시청각자료는 추상적인 것을 얼마나 구체적으로 전달할 수 있는가에 따라 가치가 결정된다고 생각하고, 사실성의 정도에 따라 시청각자료를 구별<br>• 사실과 가까운 매체일수록 더 정확한 메시지를 진달하며, 추상성이 높아질수록 이해도가 낮아짐<br> |
| **데일의 분류** | • 호반의 모형을 더욱 확장하여 '경험의 원추'라는 모형을 제시<br>• 학습자의 경험이 실제적인 행동에의 참여에서부터 시작해서 실제적인 사건이나 매체에 의해 매개된 사건의 관찰, 최종적으로 상징을 통한 학습의 순서로 이루어짐 |

| | |
|---|---|
| **데일의 분류** | ⊙ 데일(1969)의 '경험의 원추'와 학습의 세 가지 유형 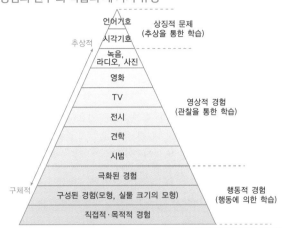 |

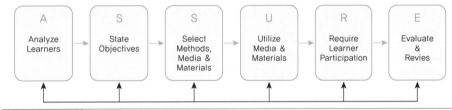

| | |
|---|---|
| **ASSURE 모형** | • 하이니히 등(Heinich)이 교수 – 학습과정에서 교수매체와 자료를 효과적이고 체계적으로 활용하기 위해 제안한 모형<br>• 일반적인 교수설계모형이 각종 분석에서부터 평가에 이르는 교수의 전 과정을 다룬다면, ASSURE모형은 일상적인 수업에서 매체와 관련된 교사의 교수활동을 자세히 기술<br>⊙ ASSURE 모형 |

| **학습자 분석** | • 학습자가 이미 지니고 있는 선수지식 및 기능, 출발점 행동을 확인<br>• 출발점 검사(entry tests): 학생들의 선행필수능력을 측정하기 위한 평가 |
|---|---|
| **목표진술** | • 명세적 수준의 목표를 진술<br>• 학습자가 수업에서 성취해야 할 것에 대한 진술<br>• ABCD 규칙에 근거하여 학습자를 대상(Audience)으로 하고, 측정 가능하고 관찰 가능한 행동동사(Behavior)를 사용하며, 행동이 관찰되어야 할 조건(Condition)이 명시되어야 하고, 수행수준을 판단할 기준(Degree)을 명세화할 것을 요구 |
| **전략 · 공학 · 매체 · 자료의 선정** | • 학습자를 분석하고 목표를 진술하고 나면, 수업의 시작점(학생의 현재 지식, 기능, 태도)과 종결점(학습목표)을 확립한 것<br>• 남은 과제는 목표성취를 위해 적절한 수업전략, 공학, 매체와 자료를 선택함으로써 이 두 지점 사이의 다리를 연결하는 것 |
| **공학 · 매체 · 자료의 활용** | • 앞 단계에서 선정된 공학, 매체와 자료를 어떻게 활용할 것인지를 계획하고 실행<br>• 5P<br>① 공학 · 매체 · 자료에 대한 사전검토(Preview the Materials) |

| | | |
|---|---|---|
| ASSURE 모형 | 공학·매체·<br>자료의 활용 | ② 공학·매체·자료 준비(Prepare the Materials)<br>③ 환경준비(Prepare the Environment)<br>④ 학습자 사전준비(Prepare the Learners)<br>⑤ 학습경험 제공하기(Provide the Learning Experience) |
| | 학습자의<br>참여유도 | 효과적인 수업이 되기 위해서는 학습자들의 능동적인 사고활동을 요구 |
| | 평가와 수정 | • 수업실행 후에 학습자의 학습목표 성취도를 평가할 뿐만 아니라 전체 수업전략과 공학과 매체사용의 효과성을 평가<br>• 학습자 성취평가는 수행평가(authentic assessment), 포트폴리오(portfolio) 평가 등을 활용 |
| 멀티미디어 자료<br>설계원리 | | • 인지부하: 작업기억에서 정보를 저장하거나 처리할 때 요구되는 정신적 노력의 총량 |

| | | |
|---|---|---|
| 멀티미디어 자료<br>설계원리 | 내재적 인지부하 | 학습자료나 과제 자체가 가지고 있는 난이도와 복잡성 |
| | 외재적 인지부하 | 학습과제 자체의 난이도가 아닌 잘못된 설계나 수업방법 등에서 발생하는 인지부하 |
| | 본유적 인지부하 | 지식구성에 필요한 인지적 노력으로, 학습과 직접 관련이 있는 정신적인 노력 |

• 과제 자체가 가지고 있는 내재적 인지부하와 본유적 인지부하를 최적화하고, 학습 이외의 요소로 인한 외재적 인지부하를 최소화

---

**제 2 절  수업과 테크놀로지**

| | |
|---|---|
| 테크놀로지<br>활용 수업이<br>어려운 이유 | • 새로운 테크놀로지를 도입하려고 할 때 관련 ICT 인프라가 학교 안에 잘 갖추어져 있지 않을 수 있음. 예컨대, 스마트 기기를 수업에 활용하려고 하는데 스마트 기기가 부족하거나 무선 인터넷이 불안정할 수 있음<br>• 테크놀로지가 기존의 수업방식과 상충할 수 있음<br>• 학습자의 디지털 리터러시나 교수자의 테크놀로지 활용 수업역량이 부족한 경우, 테크놀로지의 활용 빈도가 감소하고 오작동에 대한 불안이 커질 수 있음<br>• 새로운 테크놀로지가 기존의 학교문화와 서로 상충할 수 있음<br>• 테크놀로지 활용 수업은 기존의 학교규칙과 서로 상충할 수 있음<br>• 테크놀로지 활용 수업과 전통적 수업에서 교수자와 학습자의 역할이 서로 다를 수 있음 |
| 학습자의<br>디지털<br>리터러시 | • 학습자들이 디지털 사회에서 자기주도적으로 살아가기 위해서 필요한 핵심 역량<br>• 길스터(Gilster): 컴퓨터를 이용해서 다양한 자원으로부터 찾은 여러 형태의 정보를 이해하고 사용할 수 있는 능력<br>• 김수환 외(2017): 디지털사회 구성원으로서의 자주적인 삶을 살아가기 위해 필요한 기본소양으로, 윤리적 태도를 가지고 디지털 기술을 이해·활용하여 정보의 탐색 및 관리·창작을 통해 문제를 해결하는 실천적 역량 |

| 디지털<br>리터러시<br>향상을 위한<br>수업방법 | • 수업목표와 학습자의 특성을 고려해서 과제나 문제를 정의해야 함<br>• 학습자들이 과제를 효과적으로 수행하기 위해 인터넷 검색을 활용하여 필요한 정보와 자료를 발견할 수 있도록 도와야 함<br>• 다른 사람의 주장이나 자신의 주장이 타당한 근거를 가지고 있는지와 사회적·문화적 편견을 가지고 있는 것은 아닌지 비판적으로 분석하고 평가하도록 안내해야 함<br>• 테크놀로지를 활용하여 창작물을 만들도록 함으로써 창의적 사고와 컴퓨팅 사고를 촉진할 수 있음<br>• 디지털 환경에서 다른 학습자와 아이디어나 창작물을 공유하고 서로 의견을 주고받을 수 있는 기회를 제공해야 함<br>• 온라인에서 학습자들이 상호작용할 때 발생할 수 있는 문제상황을 사전에 예방하는 것이 필요함 |
|---|---|
| TPACK | • 슐먼(Shulman): 교수지식(pedagogical knowledge)과 내용지식(content knowledge)을 통합한 교수내용지식(pedagogical content knowledge: PCK)을 제안<br>• 미시라와 콜러(Mishra & Koehler): PCK의 아이디어를 발전시켜서 테크놀로지 활용 수업을 위해 TPACK 모형을 제안<br>• 내용 및 교수법에 대한 지식과 함께 테크놀로지에 대한 지식을 통합적으로 가지고 있어야 함<br>• 테크놀로지지식(technological knowledge; TK), 내용지식(content knowledge: CK), 교수지식(pedagogical knowledge; PK)에 대한 통합적 지식을 의미하며, 구체적인 맥락과 관련성을 가짐<br>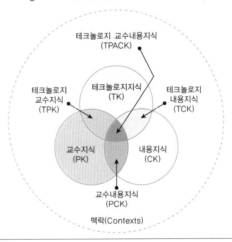 |

**테크놀로지 활용 수업의 실재**

| 모바일 러닝<br>(m – 러닝) | 이동성 | 학습자가 언제 어디서나 휴대하고 있는 자신의 모바일 기기를 통해 각종 서비스를 받을 수 있음 |
|---|---|---|
| | 접근성 | 언제 어디서나 인터넷 등의 네트워크에 연결이 가능한 것으로, 유선 네트워크보다 정보에 대한 접근영역을 좀 더 확장할 수 있는 특징이 있음 |

| | | |
|---|---|---|
| 모바일 러닝 (m-러닝) | 확장성 | 모바일 기기가 다양한 기기와의 통신을 통해 보다 많은 기능이 확장될 수 있는 것을 말함 |
| | 신속성 | 모바일 기기를 사용하여 단시간에 원하는 정보를 획득할 수 있으므로 실시간에 가깝게 활용할 수 있음 |
| | 자기주도성 | 학습자 주도 학습은 시간적·지리적 자유를 의미하는 것뿐만 아니라 자신의 학습능력에 따라 학습속도나 내용을 스스로 조절할 수 있음 |
| | 공유성 | 개별학습의 결과를 학습자 간의 사회적 상호작용을 통해 공유하도록 하는 고유성의 특징을 가짐 |
| | 개별화 | 자신의 고유단말기를 통하여 이루어지는 학습이기 때문에 문자, 음성, 동영상 등 다양한 학습형태를 자신의 흥미에 따라 선택할 수 있고, 학습내용도 자신이 선택할 수 있음 |
| 스마트 교육 | 자기주도 (Self-directed) 학습 | 스마트 교육을 통하여 학습자는 지식수용자에서 지식생산자로 바뀌고, 교수자는 지식전달자가 아니라 학습의 조력자 역할을 함. 교실 내에서도 학습을 주도적으로 함 |
| | 동기화된 (Motivated) 학습 | 스마트 교육에서 학습자는 학습의 동기와 흥미를 가지고 참여함. 전통적인 강의식 수업의 수동성에서 벗어나 협력학습, 교실 밖 체험학습 등 동기유발을 하는 교육방법이 스마트 기기를 활용하여 이루어짐 |
| | 적응적 (Adaptive) 학습 | 학습자의 적성과 수준에 맞는 개별화 수업이 스마트 교육을 통하여 구현됨. 일반적인 학습자 선호도와 요구사항을 반영하는 맞춤형 학습과 함께 학습자의 학습 과정과 결과에 따라서 적응적으로 학습내용과 수준이 조정됨 |
| | 풍부한 자료기반 (Resource enriched) 학습 | 공공기관, 민간 및 개인이 개발한 풍부한 콘텐츠를 자유롭게 교육 방면에서 활용함. 소셜네트워킹을 활용하여 학습자원의 공동활용과 협력학습을 확대함 |
| | 기술이 내재된 (Technology embedded) 학습 | 클라우드 컴퓨팅(cloud computing) 기반의 학교 인프라와 함께 무선 인터넷 기술 등을 최적으로 설정하여 언제 어디서나 학습을 할 수 있는 환경이 구축됨 |

**온라인 학습**

• 온라인 학습의 분류

| 구 분 | | 장 점 | 단 점 |
|---|---|---|---|
| 비실시간 | 콘텐츠활용 중심수업 | 학습자가 자유롭게 자신이 원하는 시간과 장소에서 동영상 강의를 보거나 과제를 수행할 수 있기 때문에 자율성이 높음 | 자기주도학습 능력이 부족한 학습자에게는 교수자와의 상호작용 부족으로 학습효과가 제한될 수 있음 |
| | 과제수행 중심수업 | | |
| 실시간 | 실시간 쌍방향 중심수업 | 교실수업에서와 마찬가지로 즉각적인 상호작용이 가능함 | 동일한 시간에 수업이 이루어진다는 점에서 시간의 제약이 있음 |

| | | |
|---|---|---|
| **온라인 학습** | • 온라인 상호작용 | |
| | 교수자와 학습자 | • 온라인 학습에서 발생하는 심리적 거리인 교류간격(transactional distance)을 줄이는 데 효과적<br>• 이메일, SMS(short message service), 온라인 게시판 등을 이용해서 학습자와 활발하게 상호작용하는 것이 필요 |
| | 학습자와 학습자 | • 친밀감과 소속감을 높이고 협력적으로 지식을 구성하는 데 도움<br>• 정보와 지식을 서로 공유하고, 특정 주제에 대해 토론을 하며, 질문과 피드백을 서로 주고받고, 협력적으로 문제를 해결<br>• 학습자와 학습자 간의 상호작용이 증가할수록 학습자의 능동적인 참여가 증가하고, 다양한 관점을 서로 비교할 수 있으며, 혼자서 해결하기 어려운 문제를 공동으로 해결할 수 있음<br>• 생각의 깊이와 폭을 넓혀주고 의사소통 및 협력역량을 함양하는 데 도움 |
| | 학습자와 내용 | • 고차적 사고를 촉진하고 학습내용을 이해하는 데 도움<br>• 동영상강의, 퀴즈, 학습자료 등과 인지적으로 상호작용 |

| | | |
|---|---|---|
| **온라인 학습을 위한 수업방법** | ① 탐구공동체(community of inquiry) 모형: 온라인 학습을 설계할 때 인지적 실재감(cognitive presence), 사회적 실재감(social presence), 교수 실재감(teaching presence)이라는 세 가지 요소를 통합적으로 고려해야 함 | |
| | 인지적 실재감 | 학습자가 성찰과 대화를 통해 학습내용을 깊이 이해하는 것 |
| | 사회적 실재감 | 학습자가 온라인 학습에서 친밀감과 소속감을 느끼고, 신뢰할 수 있는 환경 속에서 열린 마음으로 다른 사람과 대화하고 관계를 형성하는 것 |
| | 교수 실재감 | 유의미하고 교육적으로 가치 있는 학습결과를 위해 인지적 실재감과 사회적 실재감을 설계하고 촉진하며 안내하는 활동 |
| | ② 온라인 학습을 위한 전략<br>  ㉠ 온라인 학습환경의 고유한 특성을 고려해서 온라인 학습을 체계적으로 설계할 필요가 있음<br>  ㉡ 학습자의 능동적인 참여를 촉진할 수 있도록 학습과제를 선정해야 함<br>  ㉢ 학습자 간 상호작용을 촉진하기 위해서 온라인 협력학습을 효과적으로 설계해야 함<br>  ㉣ 온라인 학습에서 자기주도학습을 촉진하기 위한 전략을 수립해야 함<br>  ㉤ 온라인 학습의 전 과정에서 학습자의 인지적·사회적 실재감을 촉진하기 위한 교수자의 활동이 필요함<br>  ㉥ 온라인 학습의 과정과 결과를 공정하고 타당하게 평가해야 함 | |

| | | |
|---|---|---|
| **e-러닝** | 적극적 상호작용성 | 학습자는 친구, 교사, 전문가에게 이메일이나 화상회의를 통해 연락을 취할 수 있고, 인터넷상의 여러 검색방법을 동원해 정보를 얻을 수 있음 |
| | 자기주도적 학습방식 | 언제 어디서나 학습자 스스로 학습목표와 방법을 정하여 학습을 주도하며 그 결과를 점검할 수 있음 |
| | 무제한성 | 학습자는 자신이 원하는 시간과 장소에서 원하는 정보를 선택할 수 있고 원하는 사람과 상호작용할 수 있음 |
| | 학습공동체 형성 | 컴퓨터 네트워크는 공동의 관심사를 가진 사람을 가상공간에서 학습공동체를 형성하게 하고, 공동으로 관심분야 주제의 학습을 가능하게 함 |

| e – 러닝 | 탐 구 | 많은 e – 러닝 활동은 어떤 형태의 모험과 발견학습, 문제해결학습 형태를 통해 탐구활동을 할 수 있음 |
|---|---|---|
| | 공유된 지식 | 인터넷상에 올려놓은 정보에 접속하는 사람은 누구나 공유할 수 있음. 인터넷은 지식공유를 위한 도서관 역할을 담당하고 있으며, 모든 사람이 출판활동에 참여할 수 있음 |
| | 다감각 경험 | • 멀티미디어 기술은 전통적 수업방법보다 훨씬 다양하고 다감각적 경험을 제공할 수 있음<br>• e – 러닝은 개별학습자의 인지양식에 맞는 다양한 멀티미디어 기술을 제공할 수 있음 |
| | 실제성 | 가상의 세계는 현실과 유사한 상황을 재현할 수 있기 때문에 전통 교실수업보다 훨씬 실제성이 있음 |
| 블렌디드 러닝 | | 학습의 효과성을 향상시키고 학습경험을 극대화하기 위해서 온라인과 오프라인의 장점을 결합하여 활용하는 교수 – 학습방법 |
| 플립러닝 | | • 거꾸로 학습, 역전학습, 역진행학습, 반전학습으로 불리기도 함<br>• 직접 교수(direct instruction)를 집단 학습공간(교실)에서 개인 학습공간으로 이동시킴으로써 집단 학습공간을 역동적이고 상호작용적인 학습환경으로 전환시키는 교수적 접근을 의미<br>• 플립러닝은 블렌디드 러닝의 한 유형 |
| 유비쿼터스 러닝 (u – 러닝) | | • 유비쿼터스(ubiquitous)는 '어디든지 존재한다'는 의미의 라틴어에서 유래<br>• 모든 곳에 존재하는 네트워크라는 의미<br>• 유비쿼터스 러닝(ubiquitous learning)의 약자로, 유비쿼터스 컴퓨팅기술과 네트워크기술을 기반으로 한 환경에서 학습이 이루어지는 것<br>• 교육인적자원부(2004)는 유비쿼터스 학습체세란 언세, 어니서나, 누구나, 편리한 방식으로 원하는 학습을 할 수 있는 이상적인 학습체제, 즉 에듀토피아(education utopia)로 정의 |

# PART 08 교육공학 핵심지문 OX

**001** 교수매체는 학습자에게 교수학습 내용을 전달하는 모든 수단이나 방법을 총칭한다. (○│×)

**002** 교수매체는 교수학습을 위해 사용하는 시청각 기자재와 수업자료를 총칭한다. (○│×)

**003** 가상현실(VR)기술을 활용하여 다양한 각도에서 수업자료를 탐구하도록 유도할 수 있다. (○│×)

**004** 가상현실(VR)기술을 활용하여 현실에서 직접 경험할 수 없었던 사물, 장소, 역사 속 사건 등을 재현할 수 있다. (○│×)

**005** 가상현실(VR)기술을 활용하여 투사매체인 실물화상기나 OHP(overhead projector)를 핵심장치로 활용한다. (○│×)

**006** 가상현실(VR)기술을 활용하여 학습활동 과정에서 학습자의 흥미와 몰입감을 높일 수 있다. (○│×)

**007** [ASSURE 모형] 절차는 '학습자분석 – 학습자 참여유도 – 매체와 자료 선정 – 매체와 자료 활용 – 목표진술 – 평가와 수정'으로 이루어진다. (○│×)

**008** [ASSURE 모형] 수업계획의 첫 단계는 학습자를 분석하는 것이다. (○│×)

**009** [ASSURE 모형] 수업목표는 학습자가 수업 중 경험할 학습활동으로 제시한다. (○│×)

**010** [ASSURE 모형] 학습 내용에 대한 연습과 피드백 기회를 통해 학습자의 능동적인 참여를 유도한다. (○│×)

**011** [ASSURE 모형] 마지막 단계에서는 수업의 효과 및 영향에 대한 평가와 그에 따른 수정이 이루어진다. (○│×)

---

**정답**

**01** ○ **02** ○ **03** ○ **04** ○ **05** × **06** ○ **07** × **08** ○ **09** × **10** ○ **11** ○

**012** 교육공학은 교육의 제 구성요소들이 상호연관된 요소들의 집합체로 이루어져 있다고 본다. (○|×)

**013** 교육공학은 교육문제의 해결을 위해 처방적 활동을 지향한다. (○|×)

**014** 교육공학은 학습자가 보다 의미있는 학습활동에 참여하도록 하기 위해 어떤 환경을 제공할 것인가에 관심을 가진다. (○|×)

**015** 교육공학은 교육에 대한 철학적 접근 및 심리학적인 접근 방법보다 앞서서 발전되기 시작했다. (○|×)

**016** [원격교육] 컴퓨터 통신망을 기반으로 등장하였다. (○|×)

**017** [원격교육] 각종 교재개발과 학생지원 서비스 등을 위한 물리적·인적 조직이 필요하다. (○|×)

**018** [원격교육] 교수자와 학습자가 물리적으로 떨어져 있으나 교수·학습 매체를 통해 의사소통을 한다. (○|×)

**019** [원격교육] 다수를 대상으로 하면서도 공학적인 기재를 사용하여 사전에 계획, 준비, 조직된 교재로 개별학습이 이루어진다. (○|×)

**020** [원격교육] 다양한 기술적 매체들에 의존하여 교수자와 학습자 간의 상호작용을 지원한다. (○|×)

**021** [원격교육] 전통적인 면대면 교육에 비해 학습자들이 자기주도적으로 학습에 몰입하게 되므로 중도탈락률이 상대적으로 낮다. (○|×)

**022** [원격교육] 다양한 교육프로그램에 접근할 수 있는 가능성을 높여 교육대상의 범위를 확대하였다. (○|×)

**023** [u-러닝] 학습자가 언제 어디에서나 어떤 내용이건, 어떤 단말기로도 학습 가능한 지능화된 학습 형태이다. (○|×)

**024** [u-러닝] 획일적이거나 강제적이지 않으며, 창의적이고 학습자 중심적인 교육과정 실현이 가능하다. (○|×)

정답

**12** ○   **13** ○   **14** ○   **15** ×   **16** ×   **17** ○   **18** ○   **19** ○   **20** ○   **21** ×   **22** ○   **23** ○   **24** ○

**025** [u - 러닝] 원하는 정보를 찾기 위해 학습자가 특정 시간에 특정 장소를 찾아가는 것이 아 　( ○ | × )
니라 학습정보가 학습자를 찾아다니는 방식이다.

**026** [m - 러닝] 무선 환경에서 네트워크에 접속하여 학습한다. 　( ○ | × )

**027** [m - 러닝] PDA, 태블릿 PC 등을 활용하여 물리적 공간에서 이동하면서 가상공간을 통 　( ○ | × )
하여 학습한다.

**028** [e - 러닝] 학습효과를 극대화시킨다. 　( ○ | × )

**029** [e - 러닝] 교사와 학생 간 인격적 접촉을 증가시킨나. 　( ○ | × )

**030** [e - 러닝] 교육활동의 개별화를 촉진시킨다. 　( ○ | × )

**031** [e - 러닝] 교육의 경제성 및 대중화를 촉진시킨다. 　( ○ | × )

**032** 블렌디드 러닝(blended learning)은 학습의 효과성을 향상시키고 학습경험을 극대화 　( ○ | × )
하기 위해서 온라인과 오프라인의 장점을 결합하여 활용하는 교수-학습방법을 의미한다.

**정답**

**25** ○ 　**26** ○ 　**27** ○ 　**28** ○ 　**29** × 　**30** ○ 　**31** ○ 　**32** ○

# 2025
# 변민재 교육학
# 핵인싸(핵심 inside)

PART

# 09

# 교육평가

# PART 09 교육평가

## 제1절 교육평가의 주요 관점

| 교육에 대한 기본관점 | 선발적 교육관 | • 교육부정설은 인간의 능력과 인성은 이미 선천적인 요인에 의해 결정되어 있기 때문에 교육을 아무리 열심히 해도 그것을 변화시킬 수 있는 부분은 미미하다고 보는 입장<br>• 수업을 제대로 따라올 수 있는 학습자는 소수<br>• 교육의 성패에 대한 일차적인 책임이 학습자에게 있음<br>• 우수한 학생들만 상급학교에 진학할 수 있도록 하는 피라미드식 교육제도를 강조<br>• 엘리트 중심의 교육<br>• 측정관<br>• 규준참조평가(상대평가) |
|---|---|---|
| | 발달적 교육관 | • 교육가능설은 교육의 효과를 매우 낙관적으로 보는 입장<br>• 인간의 성장과 발달은 선천적인 유전적 요인보다는 환경 또는 교육의 힘에 의해 결정<br>• 모든 학습자에게 각각 적절한 교수·학습방법만 제시될 수 있다면 누구나 의도하는 교육목표를 달성할 수 있을 것<br>• 교육이 성패에 대한 일차적인 책임은 교사 또는 학습환경에 있음<br>• 교육을 통한 인간행동 변화의 가능성에 대해 긍정적<br>• 평가관<br>• 준거참조평가(절대평가) |
| | 인본주의적 교육관 | • 학습자의 인격적 성장, 통합, 자율성을 추구하고 건전한 태도를 형성해 가는 과정으로서의 교육을 중요시<br>• 자아실현의 가능성을 개발하는 것이 목표<br>• 모든 교육은 학습자가 스스로 희망하고 원해야 하며, 자율적이고 적극적인 참여를 전제<br>• '전인적'에 초점을 두어 인간행동 특성을 부분적으로 이해하기보다는 전체적으로 이해하려는 '총평관'의 관점과 관계를 맺음 |
| 측정관 | | • 그 대상이 되는 실재의 안정성(stability)을 가정<br>• 인간행동의 불변성에 대한 가정으로 인하여 측정관은 다른 교육평가관에 비해 객관성과 신뢰성을 중시<br>• 검사의 오차를 줄이기 위해 외부요인이나 환경변인을 안정성의 위협요소로 간주하여 이를 통제하거나 극소화<br>• 신뢰성과 객관성이 보장된 측정을 위해서는 누가 언제 어디서 측정을 하더라도 안정적으로 동일한 측정 결과를 얻을 수 있도록 측정의 방법이나 절차에 있어 표준화를 요구 |

| 측정관 | • 측정관에 의해 얻은 결과는 주로 선발·분류·예언·실험 등의 목적으로 사용되며, 검사결과를 유용하게 활용하기 위해서 더욱 정확하고 구체적인 측정단위를 요구<br>• 선발적 교육관: 교육을 통해 달성하고자 하는 교육목적이나 일정한 교육수준에 도달할 수 있는 사람은 일부이거나 소수라고 보는 입장 |
|---|---|
| 평가관 | • 존재하는 모든 실재의 안정성(stability)을 부정하면서 인간의 행동특성은 언제나 변화한다고 가정<br>• '의도된 변화'를 평가하기 위해서 변화의 목표를 중요시하는데, 이는 목표가 명확히 정의되어 있느냐가 의도된 변화를 평가하기 위한 전제조건이기 때문<br>• 측정관은 외부요인이나 환경을 제거해야 할 오차(error)변인으로 가정한 것과 달리, 평가관에서는 환경을 변화를 초래하는 중요한 자원으로 봄<br>• 평가의 증거로 여러 증거를 합산한 단일 총점을 사용하지만 반응유형, 오류의 유형과 질, 실패의 원인 등을 밝힐 수 있는 질적 증거도 유효한 증거로 활용<br>• 평가관에 의해 얻은 결과는 주로 평점, 자격판정, 배치, 진급 등을 위해 개인을 분류하고 판단하는 데 사용<br>• 발달적 교육관: 교육을 통한 인간행동의 변화가능성과 교육의 효과에 대해 긍정적인 입장 |
| 총평관 | • 총평이라는 용어는 '전인적 평가'라고 불리기도 하며, 어떤 일을 조사하거나 심사해서 결정한다는 뜻의 '사정(査定)'으로 쓰임<br>• 환경을 개인과 상호작용하는 주체적인 존재로 보며, 개인과 환경의 역동적 관계에 의해서 개인의 행동특성이 변화<br>• 개인과 환경의 역동적 관계를 분석하기 위하여 다양하고 포괄적인 자료를 사용<br>• 수집된 다양한 증거들을 각각 따로 보는 것이 아니라 이를 총합적으로 활용하여 개인과 환경 사이의 역동적인 상호작용을 파악<br>• 인본주의적 교육관: 학습자의 인격적 성장, 통합, 자율성 및 자아실현을 강조 |

## 제 2 절  교육평가의 모형

| 타일러(Tyler)의<br>목표중심적 접근 | 교육평가: '설정된 교육목표에 따라 적합한 교육내용이 교수되고, 이러한 교육과정을 통해 실제로 교육목표가 실현된 정도를 가늠하는 과정' | | |
|---|---|---|---|
| 스터플빔<br>(Stufflebeam)의<br>경영적 접근<br>(의사결정적 접근) | • 투입과 산출을 기준으로 운영되는 경영체제에서의 효율성을 가늠하는 데 평가과정의 초점<br>• 평가: 의사결정자에게 필요한 정보를 제공함으로써 의사결정을 돕는 과정<br>• 의사결정 유형 | | |
| | 계획단계 | 조직의 경영목표를 확인하거나 선정하는 등의 의사결정 | |
| | 구조화단계 | 목표달성에 적합한 절차나 전략을 설계하는 등의 의사결정 | |
| | 실행단계 | 구조화 단계에서 결정된 절차나 전략을 행동으로 옮기는 것과 관련된 의사결정 | |
| | 결과단계 | 목표가 달성된 정도를 판단하고 의견을 제시하는 의사결정 | |

- CIPP 모형

| 상황평가 (Context evaluation) | 계획 단계의 의사결정에 도움이 되는 정보를 제공하기 위한 평가로, 주로 구체적인 상황이나 환경적 여건을 파악 |
|---|---|
| 투입평가 (Input evaluation) | 구조화 단계의 의사결정에 도움을 주기 위한 것으로, 현재 어떠한 산물이 투입되고 있고 앞으로는 어떠한 산물이 투입되어야 하는가를 파악 |
| 과정평가 (Process evaluation) | 실행 단계의 의사결정에 도움을 주기 위한 것으로, 구조화 단계에서 수립한 전략이 실행되는 과정에서 고려해야 할 점이나 발생 가능한 사건 등을 파악 |
| 산출평가 (Product evaluation) | 결과 단계에서의 활용을 위한 것으로, 전체 과정을 통해 산출된 결과의 가치를 판단하는 데에 도움이 되는 정보를 수집 |

**울프(Wolf)의 배심원적 접근**

- 서구식 재판 패러다임을 이용하여 평가의 과정을 설명하려는 입장
- 재판과정에서 판사, 검사, 변호사, 배심원들이 원고와 피고의 대립되는 주장을 청취한 다음 판결을 내리는 것과 유사한 방식으로 평가가 수행되어야 함을 강조
- 특히 교육정책, 교육제도, 교육프로그램, 수업방법 등의 적합성이나 효율성을 평가하는 데 적절
- 평가의 과정에 있어서는 재판과정과 마찬가지로 객관성, 공정성, 공개성 등이 특히 강조

**스크리븐의 탈목표평가 (판단적 접근)**

- ▶ 판단적 접근에서는 평가를 '전문가의 전문적인 지식과 기술을 바탕으로 평가대상의 가치를 체계적으로 판단하는 활동'으로 간주
- 미리 설정된 목표만을 기준으로 목표의 실현된 정도를 판단하는 평가를 벗어나서 교육의 과정에서 발생하는 기타 부수적인 결과의 가치까지도 판단해야 함
- 교육목표를 사전에 알게 되면 의식적이든 무의식적이든 그 목표에 근거해서 모든 것을 판단하려 하기 때문에 평가에 있어 오히려 편견과 비합리적인 사고에 빠질 우려가 있음
- 목표 자체를 중시하지 않는 것은 아니며, 미리 설정된 목표 이외의 다른 유용한 기준도 반영해서 종합적으로 판단해야 함을 주장
- 어떤 기준에 근거하여 판단을 내리느냐를 결정하는 것이 평가의 타당성을 확보하는 데 가장 중요한 과제가 됨: 이러한 과정에서 전문가로서의 평가자의 역할이 강조
- 평가하려는 현상이나 대상의 가치에 대해 반드시 최종적인 결정을 내려주어야 함
- 교육의 결과를 종합적으로 판단

| 스테이크의<br>종합실상평가<br>(판단적 접근) | • 교육프로그램의 전체적인 실상을 평가하는 것을 강조하는 입장<br>• 평가자는 평가대상을 종합적으로 완벽하게 관찰해서 충실하게 기술하는 동시에 정확하게 판단해야 함<br>• 가장 제대로 된 판단을 내리기 위해서는 먼저 평가대상에 대한 기술이 제대로 이루어진 후 이에 대한 판단이 내려져야 비로소 평가가 완성될 수 있음을 제안 |
|---|---|
| 아이즈너의<br>비평적 평가<br>(판단적 접근) | • 교육평가가 예술작품을 비평하는 것과 같은 방식으로 이루어져야 함을 주장<br>• 행동주의 심리학에 입각한 목표중심 평가나 경영적 평가의 과학적·기술적 접근을 비판<br>• 비평적 평가는 현상을 기술하고, 이를 해석하며, 마지막으로 판단을 내리는 세 가지 행위를 모두 포함하여야 함<br>• 평가자는 마치 포도주를 맛보고 질을 판단하는 와인감정가와 같이 교육현상을 보고 교육활동의 질을 판단할 수 있는 교육적 감식안을 지녀야 함<br>• 평가자의 전문성이 평가결과의 타당성과 합리성을 확보해 주는 가장 중요한 요건<br>• 성공적인 평가를 위해서는 평가자의 교육적·평가적 전문성 확보가 필수적<br>• 질적 평가 강조 |
| 구바와 링콘의<br>자연주의적 평가<br>(다원적·직관적 접근) | • 평가를 '평가자를 포함한 이해관계자들의 상호작용과정을 통해 창조해 나가는 것'으로 개념화<br>• 이해관계자들의 평가과정에의 참여를 강조한다는 점에서 '참여적 평가'<br>• 평가의 과정에 관련되는 이해관계자들에게 봉사해야 함 |

## 제 3 절  평가기능에 따른 평가유형

| 진단평가 | • 교수·학습활동이 시작되기 전에 초기단계에서 수업전략을 위한 기초자료를 얻고 어떠한 수업방법이 적절한지 결정하기 위해 학습자가 가지고 있는 능력 및 특성의 양상이나 원인을 체계적으로 파악하여 이를 토대로 교육목표 설정, 교수·학습 계획, 평가계획 수립 등에 적용하기 위한 활동<br>• 학습자의 특성을 파악하여 학생에게 맞는 적절한 수업을 전개하기 위한 일종의 학생 개개인에 대한 진단<br>• 교수·학습을 투입하기 전에 학습자의 구체적인 특성을 미리 파악할 수 있어야 하며, 진단평가는 학습이 시작되기 전에 학생이 소유하고 있는 특성을 체계적으로 관찰·측정하여 사전학습의 정도, 적성, 흥미, 동기, 지능 등을 분석<br>• 출발점행동평가 or 투입행동평가를 의미<br>• 목적: 학습을 극대화<br>• 교사의 역할: 학습결손 파악, 결손을 보완할 수 있는 기회 제공 |
|---|---|
| 형성평가 | • 교수·학습이 진행되고 있는 도중에 실시하는 평가<br>• 현재 진행 중인 학습내용에 대한 학습자의 이해 정도나 기능 수준을 확인하여 학생에게 피드백(feedback)을 주고, 교육과정 및 수업방법을 개선해 교수·학습의 극대화를 목적으로 함<br>• 형성평가는 학습자의 학습 진행속도를 조절<br>• 형성평가는 학습곤란을 진단하고 교정<br>• 학습에 대한 강화의 역할 |

| | |
|---|---|
| **형성평가** | • 학습지도방법의 개선에 이바지<br>• 준거참조평가를 지향하며, 평가와 검사도구의 제작은 교사중심<br>• 매우 어려운 문제나 매우 쉬운 문제보다는 학습내용에 적절한 난이도의 문제를 출제하여 최저성취기준에 의하여 학습의 곤란 정도를 파악하는 것이 바람직<br>• 평가의 결과는 최종 성적에 반영하지 않거나 최소화해서 학습자의 긍정적 학습동기를 유발할 수 있도록 해야 함 |
| **총괄평가** | • 비교적 장기간에 걸친 일정 단위의 교수·학습과정이나 프로그램이 종료된 후 교수목표의 달성 여부 및 교육의 효과와 적합성을 종합적으로 판정하는 평가<br>• 학생의 종합적인 성취보고를 통해 성취 수준의 도달 여부를 판정하며 서열을 부여<br>• 총괄평가의 결과는 학습자의 미래 학업성적이나 다음에 이어질 후속학습에서의 성공 여부를 예측하는 자료로 사용<br>• 다음 학년이나 교육과정의 시발점을 찾을 수 있음<br>• 학습자의 자격을 인정하는 판단의 역할<br>• 학급 간, 학교 간 또는 국가 및 국제 비교를 위한 자료로도 활용<br>• 비교적 장기간에 걸친 학습성과를 총체적으로 나타냄<br>• 총괄평가의 결과는 입학시험이나 자격시험과 같이 개인에게 커다란 영향을 미치는 의사결정을 할 때 중요한 기초자료로 사용됨<br>• 총괄평가의 용도로 사용하려고 하는 검사나 시험은 출제와 관리에 각별히 유의해야 하며, 평가의 객관성과 공정성이 매우 중요<br>• 시험출제의 측면에서 총괄평가는 일반적이고 광범위한 교육목표를 망라하므로 출제범위가 넓으며 전체 영역이 골고루 포함될 수 있도록 해야 함<br>• 총괄평가는 교수·학습을 진행한 해당 교사가 제작할 수도 있지만, 전국 단위의 학업성취도검사의 경우에는 교과전문가와 교육평가전문가에 의하여 제작된 표준화검사를 실시하기도 함<br>• 평가의 목적에 따라서 총괄평가는 서열에 의한 판단이 중요한 경우에는 규준참조평가(상대평가)로 실시할 수 있으며, 최저기준의 통과 여부가 중요한 경우에는 준거참조평가(절대평가)를 실시 |

<br>

## 제 4 절  결과해석에 따른 평가유형

| | |
|---|---|
| **규준참조평가**<br>**(상대평가)** | • 개인이 얻은 점수나 측정치를 비교집단의 규준(norms)에 비추어 상대적인 서열에 의하여 판단하는 평가<br>• 선발적 교육관<br>• 검사의 신뢰도를 강조<br>• 검사점수의 정상분포를 기대<br>• 학습자의 개인차를 극대화하는 선발적 기능을 강조 |

| | | |
|---|---|---|
| **규준참조평가**<br>(상대평가) | **장 점** | ① 개인차의 변별이 가능<br>② 객관적인 검사를 활용하기 때문에 교사의 편견을 배제할 수 있음<br>③ 학습자의 경쟁을 통하여 외적 동기를 유발할 수 있음 |
| | **단 점** | ① 교수·학습이론의 측면에서 볼 때 적절하지 않음<br>② 지나친 경쟁심을 조장하여 협동심을 해칠 수 있음<br>③ 평가의 결과에 대한 책임이 교수·학습환경 보다는 학습자 본인에 있다고 보기 때문에 이러한 무책임한 태도는 결국 교육평가의 역할과 기능이 축소되게 만들 수 있으며, 이는 교육의 본질로부터 멀어지는 결과를 낳을 수 있음 |

| | | |
|---|---|---|
| **준거참조평가**<br>(절대평가) | | • 학생들이 사전에 설정된 교육목표를 얼마나 달성했는지 여부에 관심을 두고, 절대적인 성취 수준에 비추어 개인의 점수를 해석하는 평가<br>• 발달적 교육관<br>• 교육이 성공적이라면 모든 학생이 완전히 학습할 수 있음<br>• 상대적 비교를 통한 선발이나 개인차 변별보다는 학습 후의 수업목표 달성도에 관심을 가지며, 교육목표 도달과 같은 학업성취의 결과를 직접 확인하는 것이 목적<br>• 검사의 타당도를 강조<br>• 검사점수의 부적 편포(negatively skewed distribution)를 기대<br>• 학습자 개인에 적합한 교수학습기회를 제공함으로써 주어진 학습목표에 누구나 도달할 수 있다는 발달적 교육관을 가정 |
| | **장 점** | ① 준거참조평가는 교수·학습이론에 보다 적합함<br>② 개인의 성장과 발달을 지원하고, 인간적인 교육환경을 추구함 |
| | **단 점** | ① 개인차의 변별이 어려움<br>② 준거설정의 기준이 문제될 수 있음<br>③ 검사점수의 통계적 활용이 어려움 |

| | |
|---|---|
| **능력참조평가** | • 학생이 지니고 있는 능력에 비추어 얼마나 최선을 다하였느냐(maximum performance)에 초점을 두는 평가<br>• 학생 개인이 지니고 있는 능력을 얼마나 발휘하였느냐에 관심을 두므로 개인을 위주로 하는 평가<br>• 각 학생의 능력과 노력에 의해 평가<br>• 능력을 얼마나 발휘하였느냐에 관심을 두는 능력참조평가는 학업성취도검사에서 적용함이 바람직하며, 표준화적성검사에서도 사용할 수 있음 |

| | |
|---|---|
| **성장참조평가** | • 교육과정을 통하여 얼마나 성장하였느냐에 관심을 두는 평가<br>• 최종 성취수준에 대한 관심보다는 초기 능력수준에 비추어 얼마만큼 능력의 향상을 보였느냐를 강조<br>• 사전 능력수준과 관찰시점에 측정된 능력수준 간의 차이에 관심<br>• 학생들에게 학업증진의 기회 부여와 개인화를 강조<br><br>**[조건]**<br>1. 사전에 측정한 점수를 신뢰할 수 있어야 한다.<br>2. 현재 측정한 측정치를 신뢰할 수 있어야 한다.<br>3. 사전 측정치와 현재 측정치의 상관이 낮아야 한다.<br><br>• 대학 진학이나 자격증 취득을 위한 행정적 기능이 강조되는 고부담검사(high-stakes tests)와 같은 평가환경에서는 평가결과에 대한 공정성 문제가 제기되어 적용하기가 어려움 |

◉ 신뢰도의 종류

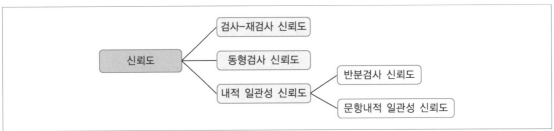

| 정 의 | | 측정 도구가 얼마나 일관성 있게 안정적으로 속성을 측정하는지의 정도를 의미 |
|---|---|---|
| 검사 – 재검사 신뢰도 | | 같은 집단에 동일한 검사를 두 번 실시하여 얻은 점수들 간의 상관계수로 추정 |
| 동형검사 신뢰도 | | 같은 특성을 가진 검사를 동시에 실시해서 얻은 점수 간의 상관계수로 추정 |
| 내적 일관성 신뢰도 | | 검사를 한 번만 실시한 뒤, 신뢰도를 구하는 것 |
| | 반분검사 신뢰도 | 검사를 한 번만 실시한 후, 그 검사를 두 부분으로 나누어 두 동형검사로 간주하고 검사점수들 간의 상관계수를 구한 뒤, 이를 스피어만 – 브라운 공식을 이용해서 교정 |
| | 문항내적 일관성 신뢰도 | • 검사에 포함된 문항 하나하나를 검사로 간주하고 문항들 사이에 일관성이 있는지를 살펴보는 것<br>• KR – 20, KR – 21, Cronbach's α |
| 신뢰도에 영향을 주는 요인 | 문항 수 | 동일조건이라면 문항 수가 많을수록 검사의 신뢰도는 높아짐 |
| | 범 위 | 좁은 범위의 내용을 포함하는 검사에서 신뢰도가 더 높음 |
| | 난이도 | 문항 난이도가 중간정도로 적절한 수준일 때 검사의 신뢰도는 높아짐 |
| | 변별도 | 문항 변별도가 높을 때 검사의 신뢰도는 높아짐 |
| | 검사시간 | • 검사시간이 충분한 경우에 검사의 신뢰도가 높아짐<br>• 시간제한이 없는 역량검사의 경우 충분한 시간이 주어지므로 응답의 안정성이 보장되기 때문에 속도검사에 비해 신뢰도가 높음 |

◉ 타당도의 종류

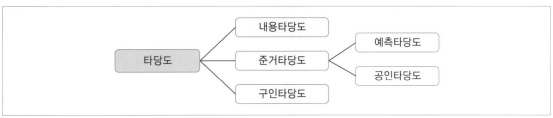

| 정 의 | 측정 도구가 측정하고자 하는 속성을 얼마나 충실하게 측정하는지의 정도를 의미 | |
|---|---|---|
| 내용타당도 | • 타당도의 개념을 내용적 측면에 적용한 타당도<br>• 측정 도구가 측정하고자 하는 속성을 '내용적 측면'에서 얼마나 충실하게 측정하고 있는가를 의미<br>• 내용타당도 검증을 위해 문항 개발 시 '이원분류표(table of specification)'를 작성하는 것이 필수적<br>• 이원분류표는 검사가 측정하고자 하는 내용 영역과 그에 해당하는 행동 영역(인지능력 수준)을 표로 나타낸 것 | |
| 준거타당도 | 검사가 측정하고자 하는 것을 얼마나 잘 측정하는지를 알아보기 위해 다른 변수와의 관련성을 검증 | |
| | 예측타당도 | • 검사가 미래의 행동을 예측하는 목적으로 개발된 경우에 검증할 수 있는 타당도<br>• 검사를 통해 미래의 행동을 예측한다는 것은 검사 결과로 인재를 선발하거나 배치하는 등의 실질적인 목적을 가지고 검사를 활용할 수 있다는 의미 |
| | 공인타당도 | 기존에 타당성을 입증받고 있는 검사로부터 얻은 점수와의 관계에 의하여 검증하는 타당도 |
| 구인타당도 | 조작적으로 정의되지 않은 인간의 심리적 특성이나 성질을 심리적 구인(psychological construct)으로 분석하여 조작적 정의를 부여한 후, 검사점수가 조작적 정의에서 규명한 심리적 구인을 제대로 측정하였는가를 검증하는 방법 | |

| 객관도 | • 측정의 결과에 대해 여러 검사자 혹은 채점자가 어느 정도로 일치된 평가를 하느냐의 정도<br>• 신뢰도가 '측정 도구의 변덕'에 의해 결정되는 것이라면, 객관도는 '채점자의 변덕'에 의해 결정되는 신뢰도<br>• 객관도를 '검사자의 신뢰도'라고도 함 |
|---|---|
| 실용도 | 한 개의 평가 도구 혹은 검사를 얼마나 시간과 노력을 적게 들이고 사용할 수 있느냐의 정도 |

| 고전검사<br>이론 | • 고전검사이론에서 관찰점수는 진점수와 오차점수로 이루어졌다고 가정<br>• 피험자의 진점수는 무수히 반복하여 측정된 관찰점수의 평균값 | |
| --- | --- | --- |
| | 문항난이도 | • 문항의 쉽고 어려운 정도를 나타내는 지수<br>• 총 피험자 중 답을 맞힌 피험자의 비율<br>• 문항난이도 지수가 높으면 쉬운 문항, 낮으면 어려운 문항 |
| | 문항변별도 | • 문항이 피험자를 변별하는 정도<br>• 능력이 높은 피험자가 문항의 답을 맞히고 능력이 낮은 피험자가 문항의 답을 틀렸다면 이 문항은 피험자들을 제대로 변별하는 문항으로 분석<br>• 만일 능력이 낮은 응답자의 답이 맞고 능력이 높은 응답자의 답이 틀렸다면 그 문항의 변별도는 음수가 됨. 그리고 모든 응답자가 답을 맞혀 문항난이도가 1인 문항이나 모두 틀려서 문항난이도가 0인 문항의 변별도는 0이 됨 |
| 문항반응<br>이론 | • 문항반응 이론(Item Response Theory: IRT)은 고전검사 이론의 문제점을 해결하기 위해 롤리(Lawley)가 제안한 검사이론<br>• 모든 문항은 각자 고유한 문항특성곡선(Item Characteristic Curve: ICC)이 있음. 문항특성곡선은 피험자의 능력($\theta$)에 따라 답을 맞힐 확률을 나타낸 곡선임<br>• 문항반응 이론을 통하여 피험자 집단의 능력이 높거나 낮은 것과 관계없이 거의 일정한 형태의 문항특성곡선을 추정할 수 있음<br>• 피험자의 능력이 높을수록 해당 문항을 맞힐 확률이 증가하므로 성장곡선과 같은 S자 형태를 유지 | |
| | 문항난이도 | • 문항의 답을 맞힐 확률이 0.5에 해당하는 능력 수준의 점을 의미<br>• 일반적으로 −2에서 +2 사이에 존재하며, 그 값이 클수록 그 문항은 어렵다고 해석 |
| | 문항변별도 | • 문항난이도를 나타내는 피험자의 능력수준보다 낮은 능력의 피험자와 높은 능력의 피험자를 변별하는 정도<br>• 문항난이도를 나타내는 점에서의 문항특성곡선의 기울기를 의미<br>• 일반적으로 0에서 +2.0의 범위에 분포 |

• 문항특성곡선은 그래프의 위치와 기울기에 따라 형태가 달라짐
• 위치

| 문항특성곡선이 오른쪽에 위치할수록 | 능력수준이 높은 피험자들에게 기능하는 어려운 문항 |
| --- | --- |
| 문항특성곡선이 왼쪽에 위치할수록 | 능력이 낮은 피험자에게 적합한 쉬운 문항 |

• 기울기

| 문항특성곡선의 기울기가 가파를수록 | 능력에 따라 문항의 답을 맞힐 확률의 변화가 크게 나타나 변별력이 높은 문항 |
| --- | --- |
| 문항특성곡선의 기울기가 완만할수록 | 피험자의 능력이 달라져도 답을 맞힐 확률에 큰 차이가 없게 되어 변별력이 없는 문항 |

| 문항반응<br>이론 | 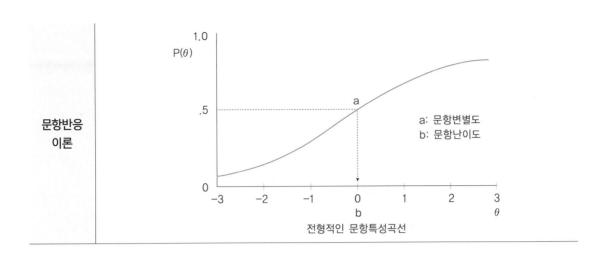 |
|---|---|

전형적인 문항특성곡선

a: 문항변별도
b: 문항난이도

제 **9** 절 **검사의 분류**

| 검사 시간 | 구 분 | 속도검사 | 역량검사 |
|---|---|---|---|
| | 정 의 | 엄격하게 제한된 시간 동안 얼마나 빨리 정답을 맞히는지를 확인하는 검사 | 시간이 충분한 상태에서 최대한의 능력을 발휘하여 얼마나 문제를 잘 해결하는지를 확인하는 검사 |
| | 목 적 | 숙련도 측정 | 문제해결능력 측정 |
| | 시간제한 | 있음 | 없음 |
| | 문항난이도 | 비교적 쉬운 문항 | 매우 어려운 문항 |
| | 예 | 시간제한이 있는 지능검사나 적성검사 | 수학경시대회 |

> 표준화검사는 표준화된 절차와 방법, 즉 동일한 검사조건에서 검사를 실시할 수 있도록 전문가들이 제작한 체계적인 검사

| 표준화 여부 | 구 분 | 교사제작 검사 | 표준화 검사 |
|---|---|---|---|
| | 제작자 | 교사 | 교사, 전문가 집단(내용 전문가, 측정 전문가, 검사 전문가 등) |
| | 제작절차 | 임의적 | 체계적 |
| | 검사의 질 | 교사가 내용을 검토하며, 신뢰도, 타당도 등의 정보는 제공하지 않음 | 신뢰도, 타당도 등의 정보 제공 |
| | 검사 실시 및 채점 | 교사 스스로 결정 | 검사 설명서에 구체적으로 제시되어 있으며, 엄격하게 준수되어야 함 |
| | 비교대상 | 학생, 학급 | 학생, 학급, 학교, 지역, 국가 |

| | |
|---|---|
| 질문지법 | • 질문지법(questionnaire)은 피험자에게 질문을 주고, 피험자는 그 질문에 대해 응답해야 하는 방법<br>• 질문지법은 사용이 간편하고 의견·태도·감정·가치관 등을 측정하기가 용이함<br>• 질문을 통해 측정할 수 없는 특성이 있으며, 응답의 진위 여부를 확인하는 것이 불가능하기 때문에 결과 해석에 주의가 요망됨<br>• 질문지법의 구체적인 유형은 자유반응형, 선택형, 유목분류형, 등위형이 있음<br><br>{표} |
| 평정법 | • 평정법(rating scale)은 정의적 특성을 측정할 때 가장 많이 사용되는 방법으로 주어진 진술문에 대해 자신이 연속선상에 주어진 단계 중 어느 단계에 해당하는지 응답하는 방법<br>• 이러한 방법을 Likert 척도라고 하는데 일반적으로 5개의 단계를 사용하며, 드물게는 3개 또는 7개 단계까지 사용하는 경우도 있음<br>• 주로 이해력이나 어휘력이 부족한 피험자(예 아동)의 경우에는 단계를 적게 사용하고, 전문가 또는 이해력이 높은 피험자의 경우에는 단계를 많이 사용함<br>• 주어진 단계들 중에 선택해야 한다는 점에서 선택형 문항과 유사해 보이지만, 평정법에서 주어지는 단계는 사실상 연속선상에 있는 인간의 심리를 응답을 통해 측정할 수 있도록 구분해 놓은 것<br>• 평정법의 예<br><br>나 자신에 대해 만족하고 있다.<br>1. 전혀 아니다   2. 아니다   3. 보통이다   4. 그렇다   5. 매우 그렇다 |
| 의미분석법 | • 의미분석법(semantic differential scale)은 어떤 개념의 의미를 의미공간 속에서 측정하고자 한 방법<br>• 이 방법의 특징은 양극단에 반대되는 개념의 형용사가 주어지고 그 사이의 공간 중 해당되는 부분에 응답함<br>• 이 방법은 평정법과 마찬가지로 제작과 분석이 쉽다는 장점이 있는 반면, 각 형용사와 의미공간에 대한 이해가 응답자마다 상대적일 수 있다는 단점이 있음<br>• 의미분석법의 예<br><br>나 자신<br>적극적————————————————————————소극적<br>낙관적————————————————————————비관적 |

질문지법 유형 표:

| 자유반응형 | 자신의 어떤 점에 대해 만족하는가? |
|---|---|
| 선택형 | 다음 중 자신의 가장 만족하는 부분을 고르시오.<br>1. 외모  2. 성격  3. 건강  4. 대인관계  5. 경제적 능력  6. 기타 |
| 유목분류형 | 자신이 이성친구와 교제를 생각할 때 중요하게 여기는 부분과 중요하지 않게 여기는 부분으로 다음 항목을 구분하시오.<br>1. 외모  2. 성격  3. 건강  4. 대인관계  5. 경제적 능력 |
| 등위형 | 자신이 중요하게 여기는 순서대로 나열하시오.<br>1. 외모  2. 성격  3. 건강  4. 대인관계  5. 경제적 능력 |

| 관찰법 | • 관찰법(observation)은 실제로 어떠한 행동을 하는지 관찰하는 방법으로, 정의적 특성을 측정할 때 종종 활용되는 방법<br>• 관찰을 기록하는 방법 중 널리 사용되는 방법은 일화기록법(anecdotal records)임. 일화기록법은 특정 행동이나 사건에 대해 구체적인 사실을 바탕으로 기록하며, 관찰자의 해석을 추가할 수 있음. 특정 행동에 대한 충분한 이해를 목표로 하는 방법이며 시간과 노력이 필요함<br>• 관찰법은 앞에서 제시한 질문지법, 평정법, 의미분석법이 가진 단점, 즉 응답의 진실성 여부를 확인할 수 없다는 점을 어느 정도 극복할 수 있다는 장점이 있음. 앞에 제시한 관찰기록의 예처럼 직접 응답을 하기 어려운 대상(예 유아, 환자 등)에 대해서도 정의적 특성을 측정할 수 있다는 장점이 있음<br>• 주로 관찰자의 주관적 판단으로 이루어지기 때문에 관찰자의 능력에 따라 관찰내용의 질이 달라질 수 있다는 단점이 있음 |
|---|---|
| 투사적<br>방법 | • 투사적 방법(projective method)은 자신도 모르는 정의적 특성이 어떤 자극으로 인해 무의식적으로 심리상태를 표출하도록 하는 방법<br>• 예를 들면, 의미를 알 수 없는 모호한 그림을 본 후, 어떤 장면인지를 설명하게 한다면 그 사람의 내면에 있는 심리가 표출될 수 있음. 표출된 심리를 바탕으로 이를 분석하여 성격이나 심리상태 등의 정의적 특성을 파악함<br>• 널리 이용되는 투사적 검사로는 주제통각검사와 Rorschach의 잉크반점검사가 있음<br>• 주제통각검사는 내용이 모호한 사진을, Rorschach의 잉크반점검사는 좌우대칭으로 잉크가 얼룩진 그림을 보게 한 후 질문과 답변을 통해 내면의 심리를 파악하는 방식으로 이루어짐 |
| 사회성<br>측정법 | • 1934년 모레노(J. Moreno)가 개발한 방법<br>• 한 개인 또는 한 학생이 자기 동료에 의해서 어떻게 인식되고 받아들여지고 있는가를 평가하는 데 사용되는 여러 방법<br>• 한 학급이나 소집단 내의 역동적 사회관계를 이해하기 위해서 또는 어떤 특정한 소집단을 구성하는 데 학생 간의 사회적 관계에 관한 자료를 얻기 위해서 사용되는 방법<br>• 자료의 수집방법과 분석방법에 따라 동료평정법·추인법·지명법, 사회도 분석 및 사회적 거리추정법 등이 있음<br>• 집단 내에서 개인 간 수용이나 배척관계, 대인관계 유형, 집단의 상호작용 구조와 형태 및 상태, 사회적 관계, 영향력의 방향, 의사소통의 방향, 집단 내 개인의 위치 등을 발견·설명·평가할 수 있음 |

## 제 11 절 Z점수 & T점수 & 스테나인

| Z점수 | • 평균을 0, 표준편차를 1로 하는 점수<br>• Z = (원점수 – 평균) / 표준편차 |
|---|---|
| T점수 | • 음수나 소수로 표현되는 Z점수의 불편함을 해결하기 위해 T점수가 제안되었음<br>• 평균은 50, 표준편차는 10으로 하는 점수<br>• T = 50 + 10Z |

| 스테나인 | • 원점수의 정규분포를 가정<br>• 가장 낮은 점수부터 높은 점수로 배열한 후 맨 아래는 4%, 그 다음은 7%, 12%, 17%, 20%에 해당<br>• 우리나라는 2002학년도부터 대학수학능력시험에서 스테나인 점수를 제공, 다만 스테나인 점수 1을 9로, 9를 1로 함 |
| --- | --- |

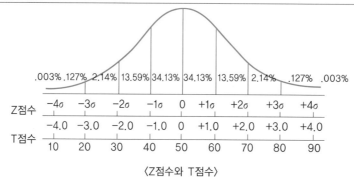

〈Z점수와 T점수〉

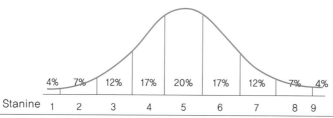

## 제 12 절 척 도

| 명명척도 | • 대상을 구분하기 위해 대상에 수를 부여할 때 사용<br>　예 한국은 1, 중국은 2, 일본은 3으로 부여하는 것 |
| --- | --- |
| 서열척도 | • 사물이나 사람의 상대적 서열을 표시하기 위해 사용하는 척도<br>　예 학습에서 키를 기준으로 번호를 부여<br>• 등간성 × |
| 등간척도 | • 서열척도처럼 구분, 순서의 의미를 가지고 있으면서 더 나아가 수치 사이의 간격도 동일<br>• 등간성 有<br>• 임의영점<br>• '0'이 없음을 의미하지 않음<br>• 가감만 가능<br>　예 온도 |
| 비율척도 | • 등간척도처럼 구분, 순서에 등간성(동일한 간격) 有<br>• 절대영점<br>• '0'이 없음을 의미<br>• 가감승제 가능<br>　예 몸무게, 키 |

| | | |
|---|---|---|
| **정 의** | | • 수행(performance)이란 인위적인 평가 상황이 아닌 구체적인 장면에서 실제로 행해지는 행동, 과정 또는 결과를 의미<br>• 수행평가는 학생들이 실제 상황과 유사한 맥락에서 주어진 과제나 문제를 해결하는 과정과 결과를 함께 다양한 방식으로 평가하는 것<br>• 수행평가는 내포하고 있는 의미와 평가 목적, 특성으로 인해 대안적 평가, 실제적 평가, 직접 평가, 과정 평가 등과 유사한 의미로 사용됨 |
| | **대안적 평가** | 기존의 주류를 이루는 선택형 문항 중심의 지필 평가 또는 결과 중심의 평가 체제에서 벗어나 목적을 달리하는 평가방법 |
| | **실제적 평가** | 평가 상황이 실제 상황과 유사하거나 실제 상황에서 발휘할 수 있는 능력을 평가한다는 의미 |
| | **직접 평가** | 학생들의 인지적·정의적 영역을 학생 스스로가 직접적인 답을 서술하거나 구성하는 것을 중시 |
| | **과정 평가** | 학습의 과정 또는 수행의 과정, 수업이 이루어지는 중에 평가가 되며 평가가 학습의 일환이 되는 것을 목표로 하는 것 |
| **특 징** | | • 학생 개개인의 변화와 발달과정을 종합적으로 간단하기 위해 일회성이 아닌 교수·학습이 이루어지는 기간 동안 지속적인 평가가 이루어짐<br>• 실제 발생할 수 있는 문제 상황과 유사한 맥락에서 평가가 이루어지며, 교수·학습의 결과뿐만 아니라 학습이 이루어지는 과정도 중시하여 함께 평가가 이루어짐<br>• 문제에 대해 스스로 답을 구성하거나 행동으로 나타내면서 능동적인 학습 활동이 이루어짐<br>• 조별 활동을 통해 의사소통 및 협업 능력 등이 강화되도록 함. 모둠 활동의 효과성을 높이기 위해 개별 학생의 역할과 기여도, 노력 등을 정확하게 평가할 수 있는 방안이 함께 제시되어야 함<br>• 학생의 인지적인 영역뿐만 아니라 정의적인 영역에 대한 종합적인 평가를 추구함. 이를 위해서는 해당 교과의 성취기준 및 교수·학습과정과 정의적 영역을 긴밀하게 연계하여 수행평가를 실시해야 함 |
| **장 점** | | • 인지적 특성, 정의적 특성, 심동적 특성을 모두 평가할 수 있는 총체적 접근임<br>• 개방형 형태의 평가방법은 다양한 사고능력을 함양시킴<br>• 수행평가는 과제의 성격상 협동학습을 유도하므로 전인교육도 도모함<br>• 검사결과뿐 아니라 문제해결과정도 분석할 수 있음<br>• 학습동기와 흥미를 유발함. 맞거나 틀리는 이분적 평가가 아니라 어떠한 답도 수용될 수 있으므로 학생들을 격려하여 학습동기와 흥미가 증진됨<br>• 행정적 기능이 강조되지 않을 때 수행평가가 실시되므로 검사불안이 적은 편임 |
| **단 점** | | • 수행평가 도구 개발에 어려움이 있음<br>• 채점기준, 즉 점수부여 기준설정이 용이하지 않음<br>• 채점자 내 신뢰도와 채점자 간 신뢰도 확보에 어려움이 있음<br>• 시간이 많이 소요됨<br>• 비용이 많이 듦<br>• 점수결과 활용에 어려움이 있음 |

| 유형 | | |
|---|---|---|
| | 논술 | • 자신의 생각이나 의견을 직접 서술하도록 하는 평가방법<br>• 창의성, 문제해결, 비판력, 판단력, 정보 수집 및 분석력 등을 평가하기에 적합한 방법 |
| | 구술 | 구술은 특정 내용이나 주제에 대해 자신의 의견이나 생각을 발표하는 과정을 통해 학생의 준비도, 이해력, 표현력, 판단력, 의사소통능력 등을 평가하는 방법 |
| | 토의·토론 | • 토의·토론은 특정 주제에 대해 학생들이 서로 토의하고 토론하는 것을 관찰하여 평가하는 방법<br>• 교육 활동과 평가 활동이 통합된 대표적인 수행평가 방법 |
| | 프로젝트 | • 프로젝트는 특정한 연구과제나 결과물이 산출되는 개발 과제를 수행하도록 한 뒤, 프로젝트가 진행되는 전 과정과 결과물을 함께 평가하는 방법<br>• 프로젝트를 통한 평가는 계획서 작성부터 결과물이 완성되는 전 과정을 중시하므로 학습을 위한 평가, 학습으로서의 평가를 가장 잘 나타내 줄 수 있는 평가 방법 |
| | 실험·실습 | • 실험·실습은 학생들이 직접 실험 또는 실습을 수행하고 그에 대한 과정과 결과를 보고서로 작성하여 제출하고, 교사가 보고서와 직접 관찰한 실험·실습의 과정을 함께 평가하는 방법<br>• 실험·실습을 위해 필요한 지식뿐만 아니라 지식을 적용하여 문제를 해결해 가는 과정, 다른 학생들과 협력하여 문제를 해결하는 능력 등에 대해 포괄적으로 평가할 수 있음 |
| | 포트폴리오 | • 포트폴리오(portfolio)는 일정 기간 동안 산출된 결과물을 누적하여 평가하는 방법<br>• 학생의 변화를 파악할 수 있음<br>• 포트폴리오에 포함되는 결과물로는 학생이 직접 만든 작품이나 작성한 에세이, 보고서, 학습 과정에 따라 정리된 의견서 등이 다양하게 구성될 수 있음<br>• 이를 바탕으로 학생의 성장 과정을 한눈에 파악할 수 있으며, 시기별로 적절한 피드백을 제공할 수 있음<br>• 학생 개개인의 변화와 발달과정을 종합적이고 지속적으로 평가하는 수행평가의 특징을 가장 잘 나타내주는 평가방법 |
| | 자기평가·<br>동료평가 | • 자기평가와 동료평가는 학습 과정과 결과에 대해 학생이 스스로를 평가하거나 상대방을 서로 평가하는 방법<br>• 자기평가를 통해 학생들은 본인이 학습을 어느 정도 준비하였으며 얼마나 성실히 학습했는지, 만족도는 어느 정도이며 최종적으로 얻게 된 성취수준은 어떠한지에 대해 스스로 생각하고 되돌아보는 반성적 사고를 할 수 있음 |

## 제 14 절  컴퓨터화 검사

| 특징 | • 전통적으로 사용되어 온 지필검사는 종이와 연필로 검사를 실시하는 반면, 컴퓨터의 발달과 컴퓨터를 활용하는 환경의 보편화로 가능하게 된 컴퓨터화 검사(computerized test)는 화면과 키보드로 검사를 실시<br>• 컴퓨터뿐만 아니라 태블릿 등 다양한 매체로도 검사가 가능 |
|---|---|

| CAT | • 컴퓨터화 능력적응검사(Computerized Adaptive Test: CAT)<br>• 피험자의 능력에 맞게 개별적인 검사가 가능하도록 구성되는 검사<br>  예 GRE나 TOEFL과 같은 시험<br>• 한 공간에서 각자의 컴퓨터로 검사를 실시할 때 동일한 문항에서 시작하더라도 피험자의 문항에 대한 반응에 따라 서로 다른 문항들이 선택되어 구성된 검사를 실시<br>• 문제은행(item bank)이라고 하는 대규모 문항저장고를 이용하여 문항반응에 따라 검사문항이 인출되므로, 검사를 실시하는 동안에 실시간으로 그리고 개별적으로 검사문항이 구성<br>• 검사를 실시하는 목적이 소수의 문항을 통해 피험자의 능력을 정확하게 추정하는 것이라면, 컴퓨터화 능력적응검사가 매우 효율적인 방법 |
|---|---|
| 장 점 | • 컴퓨터화검사는 시간과 비용 면에서 효율적<br>• 다양한 유형의 문항을 비롯하여 다양한 방식으로 측정이 가능<br>• 실시하는 데 있어서 시간과 공간의 제약을 받지 않음<br>• 다양한 피험자들, 특히 지필검사를 실시하는 데에 어려움이 있는 피험자들에게도 검사의 기회를 제공 가능<br>• 검사정보를 지속적으로 저장·관리하는 것이 가능 |
| 유의할 점 | • 소프트웨어와 하드웨어가 갖추어져야 하며, 컴퓨터 설정이 동일한 상태에서 검사가 이루어져야 함<br>• 모든 문항을 눈으로 먼저 확인하는 것이 불가능할 수도 있고, 답안수정에 어려울 수 있음<br>• 문항이 측정하고자 하는 내용이 아닌 컴퓨터 활용능력에 의해 영향을 받을 수 있음 |

## PART 09 교육평가 핵심지문 OX

**001** 형성평가는 학습이 시작되기 전에 학생의 특성을 체계적으로 관찰·측정하는 평가이다. ( ○ | × )

**002** 형성평가는 절대평가를 지향하며 검사도구의 제작과 평가는 교사중심으로 이루어진다. ( ○ | × )

**003** 형성평가는 학생의 성취 정도를 판단하여 정치(定置)한다. ( ○ | × )

**004** 형성평가는 수업과정에서 학생에게 피드백을 주고 수업방법을 개선하기 위한 평가이다. ( ○ | × )

**005** 형성평가는 어떤 단원의 학습을 위해, 수업 전에 학습자가 알고 있는 기초지식이나 기술 등을 점검하는 평가이다. ( ○ | × )

**006** 형성평가는 학생 성적의 판정 및 진급 자격을 부여하거나 당락을 결정짓기 위해 시행된다. ( ○ | × )

**007** 형성평가는 교사의 학습지도 방법 개선에 큰 도움을 준다. ( ○ | × )

**008** 총괄평가는 교수·학습이 완료된 시점에서 교육 목표의 달성 어부나 정도를 종합적으로 판정할 때 활용한다. ( ○ | × )

**009** 형성평가는 학생의 학습에 대한 강화 역할을 한다. ( ○ | × )

**010** 진단평가는 출발점 행동과 학습결손의 원인을 확인하고자 한다. ( ○ | × )

**011** 총괄평가는 수업목표의 달성 여부를 판단하고자 한다. ( ○ | × )

**012** 규준참조평가는 개인의 성취수준을 비교집단의 규준에 비추어 판단하는 평가방법이다. ( ○ | × )

**013** 성장참조평가는 각 성장단계에서 학습자의 최종 성취결과를 확인하는 평가방법이다. ( ○ | × )

**정답**

**01** × **02** ○ **03** × **04** ○ **05** × **06** × **07** ○ **08** ○ **09** ○ **10** ○ **11** ○ **12** ○ **13** ×

**14** 능력참조평가는 학생이 지닌 능력에 비추어 얼마나 최선을 다했는지를 중시하는 평가방 (○ㅣ×)
법이다.

**15** 준거참조평가는 성취목표를 기준으로 목표의 달성 여부 또는 달성 정도를 확인하는 평가 (○ㅣ×)
방법이다.

**16** 준거지향평가로 학생들의 성취도를 평가하고자 할 때 평가의 근거가 되는 것은 성취목표 (○ㅣ×)
이다.

**17** 규준참조평가는 신뢰도를 강조한다. (○ㅣ×)

**18** 준거지향평가는 타당도를 강조한다. (○ㅣ×)

**19** 규준참조평가는 부적편포 곡선을 기대한다. (○ㅣ×)

**20** 준거지향평가는 정상분포 곡선을 기대한다. (○ㅣ×)

**21** 준거지향평가는 선발적 교육관보다는 발달적 교육관에 근거한다. (○ㅣ×)

**22** 준거지향평가는 학생들 사이의 개인차를 강조함으로써 경쟁심을 조장할 수 있다. (○ㅣ×)

**23** 규준참조(norm - referenced)평가는 서열화가 쉽고 경쟁 유발에 유리하다. (○ㅣ×)

**24** 능력참조(ability - referenced)평가는 모든 학생들에게 동일한 평가기준의 적용이 가 (○ㅣ×)
능하다.

**25** 성장참조(growth - referenced)평가는 사전능력수준과 현재능력수준 간의 차이를 (○ㅣ×)
참조하여 평가한다.

**26** 준거참조(criterion - referenced)평가는 학습결과에 대한 직접적인 정보제공을 통 (○ㅣ×)
해 교수·학습을 개선할 수 있다.

**27** 준거지향평가는 경쟁을 통한 학습자의 외적 동기 유발에 부족하다. (○ㅣ×)

**028** 준거지향평가는 탐구정신 함양, 지적인 성취동기 자극 등을 장점으로 들 수 있다. ( ○ | × )

**029** 준거지향평가는 고등 정신능력의 함양보다는 암기 위주의 학습을 유도할 가능성이 있다. ( ○ | × )

**030** 준거지향평가는 일정 점수 이상을 획득한 대상에게 자격증을 부여할 때 주로 사용하는 평가이다. ( ○ | × )

**031** 성장참조평가는 교육과정을 통하여 학생이 얼마나 성장하였는지에 관심을 둔다. ( ○ | × )

**032** 성장참조평가는 학업 증진의 기회를 부여하고 평가의 개별화를 강조한다. ( ○ | × )

**033** 성장참조평가는 사전 측정치와 현재 측정치의 상관이 높을수록 타당한 결과를 얻을 수 있다. ( ○ | × )

**034** 성장참조평가는 대학 진학이나 자격증 취득을 위한 행정적 기능이 강조되는 고부담검사에 적합하다. ( ○ | × )

**035** 타당도란 한 개의 검사 도구가 측정하려고 의도하는 것을 어느 정도로 충실히 측정하고 있는가를 의미하는 것이다. ( ○ | × )

**036** 신뢰도란 측정하려고 하는 속성을 얼마나 오차 없이 측정하는가에 대한 개념이다. ( ○ | × )

**037** 하나의 평가도구는 신뢰도가 높너라노 타낭노는 낮을 수 있나. ( ○ | × )

**038** 객관도란 평가대상자의 신뢰도로서 검사점수가 어느 정도 신뢰성과 일관성이 있는가에 대한 개념이다. ( ○ | × )

**039** 평가의 신뢰도를 높이기 위해 시험의 문항수를 늘린다. ( ○ | × )

**040** 평가의 신뢰도를 높이기 위해 문항의 변별도를 높인다. ( ○ | × )

**041** 평가의 신뢰도를 높이기 위해 시험에 포함될 내용 범위를 넓힌다. ( ○ | × )

---

**정답**

| 28 ○ | 29 × | 30 ○ | 31 ○ | 32 ○ | 33 × | 34 × | 35 ○ | 36 ○ | 37 ○ | 38 × | 39 ○ | 40 ○ | 41 × |

**042** 평가의 신뢰도를 높이기 위해 문항의 난이도를 너무 어렵거나 쉽지 않게 적절한 수준으로 조정한다. (○ㅣ×)

**043** 검사도구의 내용타당도를 높이기 위해 이원목적분류표를 이용한다. (○ㅣ×)

**044** 문항 변별도가 높을수록 신뢰도가 높아진다. (○ㅣ×)

**045** 신뢰도는 타당도를 높이기 위한 필요조건이다. (○ㅣ×)

**046** 난이도가 중간 수준으로 적절해야 신뢰도가 높아진다. (○ㅣ×)

**047** 측정 내용의 범위가 넓고 일반적일수록 신뢰도가 높아진다. (○ㅣ×)

**048** 인간의 심리적 특성을 규명한 후, 그 심리적 특성이 검사 도구를 통하여 제대로 측정되었는지를 검증하는 타당도는 구인타당도다. (○ㅣ×)

**049** 객관도란 검사 또는 측정 도구가 본래 측정하고자 하는 것을 충실히 측정하고 있는가의 문제이다. (○ㅣ×)

**050** 타당도란 검사도구가 측정하려는 것을 안정적이고 일관성 있게 그리고 오차 없이 측정하는가의 문제이다. (○ㅣ×)

**051** 신뢰도란 검사의 채점자가 주관적 편견 없이 얼마나 공정하게 채점하느냐의 문제이다. (○ㅣ×)

**052** 실용도는 시간, 비용, 노력 측면에서 검사가 얼마나 경제적인지를 나타낸다. (○ㅣ×)

**053** Cronbach's α계수는 재검사 신뢰도의 일종이다. (○ㅣ×)

**054** 객관도는 신뢰도보다는 타당도에 가까운 개념이다. (○ㅣ×)

**055** 높은 신뢰도는 높은 타당도가 되기 위한 충분조건이다. (○ㅣ×)

**056** 객관도는 검사자의 신뢰도를 의미하기도 한다. (○ㅣ×)

**정답**

42 ○  43 ○  44 ○  45 ○  46 ○  47 ×  48 ○  49 ×  50 ×  51 ×  52 ○  53 ×  54 ×  55 ×
56 ○

**057** 동형검사 신뢰도(parallel forms reliability)는 같은 특성을 가진 검사를 동시에 실시 (○ | ×)
해서 얻은 점수 간의 상관계수로 추정한다.

**058** 평가도구가 높은 타당도를 갖기 위해서는 평가도구의 신뢰도가 높아야 한다. (○ | ×)

**059** 공인타당도는 새로운 평가도구의 타당도를 기존의 타당성을 인정받고 있는 도구와의 유 (○ | ×)
사성 혹은 연관성에 의해 검증한다.

**060** 동형검사신뢰도는 동일한 피험자 집단에게 동일한 평가도구를 일정 간격을 두고 반복 실 (○ | ×)
시한 결과로 파악한다.

**061** 내용타당도는 검사도구에서 구한 점수와 미래에 피험자에게 나타날 행동 특성을 수량화 (○ | ×)
한 준거점수 간의 상관을 토대로 한다.

**062** 문항특성곡선의 기울기가 가파를수록 변별력이 없는 문항이 된다. (○ | ×)

**063** 피험자 집단의 능력이 달라져도 결과적으로는 하나의 고유한 문항특성곡선이 추정된다. (○ | ×)

**064** 검사 총점이 높은 학생이 낮은 학생에 비해 문항 변별도가 높은 문항에서 정답을 맞힐 가 (○ | ×)
능성이 높다.

**065** [표준화 검사] 검사 실시 목적에 적합한 내용의 검사를 선택한다. (○ | ×)

**066** [표준화 검사] 검사의 타당도, 신뢰도, 객관도, 실용도를 고려하여 검사를 선택한다. (○ | ×)

**067** [표준화 검사] 상황에 맞춰 검사의 실시 · 채점 · 결과의 해석을 융통성 있게 변경한다. (○ | ×)

**068** [표준화 검사] 검사를 사용하는 사람이 검사에 대한 객관적인 식견이 있어야 한다. (○ | ×)

**069** [속도검사] 모든 학생이 모든 문항을 풀어볼 수 있도록 충분한 시간을 준 다음 측정한다. (○ | ×)

**070** Z점수는 평균을 0, 표준편차를 1로 하는 점수이다. (○ | ×)

| 정답 |
| --- |

| 57 ○ | 58 ○ | 59 ○ | 60 × | 61 × | 62 × | 63 ○ | 64 ○ | 65 ○ | 66 ○ | 67 × | 68 ○ | 69 × | 70 ○ |
| --- | --- | --- | --- | --- | --- | --- | --- | --- | --- | --- | --- | --- | --- |

**071** T점수는 평균은 50, 표준편차는 10으로 하는 점수이다. (○|×)

**072** 대학수학능력시험에서 스테나인 점수를 제공하고 있다. (○|×)

**073** [명명척도] 부여된 수(數)들 간에 동간성이 있다. (○|×)

**074** [명명척도] 0은 절대영점이다. (○|×)

**075** [명명척도] 부여된 수는 단순한 이름에 불과하다. (○|×)

**076** [명명척도] 부여된 수는 순위를 나타내는 수(數)이다. (○|×)

**077** [비율척도] 절대영점을 포함하는 척도이다. (○|×)

**078** [명명척도] 단순히 분류하거나 범주화할 목적으로 사용하는 척도이다. (○|×)

**079** [서열척도] 측정대상에 순위나 서열을 부여하는 것으로, 측정단위의 간격 간에 등간성이 (○|×)
유지된다.

**080** [등간척도] 각 측정단위 사이의 간격이 동일한 척도로서 절대영점은 없고 임의영점은 있다. (○|×)

**081** [비율척도] 분류, 순위, 등간의 속성은 물론 절대영점을 가지고 있으며 가감승제를 자유 (○|×)
롭게 할 수 있다.

**082** [포트폴리오 평가] 수행목적은 포괄적으로 기술될 필요가 있다. (○|×)

**083** [포트폴리오 평가] 학생의 결과물에 대한 평가보다 향상 정도를 파악하기 위한 방법이다. (○|×)

**084** [포트폴리오 평가] 개인 간의 비교에 초점이 있는 것이 아니라 각 개인의 변화 및 진전도 (○|×)
에 그 초점이 있다.

**085** [포트폴리오 평가] 다양한 교과 과정상의 수행을 통합할 수 있다는 장점이 있다. (○|×)

**정답**

71 ○  72 ○  73 ×  74 ×  75 ○  76 ×  77 ○  78 ○  79 ×  80 ○  81 ○  82 ×  83 ○  84 ○
85 ○

**086** [수행평가] 학생들로 하여금 문제의 정답을 선택하게 하는 것이 아니라 학생 스스로 정답을 작성하거나 행동으로 나타내도록 하는 평가방식이다. ( ○ | × )

**087** [수행평가] 단편적 지식보다는 고차적 사고능력을 요구한다. ( ○ | × )

**088** [수행평가] 수행은 직접 관찰할 수 있는 성질의 것이어야 한다. ( ○ | × )

**089** [수행평가] 단일의 정답은 존재하지 않는다. ( ○ | × )

**090** [수행평가] 평가의 준거와 기준을 사전에 공개하지 않는다. ( ○ | × )

**091** [수행평가] 실기 중심의 평가에 기원을 두고 있는 수행평가는 인지적 영역 중심의 교과에서는 적절하지 않다. ( ○ | × )

**092** [수행평가] 수행평가는 아는 것과 수행능력이 일치하지 않을 수 있다는 자각에서 대두되었다. ( ○ | × )

**093** [수행평가] 수행평가는 결과에만 초점을 두는 것이 아니라 수행의 과정과 결과를 다양한 방법에 의해 종합적으로 평가하는 것이다. ( ○ | × )

**094** [수행평가] 수행평가는 학생 개인의 활동뿐만 아니라 여러 사람이 수행한 공동 활동에 대해서도 평가하다. ( ○ | × )

정답

86 ○  87 ○  88 ○  89 ○  90 ×  91 ×  92 ○  93 ○  94 ○

2025
변민재 교육학
핵인싸(핵심 inside)

**PART 10 교육행정**

## 제 1 절 교육행정의 개념

| | |
|---|---|
| **국가통치권론** | • 교육행정을 국가권력작용, 즉 총체적인 국가행정의 관점에서 파악하려는 관점<br>• 교육에 관한 행정<br>• 교육행정사무를 교육부에서 담당하기 때문에 교육행정은 교육부가 수행하는 법적 기능 혹은 행정작용성의 개념과 성격이라고 정의하는 방식 |
| **조건정비론** | • 교육목표를 효율적으로 달성하기 위해 필요한 인적·물적 여러 조건을 정비·확립하는 수단적·봉사적 활동<br>• 교육행정의 기능주의적 입장을 대표하는 정의로, 민주적 교육행정을 설명하는 데 가장 많이 인용<br><br>[몰맨(Moehlman)]<br>• 수업(instruction)이 학교의 근본적인 목적, 행정의 조직과 과정은 이 목적을 달성하기 위한 수단<br>• 교육행정은 교육목표를 보다 효율적으로 달성하기 위한 일련의 봉사활동이며 작용<br>• 교육행정이 교육을 위한 수단적·봉사적 기능을 수행하는 활동<br><br>[캠벨 외(Campbell, Corbally & Ramseyer)]<br>• 어떤 조직에서든 행정의 목적은 그 조직의 목표를 달성하는 방향으로 구성원의 노력을 조정하는 것<br>• 교육조직에 있어 핵심목표는 교수와 학습(teaching and learning)이기 때문에 교육행정은 교수와 학습의 증진을 핵심목적으로 하며, 행정가의 모든 활동은 누구와 무슨 일을 하든지 궁극적으로 이 목적에 기여하지 않으면 안 됨 |
| **행정과정론** | • 행정과정(administrational process)은 계획수립에서부터 실천·평가에 이르는 행정의 전체경로를 말함과 동시에 이 경로 속에서 이루어지는 행정작용의 제 구성요소를 의미<br>• 행정의 일반적 기능이 무엇이며, 행정이 어떠한 순환적 경로를 밟아 이루어지고 있는가에 초점<br>• 시어스(Sears): 페욜(Fayol)의 행정과정론을 바탕으로 교육행정과정을 기획·조직·지시·조정·통제로 분석 |
| **협동행위론** | • 행정활동을 합리성을 토대로 한 집단적 협동행위로 보는 견해<br>• 행정작용을 주로 행정행위(administrative behavior), 그중에서도 의사결정과정에 초점을 두고 정의 |
| **교육리더십론** | • 교육리더십을 발휘하는 활동을 교육행정이라고 정의<br>• 교육리더십(educational leadership)이란 교육과 관련된 활동을 하는 과정에서 교육의 목적을 효과적으로 달성하기 위해 발휘되는 리더십<br>• 교육의 목적실현을 보다 잘할 수 있도록 제반 조건을 마련하고, 그 환경을 조성하는 과업들을 수행하는 과정에서 발휘되는 리더십 |

## 제 2 절  교육행정의 관점

| 교육에 관한 행정 | • 교육행정을 정부가 수행하고 있는 전체 행정의 한 분야로서의 교육에 관한 행정으로 보는 입장<br>• 행정의 종합성이라는 관점에서 본 입장으로서 이때 교육행정은 입법작용을 통해 법정화된 교육정책을 실현하는 공권적 작용으로 이해<br>• 교육행정의 특수성보다는 일반행정의 전문성이 강조 |
|---|---|
| 교육을 위한 행정 | • 교육을 지원하는 활동으로서의 행정, 교육을 위한 조건정비와 봉사로서의 행정으로, 교육의 자주성을 중시<br>• 교육활동의 특수성과 전문성이 강조, 행정은 교육활동의 목표를 설정하고 이러한 목표를 달성하는 데 필요한 인적·물적 조건을 구비하는 수단의 역할을 수행하는 것으로 보는 입장<br>• 미국의 교육행정학자인 몰맨(Moehlman)과 캠벨(Campbell) 등이 주장하는 기능주의의 입장<br>• 교육행정의 목표는 학교수업의 질을 높이는 데 필요한 조건을 정비하는 것<br>• 교육행정의 봉사활동, 기술적 측면, 정치적 중립 등이 강조되는 반면에 행정에 작용하고 있는 권력적 측면이 소홀히 취급 |

## 제 3 절  교육행정의 원리

| 민주성의 원리 | • 국민의 의사를 행정에 반영하고 국민을 위한 행정을 해야 한다는 것<br>• 교육행정에의 시민참여, 행정의 공개성과 공익성, 행정과정의 민주화, 공평한 대우 등 |
|---|---|
| 효율성의 원리 | • 효율성이란 효과성(effectiveness)과 능률성(efficiency)을 동시에 표현하는 말<br>• 가장 능률적인 방법으로 최대의 목표를 달성하는 것 |
| 합법성의 원리 | 교육행정의 모든 활동이 합법적으로 제정된 법령·규칙·조례 등에 따라야 하는 법률적합성을 가져야 함을 의미 |
| 기회균등의 원리 | • 민주주의의 기본원리로서 특히 교육행정에 있어서 가장 강력하게 요청되는 원리<br>• 헌법 제31조 제1항에 "모든 국민은 능력에 따라 균등하게 교육받을 권리를 가진다"고 규정<br>• 교육기본법 제3조에서는 "모든 국민은 평생에 걸쳐 학습하고, 능력과 적성에 따라 교육받을 권리를 가진다", 제4조에서는 "모든 국민은 성별, 종교, 신념, 사회적 신분, 경제적 지위 또는 신체적 조건 등을 이유로 교육에 있어서 차별을 받지 아니한다"고 규정 |
| 지방분권의 원리 | • 교육은 외부의 부당한 지배를 받지 아니하며, 주민의 적극적인 참여와 더불어 지역실정에 따라 그 지역주민들의 공정한 통제에 의하는 것<br>• 교육자치제의 실시 |
| 자주성 존중의 원리 | • 교육이 그 본질을 추구하기 위하여 일반행정으로부터 분리·독립되고 정치와 종교로부터 중립성을 유지해야 한다는 것 |

| 자주성<br>존중의 원리 | • 교육기본법 제5조에 "국가와 지방자치단체는 교육의 자주성과 전문성을 보장하여야 하며, 국가는 지방자치단체의 교육에 관한 자율성을 존중하여야 한다. 국가와 지방자치단체는 관할하는 학교와 소관 사무에 대하여 지역 실정에 맞는 교육을 실시하기 위한 시책을 수립·실시하여야 한다. 국가와 지방자치단체는 학교운영의 자율성을 존중하여야 하며, 교직원·학생·학부모 및 지역주민 등이 법령으로 정하는 바에 따라 학교운영에 참여할 수 있도록 보장하여야 한다."고 규정<br>• 교육기본법 제6조에 "교육은 교육 본래의 목적에 따라 그 기능을 다하도록 운영되어야 하며, 정치적·파당적 또는 개인적 편견을 전파하기 위한 방편으로 이용되어서는 아니 된다"라고 규정<br>• 국·공립학교에서의 특정 종교를 위한 종교교육을 금지하고 있는 것은 교육의 자주성을 선언한 것 |
|---|---|
| 안정성<br>유지의 원리 | 국민적 합의과정을 거쳐 수립·시행되는 교육정책이나 프로그램은 장기적인 안목에서 계속성과 일관성을 유지해야 한다는 것 |
| 전문성<br>보장의 원리 | 교육행정은 교육을 위한 행정이므로 교육활동의 본질을 이해하고, 교육의 특수성을 스스로 체험하며, 교육행정에 관한 이론과 기술을 습득한 훈련을 쌓은 전문가가 담당 |

## 제 4 절  교육행정이론의 발달

| 고전이론 | 과학적<br>관리론 | | • 테일러(Taylor)는 산업현장에서 기계 기술자로 일했던 자신의 경험을 바탕으로 생산과정을 표준화하여 제시하였는데 이것은 훗날 과학적 관리론으로 불림<br>• 과학적 관리론은 조직의 생산성을 극대화하기 위해 고안된 것<br>• 직무에 대한 과학적 분석을 통해 관리방식을 재구조화<br>• 보비트(Bobbitt)의 학교에 대한 과학적 관리원리<br><br>• 가능한 모든 시간에 교육시설을 활용하며,<br>• 교직원의 작업능률을 최대한 유지하고, 교직원의 수를 최소로 감축하며,<br>• 교육에서의 낭비를 최대한 제거하고,<br>• 교원은 학생을 가르치는 데 전념하고, 별도의 행정가가 학교행정을 책임져야 한다. |
|---|---|---|---|
| | 행정<br>관리론 | 페욜<br>(Fayol) | 산업조직에서의 생산활동과 관리활동을 구분하여 행정기능을 다음과 같이 5가지로 제시<br>① 기획(plan): 미래를 예측하고 운영계획을 수립하는 것<br>② 조직(organize): 조직 내의 인적·물적 자원을 확보하고 이를 체계화하는 것<br>③ 명령(command): 조직구성원으로 하여금 과업을 수행하도록 지시하는 것<br>④ 조정(co-ordinate): 조직 내 모든 활동을 통합하고 조정하는 것<br>⑤ 통제(control): 모든 활동이 정해진 규칙이나 지침에 따라 수행되고 있는지 감독하는 것 |

| | | | |
|---|---|---|---|
| 고전이론 | 행정 관리론 | 귤릭과 얼웍 | • POSDCoRB<br>• 기획(Planning), 조직(Organizing), 인사(Staffing), 지시(Directing), 조정(Co-ordinating), 보고(Reporting), 예산 편성(Budgeting) 등 7가지 직무를 제시 |
| | 관료제 | | • 기능적 전문화에 기반을 둔 과업의 분담<br>• 명확하게 정의된 권위의 위계구조<br>• 조직구성원의 권리와 의무를 포함한 체계적인 규칙과 규정<br>• 업무를 처리하기 위한 체계적인 절차<br>• 개인적인 감정의 배제<br>• 전문적 능력과 기술을 기반으로 한 선발과 승진 |
| 인간관계론 | 폴레(Follet)의 조직심리연구 | | • 조직의 효과성은 구성원의 사기, 의사소통 등과 관련이 있으며 궁극적으로 생산성을 높이기 위해서는 조직 내의 권력관계를 개편하고 권한을 분산시켜야 한다고 폴레는 주장<br>• 위계적 서열에 의한 개인적 권력에 의존하는 것이 아니라 조직의 정책이나 결정에 영향을 받는 사람들을 정책결정과정에 참여시킴으로써 집단권력에 호소하여 구성원들이 조직의 목적달성과정에 자발적으로 참여하도록 유도해야 함<br>• 이는 당시에 널리 받아들여지고 있던 조직관리기법과 현저히 다른 관점이며, 조직관리를 위한 권력의 개념을 '지배'에서 '공유'로 대체하는 것 |
| | 호손 실험연구 | | • 작업집단의 사회 · 심리적 요인이 조직의 효과성과 관련이 있음을 보여줌<br>• 조직의 생산성은 경제적 유인체제나 물리적 환경보다는 조직구성원의 개인적 · 사회적 감정, 태도, 신념 등 인간적 요인이 높은 관련이 있음<br>• 작업장 내의 비공식조직이 구성원들의 태도에 큰 영향을 끼침 |
| 행동과학론 | 이론화 운동 | | • 교육행정을 연구하는 데 이론의 역할이 중요함을 인정하고 이론에 근거한 가설 · 연역적 연구방법을 택해야 함<br>• 교육행정을 일반행정이나 기업경영 등과 다르게 보는 편협한 관점을 택하지 않으며, 교육이라는 수식어와는 관계없이 행정은 그 자체로서 과학적인 연구주제가 될 수 있음<br>• 교육은 사회체제로서 가장 잘 이해될 수 있는 것이기 때문에 교육행정의 연구는 행동과학적인 접근방법에 크게 의존하지 않을 수 없음 |
| 체제이론 | | | ⊙ Getzels와 Guba의 사회과정모형<br> |

| | |
|---|---|
| 체제이론 | ⊙ Getzels와 Thelen의 사회체제모형 <br> 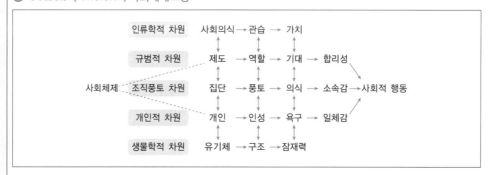 <br><br> ⊙ 학교체제의 내부요소(호이와 미스켈) <br> 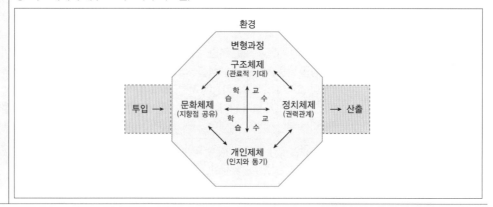 |

## 제 5 절　학교조직의 구조

| | 구 분 | 공식조직 | 비공식조직 |
|---|---|---|---|
| **공식조직과<br>비공식조직** | 학문적 배경 | • 합리적·관료제적·인위적 측면에 중점<br>• 구조적·전통적 조직이론에서 중시 | • 비합리적·감정적·대면적 측면에 중점<br>• 사회심리적 조직이론에서 중시 |
| | 조직의<br>성격과 실제 | 공적 목적달성을 위한 인위적 조직, 공식적<br>기구표 등으로 문서화<br>예 학년조직, 교과별 조직, 분장업무조직 | • 사회목적 달성을 위한 자연발생 조직<br>• 공식적 기구표 등과 관계없음<br>예 계, 친목회, 동창회 등 |
| | 구성원 | 논리적 합리성에 기초한 대규모 조직 | 대면적·현실적 인간관계에 기초한 소집단<br>혹은 조직구성원의 일부 |
| | 운영원리 | • 능률의 원리가 지배적<br>• 전체적 질서 중시 | • 조직원의 친근감 등 감정의 원리가 지배적<br>• 부분적 질서 담당 |
| | 조직형태 | 지도자의 권위가 상부에 의해서 주어지는<br>하향적 조직 | 지도자의 지위는 부하들의 동의에 의해서<br>존재하는 상향적 조직 |

| 구 분 | 계선조직 | 참모조직 |
|---|---|---|
| | | |
| 개 념 | 조직 내에서 명령이 전달되는 수직적 계층적 구조를 갖추고 업무를 직접 수행하는 제1차적 조직 | 조직의 공식적 목적을 원활하게 수행하도록 자문하고 조언하는 역할을 하는 횡적 조직 |
| 형 태 | 계층적 구조를 갖는 수직적 조직 | 횡적 자원을 하는 수평적 조직 |
| 능 력 | 일에 대한 권한과 책임 | 지식·기술·경험의 전문성 |
| 태 도 | 현실적·실제적·보수적 | 이상적·이론적 비판, 개혁적 |
| 장 점 | • 권한과 책임의 한계 명확<br>• 강력한 통솔력<br>• 조직이 안정적<br>• 신속한 업무의 결정, 능률적인 업무수행<br>• 명령통일성으로 책임소재 분명<br>• 저비용·소규모 조직에 적합 | • 수평적인 업무의 협조 가능<br>• 조직의 신축성으로 경직성 탈피<br>• 전문적인 지식과 기술 활용<br>• 상급자의 의사결정의 범위를 확대시키며 최고경영자의 독선방지<br>• 합리적인 지시와 명령 |
| 단 점 | • 상급자의 주관적이고 독단적인 조치 가능성<br>• 상급자의 마비가 하부조직에 연쇄적으로 마비<br>• 융통성 없는 조직의 경직화 가능성<br>• 의사전달 불충분 가능성<br>• 최고관리자의 업무량 증가<br>• 전문가의 지식과 경험을 이용할 수 없음<br>• 통솔범위가 한정됨 | • 조직운영을 위한 많은 경비 소요<br>• 의사전달경로의 혼란 가능성<br>• 책임소재 불명확<br>• 참모와 개선의 불화 가능성 |

행정조직의 원리

| 계층의 원리 | 조직구조의 상하관계와 형태를 조직하는 데 요구되는 원리 |
|---|---|
| 기능적 분업의 원리 | 조직의 업무를 직능 또는 성질별로 구분하여 한 사람에게 동일한 업무를 분담시키는 것 |
| 조정의 원리 | 조직 내에서 업무의 수행을 조절하고 조화로운 인간관계를 유지함으로써 협동의 효과를 최대한 거두려는 것 |
| 적도집권의 원리 | 중앙집권제와 분권제 사이에 적정한 균형을 도모하려는 것 |
| 통솔범위의 원리 | 한 지도자가 직접 통솔할 수 있는 부하의 수에는 한계가 있다는 것 |
| 명령통일의 원리 | 부하는 한 지도자로부터 명령과 지시를 받고 그에게만 보고하도록 해야 한다는 원리 |

계선조직과 참모조직

| | 조직유형 | 특 징 |
|---|---|---|
| **파슨스**<br>**(Parsons)** | 생산조직<br>(Production organization) | 일차적인 기능으로 사회가 소비하는 재화나 용역 등의 생산을 담당하는 조직, 사회의 적응기능 수행(기업체) |
| | 정치적 목표지향 조직<br>(Political goal oriented organization) | 사회의 공동목표를 설정하고 달성하는 기능을 수행하는 조직, 목표성취를 위해 권력을 배분하고, 조직의 가치성 부여(은행, 행정기관) |
| | 통합조직<br>(Integrative organization) | 구성원 간에 결속과 통일을 유지하는 사회통합의 기능을 수행하는 조직, 동기유발 촉진, 유능한 인재 양성, 부서 간의 갈등 요소 해소(법원, 정당, 사회 통제 기관) |
| | 유형유지조직<br>(Pattern maintenance organization) | 사회의 계속성을 유지하는 기능을 교육, 문화, 표현 등의 행동을 통하여 이루려는 조직(교육기관, 박물관, 교회) |

**에치오니**
**(Etzioni)**

⊙ Etzioni 분류에 따른 조직의 유형론

| 참여<br>통제수준(권력) | 소외적 참여 | 타산적 참여 | 도덕적 참여 |
|---|---|---|---|
| **강제적** | 강제조직[1] | | |
| **보상적** | | 공리조직[2] | |
| **규범적** | | | 규범조직[3] |

1. 물리적 제재와 위협  예 군대, 경찰, 교도소
2. 돈이나 그 밖의 물질적 보상  예 회사
3. 상징적 보상이나 제재  예 학교, 가정

| **블라우와 스콧** | 호혜조직 | • 이 조직의 주된 수혜자는 조직구성원으로, 참여를 보장받는 데 관심<br>• 정당, 노동조합, 전문직 단체, 종교단체 등이 여기에 해당 |
|---|---|---|
| | 사업조직 | • 이 조직의 주된 수혜자는 조직소유주로, 이윤획득을 주된 목표로 함<br>• 제조회사, 보험회사, 은행 등 |
| | 공익조직 | • 이 조직의 주된 수혜자는 일반대중<br>• 행정기관, 군대, 경찰, 소방서 등 |
| | 봉사조직 | • 이 조직의 주된 수혜자는 조직과 직접적으로 접촉하는 일반대중<br>• 이 조직의 기본적인 기능은 고객에게 서비스를 제공하는 것<br>• 학교, 병원, 사회사업기관 등 |
| **민츠버그**<br>**(Minzberg)** | **운영핵심층** | • 기본적인 업무, 즉 제품 및 서비스 생산과 직접 관련된 활동을 수행하는 사람들로 구성<br>• 운영핵심층은 조직의 심장부로서 조직의 궁극적인 결과물들을 생산<br>• 학교의 경우, 교사들이 운영핵심층, 교수학습활동이 그 궁극적인 결과 |

| | | |
|---|---|---|
| 민츠버그<br>(Minzberg) | 전략적 고위층 | • 조직의 상층부에 위치하여 조직의 효과적인 임무수행에 대한 책임을 지는 최고행정가로 구성, 조직의 목표를 설정하고 조직의 전략을 제시<br>• 공립학교 체제에서 교육감 |
| | 중간관리층 | • 공식적 권위구조를 통해 운영핵심층과 전략적 고위층을 연결하고, 운영핵심층을 감독·통제하며, 자원을 제공하는 행정가<br>• 학교 체제의 경우 중간관리자는 학교장 |
| | 기술구조층 | • 중간관리계층의 한쪽에 위치하며, 조직의 산출물과 프로세스에 대한 표준화, 측정·검사, 조직활동 설계 및 계획, 지원훈련 등을 담당<br>• 다른 사람들의 업무를 표준화하고 자신들의 분석기술을 통해 조직이 환경에 적응할 수 있도록 도와주는 분석가들로 구성 |
| | 지원부서층 | • 작업계통 외부에서 조직을 지원하기 위해 존재하는 특수부서들로 구성<br>• 학교에서는 건물 및 시설 담당부서, 보수 및 유지 담당부서, 식당 및 급여 담당부서들, 양호실, 행정실, 버스 기사실 |
| 칼슨<br>(Carlson) | 야생조직 | • 고객이 조직을 선택, 조직이 고객을 선발<br>• 대학, 사립학교, 개인병원, 공공복지기관 등 |
| | 적응조직 | • 조직이 고객을 선발 X, 고객은 조직을 선택<br>• 미국의 주립 대학과 대부분의 지역사회 대학이 여기에 해당 |
| | 강압조직 | • 고객은 조직 선택 X, 조직만 고객 선택<br>• 이론적으로는 존재하나 실제로는 존재하지 않음 |
| | 온상조직 | • 조직이나 고객 모두 선택권을 갖지 못하는 조직<br>• 법적으로 그 존립을 보장받기 때문에 사육조직이라고도 함<br>• 공립학교, 정신병원, 형무소 등 |

## 제 7 절  학교조직의 특성

| | 역기능 | 관료제의 특징 | 순기능 |
|---|---|---|---|
| 관료제 | • 권태감의 누적<br>• 사기저하<br>• 의사소통 장애<br>• 경직과 목표 전도<br>• 실적과 연공의 갈등 | • 분업과 전문화<br>• 비정성<br>• 권위의 위계<br>• 규정과 규칙<br>• 경력지향성 | • 전문성 향상<br>• 합리성 증진<br>• 순응과 원활한 조정<br>• 계속성과 통일성 확보<br>• 동기유발 |

| | | | |
|---|---|---|---|
| 다양한 이미지 | 이완결합 체제 | • 학교의 경우, 조직의 각 부서가 서로 연결은 되어 있으나 개인은 상호 감시받지 않고 기능을 수행해 나가는 등 각자가 독자성을 유지하면서 어느 정도 분리되어 있는 모습을 표현한 것<br>• 학교의 핵심적인 활동인 수업이 조직구조의 통제로부터 벗어나 있는 점을 들어 학교조직의 이러한 특성이 이완결합적 특성을 가질 수밖에 없음<br>• 이완결합은 구조가 수업활동과 분리되어 있고, 또 수업활동과 그에 따른 성과가 분리되어 있다는 점을 의미 | |
| | 조직화된 무질서 | • 마치(March)와 올센(Olsen)에 의해 도입된 "조직화된 무질서(Organized anarchy)"라는 용어는 조직이 합리적·과학적·논리적·분석적으로 파악할 수 없는 측면이 있음을 강조하기 위해서 사용한 용어<br>• 학교조직을 움직이는 목표나 기술 그리고 구성원들 간의 관계가 전통적 조직이론에서 지적하는 것처럼 명백하게 구조화되어 있지만은 않다는 점에서 비유적으로 무질서라는 표현을 사용하고 있음 | |
| | | 불분명한 목표 | 교육조직의 목표는 수시로 변하며, 단위학교마다 학생들의 수준이 다르고, 또 동일한 학교의 동일한 학년이라도 매년 학생들 개개인의 수준과 특성, 성향이 다르므로 행동적으로 표현하기가 쉽지 않음 |
| | | 불확실한 기술 | 학교조직 내에서의 업무활동이나 교수학습활동에 있어 교사들 각자는 다른 기술과 방법을 사용함. 따라서 교사와 학생의 특성마다 달라지는 기술을 표준화시키기는 어려움 |
| | | 구성원의 유동적 참여 | 교육조직에서의 참여는 유동적임 |
| | 이중조직 | 학교는 느슨하게 결합된 측면도 있지만, 한편 엄격한 관료제적 특성 또한 공존 | |
| | 전문관료제 | • 학교조직은 구성원인 교사가 고도의 교육을 받은 전문가라는 점에서 일반적인 관료제로 보기는 어려운 측면이 존재<br>• 교사는 교육에 관한 전문성을 근거로 하여 독립적인 교실에서 상당한 자유재량권을 가지고 학생을 가르치기 때문에 교장의 지시나 통제가 교사의 개별적인 교육활동에 영향을 미치는 데는 한계가 있음<br>• 교사는 학교의 전문적인 교육활동에 관한 의사의 결정에 깊이 관여하기 때문에 어느 정도 분권화된 조직의 특성을 지닐 수밖에 없음 | |

---

제 8 절    조직문화 및 풍토

| | |
|---|---|
| 조직문화 | • 조직구성원들이 공유하는 철학, 신념, 이데올로기, 감정, 가정, 기대, 태도, 기준, 가치관 등<br>• 조직문화는 조직을 다른 조직과 구별하게 하며, 구성원들에게 일체감을 제공하고, 조직의 안정감을 부여함 |

| | | |
|---|---|---|
| **조직풍토** | • 조직풍토는 조직구성원이 조직 내에서 경험하는 총체적 조직환경의 질을 의미<br>• 조직을 다른 조직과 구별해 주고, 구성원들의 행동에 영향을 미치는 일련의 내적 특징으로서 조직의 독특한 분위기라 할 수 있음<br>• 학교풍토는 학교구성원 간의 상호작용과정에 의해 조성되는 의식적·무의식적인 심리적 유대관계를 뜻하며, 비교적 장기간 지속되면서 구성원의 사고·감정·행위에 영향을 미치는 요인 | |
| **오우치(Ouchi)의 Z이론** | • 성공적인 기업에는 친밀성, 신뢰, 협동과 팀워크, 평등주의 같은 공유된 가치가 있는데 이는 장기적 고용, 점진적인 승진비율, 참여적 의사결정, 집단결정에 대한 개인의 책무성, 전체 지향과 같은 조직특성에서 촉진됨<br>• 이러한 특성을 가진 미국의 성공한 기업조직을 Z이론 문화라고 명명 | |

| | 문화유형 | 특 징 |
|---|---|---|
| **스텐호프와 오웬스** | 가족문화 | • 학생에 대한 의무 이상의 헌신, 서로에 대한 관심이 중요<br>• 모든 사람은 가족의 한 구성원이며 애정, 우정, 협동적·보호적 |
| | 기계문화 | • 학교를 순전히 기계적인 것으로 간주, 조직구조가 원동력<br>• 행정가는 조직유지를 위한 투입을 제공하기 위해 시시각각 노력 |
| | 공연문화 | • 학교를 브로드웨이 쇼, 연회 등 공연장으로 간주, 청중의 반응에 초점<br>• 명지휘자의 감독하에 교수의 예술적 질을 강조 |
| | 공포문화 | • 학교가 전쟁지역과 같은 긴장의 장으로 은유되는 문화<br>• 학교를 폐쇄상자, 교도소, 고립된 생활공간으로 묘사, 직원 간 비난, 적대적 |
| **세티아와 글리노** | 보호문화 | • 구성원의 복지를 강조하면서도 높은 성과를 요구하지 않는 온정주의적 문화<br>• 구성원은 조직의 지도자에게 순응하는 경향을 보이고, 충성심과 애정이 있어 조직의 생존과 번영이 이루어짐<br>• 협력과 협동, 상사에 대한 복종 등이 중요한 가치 |
| | 냉담문화 | • 인간에 대한 관심과 성과에 대한 관심이 모두 부족한 조직<br>• 음모, 파당, 분열로 사기저하와 냉소주의가 만연하여 특별한 상황과 환경의 보호 없이는 생존이 어려운 조직<br>• 지도자의 방임적 리더십에 의해 조장되며, 조직의 효과성과 능률성에 대한 관심보다 기득권과의 이해관계에 의해 조직이 운영 |
| | 실적문화 | • 구성원의 복지를 소홀히 하는 반면 높은 성과를 요구하는 조직<br>• 실적을 지나치게 강조하여 구성원을 성취의 도구적 존재로 여기며, 높은 성과를 낼 경우에만 보상이 따름<br>• 성취, 경쟁, 적극성 등이 중요한 가치 |
| | 통합문화 | • 성과와 사람 모두에 높은 관심을 두는 조직<br>• 구성원은 온정적 시혜의 대상이기보다는 인격적 존재로 여겨지고, 조직발전에 공헌할 수 있는 자원으로서 스스로 잠재력을 최대한 계발하고 발휘하도록 기대됨<br>• 협동, 창의성, 자율 등이 주요 가치 |

| 호이<br>(Hoy) | 구 분 | | 교장의 행동 | |
|---|---|---|---|---|
| | | | 개 방 | 폐 쇄 |
| | 교사의 행동 | 개 방 | 개방풍토 | 몰입풍토 |
| | | 폐 쇄 | 일탈풍토 | 폐쇄풍토 |

| 윌로워<br>(Willower) | 인간주의적<br>학교 | • 학생들의 협동적인 상호작용과 경험을 통해 학습이 이루어지는 교육공동체로<br>서의 학교를 의미<br>• 엄격한 교사의 통제보다는 스스로의 자제가 중요시되며, 교사는 민주적인 통<br>제방식을 추구<br>• 교사와 학생 모두 자신의 의지에 따른 행동을 선호하고 행동에 대해 책임을 지<br>려는 분위기 |
|---|---|---|
| | 보호지향적<br>학교 | • 학교의 질서유지를 위해 엄격하고 통제된 상황을 조장하는 전통적 학교풍토<br>• 교사는 학교를 학생과 교사의 지위체계가 잘 정비된 권위적 조직으로 인식하<br>는 경향<br>• 교사는 학생들의 행동을 이해하기보다는 도덕적 차원에서 판단하려 하며, 무<br>책임하고 훈련되지 않은 존재로 보고, 엄격한 규율과 체벌에 의한 통제가 필요<br>하다고 인식 |

| 마일스<br>(Miles) | 건강한 조직: 조직의 기능을 효과적으로 수행하고, 보다 완전하게 그 기능을 수행할 수 있는 체제<br>로 발전과 성장을 도모하는 노력을 지속하는 조직 | |
|---|---|---|
| | 과업달성 변인 | 목표에 대한 관심, 의사소통의 적절성, 권력의 적절한 분산 |
| | 조직유지 변인 | 자원의 활용, 응집력, 사기 |
| | 성장발전 변인 | 혁신성, 자율성, 적응력, 문제해결력 |

## 제 9 절  조직성장론

| 그라이너의<br>조직성장론 | • 조직은 생성과 함께 5단계의 진화과정을 거침<br>• 조직의 성장은 진화기와 함께 말기의 혁신기를 거침<br>• 진화기는 성장을 이루기 위하여 사용되는 지배적인 경영유형에 의해 특징지어지는 반면, 혁신기는<br>성장이 지속되기 전에 해결되어야만 하는 지배적인 경영문제로 특징지어짐 |
|---|---|
| 오웬스와<br>스텐호프의<br>조직발전론 | 발전목표, 체제의 혁신, 체제적 접근, 인간중심주의, 교육을 통한 혁신, 경험을 통한 학습, 실제적 문제<br>취급, 체계적인 계획, 변혁주도자의 참여, 최고 의사결정자의 참여 |

**조직갈등론**

| | |
|---|---|
| 순기능 | • 유익한 갈등은 조직의 생존과 성공에 필요한 쇄신적 변동을 야기하는 원동력이 됨<br>• 행동주체들의 정체성 인식을 돕고 자기반성의 기회를 제공<br>• 변동의 탐색을 유도할 뿐 아니라 변동의 수용을 용이하게 함<br>• 조직구성원들로 하여금 정체된 사고방식에서 벗어나 능동적인 행동을 하게 하는 활력소가 될 수 있음<br>• 순기능적 갈등의 존재는 창조와 성장, 민주주의 다양성 그리고 자기실현을 반영하는 것이라고 말할 수 있음 |
| 역기능 | • 조직의 목표를 성취하는 데 필요한 협동적 노력을 좌절시킴<br>• 조직구성원들의 사기를 떨어뜨리고 낭비를 초래<br>• 갈등이 극심해지는 경우, 조직이 와해 |

**동기내용이론**

| | | | |
|---|---|---|---|
| 매슬로우의<br>욕구위계<br>이론 | 기본 가정 | | • 인간은 항상 무엇을 원하는 존재이고, 더 많이 원함<br>• 이미 충족된 욕구는 동력을 상실하고, 충족되지 못한 욕구만이 인간 행동을 유발하는 동기로 작용함<br>• 인간의 욕구는 위계직으로 배열할 수 있음<br>• 매슬로우의 5단계 욕구위계는 생리적 욕구, 안전의 욕구, 소속과 애정의 욕구, 존경의 욕구, 자아실현의 욕구 |
| | 욕구의<br>위계 | 생리적 욕구 | • 생활을 유지하는 데 필요한 기초적인 욕구이자 생존에 관련된 욕구<br>• 배고픔, 갈증, 배설, 잠 등 |
| | | 안전의 욕구 | • 물리적 침입이나 공격으로부터의 안전뿐만 아니라 심리적인 안정감까지 포함한 개념<br>• 위험과 위협으로부터의 보호, 공포·불안·무질서로부터의 보호, 구조·질서·법·제약·안정에 대한 욕구 등 |
| | | 소속 및<br>애정의 욕구 | • 사회 속에 소속되어 구성원들과 친밀한 관계를 유지하려는 감정<br>• 타인과의 만족스러운 관계, 집단에의 소속감, 우정과 애정을 주고받는 것 등 |
| | | 존경의 욕구 | • 자신이 유능하고 꼭 필요한 사람임을 확인받고 싶은 욕구<br>• 일종의 성취감, 능력, 자신감을 포함하는 욕구로서 건설적 또는 비건설적으로 충족되기도 함 |
| | | 자아실현의<br>욕구 | • 욕구이론의 최정상<br>• 자신의 잠재력을 인식하고 계속적인 자기발전을 추구하게 하는 감정 |

| 매슬로우의 욕구위계 이론 | | | |
|---|---|---|---|
| 앨더퍼의 ERG이론 | ERG | 생존(existence)의 욕구 | • 인간의 생존 유지를 위해 필요한 욕구<br>• 매슬로우의 생리적 욕구(배고픔, 목마름 등)와 안전의 욕구 중 일부(월급, 업무환경 등)를 포함 |
| | | 관계(relatedness)의 욕구 | • 사회적인 존재로서 타인과 인간관계를 맺고자 하는 욕구<br>• 매슬로우의 안전의 욕구 중 일부(대인관계 등), 애정 및 소속의 욕구, 존경의 욕구 중 일부를 포함 |
| | | 성장(growth)의 욕구 | • 개인적인 성장을 위한 노력과 관련된 욕구<br>• 매슬로우의 자아실현의 욕구, 존경의 욕구 중 일부(자기 존경 등)가 포함 |
| | 특 징 | | • 매슬로우는 하위단계의 욕구가 충족되면 그 다음 단계로 이동한다고 하였으나, 앨더퍼는 상위욕구가 충족되지 않았을 경우에 낮은 단계의 욕구 충족으로 이동하는 접근법을 제시<br> 예 관리자로 진급할 수 없다고 판단한 조직구성원은 성과 달성 보다는 개인적인 취미생활이나 가정생활에 더 관심을 기울일 수 있다는 것<br>• 하위단계의 욕구가 충족되지 않았더라도 상위단계의 욕구가 발생할 수 있음<br>• 두 가지 이상의 욕구가 동시에 작용할 수 있음<br>• 동일한 직무상황에서 하나의 동기요인이 다른 동기요인을 대체하여 전체적으로 직무수행의 동기나 열의가 높아질 수 있음 |
| 허츠버그의 동기-위생이론 | 동기요인 | | • 직무에 대한 만족감과 성취감을 느끼게 하는 내적 요인<br>• 목표 달성, 승진, 책임 등의 감정 |
| | 위생요인 | | • 직무환경에 관한 요인<br>• 급여, 고용 형태, 지위, 동료관계, 작업조건, 감독기술 등 |
| | 특 징 | | • 인간에게는 독립적으로 작용하는 서로 다른 개념의 욕구가 존재 ⇨ 조직의 구성원들은 본인의 업무에 불만을 느끼게 되면 자신이 일하고 있는 직무 환경에 대해 관심을 갖게 되고, 직무에 만족감을 느끼고 있으면 직무 그 자체에 몰입<br>• 직무 만족으로 이끄는 요인과 직무 불만족으로 이끄는 요인이 서로 배타적이라고 가정 |

| | | | |
|---|---|---|---|
| 허츠버그의<br>동기 -<br>위생이론 | 특 징 | • 동기욕구와 위생욕구는 서로 독립되어 있어 위생요인의 만족이 직무만족으로 이어지<br>는 않음<br>• 위생요인이 만족되면 직무에 대한 불만족이 제거될 뿐이고, 업무 의욕이나 성취감을 올려<br>주지는 ×<br>⇨ "불만족의 반대는 만족이 아니라 불만족 없음이고, 만족의 반대는 불만족이 아니라 만<br>족 없음" | |

| 구 분 | 동기요인 | 위생요인 |
|---|---|---|
| 충족 ○ | • 구성원들이 성장하여 업무의 능률을 올<br>려주고 이는 직무만족으로 연결<br>• 업무 환경에 대한 불만족을 해소시기지<br>는 × | • 내적 동기와 관련 없이 조직의 불만 요<br>소를 제거하여 직무환경을 유지시키는<br>정도를 제공할 뿐<br>• 외적 요인이 잘 갖추어졌다고 해서 조직구<br>성원에게 만족감을 안겨주는 것은 아님 |
| 충족 × | 동기요인이 충족되지 않아도 조직 구성원<br>에게 불만을 초래하지 않음 | 조직구성원은 불만족을 느끼고 조직을 이탈<br>하거나 낮은 성과 달성을 보이게 됨 |

**맥그리거의 X - Y이론**

**X - Y 이론**

• X 이론: 고전적 인간관, 성악설에 해당하는 것으로 권위주의 경영 관리 방식인 엄격한 감독, 상세한 명령 및 지시, 금전적 자극 등을 특징으로 하는 조직에서 주로 나타남
• Y 이론: 성선설에 해당하며 인간을 자아실현적 존재로 규정하고 본질적으로 일을 하는 것을 싫어하지 않는다고 가정

| X 이론 | Y 이론 |
|---|---|
| 인간은 본질적으로 악하다. | 인간은 본질적으로 선하다. |
| 인간은 본능적으로 행동한다. | 인간은 인본주의에 따라 행동한다. |
| 인간은 강제적으로 동기화된다. | 인간은 자발적인 협력에 의해 변화한다. |
| 인간의 본성은 경쟁적이다. | 인간의 본성은 협동적이다. |
| 개인이 가장 중요하다. | 집단이 가장 중요하다. |

**X 이론의 조직 관리 전략**

• X 이론의 조직 관리 전략은 부하 조직원을 통제하고 엄격하게 감독하여 업무를 구조화하는 것
• 외적인 통제는 인간을 본질적으로 믿을 수 없다는 사고방식에서 기인한 것으로 X 이론 체제하에서의 전통적인 경영방식은 조직구성원의 낮은 수준에 해당하는 욕구만을 충족시키는 데 그칠 확률이 높음
• 그 결과로 조직구성원들의 근무 의욕이 떨어지고, 조직의 효율성이 저하될 가능성이 높음

**Y 이론의 조직 관리 전략**

• Y 이론적 조직 관리 전략에서는 조직의 목표를 성취하기 위해 구성원들이 자발적으로 노력하도록 유도하는 민주적인 리더십이 요구
• 권한위임, 직무확대, 참여적 경영 등의 방법을 적용하여 조직의 구성원들에게 신뢰와 책임을 함께 부여
• 이러한 조직에서는 비공식조직의 활용을 통해 구성원들의 개별적인 욕구 충족과 자체 평가를 통한 자기 역할의 확인과 인식을 새롭게 할 수 있음
• 수직적인 조직 구조를 업무 수행 중심의 수평적인 구조로 개선하여 상하 간의 급간과 거리감을 제거할 수 있어 보다 높은 조직 효율성을 달성할 수 있음

| 아지리스의 성숙 – 미성숙이론 | 이론적 바탕 | • 성숙 – 미성숙이론은 X – Y 이론과 연관된 것으로, X 이론적 바탕의 전통적인 조직에서는 인간을 미성숙한 존재로 가정 ⇨ 이러한 조직에서는 강압적 관리전략을 사용하여 개인의 성숙을 방해하고, 수동적이고 의존적인 행동을 장려하여 미성숙한 존재로 남게 함<br>• Y 이론에 바탕을 둔 인간적인 조직에는 조직구성원을 자발성, 책임감, 목표 지향성을 지닌 성숙한 인간을 가정 ⇨ 조직에서는 민주적 가치와 신뢰를 바탕으로 대인관계가 형성<br>• 구성원을 미성숙 단계에 묶어두지 말고, 성숙의 단계로 진입할 수 있도록 도와주는 역할을 조직에서 담당해야 함<br>• 조직구성원들에게 좁은 분업을 지양하여 더 많은 책임감을 부여하면 성숙한 인간임을 인정하고, 결과적으로 조직의 효과성도 향상 |
|---|---|---|
| | 특 징 | • 아지리스는 작업환경 내에서의 인간 관리 전략을 분석하기 위해 X 이론적 인간성에 상응하는 관료적 피라미드 조직체계와 Y 이론적 인간성에 상응하는 민주적 조직체계로 나누어 설명<br>• 관료적 피라미드 조직에서는 개인의 성숙이 미성숙 단계에 고정될 수 있음. 즉, 공식조직에서는 과업의 전문화, 지시의 일원화, 명령체계, 통솔의 범위에 근거하여 조직 구성원을 조직에 귀속시키고 수동적인 상태로 만들기 때문<br>• 공식조직에서의 의사 결정권 박탈, 심리적 실패, 개인 욕구 충족 기회의 좌절 등에서 오는 갈등을 제거하기 위해 관리자와 구성원 간의 대인적 교류를 강화하고, 직무를 확대하여 책임감을 많이 부여하고, 참여적 지도성으로 전환하는 방안을 제시<br>• 이러한 아지리스의 방안은 민주적 가치체계인 Y 이론적 인간관에 함축되어 있음 |

| 미성숙(immaturity) | 성숙(maturity) |
|---|---|
| 수동적 | 능동적 |
| 의존성 | 독립성 |
| 한두 가지의 단순한 행동방식 | 여러 가지의 다양한 행동 |
| 변덕스럽고 천박한 흥미 | 보다 깊고 강한 흥미 |
| 단기적 전망 | 장기적 전망 |
| 종속적인 직위 | 대등하거나 우월한 직위 |
| 자아의식의 결여 | 자아의식과 자기통제 |

| | | |
|---|---|---|
| **브룸의 기대이론** | **기본 가정** | • 기대이론은 인간이 사고와 이성을 지닌 존재로서 의식적인 행위 선택을 한다고 가정하며 동기화 과정에서의 개인적 지각이 매우 중요하다고 강조<br>• 조직의 구성원의 동기부여는 어떤 행동의 결과로 얻게 될 주관적 가치의 크기와 개연성에 의해 결정된다고 가정<br>• 예컨대 높은 성과가 승진을 보장하지 못한다고 느낄 때 조직의 구성원은 높은 성과를 위한 행동을 추구하지 않는다는 것. 또한 구성원 본인이 승진에 대한 의욕이 없을 경우 높은 성과에 대한 동기 자체가 낮게 작용함 |
| | **개 념** | • 유인가(valence): 어떤 한 개인이 특정한 결과에 대해 갖는 선호의 정도. 선호하는 결과는 정(+) 유인가, 무관심일 경우에는 영(0), 선호하지 않은 결과는 부(−)의 값<br>• 기대감(expectancy): 어떤 행위를 했을 경우에 특정한 성과가 도출될 것이라는 가능성과 확률에 관한 주관적 믿음<br>• 성과(outcome): 직무성, 생산성, 노동이동 등의 직접 결과와 승진, 휴가, 인정 등의 보상적 결과<br>• 수단성(instrumentality): 보상기대를 일컫는 용어로서 1차적인 성과가 2차적인 성과로 연결될 것이라는 주관적인 생각 |
| | **인지론적 관점** | 브룸의 기대이론은 직무와 동기의 관계에서 인지론적 관점에 관심을 갖고, 직무상의 역할 중에서 하나를 선택하는 과정, 개인의 만족 정도, 직무의 수행과 효율성 등에 대해 언급하면서 다음의 가정을 설정<br>• 인간은 자신의 욕구, 동기, 과거 경험에 근거한 기대를 가지고 조직에 참여함<br>• 개인의 행동은 의도적인 선택임<br>• 인간은 조직에서 보수, 직업적 안정성, 승진 등의 다양한 것을 얻기 원함<br>• 인간은 개인적인 산출을 극대화하기 위해 노력함 |
| | **기대이론** | • 인간의 동기(M)는 유인가(V)가 긍정적일수록, 기대치(E)가 높을수록, 수단(I)이 효율적일수록 동기는 더욱 강력해짐<br>• 인간의 동기를 $M = f(V \cdot I \cdot E)$의 수리적 공식으로 나타낼 수 있다고 봄 |

| | | |
|---|---|---|
| 포터와 롤러의 성취 – 만족 이론 | 기본 개념 | • 노력(effect): 업무 과정에서 발휘되는 조직구성원의 에너지. 노력의 크기와 양은 보상의 가치 및 기대감에 따라 달라질 수 있음<br>• 성과(performance): 조직의 목적 달성을 위한 업무 실행 정도로서 구성원의 노력, 능력, 특성, 역할지각 등에 의해 결정. 아무리 노력을 해도 기본적인 능력이 안 된다면 높은 업무실적을 기대할 수 없다는 것<br>• 보상(rewards): 개인의 업무 성과에 부여되는 대가로서 내재적 보상과 외재적 보상으로 나눌 수 있음. 내재적 보상은 정서안정, 자아실현, 성장 욕구 등이고, 외재적 보상은 보수, 승진, 지위, 안전 등의 조직적인 강화요인<br>• 만족감(satisfaction): 보상에 대한 개인의 욕구 충족의 정도 |
| | 피드백 과정 | • 만족감이 보상의 가치에 연결됨<br>• 만족감의 종류가 결핍 욕구에 해당된다면 보상의 가치는 하락하여 개인의 노력을 이끌어내지 못할 것<br>• 반대로 만족감이 자아실현과 같은 성장 욕구에 해당된다면 보상의 가치가 상승하여 개인의 충분한 역량을 이끌어낼 수 있을 것<br>• 성과에 대한 보상이 제대로 주어졌는가에 따라 차후의 노력의 정도가 달라짐<br>• 포터와 롤러의 성취 – 만족이론은 보상의 가치, 노력, 보상에 대한 기대감이 노력에 영향을 미침<br>• 노력이 성과에, 성과가 보상에 그리고 보상이 만족감에 영향을 미치는 일련의 과정을 설명 |
| | 특 징 | • 직무수행 능력은 과업 성취와 보상에 부여되는 가치, 그리고 어떤 노력이 보상을 가져다줄 것이라는 기대에 의해 좌우<br>• 노력에 의한 직무성취는 개인에게 만족을 줄 수 있으며 내재적 및 외재적 보상에 의해 강화<br>• 보상이 충분히 주어지지 않고, 불공정하다고 지각되면 조직구성원에게 만족감 × |

| | | |
|---|---|---|
| **아담스의 공정성이론** | **기본 개념** | • 투입 – 성과 비율이 자신과 타인이 동등하다고 느낄 때 조직구성원은 공정한 거래를 하고 있다고 느끼고, 직무에 대한 만족감을 느끼게 됨<br>• 투입 요소에는 성, 나이, 교육 정도, 사회적 지위, 자격, 업무수행을 위한 노력 등이 포함되고, 성과 요소에는 보수, 승진 안정성, 내적 흥미 등이 포함 |
| | **불공정** | • 공정성이론에 따르면 과대 보상과 과소 보상은 모두 불공정성을 자극<br>• 조직구성원들은 부족한 보상에 불만족을 느끼고, 과도한 보상에 대해서 부담감을 지각<br>• 불공정한 거래를 하고 있다고 느낄 때에는 직무에 불만족감을 갖고 공정성을 회복하기 위한 행동을 선택 |
| | **조직 구성원의 행동** | • 투입조절: 비교 대상에 비해 낮은 대우를 받고 있다고 느끼면 업무에 대한 시간과 노력의 투입을 감소시킬 것<br>• 성과조정: 임금인상이나 작업조건을 개선<br>• 투입과 성과에 대한 인지적 왜곡: 타인이 자신보다 높은 성과를 받았을 경우에 그 타인의 지식, 능력 등이 본인보다 더 낮다고 추론함으로써 지각을 왜곡<br>• 비교대상의 투입과 성과의 변경: 비교대상인 타인에게 투입을 감소시키거나 압력을 가해 성과를 낮게 조정하려는 것<br>• 비교대상의 변경: 본인과 비교했을 때 공정하다고 느낄만한 사람으로 대상을 변경<br>• 조직의 이탈: 전보, 퇴직, 이직 등을 선택하여 조직을 벗어나는 것 |

자신의 투입/산출 비율(A) ← 비교 → 타인의 투입/산출 비율(B)

A<B 불공정성 과소보상 / A=B 공정성 / A>B 불공정성 과대보상

산출 상향조정 / 투입 하향조정 / 만족 / 산출 하향조정 / 투입 상향조정

| | | |
|---|---|---|
| **로크 (Locke) 등의 목표설정 이론** | **기본 입장** | • 목표설정이론에서는 목표의 내용과 강도가 동기 유발을 위한 중요한 기제라고 주장<br>• 로크 등의 연구 결과에 따르면, 목표는 개인의 동기와 업무 수행을 높이는 결정적인 요인이 될 뿐 아니라 업무 수행의 방법을 효율화하여 성공적인 결과를 도출하게 함 |
| | **높은 수행을 위한 조건** | • 목표가 구체적임<br>• 목표가 도전할 만한 것임<br>• 목표가 도달 가능한 것임<br>• 조직구성원이 목표달성에 헌신함 |
| | **평 가** | • 목표설정이론은 목표의 수용성, 곤란성 등이 어떻게 결합되어 개인의 노력 여부를 결정하는지에 대한 구체적인 검증이 없고, 교육현장과 같은 복잡하고 산출물이 구체적인지 않은 조직에서는 활용되기 어려움<br>• 이를 수정하여 실질적인 조직 경영에 적용할 수 있는 현대적인 기법으로 목표관리기법(MBO)이 개발되었음<br>• 학교 조직에서의 목표에 의한 관리는 교사들이 스스로 목표와 실천방안을 계획, 결정하여 교직에 대한 긍정적인 태도와 목표 의식을 갖게 함 |

| | | |
|---|---|---|
| 로크 (Locke) 등의 목표설정 이론 | 평가 | • 이러한 과정을 통해 교사들 간의 유대감이 증진되고, 개인적인 동기부여와 사기 진작이 도모될 수 있다고 기대함 |
| | 목표관리기법 (MBO) | • 피터 드러커가 제안한 경영기법으로 목표관리기법(Management By Objectives: MBO)은 명확한 목표 설정, 권한의 위임과 책임의 규정, 참여와 상하 협력 및 최종 산출의 평가 등을 통하여 조직관리 방법을 개선하고, 조직원의 참여를 통해 동기유발을 도모하는 기법<br>• 학교경영에서 목표관리기법은 교장과 교감 그리고 교직원의 공동 참여를 통해 교육목표를 수립하고 이를 달성해 나가는 학교경영 방식의 하나로 활용될 수 있음<br>• 교육목표 설정에의 공동 참여, 목표달성의 노력과 성과에 대한 평가와 보상 그리고 교직원 각자의 자기 통제를 통한 목표 도달이라는 순환적 과정을 거치는 학교경영기법으로 활용될 수 있음 |

## 제 13 절  동기유발을 위한 직무재설계

| | |
|---|---|
| 직무확장이론 | • 직무재설계를 통해 조직구성원의 동기를 유발하여 업무성과를 향상시키는 방법<br>• 직무를 수직적으로 확장하여 개인에게 보다 많은 자유, 권한, 피드백을 제공함으로써 직무에 대한 부정적인 위생요인을 감소시키고, 동기요인을 증가시킴<br>• 직무확장은 조직구성원들의 심리적인 성숙기회를 제공하는 것(수직적인 직무확대)인 반면, 직무확대는 단순히 여러 가지 활동을 추가시킴으로써 업무량만 확대(수평적인 직무확장)한 것 |
| 직무특성이론 | 어떤 일이 의미가 있기 위해서는 기술의 다양성, 과업의 일체성, 과업의 중요성, 사율성, 피드백의 5가지 핵심 직무특성이 있음 |

## 제 14 절  학교리더십

| | | |
|---|---|---|
| 특성론적 접근법 | 리더의 특성 | • 20세기 초부터 1950년대까지 리더십 연구를 위한 최초의 시도였던 특성론적 접근법은 리더가 갖추고 있는 선천적 특성을 규명하고자 하였음<br>• "무엇이 위대한 리더가 되게 만드는가"에 답을 찾기 위해 첫발을 내딛은 특성론적 접근법은 리더들이 갖추고 있는 자질과 특성을 확인하는 데 초점을 두었기 때문에 위인론으로도 불림<br>• 학자들이 제시하는 리더의 특성은 지능, 자신감, 사교성, 신뢰감 등과 같이 다양함 |
| | 학교에서 리더의 특성 | Hoy와 Miskel은 효과적인 리더의 특성을 인성적 측면, 동기적 측면, 기능적 측면으로 나누어 제시<br>• 인성적 측면: 자신감, 스트레스 인내, 정서적 성숙, 성실, 외향성<br>• 동기적 측면: 과업과 대인관계 욕구, 성취지향, 권력욕구, 기대, 자아효능감<br>• 기능적 측면: 지식, 대인관계, 인지적 능력 |

| | | |
|---|---|---|
| | 행동 유형 | • 과업 지향형 리더: 조직 과업 달성을 우선시하고, 작업감독과 과업 분배 및 지시에 초점을 두는 유형<br>• 인간 지향형 리더: 조직구성원 간 문제 해결과 결속력 강화를 강조하는 유형 |
| 행동론적<br>접근법 | 오하이오<br>주립대학교<br>연구 | • 리더십의 특성론적 접근법에 회의를 가진 오하이오 주립대학교 연구진들은 "리더들이 집단이나 조직을 지도하고 있을 때 어떻게 행동하는가"에 관심을 가지게 되었고, 직무 환경에서 리더의 행동 차원을 밝혀내기 위해 행위 기술 설문지(Leader Behavior Description Questionnaire: LBDQ)를 개발하였음<br>• LBDQ 설문지는 교육, 군대, 산업조직 종사자들에게 배부되었고, 연구진들은 그 결과를 토대로 리더 행동을 구조 주도적 행동과 배려 행동으로 분류<br>• 구조 주도적 행동에는 과업 및 직무 목표 달성, 업무 구조화, 역할 배정 등이, 배려 행동에는 종업원들과의 신뢰 구축, 인간관계 형성 등이 포함 |
| | 블레이크와<br>머튼의 관리망<br>이론 | • 1960년대 초에 등장한 블레이크와 머튼의 관리망 이론은 리더십의 행동론적 접근 방법 중에서 가장 널리 알려진 모형<br>• 관리망 이론은 인간에 대한 관심과 생산에 대한 관심, 두 개의 차원으로 구성<br>• 이들 두 요인은 앞서 살펴본 구조 주도적 행동과 배려 행동과 밀접하게 관련<br>• 블레이크와 머튼의 관리망 이론에서는 총 81개의 리더십 행동 유형이 가능<br>• 이들은 다섯 가지 리더십 유형을 제시하고 있으며, 이 가운데 인간과 생산에 대한 관심이 가장 높은 팀형 리더십이 가장 이상적인 지도성 유형<br> |
| 상황적응적<br>접근법 | 피들러의<br>상황이론 | • 피들러는 지도자의 지위 권력(양호 또는 불량), 과업 구조(구조적 또는 비구조적), 지도자와 구성원의 관계(강 또는 약) 등 세 가지 변인이 상황의 개념을 구성하는 것으로 보면서 상황 변인의 결합 관계에 따라 효과적인 리더십 유형이 달라진다고 보았음 |

| | |
|---|---|
| 지도자의 지위 권력 | 조직의 과업 수행을 위해 조직이 지도자에게 부여한 공식적·합법적 권력을 의미 |
| 과업 구조 | 조직 내 과업이 명확하게 구체화 된 정도 |
| 지도자 – 구성원 관계 | 지도자가 조직구성원으로부터 신뢰나 존경을 받는 정도 |

| 상황적응적 접근법 | 피들러의 상황이론 | • 상황 변인의 결합 관계에 따라 결정되는 상황의 호의성은 리더가 구성원들에게 영향력을 발휘할 수 있는 정도를 의미하는데, 여덟 가지(Ⅰ ~ Ⅷ)로 범주화<br>• 상황이 우호적이거나 비호의적인 경우(Ⅰ, Ⅱ, Ⅲ, Ⅷ)에는 과업 지향형 지도자가 효과적<br>• 상황이 중간인 경우(Ⅳ, Ⅴ, Ⅵ, Ⅶ)에는 관계 지향형 지도자가 효과적 |
|---|---|---|

상황적응적 접근법 / 허시와 블랜차드:

• 허시와 블랜차드의 상황적 리더십 이론의 전제는 '상황에 따라 효과적인 리더십이 다르다.'는 것
• 허시와 블랜차드는 상황을 구성원의 성숙도로 상정하고 있는데, 이는 직무 성숙도와 심리적 성숙도로 구분

| 직무 성숙도 | 개인적 직무수행 능력 |
|---|---|
| 심리적 성숙도 | 개인적 동기수준 |

• 핵심적인 내용은 관계성 지향 행동과 과업 지향 행동을 구성원의 성숙도 수준에 맞게 결합해야 한다는 점
• 구성원의 성숙도에 따른 리더십은 지시형, 지도형, 지원형, 위임형 네 가지로 유형화

| 구성원의<br>성숙도가 M1 상황<br>(낮은 능력, 낮은 동기) | • 높은 과업과 낮은 관계성 행동을 가진 지시형 리더십이 효과적<br>• 구성원들이 목표를 어떻게 달성해야 하는지에 대해 감독하고 작업 지시를 내리는 활동을 해야 함 |
|---|---|
| 구성원의<br>성숙도가 M2 상황<br>(낮은 능력, 높은 동기) | • 높은 과업과 높은 관계성 행동을 지닌 지도형 리더십이 효과적<br>• 리더는 구성원들의 팀 정신을 함양하면서 참여를 유도하는 활동을 해야 함 |
| 구성원의<br>성숙도가 M3 상황<br>(높은 능력, 낮은 동기) | • 낮은 과업과 높은 관계성 행동을 지닌 지원형 리더십이 효과적<br>• 리더는 경청, 칭찬, 피드백 제공 활동 등을 해야 함 |
| 구성원의<br>성숙도가 M4 상황<br>(높은 능력, 높은 동기) | • 낮은 과업과 낮은 관계성 행동을 지닌 위임형 리더십이 효과적<br>• 통제와 지시적 행동을 줄이면서 자율성을 부여하는 활동이 포함 |

⊙ Hersey와 Blanchard의 상황적 리더십모형

| | | |
|---|---|---|
| 상황적응적<br>접근법 | 레 딘<br>(Reddin) | • 레딘(Reddin)은 학교 행정가가 활용할 수 있는 3차원 지도성효과이론 또는 3차원 경영유형이론이라 불리는 지도성 모형을 개발<br>• 이 이론은 오하이오주립대학교의 지도성 연구에서 구조성과 배려성의 4간표를 기본 유형으로 효과성 차원을 추가하여 삼차원적인 지도성 모형을 제시<br>• 여기서 나타난 기본 지도성 유형은 통합형, 관계형, 분리형 및 헌신형으로, 상황에 따라 효과적인 유형과 비효과적인 유형으로 구분<br>• 네 가지 유형의 지도성 효과는 그것이 어떤 상황(적절 또는 부적절)에서 행사되었느냐에 따라 효과적이기도 하고 비효과적이기도 하다는 것<br>• 효과적인 지도성 유형은 경영자형 · 개발자형 · 행정관료형 · 선한 군주형으로, 비효과적인 지도성 유형은 타협자형 · 선동자형 · 도망자형 · 독재자형으로 분류<br><br>⊙ Reddin의 3차원 지도성 모형<br><br>효과적 유형<br><br>\| 개발자 \| 경영자 \|<br>\| 행정관료 \| 선한 군주 \|<br><br>기본 유형<br>관계 지향<br>\| 관계형 \| 통합형 \|<br>\| 분리형 \| 헌신형 \|<br>비효과적 유형<br>과업 지향<br>효과적<br>\| 선동자 \| 타협자 \|<br>\| 도망자 \| 독재자 \|<br>비효과적 |
| | 하우스<br>(House) | • 하우스(House) 등에 의해 1970년 초반에 개발된 경로 – 목표이론(path – goal theory)<br>• 이 이론은 동기부여의 과정이론들 중 기대이론(expectancy theory)에 근거<br>• 경로 – 목표이론은 지도자의 행동이 구성원들의 기대에 영향을 줄 수 있는 범위 내에서 그들을 동기부여시킬 수 있다는 것<br>• 이 이론은 지도자가 구성원의 작업 목적의 인식, 개인적 목적 그리고 목적에 도달하는 경로에 어떻게 영향을 주는가를 설명함으로써 경로 – 목표이론이라 불림<br>• 경로 – 목표이론은 지도자가 상황적 요인을 고려하여 바람직한 보상(목표)을 받게 되는 구성원의 행동(경로)을 명확히 해줌으로써 구성원이 그것을 어떻게 지각하느냐에 따라 효과성이 달라진다는 것<br>• 경로 – 목표이론은 지도자의 행동에 초점을 두고 있으며, 또한 지도자 효과성에 영향을 주는 상황적 요인들을 고찰하고 있으나 효과성을 과업 성취의 관점이 아닌 구성원의 심리적 상태에서 정의하고 있음 |
| 변혁적<br>리더십 | | 변혁적 리더는 구성원들 성과에 대한 제재 혹은 보상에 기초한 관계가 아니라 구성원들의 역량 개발과 자아실현 욕구를 자극함으로써 궁극적으로 조직의 효과성 제고를 목적으로 함. 배스(Bass)는 변혁적 리더에게 요구되는 특성으로 이상화된 영향력, 동기화, 개별적 배려, 지적 자극 등을 제시 |

| 변혁적 리더십 | 이상화된 영향력 | 높은 수준의 윤리성을 바탕으로 구성원으로부터 신뢰와 존경을 얻고 구성원들에게 모범을 보이는 것 |
|---|---|---|
| | 동기화 | 구성원들이 과업을 달성하고 발전할 수 있도록 비전과 도전감을 갖도록 한다는 것 |
| | 개별적 배려 | 구성원들의 개별화된 발전 요구에 관심을 가지고 학습기회를 제공 |
| | 지적 자극 | 구성원들이 현실의 문제를 창의적이고 혁신적인 방식으로 접근할 수 있도록 한다는 의미로 교사들의 전문성 제고와 밀접하게 관련됨 |
| 수업 리더십 | | • 교장 선생님의 수업 리더십은 학생의 학습 성취 향상을 위하여 교장 선생님이 직접 실행하거나 타인에게 위임하는 일련의 행위를 의미<br>• 구체적으로 수업 리더십은 학생의 학업성취 개선을 위한 교장 선생님의 수업장학 활동과 지원·관리·조정의 행정활동을 포함하는 포괄적인 활동으로 정의될 수 있음 |
| 분산적 리더십 | | • 분산적 리더십은 전통적으로 중시되어 온 공식적인 지도자 외에 학교 구성원 그리고 상황이라고 하는 복합적 개념을 지도성 실행의 큰 틀 속에 포함<br>• 분산적 리더십이 영웅적 개인 혹은 조직의 상황 등 개별 요소에만 초점을 맞춘 지도성 이론이라기보다는 조직에 실재하는 요소들(예 인적·문화적·구조적 요소)을 포괄적으로 고려하고 있다는 증거가 됨 |
| 도덕적 리더십 | | • 도덕적 리더십은 조직 내 가치와 도덕의 역할과 중요성을 강조하게 되면서 등장하게 되었는데, 지도자가 조직구성원들의 과업 수행과정에서 요구되는 규범이나 가치 등을 내면화해가는 영향력을 의미<br>• 리더십에 있어서 "도덕"이 중요한 이유는 리더십 자체가 인간을 대상으로 하기 때문으로, 리더가 구성원들에게 미치는 영향이 크다는 점을 생각한다면 리더십에서 도덕의 중요성은 더욱 강조됨<br>• 학교에서 도덕적 리더십이 중요한 이유는 교장과 교감 선생님을 비롯한 교사들이 학생들에게 도덕적인 모범을 보임으로써 학생들에게 긍정적인 영향을 주어야 하기 때문 |

도덕적 리더십

⊙ Sergiovanni의 선의와 성공에 따른 학교유형

| | | | |
|---|---|---|---|
| 예 | I 도덕적인 학교 | II 도덕적이고 효과적인 학교 | |
| 선의 | | | |
| 아니오 | III 비도덕적이고 비효과적인 학교 | IV 정략적인 학교 | |
| | 아니오 | 성공 | 예 |

| 문화적 리더십 | • 조직 문화는 "한 조직을 다른 조직과 구별하여 주고, 조직 구조의 골격에 생명을 불어넣는 전통과 신념"으로 조직이 어떠한 문화를 가지고 있느냐는 조직의 성공과 직결된다고 할 수 있음<br>• 문화적 리더십은 이러한 문화를 만들고 관리하는 리더십을 의미<br>• 기업, 관공서, 군대 등의 조직과 달리 학교라는 조직은 학교행정가, 교사뿐만 아니라 학생, 학부모, 지역사회 간에 의식과 가치체계를 공유함. 따라서 학교 조직의 리더가 가치 있는 문화를 만들어 나가고 구성원들과 공유하는가는 조직운영과 조직의 성공에 있어서 중요한 문제 |

◉ 서지오바니의 리더십

| 문화적 리더십 | 문화적 리더십 | • 문화는 어떤 학교의 구성원을 다른 학교의 구성원과 구별하는 집합의식과 정신을 만드는 것<br>• 독특한 학교문화를 창출하는 것으로부터 나오는 리더십 |
|---|---|---|
| | 상징적 리더십 | • 학교의 중대사에 대해 다른 사람들에게 주의를 환기시키는 데서 나오는 리더십<br>• 일종의 '대장(chief)'의 역할을 수행 |
| | 교육적 리더십 | • 교육에 대한 전문적 지식으로부터 나오는 리더십<br>• 일종의 '현장교육 전문가(clinical practitioner)'로 간주 |
| | 인간적 리더십 | • 유용한 사회적·인간적 자원을 활용하는 것에서 나오는 리더십<br>• '인간공학 전문가(human engineer)'로 간주 |
| | 기술적 리더십 | • 견고한 경영관리기술로부터 나오는 리더십<br>• '전문 경영자(management engineer)'로 간주 |
| 교사 리더십 | | • 교사 리더십은 1980년대 미국에서 교사의 '권한 강화'와 '분권화 전략' 등이 우세해지면서 등장한 비교적 새로운 리더십 이론으로 학교 개혁의 주체로서 교사의 역할을 강조<br>• 교사 리더십은 교사 중의 교사 혹은 교사 리더의 역할뿐만 아니라 학교 변화와 혁신의 주체로서 모든 교사의 역할을 상징적으로 보여줌<br>• 교사 리더십에는 교사의 의사결정 공유, 권한 강화, 팀워크 활동 등이 포함 |

## 제 15 절  의사결정의 관점

| 구 분 | 합리적 관점 | 참여적 관점 | 정치적 관점 | 우연적 관점 |
|---|---|---|---|---|
| 중심개념 | 목표달성을 극대화하는 선택 | 합의에 의한 선택 | 협상에 의한 선택 | 선택은 우연적 결과 |
| 의사결정의 목적 | 조직목표 달성 | 조직목표 달성 | 이해집단의 목표달성 | 상징적 의미 |
| 적합한 조직형태 | 관료제, 중앙집권적 조직 | 전문직 조직 | 대립된 이해가 존재하고 협상이 용이한 조직 | 달성할 목표가 분명하지 않은 조직 |
| 조직환경 | 폐쇄체제 | 폐쇄체제 | 개방체제 | 개방체제 |
| 특 징 | 규범적 | 규범적 | 기술적 | 기술적 |

| | |
|---|---|
| **합리모형** | • 인간의 이성과 합리성에 입각하여 결정을 내림<br>• 의사결정자가 전지전능하다는 가정<br>• 최적화된 기준에 따라 문제를 완전히 이해하고, 고려할 수 있는 모든 대안을 포괄적으로 탐색·평가<br>• 조직의 목표와 목적의 달성을 극대화할 수 있는 가장 합리적인 대안을 선택할 수 있다고 보는 입장 |
| **만족모형** | • 합리모형이 가지고 있는 제약을 극복하기 위하여 고안<br>• 인간의 제한된 합리성(bounded rationality), 즉 인간이 가지는 한계를 인식하고 인간의 사회심리적인 측면을 고려하여 의사결정<br>• 최적의 대안을 선택하기보다는 만족할 만한 대안을 선택한다는 것을 강조하는 모형 |
| **점증모형** | • 기존의 합리모형이 가진 비현실성을 비판<br>• 실제 의사결정의 과정에서 나타나고 있는 현상을 설명하고자 린드블롬(Lindblom)이 제시<br>• 기존의 틀 혹은 정책의 기조는 견지한 상태에서 한 걸음 혹은 한 단계 수정하여 이전보다 향상된 혹은 개선된 수준에서의 대안을 선택해 나가는 방식 |
| **혼합모형** | • 합리모형과 점증모형을 혼합<br>• 전자의 이성적 요소와 후자의 현실적·보수적 특성을 적절히 혼합해 의사결정이 이루어진다고 보는 입장으로 에치오니(Etzioni)에 의해 제안 |
| **쓰레기통모형** | • 복잡하고 혼란한 상황, 즉 조직화된 무정부 상태나 느슨한 조직에서 의사결정이 이루어지는 행태를 설명<br>• 코헨(Cohen), 마치(March)와 올센(Olsen)이 제안<br>• 조직의 목적은 사전에 설정되는 것이 아니라 자연스럽게 나타남<br>• 수단과 목적은 독립적으로 존재하며, 우연 또는 생각지 못했던 기회에 서로 연결됨<br>• 문제와 해결책이 조화를 이룰 때 좋은 의사결정이 이루어짐<br>• 의사결정은 합리성보다는 우연성에 기초하여 이루어짐<br>• 의사결정자들은 조화를 이루는 것을 찾기 위해 기존의 해결책, 문제, 참여자 및 기회를 탐색함 |

제 **17** 절 ‍의사결정과 참여

| | | |
|---|---|---|
| **브리짓의<br>참여적<br>의사결정** | **상황 1** | • 구성원이 결과에 대해 전문성과 개인적 이해관계를 모두 가지게 될 때 의사결정은 수용 영역 밖에 있음<br>• 참여단계도 초기단계인 문제의 인지부터 적극적으로 참여시킴<br>• 의사결정방식은 의회식이 바람직함. 의회식이란 다수결의 원칙에 따르는 방법으로, 행정가도 다른 참여자와 동등한 입장에서 한 표의 권리를 행사하는 방식임<br>• 행정가의 역할은 소수의 의견도 잘 반영하는 데 역점을 두고 있음 |

| | | | |
|---|---|---|---|
| 브리짓의 참여적 의사결정 | 상황 2 | • 구성원이 결과에 대해 이해관계는 가지고 있으나 전문성이 없을 경우, 의사결정은 수용영역의 한계조건에 있게 됨<br>• 이때 구성원들을 가끔 참여시키며, 참여단계도 최종대안을 선택할 때 제한적으로 참여시킴<br>• 참여의 목적은 이해를 구하고 설득·합의를 도출하여 저항을 최소화하기 위해서임<br>• 의사결정의 참여방식은 민주적·중앙집권주의적 방식이 바람직함<br>• 이 방식은 구성원의 의견과 아이디어를 청취하고 최대한 반영하되, 최종결정은 행정가가 내리는 방식임<br>• 행정가의 역할은 문제해결, 통합, 의견일치 그리고 저항을 줄이는 데 역점을 두어야 한다는 것임 | |
| | 상황 3 | • 구성원이 이해관계는 가지고 있지 않고 전문성이 있는 경우임<br>• 한계조건에 있으며, 구성원을 제한적으로 참여시키는 것이 바람직함<br>• 이때 참여의 목적은 질 높은 아이디어나 정보를 얻기 위해서이며, 대안의 제시나 결과의 평가 단계에서 참여시킴<br>• 상황 2처럼 민주적·중앙집권주의적 방식이 바람직하고 행정가의 역할은 상황 2와 같음 | |
| | 상황 4 | • 구성원이 전문성도 없고 이해관계도 없을 경우, 의사결정은 수용영역 내부에 있게 됨<br>• 이런 경우에는 구성원을 참여시킬 필요가 없음 | |
| 브룸과 예튼 | A1형<br>(autocratic 1,<br>독재1형 또는 순수독재형) | 지도자가 자신이 가진 정보를 이용하여 단독으로 결정하거나 문제를 해결하는 유형 | |
| | A2형<br>(autocratic 2,<br>독재2형 또는 참고독재형) | 지도자가 구성원들로부터 얻은 정보를 바탕으로 단독으로 결정하거나 문제를 해결하는 유형 | |
| | C1형<br>(consultative 1,<br>자문1형 또는 개별협의형) | 지도자가 구성원과 일대일의 관계에서 문제를 공유하고 의견을 들은 후 결정함. 최종 결정에는 구성원의 의견이 반영될 수도 있고 그렇지 않을 수도 있음 | |
| | C2형<br>(consultative 2,<br>자문2형 또는 집단협의형) | 지도자가 집단토론을 통해 아이디어나 제안을 얻고 문제를 공유하지만, 결정은 지도자가 단독으로 행하는 경우임. 최종결정에는 부하의 의견이 반영될 수도 있고 반영되지 않을 수도 있음 | |
| | G2형<br>(group 2, 집단2형 또는 위임형) | 지도자가 구성원 집단과 문제를 공유하고 모든 토론자는 대안을 제시하며 평가할 수 있음. 지도자는 압력을 가하지 않으며 공동결정된 사항을 이행함 | |
| 호이와 타터 | 민주적 상황 | • 의사결정이 수용영역 밖에 있고 구성원들의 헌신이 있다면 그들을 광범위하게 참여시켜야 함<br>• 이 상황에서 유일한 쟁점은 의사결정을 합의로 할 것이냐 혹은 다수결로 할 것이냐의 문제 | |

| 호이와 타터 | 갈등적 상황 | • 의사결정이 수용영역 밖에 있고 구성원의 헌신이 없다면 발생되는 상황<br>• 조직의 복지와 일치하지 않는 방향으로도 나아가게 하기 때문에 참여가 제한되어야 함 |
|---|---|---|
| | 이해관계자 상황 | • 구성원들이 쟁점에 대해 개인적인 이해관계를 가지고 있지만 전문성이 부족하면 발생하는 상황<br>• 구성원들의 참여는 제한되어야 하고 가끔씩 참여가 이루어져야 함 |
| | 전문가 상황 | • 구성원들이 결정에 대해 아무런 개인적인 이해관계를 가지고 있지 않지만 전문성을 가지면 발생하는 상황<br>• 참여는 가끔 제한적으로 이루어져야 하며, 이 상황에서 행정가들은 질 높은 결정을 할 수 있는 기회는 많아지지만, 구성원들을 무차별적으로 참가시키면 소외감이 증대될 수 있음 |
| | 비협력적 상황 | • 결정사항이 구성원들과 관련성이 없고 전문성을 가지고 있지 않다면, 의사결정은 수용영역에 포함되어 참여를 피해야 함<br>• 구성원들은 일반적으로 관심이 없기 때문에 참가하는 것에 불쾌감을 나타낼 수 있음 |

## 제 18 절  의사소통의 주요 기법: 조하리의 창

| 개방의 영역 | • 자신에 관한 정보를 본인과 타인이 모두 잘 알고 있는 영역<br>• 다른 사람과의 인간관계가 성숙해지면 이 영역이 커지면서 효과적인 의사소통이 가능해지며 민주형에 가까운 영역 |
|---|---|
| 무지의 영역 | • 자신에 대하여 남들은 알고 있는데 정작 본인은 모르고 있는 정보로 구성<br>• 예를 들면, 다른 사람은 자신을 거만하고 비사교적인 사람으로 인식하고 있는데 당사자는 자신을 친절하고 개방적인 사람으로 인식하고 있는 독단형이 해당 |
| 비밀의 영역 | • 자기 자신에 대해 다른 사람들은 전혀 모르고 있고 본인만이 알고 있는 정보로 구성<br>• 마음의 문을 닫고 자기에 관해서 남에게 내보이지 않는 과묵형이 해당 |
| 미지의 영역 | • 나에 대해서 자기 자신은 물론 타인도 모르는 정보로 구성<br>• 자신을 포함해서 어느 누구도 특정 개인을 완전히 알 수 없기 때문에 이 영역은 결코 없어지지 않음<br>• 만약 어떤 사람이 자기노출과 피드백을 최소로 사용한다면 그 사람의 의사소통은 폐쇄형 |

| 제 **19** 절 | 교육인사행정 |
|---|---|

| 교육직원 | • 교육과 관련된 직원 전체를 간단히 교육직원 또는 교직원이라 부름<br>• 교육직원이란 국공립·사립학교에서 교육활동 등에 종사하는 자(사무직원 포함)와 교육행정기관, 교육연구기관에서 근무하는 자를 모두 포함하는 개념<br>• 교원은 각급 학교에서 원아, 학생을 직접 지도·교육하는 자로서 국공립·사립학교에서 직접 교육을 담당하고 있는 사람들(교장·교감, 원장·원감, 대학 교원 포함)<br>• 사립학교에 근무하는 교원은 교육공무원 ×<br>• 교육공무원은 국공립의 각급 학교에 근무하는 교원과 교육행정기관, 교육연구기관에서 근무하는 교육전문직을 의미 |
|---|---|

| 교원의<br>전직·전보 | 전 직 | • 다른 직렬의 계급 또는 직급으로 수평적 인사이동<br>• 교육공무원의 직렬은 직무의 성질과 책임에 따라 초등교육직, 중등교육직, 장학직, 교육연구직, 교육행정직으로 구분<br>• 교원이 교육전문직 공무원인 장학사(관), 연구사(관)으로 이동하거나 장학사(관), 연구사(관)이 교원으로 이동하는 경우, 장학사, 장학관과 연구사, 연구관의 상호 이동인 교원·교육전문직 공무원 간의 전직, 학교급 간(초등학교와 중학교) 교원 이동이 전직에 해당<br>• 교육전문직 공무원이 교원으로 전직할 때에는 교원에서 교육전문직 공무원으로 전직할 당시의 직위로 전직하여야 함 |
|---|---|---|

| 교원 | ↔ | 장학사(관), 연구사(관) |
|---|---|---|
| 장학사(관) | ↔ | 교육연구사(관) |
| 초등학교 교원 | ↔ | 중등학교 교원 |

| | 전 보 | • 교육공무원의 동일 직위 및 자격 내에서의 근무기관이나 부서를 달리하는 임용<br>• 교육공무원이 동일 직렬 내에서 직위를 유지하면서 근무지를 변경하는 인사이동<br>• 예를 들면, 교원이 근무학교를 변경하거나 장학사·장학관과 연구사·연구관이 다른 근무 기관이나 부서로 이동하는 것이 전보에 해당<br>• 임용권자는 교원의 생활근거지 근무 또는 희망 근무지 배치를 최대한으로 보장하여 사기진작 및 생활안정을 도모하고 전보임용의 공정성을 확보하기 위하여 최대한 노력하여야 함<br>• 교원의 학교 간 정기전보: 임용권자가 정하는 기간 동안 동일 직위에 근속한 자를 대상으로 정기적으로 실시<br>• 비정기 전보: 학교장의 전보 요청 등의 사유로 교육상 전보가 불가피하다고 인정할 때에는 동일 직위 근속기간이 정기전보 기간 이내라 하더라도 임용권자는 전보할 수 있음 |
|---|---|---|

| 교원연수 | 자격연수 | 법령상의 교원 자격취득 요건을 위한 것으로 1·2급 정교사 자격취득, 교(원)장 및 교(원)감 자격취득, 보건, 사서, 전문상담교사 등 비교과 교사자격취득 시에 이수해야 하는 연수과정 |
|---|---|---|
| | 직무연수 | • 교육의 이론·방법 및 직무 수행에 필요한 능력 배양을 위한 목적으로 실시되는 연수<br>• 직무연수과정은 전공교과과정, 교과전담과정, 컴퓨터과정, 상담과정, 신규임용예정교사과정, 교장·교감직무연수과정, 복직자연수과정 등 |
| | 특별연수 | • 전문지식 습득을 위한 국·내외 특별연수 프로그램<br>• 특별연수는 학습연구년제, 학위취득 대학위탁, 교원 해외유학, 부전공·복수전공 자격연수, 해외 장·단기 체험연수 등 연수의 성격상 자격연수나 직무연수와 다르게 일정 기간 교직 현장을 벗어나 실시 |

## 제 20 절  장 학

| 장학<br>개념의 변화 | 관리장학<br>시대 | • 이 시기의 장학은 근본적으로 행정의 연장으로 권위주의적이고 강제적인 방법으로 장학이 이루어짐<br>• 20세기로 접어들면서 사회 전반에 영향을 미쳤던 과학적 관리론은 그 시기의 장학에도 엄청난 영향<br>• 과학적 관리론의 핵심은 과학적 분석에 기초한 작업체제 내에서 노동자들을 훈련시키고 노동자들이 지시받은 대로 잘 따르는지 확인·감독하는 것<br>• 당시 보비트는 일반 조직의 경영에 적용하는 과학적 원리를 학교에 적용하여 학교 조직을 관료제의 틀 속에 넣어 통제중심의 장학을 행하였는데, 이를 관리장학이라고 함<br>• 이 시기의 장학은 전문적이라기보다는 관료적이며, 단위학교보다는 교육행정기관이 주도 |
|---|---|---|
| | 협동장학<br>시대 | • 인간관계론의 아이디어를 학교에 적용<br>• 장학사와의 원만한 인간관계를 통하여 교사가 학교에 만족감을 느끼게 하고 스스로 학교에 헌신하게 한다는 이 시기의 장학은 민주적 장학, 협동적 장학으로 불리며 큰 환영을 받음<br>• 특히 1930년대는 아동을 존중하는 진보주의 운동이 활발하던 시기로 장학도 장학사에서 교사로 중심이 바뀜<br>• 이에 따라 장학사도 종래의 권위주의적 모습에서 벗어나 교사와 편안한 인간관계를 맺고 그들이 만족감을 느낄 수 있도록 하는 것이 그들의 핵심 역할<br>• 그러나 진보주의 운동이 방임 교육으로 비판받는 것처럼 협동적 장학이 어떻게 실천되어야 하는가에 대한 고민이 뒤따르지 못해 인간관계의 증진이 생산성 증가로 이어지지 못함<br>• 이 시기의 장학은 많은 추종자가 있음에도 불구하고 실질적 결과물은 없는 자유방임적 장학으로 비판받음 |

| | | |
|---|---|---|
| **장학<br>개념의 변화** | **수업장학<br>시대** | • 1957년 옛 소련의 스푸트니크호의 충격은 미국 교육의 전반을 바꾸어 놓는 계기<br>• 미국 교육을 전반적으로 개혁하기 위해 교육과정 개발에 박차를 가하면서 교육과정 개발자로서의 장학사의 역할이 중요시<br>• 교육과정 개발과 장학은 동일시되었고 장학 담당자는 각 과목의 전문가로서 교육과정을 편성하고 교사와 함께 새로운 교육 프로그램을 만드는 것이 주요 임무<br>• 이 시기를 수업장학 시대라고 하며 교육과정의 개발과 함께 장학의 초점을 수업에 맞추어 임상 장학, 현장 연구 등의 장학 기법이 등장<br>• 임상 장학은 교사와 장학사 간 사전에 합의된 내용을 서로 협력하여 진행한다는 점에서 보다 민주적인 장학<br>• 장학의 초점이 보다 수업에 맞추어짐으로써 비디오테이프의 사용, 교사 – 학생 간 상호작용 평가, 새로운 교수 방법을 위한 현장 연구(action research)가 활발하게 진행<br>• 이 시기는 1950년대 교육행정의 이론화 운동(theory movement)의 영향을 받아 보다 과학적인 방법으로 장학 연구가 행해지던 시기이기도 했음 |
| | **발달장학<br>시대** | • 1970년대에는 장학에서 과학적 관리론과 인간 관계론을 절충하려는 노력이 이루어짐<br>• 과학적 관리론에 보다 중심을 맞춘 것이 신과학적 관리 장학이라면, 인간관계론에 보다 중심을 맞춘 것은 인간자원 장학 |
| **장학의 유형** | **수업장학** | 교사들의 수업 기술 향상을 위하여 교장·교감(외부 장학요원·전문가·자원 인사 포함)이 주도하는 개별적이고 체계적인 성격이 강한 지도·조언활동 |
| | **동료장학** | 동료 교사들이 교육 활동의 개선을 위하여 모임이나 짝을 이루어 상호간에 수업 연구·공개 활동의 추진이나 공동 과제 및 관심사의 협의·연구·추진 등 공동으로 노력하는 활동 |
| | **자기장학** | 교사 개인이 자신의 전문적 발달을 위하여 스스로 체계적인 계획을 세우고 이를 실천해 나가는 활동 |
| | **약식장학<br>(일상장학)** | 교장·교감이 간헐적으로 짧은 시간 동안 학급 순시나 수업 참관을 통하여 교사들의 수업 활동과 학급경영 활동을 관찰하고 이에 대하여 교사들에게 지도·조언하는 활동 |
| | **자체연수** | 교육활동의 개선을 위해 교직원들의 필요와 욕구에 의해 교내·교외의 인적·물적 자원을 활용하여 학교자체에서 실시하는 연수활동 |
| **임상장학** | | • 임상 장학은 교사들의 전문적 성장을 촉진하고 수업 개선에 근본적인 목적을 두는 체계적이고 계획적인 장학으로 쌍방적 동료관계를 지향<br>• 수업과 장학에 임하기 전에 사전 계획협의를 하여 여러 가지 약속을 하고 약속대로 수업을 관찰하고 자료를 수집<br>• 이를 분석하고 협의회 전략을 세워 다시 만나서 피드백협의회를 하여 다음 수업 전략을 세우고 장학의 과정에 대하여 종합적인 반성<br>• 임상(clinical)이란 단어는 의학 분야에서 가져온 것으로 실제 병상에서 의사가 환자를 관찰하고 치료에 임하는 과정을 교사와 장학 담당자의 관계에 적용한 것<br>• 장학 담당자가 실제 교실 상황에서 수업 상의 문제를 직접 확인하여 교사에게 전문적 도움을 줌으로써 수업 개선을 함께 도모하는 것 |

| 학교컨설팅 장학 | 학교교육을 개선하기 위해서 일정한 전문성을 갖춘 사람들이 학교와 학교구성원의 요청에 따라 제공하는 독립적인 자문활동으로서 경영과 교육의 문제를 진단하고 대안을 마련하며 문제해결과정을 지원하고 교육훈련을 실시하며 문제해결에 필요한 인적·물적 자원을 발굴하여 조직화하는 일 | |
|---|---|---|
| | 전문성의 원리 | • 전문성은 컨설턴트가 가지고 있는 자격증이나 직위 또는 소속된 기관의 위상에 수반하는 형식적인 전문성이 아니라, 실제적으로 학교의 문제를 해결할 수 있는 실제적인 현장전문성임<br>• 학교현장의 유능한 교원들은 물론, 교육 관련 분야의 교수나 연구원들을 활용하면 교육의 이론과 실제가 유리되는 것을 막을 수 있음 |
| | 독립성의 원리 | • 컨설턴트가 의뢰인과 상급자-하급자 관계로 되지 않아야 한다는 것을 의미<br>• 컨설턴트는 학교의 행정체계로부터 자유롭게 활동하면서 성과를 보여 주어야 함<br>• 학교컨설팅의 성과는 컨설턴트가 의뢰인과의 관계에서 얼마나 독립성과 객관성을 유지할 수 있느냐에 달려 있으며, 이러한 독립성의 측면에서 보면 학교조직의 내부인보다는 외부인이 컨설턴트로 활동하는 데 좋은 위치에 있음 |
| | 자문성의 원리 | • 컨설턴트는 변화에 관한 결정을 내리거나 그것을 집행하는 직접적 권한을 가지고 있지 않으며, 단지 컨설팅의 질적 우수성에 대한 책임을 짐<br>• 그 컨설팅을 선택함으로써 발생하는 최종적인 책임은 원칙적으로 의뢰인에게 있으며, 의뢰인은 컨설팅 관계의 시작과 종결을 결정할 수 있는 권한을 가지고 있음<br>• 의뢰인과 컨설턴트의 권한과 책임 관계는 학교컨설팅을 여타 지원활동과 구별 짓는 하나의 특징임 |
| | 일시성의 원리 | • 학교는 기술적 전문성이 부족한 영역이나 일시적으로 전문인력이 필요한 영역에서 컨설팅을 필요로 함<br>• 일단 의뢰한 문제가 해결되면 컨설팅 관계는 종료되어야 함<br>• 컨설팅의 목적은 의뢰인이 컨설턴트의 도움을 더 이상 필요로 하지 않도록 만드는 것이므로, 컨설팅이 종료된 이후에도 의뢰인이 컨설턴트에게 동일한 문제에 관해 계속 도움을 받아야 한다면, 그것은 컨설팅이 제대로 이루어지지 못했음을 의미 |
| | 교육성의 원리 | • 컨설턴트는 의뢰인이 학교구성원의 문제해결에 도움을 줄 수 있는 정보를 제공하고, 기술습득과 능력함양을 위한 교육훈련을 실시<br>• 의뢰인은 컨설턴트와 함께 문제를 해결하는 과정에서 컨설팅이 어떻게 진행되는지, 컨설턴트의 역할과 태도와 윤리는 어떠 해야 하는지 등에 대해서 학습하게 됨 |
| | 자발성의 원리 | • 학교컨설팅 관계를 맺기 위한 최초의 접촉은 컨설턴트와 의뢰인 어느 쪽에서도 먼저 시작할 수 있음<br>• 학교컨설팅에 대한 요청을 하는 경우든 받는 경우든, 어느 경우이든지 학교컨설팅은 의뢰인이 자발적으로 나서서 컨설턴트의 도움을 요구함으로써 시작되며, 공식적 컨설팅 관계는 컨설턴트와 의뢰인의 상호 합의와 계약에 의해 성립<br>• 이것은 학교컨설팅을 학교와 관련된 다른 모든 지원활동, 예를 들면 장학이나 연수와 같은 것과 구분 짓는 핵심적 특징 |

| | |
|---|---|
| **제 21 절** | **교육자치제도** |

| | |
|---|---|
| **기본구조** | • 현행 교육자치제도는 시·도 단위의 광역 지방교육자치제임<br>• 교육감: 교육·학예에 관한 사무의 집행기관<br>• 시·도의회: 교육·학예에 관한 의결기관<br>• 시·도의회에는 상임위원회의 하나인 교육위원회가 있으며 일반 시·도의원들로 구성됨. 따라서 현행 제도는 집행기구는 일반행정과 분리되고 의결기구는 통합된 형태<br>• 시·도교육청의 하급교육행정기관으로 시·도의 교육·학예에 관한 사무를 분장하기 위하여 1개 또는 2개 이상의 시·군 및 자치구를 관할구역으로 하는 교육지원청을 둠 |
| **교육감** | • 교육감은 시·도의 교육·학예에 대한 사무의 집행기관이며 교육·학예에 관한 소관 사무로 인한 소송이나 재산의 등기 등에 대하여 당해 시·도를 대표함<br>• 교육감의 임기는 4년으로 하며, 계속 재임은 3기에 한함<br>• 교육감의 선출은 주민의 보통·평등·직접·비밀선거에 따라 선출하는 주민 직선제를 취하고 있음<br>• 교육감의 선출 자격은 교육경력 또는 교육행정경력이 3년 이상 있거나 양 경력을 합하여 3년 이상인 자이며, 후보자 등록신청 개시일부터 과거 1년 동안 정당의 당원이 아닌 사람이어야 함<br>• 교육감은 법령 또는 조례의 범위 안에서 그 권한에 속하는 사무에 관하여 교육규칙을 제정할 수 있음<br>• 주민은 교육감을 소환할 권리를 지님 |
| **지방의회<br>(교육위원회)** | • 시·도의회가 의결기관임<br>• 시·도의회에는 조례로 둘 수 있는 상임위원회(지방자치법 제64조 제1항·제2항)인 교육위원회가 교육 및 학예에 관한 의안과 청원 등을 심사·처리함. 그리고 시·도의회가 의결함 |
| **교육감의<br>보조기관 및<br>하급지방<br>행정기관** | • 교육감 소속하에 국가공무원으로 보하는 부교육감 1인(인구 800만 명 이상이고 학생 150만 명 이상인 시·도는 2인)을 둠<br>• 부교육감은 해당 시·도교육감이 추천한 사람을 교육부장관의 제청으로 국무총리를 거쳐 대통령이 임명함<br>• 하급교육행정기관으로는 시·도의 교육·학예에 관한 사무를 분장하기 위하여 1개 또는 2개 이상의 시·군 및 자치구를 관할구역으로 하는 교육지원청을 둠<br>• 교육지원청에 교육장을 두되 장학관으로 보함<br>• 교육장은 시·도의 교육·학예에 관한 사무 중 ① 공·사립의 유치원·초등학교·중학교·공민학교·고등공민학교 및 이에 준하는 각종학교의 운영·관리에 관한 지도·감독, ② 그 밖에 조례로 정하는 사무를 위임받아 분장함 |

| 제 22 절 | **학교운영위원회** |
|---|---|

| 기 능 | • 학교운영위원회는 국·공립 및 사립의 초등학교·중학교·고등학교 및 특수학교에 구성·운영하여야 하는 의무기구임 |
| | • 기능면에서 국·공립학교의 학교운영위원회는 심의기구이고 사립학교의 학교운영위원회는 자문기구의 성격을 지님. 다만, 학교발전기금 사항에 대하여는 국·공립 및 사립학교 모두 의결기구의 성격을 지님 |
| | • 국·공립학교의 장은 학교운영위원회의 심의 결과를 최대한 존중하여야 하며, 그 심의 결과와 다르게 시행하고자 하는 경우에는 이를 운영위원회와 관할청에 서면으로 보고하여야 함 |
| | • 관할청은 국·공립학교의 장이 정당한 사유 없이 운영위원회의 심의·의결 결과와 다르게 시행하거나 심의·의결 결과를 시행하지 아니하는 경우 또는 심의를 거쳐야 할 사항을 심의를 거치지 아니하고 시행하는 경우에는 시정 명령을 내릴 수 있음 |
| **위 원** | • 위원 수: 학교운영위원회의 위원정수는 5인 이상 15인 이내의 범위 안에서 학교의 규모 등을 고려하여 정하고, 당해 학교의 교원대표·학부모대표 및 지역사회 인사로 구성하며 교장은 당연직 교원위원이 됨 |
| | • 학부모위원: 학부모 중에서 민주적 대의 절차에 따라 학부모 전체회의에서 직접 선출함 |
| | • 당연직 교원위원을 제외한 교원위원: 교원 중에서 선출하되 교직원 전체회의에서 무기명투표로 선출함 |
| | • 지역위원: 학부모위원 또는 교원위원의 추천을 받아 학부모위원 및 교원위원이 무기명투표로 선출함 |
| **위원장 및 부위원장** | 운영위원회에는 위원장 및 부위원장 각 1인을 두되, 교원위원이 아닌 위원 중에서 무기명투표로 선출함 |

| 제 23 절 | **교육재정** |
|---|---|

| **특 성** | | • 교육재정은 공권력을 통한 강제성을 가지고 있음 |
|---|---|---|
| | | • 교육재정은 공익을 추구함 |
| | | • 교육재정은 필요로 하는 지출의 규모를 먼저 정하고 이에 상응하는 수입을 확보해 나가는 양출제입의 회계원칙이 적용됨 |
| | | • 교육재정은 정부가 활동을 그만두지 않는 한 지속되는 특성을 지님 |
| | | • 교육재정은 교육의 특수성으로 인해 비긴요적이고 비생산적이라는 특성을 지니고 있음 |
| **지원구조** | **국 가** | 내국세 수입액의 20.79% + 국세분 교육세 수입액 일부 |
| | **지방자치단체** | • 초·중등교육을 지원하는 지방자치단체가 부담하는 재원 역시 조세수입을 기초로 함 |
| | | • 지방자치단체가 부담하는 재원은 법정전입금인 지방교육세 전입금, 시·도세 수입액의 일정률(특별시 10%, 광역시 및 경기도 5%, 도 3.6%)인 시·도세 전입금, 지방교육세 전입금, 담배소비세 전입금(특별시와 광역시의 담배소비세의 45%) 등으로 구성 |
| | | • 이와 함께 공립도서관 운영비 등의 비법정전입금, 지방자치단체가 각급 학교에 직접 지원하는 교육경비보조금 그리고 교육청 자체수입인 학생납입금, 교육청 재산 수입 등이 지방자치단체의 재원으로 사용 |

| 지원구조 | 학부모 | 학부모가 부담하는 재원으로는 등록금(입학금, 수업료, 학교운영지원비), 학교발전기금, 수익자 부담경비, 사용료 및 수수료 등 | | |
|---|---|---|---|---|
| | 학교법인 | 학교법인이 부담하는 재원에는 학교법인이 수익용 기본재산을 운용하여 생긴 수익에서 학교법인이 자체 운영경비와 제세공과금, 감가상각비를 제외한 후 법정부담경비, 교육시설비, 학교운영비 등을 사립학교 교비회계로 전입하는 학교법인전입금 등 | | |
| 교부금 | 지원구조 | • 교육재정의 지원구조는 중앙정부의 교육부 예산과 시·도교육청 교육비 특별회계로 구분<br>• 중앙정부의 교육부 예산은 대부분이 일반회계에 계상: 국립학교로 배분<br>• [지방교육재정교부금 및 보조금] by 중앙정부 + [전입금] by 지방정부<br>⇨ 시·도 교육청이 교육비 특별회계를 편성 ⇨ 공립학교 | | |
| | 의미 | 지방의 재정자립도나 빈부의 격차로 인하여 발생하는 교육기회의 불균형과 교육의 질적 격차를 해소하기 위해 국가가 지자체에 교육재정을 지원하는 재원 | | |
| | 종류 | 보통<br>교부금 | • 재원은 기준재정수입액이 기준재정 수요액에 미달하는 지방자치단체에 미달액을 기준으로 하여 총액으로 교육부장관이 교부 | |
| | | | 기준재정수요액 | 지방교육 및 그 행정운영에 관한 재정수요를 법령에 의하여 산정한 금액(측정단위, 단위비용) |
| | | | 기준재정수입액 | 일반회계 전입금 등 교육·학예에 관한 지방자치단체 교육비 특별회계의 수입예상액 |
| | | | • 보통교부금의 재원은 내국세 총액의 1만분의 2,079에 해당하는 금액의 96.2%와 일부 교육세 세입액으로 구성 | |
| | | 특별<br>교부금 | • 재원은 당해 연도의 내국세 총액의 1만분의 2,079에 해당하는 금액의 3.8%<br>• 교육부장관은 다음 구분에 따라 특별교부금을 교부함 | |
| | | | 「지방재정법」 제58조에 따라 전국에 걸쳐 시행하는 교육 관련 국가시책사업으로 따로 재정지원계획을 수립하여 지원하여야 할 특별한 재정수요가 있거나 지방교육행정 및 지방교육재정의 운용실적이 우수한 지방자치단체에 대한 재정지원이 필요할 때 | 재원의<br>380분의 180 |
| | | | 기준재정수요액의 산정방법으로 파악할 수 없는 특별한 지역교육현안에 대한 재정수요가 있을 때 | 재원의<br>380분의 90 |
| | | | 보통교부금의 산정기일 후에 발생한 재해로 인하여 특별한 재정수요가 생기거나 재정수입이 감소하였을 때 또는 재해를 예방하기 위한 특별한 재정수요가 있는 때 | 재원의<br>380분의 30 |

| 교부금 | 종류 | 특별<br>교부금 | 1. 「초·중등교육법」 제21조에 따른 교원에 대한 인공지능 기반 교수학습 역량 강화 사업 등 디지털 기반 교육혁신을 위한 특별한 재정수요가 있는 때<br>2. 초등학교·중학교·고등학교 방과 후 학교 사업 등 방과 후 교육의 활성화를 위한 특별한 재정수요가 있는 때<br>3. 1. 또는 2.와 관련하여 디지털 기반 교육혁신 또는 방과 후 교육 활성화 성과가 우수한 지방자치단체에 대한 재정지원이 필요한 때 | 재원의<br>380분의 80 |
|---|---|---|---|---|
| | 특징 | | • 지원구조가 단순하고 지방교육재정을 지원할 수 있는 제도적 장치가 마련되어 있음<br>• 중앙정부의 역할이 매우 큼<br>• 단위학교에 재정운영의 자율성을 부여하고 있는 학교회계제도를 운영하고 있음<br>• 학교회계제도 도입과 동시에 학교발전기금제도를 도입하여 단위학교 재정확보를 위한 보완적 장치를 마련하였음 | |

| 교육비 | 총교육비 | • 교육활동을 위해 실제로 지출되거나 포기된 모든 형태의 비용<br>• 교육재화를 생산하는 데 직접적으로 지출되는 직접교육비와 기회비용인 간접교육비까지 포함 |
|---|---|---|
| | 직접교육비 | 교육목적 달성을 위한 교육활동에 직접적으로 지출되는 경비로 주로 중앙 및 지방정부, 학교법인, 학생이나 학부모가 부담하는 비용, 기타 사회민간단체가 부담하는 비용 등을 그 재원으로 함 |
| | 간접교육비 | • 교육활동을 함으로써 포기되는 모든 형태의 기회비용<br>• 교육 기간 동안 학생이 취업할 수 없기 때문에 포기된 소득, 학교 교육기관에 주어진 각종의 면세 혜택 비용, 학교 건물과 교육시설을 경제적 수익사업을 위해 사용하지 않았기 때문에 발생하는 비용, 학교시설 감가상각비 등 |

직접교육비는 공적예산회계 절차를 거치는지 여부에 따라 공교육비와 사교육비로 구분됨

| 교육비 | 공교육비 | • 합법적인 공적 예산회계 절차를 거쳐 교육활동에 투입되는 비용<br>• 공교육비에는 중앙 및 지방정부의 예산, 학교법인이 부담하는 비용, 학생 및 학부모가 부담하는 비용, 기타 사회·민간단체가 부담하는 비용 등이 포함<br>• 공교육비는 비용 부담의 주체가 누구냐에 따라 공부담 공교육비와 사부담 공교육비로 구분 |
|---|---|---|

| | 공부담 공교육비 | 중앙 및 지방정부 그리고 단위학교에서 부담하는 비용 |
|---|---|---|
| | 사부담 공교육비 | 학부모, 기타 사회·민간단체가 부담하는 비용(입학금, 수업료, 육성회비 등) 등 |

| 교육비 | 사교육비 | • 법적인 예산회계 절차를 거치지 않는 학교 교육 외에 학생이나 학부모가 자의에 따라 사적으로 받는 교육을 위해 지출되는 교육비용<br>• 여기에는 교재 및 부교재 구입비, 학용품비, 수업 준비물비, 학교지정의류비, 입시학원비, 개인과외비, 교통비, 급식비, 하숙비 등이 포함<br>• 사부담 공교육비 + 사부담 사교육비 = 사부담 교육비 |
|---|---|---|

**학교회계제도**

| | | |
|---|---|---|
| 의 미 | | 학교예산을 회계연도 개시 전에 총액으로 배분하고 학교운영지원비, 학교발전기금으로부터의 전입금 등을 하나의 회계로 통합·운영하며, 교사의 참여와 학교운영위원회의 심의를 거쳐 하나로 통합된 세입재원을 학교에서 필요한 우선순위에 따라 자율적으로 세출예산을 편성·집행하는 제도 |
| 주요 내용 | 설 치 | 국·공립의 초등학교·중학교·고등학교 및 특수학교에 설치 |
| | 기 간 | 매년 3월 1일에 시작하여 다음 해 2월 말일에 종료 |
| | 과 정 | 예산편성, 예산심의, 예산집행, 결산 |
| | 세 입 | • 국가의 일반회계나 지방자치단체의 교육비 특별회계로부터의 진입금<br>• 학교운영지원비(육성회비), 학교발전기금으로부터의 전입금, 수업료 및 학교운영지원비 외에 학교운영위원회의 심의를 거쳐 학부모가 부담하는 경비<br>• 국가 또는 지방자치단체의 보조금 및 지원금<br>• 사용료, 수수료, 이월금 기타 수입 등 |
| | 세 출 | 학교운영 및 학교시설의 설치 등을 위하여 필요한 일체의 경비 |

**학교경영**

| | | |
|---|---|---|
| 의 의 | | 초·중등학교에서 교육활동에 참여하는 학교구성원들이 교육목표를 설정하여 달성하는 데 보다 효과적·효율적으로 일할 수 있도록 필요한 인적·물적 자원을 확보하여 조화롭게 분배하여 실행하고 평가하는 일련의 활동 |
| 원 리 | 합법성 | • 학교경영이 법에 의거하고 법률에 정하는 범위 내에서 이루어져야 한다는 것<br>• 단위학교의 학교경영과 관련된 법규는 헌법, 교육기본법, 초·중등교육법 등 교육 관련 법률과 명령, 조례 등 |
| | 자율성 | 학교경영은 단위학교의 효율적인 교육활동을 위해 상부기관이나 외부조직기관의 지시나 간섭 없이 자율적인 의사결정으로 운영되어야 한다는 것 |
| | 민주성 | 비록 단위학교에서의 학교경영은 학교장 중심으로 이루어지고 있지만 어느 특정인의 독단과 전횡을 막고 교직원, 학생, 학부모 등 지역사회의 의견을 반영하여야 한다는 것 |
| | 효율성 | 학교경영은 최소한의 시간과 노력 그리고 인적·물적 자원의 투입을 통하여 최대의 성과를 거두어야 한다는 것 |
| | 종합성 | 학교경영은 단위학교에서 교육목표 달성을 위해 관련된 모든 요소가 포함되어야 한다는 것 |
| | 현실성 | 학교경영은 한정된 인적·물적 자원을 고려해서 교육목표를 달성하는 데 노력하여야 한다는 것 |
| | 지역성 | 학교경영은 단위학교가 위치하고 있는 그 지역사회의 특성과 상황을 고려해서 경영을 실시해야 한다는 것 |

| | | | | |
|---|---|---|---|---|
| 과정 | 계획 | 한 조직의 목표와 목적을 위한 최적의 수단을 설정하고 목표 달성을 준비하는 일련의 과정, 방법, 절차 등을 상정하는 행위로서 미래 행동을 예견하고 준비하는 일련의 과정을 의미 | | |
| | 조직 | • 조직이란 교육목표를 효과적으로 달성하기 위해 분업적 협동체제로 조직을 구성한 것이며 인적 조직은 물론 자원의 배분까지 포함<br>• 조직은 계선조직과 참모조직으로 구분되는데 계선조직은 수직적인 지휘명령으로 업무를 수행하는 1차적인 조직이며, 참모조직은 계선조직의 기능을 돕기 위해 기획, 자문, 연구 등의 기능을 수행하는 조직으로 막료조직이라고도 함<br>• 단위학교에서는 교무분장 조직을 구성하는데 그중에서 계선조직으로 1학년, 2학년, 3학년 등 학년 조직이 있으며 참모조직은 교무운영부, 연구부, 방과 후 학교부, 학생복지부 등과 교육과정위원회, 복지심사위원회 등 각종 위원회가 있음 | | |
| | 지시 | • 지시는 지휘, 명령, 자극, 영향, 동기화, 지도라고도 함<br>• 지시는 교육목표를 달성하기 위해 교사들로 하여금 교수 학습지도, 생활지도, 학급경영 등 제 업무에 자발적인 노력을 하도록 하는 것<br>• 최근 들어 민주적 교육행정이 발달하면서 지시, 명령, 지휘 등 통제적인 용어와 같은 일방적이고 지나친 권위의 행사보다는 자극, 영향, 동기화와 같은 변혁적이고 민주적 리더십의 발휘 등이 중시 | | |
| | 조정 | • 조정은 교직원들의 역할과 노력 그리고 각 부서 활동과 인적·물적 자원을 학교교육 목표의 달성에 기여하도록 조화하고 통합하는 과정<br>• 단위학교 교육의 목표를 달성시키기 위해 전 교직원들의 역할 갈등 최소화로 사기를 진작시키면서 업무과정에서 일어날 수 있는 낭비 요소를 줄이고 주어진 업무에 노력을 집중할 수 있도록 교무분장 조직을 균형 있고 조화롭게 운영하는 활동<br>• 조정은 학교장의 조정 능력과 학교 구성원들의 교육목표 달성에 대한 동기부여, 학교 규모 등에 좌우됨 | | |
| | 평가 | • 평가는 설정된 교육목표에 비추어 학교경영 업무의 수행과정 및 그 결과를 분석 후 검토하여 과정의 합리성과 결과의 효과성과 효율성을 밝히는 활동으로 전자를 과정평가, 후자를 산출평가라고 함<br>• 교육경영의 목표 달성이 가능하겠는가에 대한 투입요인을 중심으로 평가를 할 수도 있고 투입에서 산출에 이르는 과정평가를 할 수도 있음 | | |
| 학교예산 편성기법 | 품목별 예산제도 | 통제 | 점증 모형 | • 예산을 집행하는 과정에서 유용이나 부정을 예방하기 위한 엄격한 사전·사후통제가 가능한 통제 지향적 예산제도<br>• 예산 항목을 경비의 성격과 위계에 따라 장, 관, 항, 목, 원가통계비목, 과목해설 등으로 작성<br>• 세부적인 항목을 기준으로 예산을 편성·운영하는 제도 |
| | 성과주의 예산제도 | 관리 | 점증 모형 | • 예산과목을 우선 목적별로 나누고 각 목적에 대해 다시 세부사업으로 분류<br>• 각 세부사업별로 단위 원가에 업무량을 곱하여 예산액을 산출하고 그 집행의 성과를 측정·분석한 후 평가하는 예산제도<br>• 업무측정단위와 업무량까지 표기되어 있기 때문에 그 기관이 어떤 사업을 추진하는가를 용이하게 이해할 수 있어 예산심의가 편리하고 예산집행 결과를 다음 회계연도의 예산편성에 효율적으로 반영할 수 있음 |

| | 성과주의<br>예산제도 | 관 리 | 점증<br>모형 | • 예산관리에 너무 치중한 나머지 너무 회계적인 측면을 강조하<br>거나 계획을 소홀히 할 수 있음 |
|---|---|---|---|---|
| 학교예산<br>편성기법 | 기획<br>예산제도 | 계 획 | 합리<br>모형 | • 합리적인 사업 목표를 설계하여 제시되는 행동과정 그리고 자<br>원배분을 과학적으로 계획함<br>• 최소의 비용으로 사업의 목표를 달성할 수 있도록 하는 제도 |
| | 영기준<br>예산제도 | 의사결정 | 합리<br>모형 | • 예산을 편성하는 과정에서 전년도 예산을 고려하지 않음(zero<br>-base)<br>• 모든 사업을 계획목표에 따라 재평가<br>• 신년도 사업의 우선순위에 따라 예산을 편성하는 제도 |

## 제 26 절 교육기획의 접근방법

| | |
|---|---|
| 사회수요에<br>의한 접근 | • 교육을 받고자 하는 모든 사람에게 교육의 기회를 부여해야 한다는 원칙하에서 이루어지는 교육기<br>획 방법<br>• 교육에 대한 개인적·사회적 수요를 기초로 하여 이루어진다는 점에서 직접적인 교육수요에 의한 접<br>근방법<br>• 교육기획시에 국가의 인구와 소득의 경향, 그리고 미래의 학부모와 아동들의 교육에 대한 수요를 예<br>측한 후 이를 기초로 하여 학교설립과 교원양성, 기타 교육적 투입요소를 계획해 나가는 방법<br>• 장점은 사회의 교육적 필요에 부응함으로써 적어도 단기적으로는 사회적·정치적 안정에 기여할 수<br>있음 |
| 인력수요에<br>의한 접근 | • 경제성장에 필요한 인적자본(human capital)의 중요성에 대한 인식을 전제로 경제성장을 뒷받침<br>하는 인력수요를 예측하고 그에 기초하여 인력수요를 충족시킬 수 있도록 교육면의 공급을 조절해<br>나가는 방법<br>• 1960년대에 국가경제의 발전이 교육에 의존한다는 인적 자본론의 영향으로 개발도상국가를 중심<br>으로 유행했던 방법<br>• 구체적인 방법은 목표년도의 인력수요를 추정한 다음 그것을 교육자격별 인력수요 자료로 전환하<br>고, 추정된 노동력의 교육자격별 구조와 현재의 교육자격별 노동력 구조를 비교하여 부족분을 교육<br>수준별, 부문별로 보충토록 하는 것<br>• 교육과 취업, 나아가 교육과 경제성장을 보다 긴밀하게 연결시켜 교육에 대한 계획을 수립할 수 있으<br>며, 교육운영면에서도 낭비를 줄여 효율성을 높일 수 있는 장점이 있음<br>• 그러나 교육과 취업이 반드시 1대1의 대응관계를 갖지 않고, 급변하는 사회에 있어서는 교육수요나<br>인력수요의 구조도 역시 급변하기 때문에 추정 자체가 대단히 어렵고, 교육과 취업 간의 시차로 인해<br>수급면에서 차질을 빚기 쉽다는 점과 예측의 어려움으로 기술상 난점이 크다는 단점이 있음 |
| 수익률에<br>의한 접근 | • 교육투자에 대한 경제적 효과를 분석하는 한 방법으로, 특정 단계 혹은 특정 분야의 교육이나 그 제<br>도 혹은 운영방법 등에 대한 경제적 수익률을 측정하여 비교수익률이 높은 부문이나 방식을 채택하<br>는 접근방법 |

| | |
|---|---|
| 수익률에<br>의한 접근 | • 이는 국가나 개인이 투입한 교육비에 대해 국가와 개인에게 얼마나 수익을 가져왔느냐를 측정하는<br> 것이기 때문에 비용수익의 접근(cost-benefit approach)이라고도 함<br>• 교육에 대한 투입에 비하여 교육에 의해 발생하는 산출의 많고 적음을 밝혀 교육투자의 경제적 효과<br> 를 측정하는 데 목적이 있음 |
| 국제비교에<br>의한 접근 | • 선진국이나 경제 및 교육발전이 유사한 국가의 경험을 비교 연구함으로써 자국의 교육발전을 위한<br> 방향과 전략 등을 수립하려는 접근방법<br>• 국가의 발전단계를 국제적으로 비교하여 보다 발전된 국가의 발전모형과 교육계획을 모방하려는 것<br> 으로 개발도상국 등에서 흔히 활용하는 방법 |

## 제 27 절　교육법규의 법원

| | |
|---|---|
| 우선의 원칙 | • 상위법 우선의 원칙: 헌법은 법률에 우선하고, 대통령령은 부령에 우선하는 등 상위의 법령이 하위의<br> 법령에 우선하여 적용되는 것을 의미<br>• 신법 우선의 원칙: 같은 법률이라도 시간적으로 나중에 제정된 것이 먼저 제정된 것보다 우선한다<br> 는 것<br>• 특별법 우선의 원칙: 특별법이 일반법에 우선한다는 의미 |
| 헌 법 | • 헌법은 최고의 기본법으로 모든 법에 우선하는 법률이며, 교육에 관하여 직접 규정한 것은 제31조로<br> 교육받을 권리를 비롯하여 교육제도의 법률주의 등을 규정<br>• 교육에 관하여 간접적으로 규정한 조항에는 제6조의 국제법규의 효력, 제7조의 공무원의 봉사와 책<br> 임을 비롯하여, 제118조 지방지치단체의 의회 등 |
| 법 률 | 헌법상의 교육제도 법률주의에 따라 국회 의결을 거쳐 제정된 교육에 관한 법률에는 교육기본법, 유아<br>교육법, 초 · 중등교육법, 고등교육법, 평생교육법, 사립학교법, 지방교육자치에 관한 법률, 교육공무원법<br>등이 있음 |
| 조약 및<br>국제법규 | • 국제조약 및 일반적으로 승인된 국제법규는 국내 법률과 같은 효력을 가짐<br>• 교육 분야 국제조약으로는 유네스코 헌장과 유엔의 아동의 권리에 관한 협약이 있음 |
| 명 령 | • 명령에는 대통령령, 총리령, 부령 그리고 국회 규칙과 대법원 규칙이 있음<br>• 교육 법규 관련 명령에는 대통령령과 교육부장관이 제정하는 부령이 대부분임<br>• 대통령령에는 초·중등교육법 시행령, 고등교육법 시행령, 유아교육법 시행령 등, 부령에는 학교 수<br> 업료 및 입학금에 관한 규칙, 사학기관 재무 · 회계규칙 등이 있음 |
| 자치법규<br>(조례, 규칙 및<br>교육규칙) | • 자치법규는 지방자치단체가 법령의 범위 안에서 제정하는 규정(헌법 제117조 제1항)으로 조례, 규<br> 칙, 교육규칙이 있음<br>• 교육에 관한 자치법규의 대표적인 예는 시 · 도의 학교설치 관련 조례, 교육감이 제정하는 재무회계<br> 교육규칙 등이 있음 |

| 기본원리 | 교육권 보장 | 인간다운 생활을 보장하기 위한 기본권으로, 이를 보장하기 위하여 취학의무제도와 의무교육 무상제도가 있음 |
|---|---|---|
| | 교육제도 법정주의 | • 헌법 제31조 제6항은 교육제도, 교육재정, 교원의 지위에 관한 기본적인 사항을 법률로 정하도록 하고 있는데, 이를 교육제도 법정주의라고 함<br>• 교육 입법상의 법률주의 또는 법률에 의한 교육행정의 원리라고도 함 |
| | 교육의 자주성 및 중립성 | • 교육내용과 교육기구가 자주적으로 결정되어야 한다는 것을 의미<br>• 교육의 자주성 보장을 위한 제도적 장치로 중요한 것이 지방교육자치와 대학 자치의 보장<br>• 교육의 자주성 확립을 위하여 불가피하게 요청되는 것이 교육의 중립성 원리<br>• 교육의 중립성 원리는 교육은 정치세력과 종교집단으로부터 부당한 압력이나 영향을 받지 않으며 자주적으로 운영되어야 한다는 것 |
| | 교육의 전문성 | • 헌법에서는 교육의 자주성·중립성과 함께 전문성도 보장하고 있음<br>• 우리 교육 관계법에서는 교육의 전문성을 보장하기 위해 교육의 자유 및 학문의 자유를 명시하고 있음 |
| | 교육 기회균등 | • 헌법에는 법 앞에 평등, 사회적 신분에 의한 차별 금지, 능력에 따라 균등하게 교육받을 권리를 보장하고 있음<br>• 그 내용에는 의무교육무상 원칙, 장학제도, 단선형 학교체계 확립 등이 있음 |
| | 교육행정의 민주성 | • 교육행정과정에서 구성원의 기본권을 존중하며, 기본권이 침해된 경우 적절한 권리구제장치가 마련되어야 함을 의미<br>• 정책 수립 과정에서 민의를 반영하기 위하여 행정이 투명하게 공개되고 구성원 내지 이해관계자의 참여를 보장하는 제도를 마련하는 것이 중요함<br>• 공공기관의 정보공개에 관한 법률과 행정절차법 등 |

# PART 10 교육행정 핵심지문 OX

**001** 교육행정을 교수 – 학습을 통해 교육목표를 달성하도록 돕는 수단으로 보는 것은 조건정 ( ○ | × )
비론에 해당한다.

**002** [교육에 관한 행정] 행정보다 교육을 강조하는 입장이다. ( ○ | × )

**003** [교육에 관한 행정] 행정의 지원적 성격에 초점을 맞추고 있다. ( ○ | × )

**004** [교육에 관한 행정] 교육행정을 행정의 하위영역으로 간주하면서 행정의 종합성을 강조 ( ○ | × )
하려는 입장이다.

**005** [교육에 관한 행정] 교육의 본질과 자주성을 중시하는 입장이다. ( ○ | × )

**006** [민주성의 원리] 교육행정은 일반행정으로부터 분리 · 독립되고 정치와 종교로부터 중립 ( ○ | × )
성을 유지해야 한다.

**007** [민주싱의 원리] 다양한 구싱원들의 의사를 반영하기 위해 위원회, 협의회 등을 둔다. ( ○ | × )

**008** [민주성의 원리] 가계가 곤란한 학생이 능력이 있을 경우 장학금을 지급하여 교육기회를 ( ○ | × )
제공한다.

**009** [민주성의 원리] 교육행정 활동에서는 최소한의 인적 · 물적 자원과 시간을 들여서 최대 ( ○ | × )
의 성과를 거두도록 해야 한다.

**010** 교육행정은 조직, 인사, 내용, 운영 등에서의 자율성과 민주성을 중요시한다. ( ○ | × )

**011** 교육행정은 교육과 행정을 구분하기 때문에 정치적 측면에 강조점을 두지 않는다. ( ○ | × )

정답

**01** ○ **02** × **03** × **04** ○ **05** × **06** × **07** ○ **08** × **09** × **10** ○ **11** ×

**012** 교육이 전문적 활동이기 때문에 이를 지원하는 교육행정은 특별한 훈련 없이도 수월하게  ( ○ | × )
이루어질 수 있다.

**013** 교육행정은 교수 – 학습 활동의 감독을 중요한 출발점으로 한다.  ( ○ | × )

**014** '교육은 교육 본래의 목적에 따라 그 기능을 다하도록 운영되어야 하며, 정치적·파당적  ( ○ | × )
또는 개인적 편견을 전파하기 위한 방편으로 이용되어서는 아니 된다.'는 합법성의 원리
에 해당한다.

**015** 효율성의 원리를 지나치게 강조하면 교육의 본질이 손상될 수 있다.  ( ○ | × )

**016** 민주성의 원리를 지나치게 강조하면 기회균등의 원리를 저해할 수 있다.  ( ○ | × )

**017** 합법성의 원리를 지나치게 강조하면 형식적이고 경직된 행정을 초래할 수 있다.  ( ○ | × )

**018** 자주성의 원리는 교육이 일반행정에서 분리·독립되고 정치·종교로부터 중립성을 유지  ( ○ | × )
해야 한다는 것이다.

**019** 안정성의 원리는 교육정책을 일관되고 지속적으로 추진해야 한다는 것이다.  ( ○ | × )

**020** 효율성의 원리는 교육에 투입되는 비용을 상대적으로 적게 하면서 교육목표를 달성하려  ( ○ | × )
는 것이다.

**021** 자주성의 원리는 지역의 특수성과 다양성을 반영하여 주민의 적극적인 의사와 자발적인  ( ○ | × )
참여를 강조하는 것이다.

**022** 민주성의 원리는 이해당사자들의 의사를 적극적으로 반영하고 그들을 의사결정과정에  ( ○ | × )
적절하게 참여시켜야 한다는 것이다.

**023** 새로운 환경변화에 신축적으로 대응하고 능동적으로 대처함으로써 변화를 주도해 나가  ( ○ | × )
야 한다는 교육행정의 원리는 적응성의 원리이다.

정답

12 × 13 × 14 × 15 ○ 16 × 17 ○ 18 ○ 19 ○ 20 ○ 21 × 22 ○ 23 ○

**024** 교육은 정치적·파당적 또는 개인적 편견을 전파하기 위한 방편으로 이용되어서는 아니 된다. (○ | ×)

**025** 교원노동조합은 정치활동을 할 수 없다. (○ | ×)

**026** 교원은 특정한 정당이나 정파를 지지하거나 반대하기 위하여 학생을 지도하거나 선동하여서는 아니 된다. (○ | ×)

**027** 공립학교에서는 학교운영위원회의 동의가 있는 경우 특정한 종교를 위한 종교교육을 할 수 있다. (○ | ×)

**028** [민주성의 원칙] 민주적 절차와 참여가 중요하다는 것으로 공청회·입법예고 등의 행정 절차와 관련이 있다. (○ | ×)

**029** [중립성의 원칙] 정책 대상의 본질과 중요도를 분별하여 우선순위를 밝히는 것을 요구한다. (○ | ×)

**030** [합리성의 원칙] 정책에 과학성을 부여하는 것으로 과학적 분석에 기초한 정책 형성을 추구한다. (○ | ×)

**031** [효율성의 원칙] 비용과 효과의 비교를 통해 최소한의 시간과 인적·물적 자원을 들여 최대의 성과를 거두는 것을 의미한다. (○ | ×)

**032** [과학적 관리론] 학교관리에 있어 비용 – 편익의 효율성을 강조한다. (○ | ×)

**033** [과학적 관리론] 학교 구성원 간의 사회·심리적 관계를 우선시한다. (○ | ×)

**034** [과학적 관리론] 학교운영에 관한 모든 일을 교사 및 학생들과 긴밀하게 협의하여 결정한다. (○ | ×)

**035** [과학적 관리론] 교사의 교육 전문성을 중시하기 때문에 일반 관리업무와 사무에도 교사를 적극 활용한다. (○ | ×)

---

**정답**

24 ○   25 ○   26 ○   27 ×   28 ○   29 ×   30 ○   31 ○   32 ○   33 ×   34 ×   35 ×

036 [행정관리론] 계획, 조직, 지시, 조정, 통제 등 교육행정의 과정 요소를 제안하였다. (○ㅣ×)

037 [인간관계론] 구성원 참여의 확대와 같은 민주적인 원리를 적용해 교육행정의 발전과 민 (○ㅣ×)
주화에 기여하였다.

038 [해석론] 교육의 실제에 기초해 설정된 가설을 양적 연구를 통해 과학적으로 검증하고, (○ㅣ×)
결과를 해석하려는 노력을 바탕으로 한다.

039 [과학적 관리론] 학교의 비효율과 낭비를 제거하고 효율성을 극대화하기 위한 체계적인 (○ㅣ×)
관리의 도입 및 적용을 주장하였다.

040 [과학적 관리론] 학교 내의 비공식 조직의 중요성을 인정하고 이들과 협력한다. (○ㅣ×)

041 [과학적 관리론] 교원의 성과에 따라 보수를 차등적으로 지급한다. (○ㅣ×)

042 [과학적 관리론] 학생들이 스스로 학습에 재미를 느끼고 공부할 수 있는 환경을 조성 (○ㅣ×)
한다.

043 [과학적 관리론] 지역사회의 중요성을 인식하고 기업, 상급학교, 교육청 등에 학교를 적 (○ㅣ×)
극적으로 홍보한다.

044 [인간관계론] 교육행정의 과정에서 교사의 참여를 중시한다. (○ㅣ×)

045 [인간관계론] 교장의 비억압적이고 비지시적인 지도력을 강조한다. (○ㅣ×)

046 [인간관계론] 학교 안 공식적 조직의 역할과 기능이 부각된다. (○ㅣ×)

047 [인간관계론] 교육행정의 과정에서 명령, 지시보다는 동기유발, 직무만족감 증진 등이 (○ㅣ×)
강조된다.

048 [인간관계론] 개인은 적극적이며 능동적인 존재이다. (○ㅣ×)

정답

36 ○  37 ○  38 ×  39 ○  40 ×  41 ○  42 ×  43 ×  44 ○  45 ○  46 ×  47 ○  48 ○

**049** [인간관계론] 경제적 유인가가 유일한 동기유발 요인은 아니다. (○ | ×)

**050** [인간관계론] 고도의 전문화가 집단을 가장 효율적인 조직으로 이끈다. (○ | ×)

**051** [인간관계론] 생산 수준은 개인의 능력이 아니라 비공식 집단의 사회적 규범에 따라 결 (○ | ×)
정된다.

**052** [보비트(Bobbit)] 교육에서의 낭비를 최대한 제거한다. (○ | ×)

**053** [보비트(Bobbit)] 가능한 모든 시간에 교육시설을 활용한다. (○ | ×)

**054** [보비트(Bobbit)] 교직원의 작업능률을 최대한 유지하고 교직원 수를 최소화 한다. (○ | ×)

**055** [보비트(Bobbit)] 교원은 학생을 가르치는 일과 함께 학교행정의 책임도 져야 한다. (○ | ×)

**056** 교육행정의 원리 중 지방분권과 중앙집권의 적정한 균형을 유지하려는 것과 가장 관계가 (○ | ×)
깊은 원리는 적도집권의 원리이다.

**057** 교육행정 과정의 요소 중 각 부서별 업무 수행의 관계를 상호 관련시키고 원만하게 통합, (○ | ×)
조절하는 일은 조정에 해당한다.

**058** [칼슨(Carlson)] 고교평준화 지역의 공립 고등학교는 야생조직에 해당한다. (○ | ×)

**059** [칼슨(Carlson)] 조직이 그 조직에 들어오는 사람을 통제할 수 없고, 조직의 고객도 그 (○ | ×)
조직에 참여하는 것을 스스로 선택할 수 없는 조직유형은 사육조직이다.

**060** [에치오니(Etzioni)] 강제적 조직에 군대, 경찰, 교도소 등이 해당되고 공식적 조직에 회 (○ | ×)
사가 해당된다.

**061** 학교는 웨익(K. E. Weick)이 말하는 느슨한 결합조직으로서 빠르고 체계적으로 변화하 (○ | ×)
지 않는 현상을 보인다.

정답

| 49 ○ | 50 × | 51 ○ | 52 ○ | 53 ○ | 54 ○ | 55 × | 56 ○ | 57 ○ | 58 × | 59 ○ | 60 ○ | 61 ○ |

**062** 학교는 칼슨(R. O. Carlson)의 구분에 따른 사육조직으로서 학생의 독특한 적응 방식 (O I X) (상황적 은퇴, 반항적 적응, 부수적 보상 적응)에 직면한다.

**063** 학교는 민츠버그(H. Mintzberg)의 구분에 따른 전문적 관료제로서 교사는 교육의 자 (O I X) 율성과 관련한 역할갈등을 경험한다.

**064** 학교가 에치오니(A. Etzioni)의 구분에 의한 공리조직의 성격이 강할 때 구성원은 헌신 (O I X) 적 참여를 한다.

**065** [칼슨(Carlson)] 조직의 고객선택권과 고객의 참여결정권은 교사와 학생의 적응에 영 (O I X) 향을 미치는 중요 변인이다.

**066** [칼슨(Carlson)] 야생조직(wild organization)에 속하는 학교는 학생 유치를 위해 다 (O I X) 른 학교와 경쟁해야 한다.

**067** [칼슨(Carlson)] 사육조직(domesticated organization)에 속하는 학교에 대한 학 (O I X) 생의 학교선택권은 폭넓게 인정된다.

**068** [칼슨(Carlson)] 조직은 고객선택권을 갖지만 고객은 참여결정권이 없는 유형에 속하 (O I X) 는 조직은 실제로 찾아보기 어렵다.

**069** [코헨과 마치(Cohen & March)] 학교 구성원들의 참여가 유동적이고 간헐적이다. (O I X)

**070** [코헨과 마치(Cohen & March)] 교육 조직의 목적은 구체적이지도 명료하지도 않다. (O I X)

**071** [코헨과 마치(Cohen & March)] 학교의 각 하위 체제들은 수직적인 위계 특성을 지니 (O I X) 고 있다.

**072** [코헨과 마치(Cohen & March)] 학교운영 기술뿐만 아니라 교수 학습 기술이 분명하 (O I X) 지 않다.

**073** [관료제] 학교조직에는 직제상 명확하고 엄격한 권위의 위계가 있다. (O I X)

정답

62 ○   63 ○   64 ×   65 ○   66 ○   67 ×   68 ○   69 ○   70 ○   71 ×   72 ○   73 ○

**074** [관료제] 학교는 효율적인 교육을 위해 전문화와 분업의 체제를 갖추고 있다. ( ○ | × )

**075** [관료제] 학교는 독립된 조직단위로 운영되고, 교사의 주요 교육활동은 교실에서 이루어진다. ( ○ | × )

**076** [관료제] 학교조직은 교직원의 행동을 일관되게 통제하기 위하여 규칙과 규정을 제정·활용한다. ( ○ | × )

**077** [이완결합체] 교사들은 자신이 학급에서 하는 수업에 대하여 상당한 정도의 자율성을 지니고 있다. ( ○ | × )

**078** [이완결합체] 교사들과 학생들의 관계는 배려와 헌신의 원리에 기초를 두고 있다. ( ○ | × )

**079** [이완결합체] 교사들은 학칙에 따라 학생들을 징계한다. ( ○ | × )

**080** [이완결합체] 이질적이거나 성격이 다른 요소들이 공존하며 상호간에 영향력이 약하다. ( ○ | × )

**081** [학교조직의 관료제] 몰인정지향성 – 개인적인 감정에 좌우되지 않고 원리원칙에 의해 조직을 운영한다. ( ○ | × )

**082** [학교조직의 관료제] 경력지향성 – 조직 구성원의 직무경력을 중요하게 여겨 한 조직에 오랫동안 남게 하는 유인이 된다. ( ○ | × )

**083** [학교조직의 관료제] 분업과 전문화 – 과업을 효율적으로 수행하기 위하여 직위 간에 직무를 적정하게 배분하고 전문화를 도모한다. ( ○ | × )

**084** [학교조직의 관료제] 규칙과 규정 – 모든 직위가 공식적 명령계통을 중심으로 계층구조를 가지고 있어 부서 및 개인 활동의 조정이 용이하다. ( ○ | × )

**085** 조직화된 무질서(Organized anarchy)의 구체적인 특징으로는 불분명한 목표, 불확실한 기술, 구성원의 유동적 참여가 해당된다. ( ○ | × )

**086** 학교는 중심적 활동인 수업에 대한 교사의 재량권이 발휘되는 이완조직이다. ( ○ | × )

정답

| 74 ○ | 75 × | 76 ○ | 77 ○ | 78 × | 79 × | 80 ○ | 81 ○ | 82 ○ | 83 ○ | 84 × | 85 ○ | 86 ○ |

087 학교는 통일된 직무수행 기준에 따라 엄격하게 통제되는 순수한 관료제 조직이다. (○ | ×)

088 학교는 불분명한 목표, 불확실한 기술, 유동적인 참여를 특징으로 하는 조직화된 무질서 (○ | ×)
조직이다.

089 학교는 느슨한 결합구조와 엄격한 결합구조를 동시에 가지고 있는 이중조직이다. (○ | ×)

090 [호이와 미스켈] 개방풍토 – 교장은 교사들의 의견과 전문성을 존중하고, 교사들은 과업 (○ | ×)
에 헌신한다.

091 [호이와 미스켈] 폐쇄풍토 – 교장은 일상적이거나 불필요한 잡무만을 강요하고, 교사들 (○ | ×)
은 업무에 대한 관심과 책임감이 없다.

092 [호이와 미스켈] 몰입풍토 – 교장은 효과적인 통제를 시도하지만, 교사들은 낮은 전문적 (○ | ×)
업무수행에 그친다.

093 [호이와 미스켈] 일탈풍토 – 교장은 개방적이고 지원적이지만, 교사들은 교장을 무시하 (○ | ×)
거나 무력화하려 하고 교사 간 불화와 편견이 심하다.

094 [매슬로우] 욕구순서는 생리적 욕구 ⇨ 안전욕구 ⇨ 소속과 사랑의 욕구 ⇨ 존경의 욕구 (○ | ×)
⇨ 자아실현의 욕구로 계층화된다.

095 [매슬로우] 일단 충족된 욕구는 동기유발 요인으로서 의미가 대체로 약화된다. (○ | ×)

096 [아담스] '공정성 이론'에서 가장 중시하는 인간의 욕구는 타인과의 비교를 통한 형평의 (○ | ×)
욕구다.

097 [맥그리거] X 이론은 성선설에 해당하고, Y 이론은 성악설에 해당한다. (○ | ×)

098 [아담스] 공정성 이론에 따르면 사람이 다른 사람과 비교해서 과소보상을 느끼면 직무 (○ | ×)
에 시간과 노력을 더 많이 투입한다.

099 [아담스] 공정성 이론은 보상의 양뿐 아니라 그 보상이 공정하다고 지각하는 정도가 만 (○ | ×)
족을 결정한다고 본다.

정답

| 87 × | 88 ○ | 89 ○ | 90 ○ | 91 ○ | 92 × | 93 ○ | 94 ○ | 95 ○ | 96 ○ | 97 × | 98 × | 99 × |

**100** [로크 등의 목표설정이론] 직무에서 만족을 주는 요인과 불만족을 주는 요인을 독립된 별개의 차원으로 본다. (○Ⅰ×)

**101** [성과 – 만족 이론] 자신이 투자한 투입 대 결과의 비율을 타인의 그것과 비교하여 공정성을 판단한다고 본다. (○Ⅰ×)

**102** [브룸의 기대이론] 동기를 개인의 여러 가지 자발적인 행위 중에서 자신의 선택을 지배하는 과정으로 본다. (○Ⅰ×)

**103** [브룸의 기대이론] 유인가(valence)는 목표, 결과, 보상 등에 대해서 개인이 갖는 선호도를 말한다. (○Ⅰ×)

**104** [브룸의 기대이론] 유인가(valence), 성과기대(expectancy) 및 보상기대(instrumentality)를 중심으로 동기유발을 설명한다. (○Ⅰ×)

**105** [브룸의 기대이론] 유인가는 보상에 대하여 가지는 매력 혹은 인지된 가치를 말한다. (○Ⅰ×)

**106** [브룸의 기대이론] 유인가와 보상기대는 높고 성과기대는 낮을 경우 최고 수준의 동기를 유발할 수 있다. (○Ⅰ×)

**107** [브룸의 기대이론] 동일한 성과상여금 기준을 적용받는 교직원 간에 동기유발 효과는 다를 수 있다. (○Ⅰ×)

**108** [허즈버그(Herzberg)] 직무 불만족을 야기하는 근무조건, 직업안정성, 보수 등을 동기요인으로 보았다. (○Ⅰ×)

**109** [맥그리거(McGregor)] 적절하게 동기부여가 되면 누구나 자율적이고 창의적으로 행동한다는 관점을 Y이론으로 불렀다. (○Ⅰ×)

**110** [허시와 블랜차드] 지원형 – 높은 과업행동과 낮은 관계행동에 적합하다. (○Ⅰ×)

**111** [허시와 블랜차드] 위임형 – 낮은 과업행동과 높은 관계행동에 적합하다. (○Ⅰ×)

정답

| 100 × | 101 × | 102 ○ | 103 ○ | 104 ○ | 105 ○ | 106 × | 107 ○ | 108 × | 109 ○ | 110 × | 111 × |

**112** [허시와 블랜차드] 지도형 – 높은 과업행동과 높은 관계행동에 적합하다. (○ | ×)

**113** [허시와 블랜차드] 지시형 – 낮은 과업행동과 낮은 관계행동에 적합하다. (○ | ×)

**114** [피들러(Fiedler)] 리더십 상황 이론에서 구성원의 성숙도, 과업의 구조화 정도, 지도자 (○ | ×)
와 구성원의 관계, 지도자가 구성원에 대해 가지고 있는 영향력의 정도는 상황요소에 해
당한다.

**115** [변혁적 리더십] 교사에게 요구 사항의 완성에 대해 보상과 칭찬을 약속함으로써 과업을 (○ | ×)
수행한다.

**116** [변혁적 리더십] 교사에게 비전과 임무를 제시하고 신뢰와 자긍심을 유발한다. (○ | ×)

**117** [변혁적 리더십] 교사에게 책임을 전가하지 않고 감독과 관찰을 주요 역할로 수행한다. (○ | ×)

**118** [변혁적 리더십] 교사에 대해 개별적으로 관심을 기울이기보다는 전체 학교 성과에 주안 (○ | ×)
점을 둔다.

**119** [변혁적 리더십] 이상적 영향력, 영감적 동기화, 지적 자극, 개별적 고려 등의 특징을 갖 (○ | ×)
는다.

**120** [문화적 리더십] 학교 구성원의 기대와 동기를 지속적으로 자극하여 높은 수행과 발전을 (○ | ×)
유도한다.

**121** [문화적 리더십] 학교로 하여금 독특한 정체성을 갖게 만드는 가치와 믿음, 관점을 창조 (○ | ×)
하고 강화·유지하는 것을 중요시 한다.

**122** [문화적 리더십] 미래 비전의 제시, 인상 관리, 자기희생 등을 통해 학교의 과업 수행과 (○ | ×)
관련된 구성원들의 강한 동기를 유발한다.

**123** [문화적 리더십] 학교 구성원 각자가 자율적으로 자신의 지도력을 발휘하여 조직의 생산 (○ | ×)
성을 제고하는 방향으로 일하게 한다.

정답

| 112 ○ | 113 × | 114 × | 115 × | 116 ○ | 117 × | 118 × | 119 ○ | 120 × | 121 ○ | 122 × | 123 × |

**124** 쓰레기통 모형은 정책결정이 합리성으로만 이루어지는 것이 아니며, 때때로 초합리적인 것과 같은 잠재적 의식이 개입되어 이루어진다는 것이다. ( ○ | × )

**125** 만족 모형은 부분적인 정보와 불확실한 결과를 지닌 복잡한 문제를 해결할 때 사용하며, 최선의 해결책보다는 만족스러운 대안을 찾는다. ( ○ | × )

**126** 점증 모형은 문제가 복잡하고 불확실하며 갈등이 높을 때 사용되며, 기존 상황과 유사한 대안에 대해 지속적으로 비교함으로써 의사결정을 내린다. ( ○ | × )

**127** 혼합 모형은 단순하고 확실한 결과를 가진 문제를 해결하기 위해 최적모형과 만족모형을 결합한 접근방법이다. ( ○ | × )

**128** 합리성 모형은 이성적인 판단과 함께 감성적인 심리작용을 고려한다. ( ○ | × )

**129** 만족화 모형은 객관적 상황보다는 주관적 입장에서 정책결정자의 행동에 주목한다. ( ○ | × )

**130** 점증주의 모형은 개혁이나 혁신적인 의사결정에 적합하다. ( ○ | × )

**131** 혼합 모형은 기본적 결정은 만족화 모형을, 세부적 결정은 점증주의 모형을 활용할 것을 권장한다. ( ○ | × )

**132** 쓰레기통 보형의 의사결정은 다양한 문제와 해결 방안들 사이의 혼란스러운 상호작용 속에서 비합리적이고 우연적 방식으로 이루어진다. ( ○ | × )

**133** 혼합 모형은 만족 모형의 이상주의와 합리성 모형의 보수주의를 혼합하여 발전시킨 모형이다. ( ○ | × )

**134** 점증 모형은 인간의 이성과 합리적 행동에 대한 믿음을 바탕으로 가장 합리적인 최선의 대안을 찾고자 하는 모형이다. ( ○ | × )

**135** 만족 모형은 최선의 결정은 이론적으로 가능할 뿐이며 실제로는 제한된 범위 안에서의 합리성만 추구할 수 있다고 본다. ( ○ | × )

**정답**

124 ×  125 ○  126 ○  127 ×  128 ×  129 ○  130 ×  131 ×  132 ○  133 ×  134 ×  135 ○

**136** 합리성 모형에서는 기존의 정책 대안과 경험을 기초로 약간의 개선을 도모할 수 있는 제한된 수의 대안을 검토하여 현실성 있는 정책을 선택한다. (○ㅣ✕)

**137** 교원은 교육자로서 갖추어야 할 품성과 자질을 향상시키기 위하여 노력하여야 한다. (○ㅣ✕)

**138** 교권은 존중되어야 하며, 교원은 그 전문적 지위나 신분에 영향을 미치는 부당한 간섭을 받지 아니 한다. (○ㅣ✕)

**139** 교원은 특정한 정당이나 정파를 지지하거나 반대하기 위하여 학생을 지도하거나 선동하여서는 아니 된다. (○ㅣ✕)

**140** 교원은 어떠한 경우에도 소속 학교의 장의 동의 없이 학원 안에서 체포되지 아니 한다. (○ㅣ✕)

**141** [기간제 교원] 퇴직 교원을 임용할 수 있다. (○ㅣ✕)

**142** [기간제 교원] 교원 자격증을 가진 사람을 임용하여야 한다. (○ㅣ✕)

**143** [기간제 교원] 정규 교원 임용에서 우선권을 인정할 수 있다. (○ㅣ✕)

**144** [기간제 교원] 교원의 휴직, 파견, 연수 등으로 후임자의 보충이 불가피한 경우 임용할 수 있다. (○ㅣ✕)

**145** 수석교사는 교육전문직원이다. (○ㅣ✕)

**146** 공립학교 행정실장은 교육공무원이다. (○ㅣ✕)

**147** 교장은 별정직 공무원이다. (○ㅣ✕)

**148** 공무원인 교원은 특정직 공무원이다. (○ㅣ✕)

**149** 직위란 1명의 교육공무원에게 부여할 수 있는 직무와 책임을 말한다. (○ㅣ✕)

**정답**

**136** ✕ **137** ○ **138** ○ **139** ○ **140** ✕ **141** ○ **142** ○ **143** ✕ **144** ○ **145** ✕ **146** ✕ **147** ✕
**148** ○ **149** ○

**150** 전직이란 교육공무원의 종류와 자격을 달리하여 임용하는 것을 말한다. ( ○ | × )

**151** 강임이란 교육공무원의 직렬을 달리하여 하위직위에 임용하는 것을 말한다. ( ○ | × )

**152** 전보란 교육공무원을 같은 직위 및 자격에서 근무기관이나 부서를 달리하여 임용하는 것 ( ○ | × )
을 말한다.

**153** 공립학교 교장의 임기는 4년이고, 한 번만 중임할 수 있다. ( ○ | × )

**154** 교원이 장학사가 되는 경우 전직에 해당한다. ( ○ | × )

**155** 수석교사도 임기 중에 교장 또는 교감 자격을 취득할 수 있다. ( ○ | × )

**156** 실기교사도 교사자격증이 필요하다. ( ○ | × )

**157** 교사가 장학사로 임용된 경우 교원의 전보에 해당한다. ( ○ | × )

**158** 도교육청 장학관이 교장으로 임용된 경우 교원의 전보에 해당한다. ( ○ | × )

**159** 중학교 교사가 초등학교 교사로 임용된 경우 교원의 전보에 해당한다. ( ○ | × )

**160** 교육지원청 장학사가 도교육청 장학사로 임용된 경우 교원의 전보에 해당한다. ( ○ | × )

**161** [특별연수] 박 교사는 특수분야 연수기관에서 개설한 종이접기 연수에 참여하였다. ( ○ | × )

**162** [특별연수] 황 교사는 교육청 소속 교육연수원에서 교육과정 개정에 따른 연수를 받았다. ( ○ | × )

**163** [특별연수] 최 교사는 학습연구년 교사로 선정되어 대학의 연구소에서 1년간 연구 활동 ( ○ | × )
을 수행하였다.

**164** [특별연수] 교직 4년차인 김 교사는 특수학교 1급 정교사 자격증을 취득하기 위한 연수 ( ○ | × )
에 참여하였다.

**165** 수석교사는 임용 이후 3년마다 재심사를 받는다. ( ○ | × )

---

정답

**150** ○ **151** × **152** ○ **153** ○ **154** ○ **155** × **156** ○ **157** × **158** × **159** × **160** ○ **161** ×
**162** × **163** ○ **164** × **165** ×

**166** 수석교사는 임기 중에 교장 자격을 취득할 수 없다. (○ | ×)

**167** 수석교사는 교사의 교수·연구 활동을 지원하며, 학생을 교육한다. (○ | ×)

**168** 수석교사가 되려면 15년 이상의 교육경력(교육전문직 근무경력 포함)을 필요로 한다. (○ | ×)

**169** 수석교사는 학생을 교육한다. (○ | ×)

**170** 수석교사는 교사의 교수·연구 활동을 지원한다. (○ | ×)

**171** 수석교사는 교무를 통할하고, 소속 교직원을 지도·감독한다. (○ | ×)

**172** 교사는 법령에서 정하는 바에 따라 학생을 교육한다. (○ | ×)

**173** 수석교사는 교장을 보좌하여 교무를 관리하고, 교사의 교수·연구 활동을 감독한다. (○ | ×)

**174** 교장은 교무를 총괄하고, 소속 교직원을 지도·감독하며, 학생을 교육한다. (○ | ×)

**175** 행정직원 등 직원은 법령에서 정하는 바에 따라 학교의 행정사무와 그 밖의 사무를 담당한다. (○ | ×)

**176** [임상장학] 교사의 수업기술 향상이 주된 목적이다. (○ | ×)

**177** [임상장학] 교사와 장학담당자 간의 대면적 관계와 상호작용을 중시한다. (○ | ×)

**178** [임상장학] 일련의 체계적이고 집중적인 지도·조언의 과정이다. (○ | ×)

**179** [임상장학] 자아실현의 욕구가 강한 능력 있는 교사들에게 효과적이다. (○ | ×)

**180** [약식장학] 교사의 자율성과 협동성을 기초로 한다. (○ | ×)

**181** [약식장학] 다른 장학형태에 대하여 보완적이고 대안적인 성격을 갖는다. (○ | ×)

**182** [약식장학] 교사들 간에 동료적인 관계 속에서 서로 가르치고 배운다. (○ | ×)

정답

| 166 ○ | 167 ○ | 168 ○ | 169 ○ | 170 ○ | 171 × | 172 ○ | 173 × | 174 ○ | 175 ○ | 176 ○ | 177 ○ |
| 178 ○ | 179 × | 180 × | 181 ○ | 182 × | | | | | | | |

**183** [약식장학] 간헐적이고 짧은 시간 동안의 학급 순시나 수업참관을 중심 활동으로 한다. ( ○ | × )

**184** [자기장학] 교수활동의 전문성을 반영한 장학형태이다. ( ○ | × )

**185** [동료장학] 인적자원활용의 극대화라는 측면에 장점이 있다. ( ○ | × )

**186** [임상장학] 학교운영 전반에 대한 진단 및 임상적 처방이 목적이다. ( ○ | × )

**187** [약식장학] 교장이나 교감 등 주로 학교의 관리자에 의하여 이루어진다. ( ○ | × )

**188** [컨설팅 장학] 공식적 컨설팅 관계는 컨설턴트와 의뢰인의 상호 합의와 계약이 있어야 성립된다. ( ○ | × )

**189** [컨설팅 장학] 컨설턴트는 변화에 관한 결정을 내리거나 집행하는 권한을 가지고 있지 않다. ( ○ | × )

**190** [컨설팅 장학] 의뢰한 문제가 해결되었다고 컨설팅 관계가 종료되어서는 안 된다. ( ○ | × )

**191** [컨설팅 장학] 학교 조직의 내부인보다는 외부인이 컨설턴트로 활동하는 데 유리한 면이 있다. ( ○ | × )

**192** [임상장학] 학급 내에서 수업의 질을 개선하기 위한 것으로, 교사와 학생 사이에서 이루어지는 상호작용에 초점을 둔다. ( ○ | × )

**193** [약식장학] 평상시에 교장 및 교감의 계획과 주도하에 이루어지는 것으로, 다른 장학형태의 보완적인 성격을 지닌다. ( ○ | × )

**194** [동료장학] 수업전략을 개발하기 위한 것으로, 교사 간에 상호협력하는 장학형태이다. ( ○ | × )

**195** [요청장학] 교내 자율장학으로, 사전 예방차원에서 전문적이고 집중적인 지원이 필요한 경우 이루어지는 장학형태이다. ( ○ | × )

**196** [관리장학] 학문중심 교육과정으로 인해 등장하였다. ( ○ | × )

**197** [협동장학] 조직의 규율과 절차, 효율성을 강조하였다. ( ○ | × )

**198** [수업장학] 교육과정의 개발과 수업효과 증진을 강조하였다. ( ○ | × )

**199** [발달장학] 아동 중심 교육이 강조되던 시기에 널리 퍼졌다. ( ○ | × )

**200** [교육감] 학교운영위원들이 선출한다. ( ○ | × )

**201** [교육감] 10년 이상의 교육 경력과 교육행정 경력이 있어야 한다. ( ○ | × )

**202** [교육감] 교육규칙을 제정할 수 없다. ( ○ | × )

**203** [교육감] 임기는 4년이며 계속 재임은 3기에 한한다. ( ○ | × )

**204** 주민은 교육감을 소환할 권리를 가진다. ( ○ | × )

**205** 부교육감은 당해 시·도 교육감이 추천한 자를 교육부장관이 임명한다. ( ○ | × )

**206** 교육감은 주민의 보통·평등·직접·비밀선거에 따라 선출한다. ( ○ | × )

**207** 교육감 후보자가 되려는 사람은 후보자 등록신청 개시일을 기준으로 교육경력 또는 교육 ( ○ | × )
행정경력이 각각 3년 이상이거나 합산하여 3년 이상이어야 한다.

**208** 교육감 후보자는 후보자 등록신청 개시일로부터 과거 2년 동안 정당의 당원이 아니어야 ( ○ | × )
한다.

**209** 교육지원청에 교육장을 두되 장학관으로 보한다. ( ○ | × )

**210** 교육감은 시·도의 교육·학예에 관한 사무의 집행기관이다. ( ○ | × )

**211** 부교육감은 해당 시·도의 교육감이 추천한 자를 교육부장관의 제청으로 국무총리를 거 ( ○ | × )
쳐 대통령이 임명한다.

**정답**

197 × 198 ○ 199 × 200 × 201 × 202 × 203 ○ 204 ○ 205 × 206 ○ 207 ○ 208 ×
209 ○ 210 ○ 211 ○

**212** 정당은 교육감선거에 후보자를 추천할 수 있다. (○ | ×)

**213** 시·도의 교육·학예에 관한 경비를 따로 경리하기 위하여 당해 지방자치단체에 교육비 (○ | ×)
특별회계를 둔다.

**214** 시·도의 교육·학예에 관한 사무의 심의기관으로 교육감을 둔다. (○ | ×)

**215** 부교육감은 고위공무원단에 속하는 일반직공무원 또는 장학관으로 보한다. (○ | ×)

**216** 지방자치단체의 교육·학예에 관한 경비 중 의무교육에 관련되는 경비는 국가가 모두 부 (○ | ×)
담하여야 한다.

**217** [학교운영위원회] 학교장은 학교운영위원회의 당연직 위원이다. (○ | ×)

**218** [학교운영위원회] 학부모위원은 교사의 추천을 거쳐 학교장이 위촉한다. (○ | ×)

**219** [학교운영위원회] 교원위원은 학교운영위원회 구성에서 가장 낮은 비중을 차지한다. (○ | ×)

**220** [학교운영위원회] 지역위원은 지역주민의 추천을 거쳐 학교운영위원회에서 위촉한다. (○ | ×)

**221** [학교운영위원회] 국·공립학교와 달리 사립학교 학교운영위원회는 학교의 예산안 및 (○ | ×)
결산에 관한 사항을 심의한다.

**222** [학교운영위원회] 국·공립학교에 두는 학교운영위원회는 당해 학교의 교원대표, 학부 (○ | ×)
모대표, 지역사회 인사로 구성한다.

**223** [학교운영위원회] 지역위원은 교원위원의 추천을 받아 학교의 장이 임명한다. (○ | ×)

**224** [학교운영위원회] 국·공립학교의 장은 학교운영위원회의 당연직 위원장이다. (○ | ×)

**225** [학교운영위원회] 국·공립학교에서는 대학입학과 관련된 사항을 심의할 수 없다. (○ | ×)

**정답**

212 × 213 ○ 214 × 215 ○ 216 × 217 ○ 218 × 219 × 220 × 221 × 222 ○ 223 ×
224 × 225 ×

**226** [학교운영위원회] 학교발전기금을 조성할 수 있다. (○ | ×)

**227** [학교운영위원회] 사립의 특수학교도 구성·운영하여야 한다. (○ | ×)

**228** [학교운영위원회] 15인을 초과하여 구성할 수 없다. (○ | ×)

**229** [학교운영위원회] 교원위원, 학부모위원, 지역위원으로 구성된다. (○ | ×)

**230** [학교운영위원회] 국·공립학교의 장은 당연직 위원이다. (○ | ×)

**231** [학교운영위원회] 사립학교 학교운영위원회는 학교의 예산안과 결산에 대한 의결권을 (○ | ×)
가진다.

**232** [학교운영위원회] 학교운영의 자율성을 높이고 지역의 실정과 특성에 맞는 다양하고도 (○ | ×)
창의적인 교육을 하기 위한 것이다.

**233** [학교운영위원회] 학교발전기금의 조성·운용 및 사용에 관한 사항을 심의·의결한다. (○ | ×)

**234** [학교운영위원회] 국·공립학교의 교감은 운영위원회의 당연직 교원위원이 된다. (○ | ×)

**235** [학교운영위원회] 국·공립학교에 두는 운영위원회의 회의는 학교장이 소집한다. (○ | ×)

**236** [학교운영위원회] 국·공립학교에 두는 운영위원회는 학교교육과정의 운영방법에 대해 (○ | ×)
서 심의한다.

**237** [학교운영위원회] 사립학교에 두는 운영위원회는 학교발전기금의 조성·운용 및 사용에 (○ | ×)
관한 사항을 심의할 수 없다.

**238** [학교운영위원회] 국·공립학교의 학칙의 제정 또는 개정 사항을 심의한다. (○ | ×)

**239** [학교운영위원회] 학교운동부의 구성·운영 사항을 심의한다. (○ | ×)

**240** [학교운영위원회] 학부모위원은 교직원 전체회의에서 선출한다. (○ | ×)

---

**정답**

226 ○  227 ○  228 ○  229 ○  230 ○  231 ×  232 ○  233 ○  234 ×  235 ×  236 ○  237 ×
238 ○  239 ○  240 ×

**241** [학교운영위원회] 학교의 장은 운영위원회의 당연직 교원위원이다. (○│×)

**242** [학교운영위원회] 위원 수는 5명 이상 20명 이하의 범위에서 학교의 규모 등을 고려하여 (○│×)
교육부령으로 정한다.

**243** [학교운영위원회] 국립·공립학교뿐만 아니라 사립학교도 학교운영위원회를 구성·운 (○│×)
영하여야 한다.

**244** [학교운영위원회] 국립·공립학교의 학교운영위원회는 학교 교육과정의 운영 방법 및 (○│×)
교과용 도서의 선정 등을 심의한다.

**245** [학교운영위원회] 학생회는 법적 기구가 아니므로 학교운영위원회는 학생 대표 등을 회 (○│×)
의에 참석하게 하여 의견을 들을 수 없다.

**246** [학교운영위원회] 심의사항: 학교급식 (○│×)

**247** [학교운영위원회] 심의사항: 자유학기제 실시 여부 (○│×)

**248** [학교운영위원회] 심의사항: 교과용 도서와 교육 자료의 선정 (○│×)

**249** [학교운영위원회] 심의사항: 대학입학 특별전형 중 학교장 추천 (○│×)

**250** [교육재정] 민간경제는 존속기간이 영속성을 가지고 있는 데 비해, 교육재정은 단기성을 (○│×)
가진다.

**251** [교육재정] 민간경제는 양입제출의 회계원칙이 적용되는 데 반해, 교육재정은 양출제입 (○│×)
의 원칙이 적용된다.

**252** [교육재정] 교육세는 지방교육재정교부금의 재원에 포함되지 않는다. (○│×)

**253** [교육재정] 공공의 이익을 도모하는 국가활동과 정부의 시책을 위해 사용되어야 한다는 (○│×)
공공성이 있다.

---

**정답**

241 ○  242 ×  243 ○  244 ○  245 ×  246 ○  247 ×  248 ○  249 ○  250 ×  251 ○  252 ×
253 ○

**254** [교육재정] 공권력을 통하여 기업과 국민 소득의 일부를 조세를 통해 정부의 수입으로 이전하는 강제성을 가지고 있다. (○ㅣ×)

**255** [교육재정] 수입이 결정된 후에 지출을 조정하는 양입제출(量入制出)의 원칙이 적용된다. (○ㅣ×)

**256** [교육재정] 존속기간이 길다고 하는 영속성을 특성으로 한다. (○ㅣ×)

**257** 국가가 지방자치단체에 교부하는 교부금은 보통교부금과 특별교부금으로 나눈다. (○ㅣ×)

**258** 교육부의 일반회계와 특별회계는 정부가 교육과 학예 활동을 위해 투자하는 예산을 말한다. (○ㅣ×)

**259** 교육부 일반회계의 세출 내역 중에서 가장 규모가 큰 것은 지방교육재정교부금이다. (○ㅣ×)

**260** 시·도교육비 특별회계의 세입 중에서 가장 큰 비중을 차지하는 것은 지방자치단체 일반 회계로부터의 전입금이다. (○ㅣ×)

**261** 사립학교의 재원은 학생 등록금, 학교 법인으로부터의 전입금 두 가지로만 구성된다. (○ㅣ×)

**262** 학부모 재원은 수업료, 입학금, 기성회비 혹은 학교 운영 지원비로 구분할 수 있다. (○ㅣ×)

**263** 국세교육세는 「교육세법」에 의하여 세원과 세율이 결정되고, 지방교육세는 「지방세법」에 의하여 세원과 세율이 결정된다. (○ㅣ×)

**264** 중앙정부가 부담하는 지방교육재정교부금 재원은 교육세 세입액 중 일부와 내국세의 일정 비율에 해당하는 금액으로 구성된다. (○ㅣ×)

**265** 학생이 교육을 받는 기간 동안 미취업에 따른 유실소득은 공부담 교육기회비용에 해당된다. (○ㅣ×)

**266** 국가는 지방교육재정상 부득이한 수요가 있는 경우, 국가예산으로 정하는 바에 따라 보통교부금과 특별교부금 외에 따로 증액교부 할 수 있다. (○ㅣ×)

**267** 시·도 및 시·군·자치구는 관할구역에 있는 고등학교 이하 각급 학교의 교육경비를 보조할 수 있다. (○ㅣ×)

**정답**

| 254 ○ | 255 × | 256 ○ | 257 ○ | 258 ○ | 259 ○ | 260 × | 261 × | 262 ○ | 263 ○ | 264 ○ | 265 × |
| --- | --- | --- | --- | --- | --- | --- | --- | --- | --- | --- | --- |
| 266 ○ | 267 ○ | | | | | | | | | | |

**268** 시 · 도의 교육 · 학예에 필요한 경비는 해당 지방자치단체의 교육비특별회계에서 부담한다. ( ○ | × )

**269** 지방교육재정교부금은 보통교부금과 특별교부금으로 나누어진다. ( ○ | × )

**270** 지방교육재정교부금의 목적은 지방교육의 균형 있는 발전을 도모함에 있다. ( ○ | × )

**271** 보통교부금의 재원은 내국세 총액의 20% 해당액과 교육세 세입액 전액을 합한 금액이다. ( ○ | × )

**272** 공교육비는 공부담 교육비와 사부담 교육비로 나뉘는데, 학생 납입금은 사부담 교육비에 해당된다. ( ○ | × )

**273** 지방교육재정의 가장 큰 재원은 지방교육재정교부금 및 보조금이다. ( ○ | × )

**274** 국가의 재정이 국민의 납세의무에 의해 재원을 확보하듯이 교육예산도 공권력에 의한 강제성을 전제로 한다. ( ○ | × )

**275** 교육재정의 지출 가운데 시설비가 차지하는 비중이 인건비에 비해서 상대적으로 크다. ( ○ | × )

**276** 지방교육재정교부금의 목적은 지방자치단체가 교육기관 및 교육행정기관을 설치 · 경영함에 필요한 재원의 전부 또는 일부를 국가가 교부하여 교육의 균형 있는 발전을 도모하는 것이다. ( ○ | × )

**277** 국가가 지방자치단체에 교부하는 교부금은 이를 보통교부금과 특별교부금으로 나눈다. ( ○ | × )

**278** 교육부장관은 특별교부금을 기준재정수입액이 기준재정수요액에 미달하는 지방자치단체에 총액으로 교부한다. ( ○ | × )

**279** 기준재정수입액은 교육 · 학예에 관한 지방자치단체 교육비 특별회계의 수입예상액으로 한다. ( ○ | × )

**280** 기준재정수입액을 산정하기 위한 각 측정단위의 단위당 금액을 단위비용이라 한다. ( ○ | × )

---

**정답**

**268** ○   **269** ○   **270** ○   **271** ×   **272** ○   **273** ○   **274** ○   **275** ×   **276** ○   **277** ○   **278** ×   **279** ○
**280** ○

**281** 교육부장관은 기준재정수입액이 기준재정수요액에 미치지 못하는 지방자치단체에 대해서는 그 부족한 금액을 기준으로 하여 보통교부금을 총액으로 교부한다. (○ | ×)

**282** [지방교육재정교부금] 교육의 균형 있는 발전을 목적으로 확보·배분된다. (○ | ×)

**283** [지방교육재정교부금] 지방자치단체 교육비특별회계의 세입 재원에 포함되지 않는다. (○ | ×)

**284** [지방교육재정교부금] 국가는 회계연도마다 「지방교육재정교부금법」에 따른 교부금을 국가예산에 계상(計上)하여야 한다. (○ | ×)

**285** [지방교육재정교부금] 「지방교육재정교부금법」상 지방자치단체에 교부하는 교부금은 보통교부금과 특별교부금으로 나눈다. (○ | ×)

**286** 간접교육비는 교육기간 동안 취업할 수 없는 데서 오는 손실로서의 유실소득과 비영리교육기관이 향유하는 면세의 가치이다. (○ | ×)

**287** 직접교육비는 교육활동에 직접적으로 투입되는 경비로서 사교육비는 제외된다. (○ | ×)

**288** 공교육비는 공공의 회계절차를 거쳐 교육에 투입되는 교육비로서 수업료를 포함한다. (○ | ×)

**289** 건물과 장비의 감가상각비는 직접교육비에 속한다. (○ | ×)

**290** 비영리 교육기관에 부여되는 면세의 가치는 기회비용에 속한다. (○ | ×)

**291** 학부모가 부담하는 입학금은 공공회계 절차를 거치므로 간접교육비에 속한다. (○ | ×)

**292** 교육받는 기간 동안 취업할 수 없는 데에서 오는 포기된 소득은 직접교육비에 속한다. (○ | ×)

**293** 학생이 학교에 낸 '방과 후 학교' 수강비가 학교회계 절차를 거쳐 지출되면 이는 사부담공교육비에 해당한다. (○ | ×)

**294** 각급 학교법인이 지출하는 교육비는 사부담공교육비에 해당한다. (○ | ×)

---

**정답**

281 ○  282 ○  283 ×  284 ○  285 ○  286 ○  287 ×  288 ○  289 ×  290 ○  291 ×  292 ×
293 ○  294 ×

**295** 학부모가 지출하는 학생등록금은 사부담사교육비에 해당한다. ( ○ l × )

**296** 교육비는 직접교육비와 간접교육비로 구분할 수 있다. ( ○ l × )

**297** 직접교육비는 공교육비와 사교육비로 구분되고, 공교육비는 공공의 회계 절차를 거쳐 ( ○ l × )
지출되는 경비이다.

**298** 학부모가 부담하는 학교의 입학금·수업료는 사부담(私負擔) 사교육비에 해당한다. ( ○ l × )

**299** 교육기관이 누리는 면세의 가치는 공부담(公負擔) 간접교육비에 해당한다. ( ○ l × )

**300** [학교회계] 회계연도는 매년 3월 1일에 시작하여 다음 해 2월 말일에 종료한다. ( ○ l × )

**301** [학교회계] 학교운영위원회는 학교회계 세입세출예산안을 회계연도 개시 5일 전까지 ( ○ l × )
심의해야 한다.

**302** [학교회계] 학교장은 결산서를 작성하여 회계연도 종료 후 2월 이내에 해당 시·도교육 ( ○ l × )
청에 제출해야 한다.

**303** [학교회계] 학교시설의 유지관리비는 예산안이 확정되지 아니한 때에도 전년도 예산에 ( ○ l × )
준하여 집행할 수 있다.

**304** [학교회계] 학교장은 회계연도마다 학교회계 세입세출예산안을 편성하여 회계연도가 ( ○ l × )
시작되기 10일 전까지 학교운영위원회에 제출하여야 한다.

**305** [학교회계] 단위학교 행정실장이 학교회계 세입세출예산안을 편성한다. ( ○ l × )

**306** [학교회계] 학교발전기금으로부터 받은 전입금은 학교회계의 세입으로 할 수 없다. ( ○ l × )

**307** [학교회계] 학교운영위원회 심의를 거쳐 학부모가 부담하는 경비는 학교회계의 세입으 ( ○ l × )
로 한다.

---

정답

295 × 296 ○ 297 ○ 298 × 299 ○ 300 ○ 301 ○ 302 × 303 ○ 304 × 305 × 306 ×
307 ○

**308** [학교회계] 학교의 장은 회계연도마다 학교회계 세입세출예산안을 편성하여 학교운영 (○ㅣ×)
위원회에 제출하여야 한다.

**309** [학교회계] 지방자치단체의 교육비특별회계의 전입금은 학교회계의 세입항목이 아니다. (○ㅣ×)

**310** [학교회계] 세입: 지방자치단체의 교육비특별회계로부터 받은 전입금 (○ㅣ×)

**311** [학교회계] 세입: 학교발전기금으로부터 받은 전입금 (○ㅣ×)

**312** [학교회계] 세입: 사용료 및 수수료 (○ㅣ×)

**313** [학교회계] 세입: 지방교육세 (○ㅣ×)

**314** [품목별 예산제도] 정책이나 계획수립이 용이하고 집행에 있어서도 융통성을 기할 수 있다. (○ㅣ×)

**315** [성과주의 예산제도] 공무원의 재량권을 제한하기 위해 만든 제도이다. (○ㅣ×)

**316** [기획 예산제도] 단기적인 예산편성을 실행계획과 연결시켜 1년 단위의 예산제도를 기 (○ㅣ×)
본으로 한다.

**317** [영기준 예산제도] 점증주의적 예산과정을 탈피하여 경기 변동에 신축성 있게 대응할 수 (○ㅣ×)
있다.

**318** [품목별 예산제도] 예산을 집행하는 과정에서 유용이나 부정을 예방하기 위한 엄격한 사 (○ㅣ×)
전·사후통제가 가능한 통제 지향적 예산제도를 말한다.

**319** [영기준 예산제도] 예산을 편성하는 과정에서 전년도 예산을 고려하지 않고(zero- (○ㅣ×)
base) 모든 사업을 계획목표에 따라 재평가한다.

**320** [영기준 예산제도] 우선순위가 높은 사업에 대한 집중 지원이 가능하다. (○ㅣ×)

**321** [영기준 예산제도] 학교경영에 구성원의 폭넓은 참여를 유도할 수 있다. (○ㅣ×)

정답

308 ○  309 ×  310 ○  311 ○  312 ○  313 ×  314 ×  315 ×  316 ×  317 ○  318 ○  319 ○
320 ○  321 ○

**322** [영기준 예산제도] 점증주의적 예산편성방식을 통해 시간과 노력의 부담을 경감할 수  ( ○ | ✕ )
있다.

**323** [영기준 예산제도] 학교경영 계획과 예산이 일치함으로써 교장의 합리적이고 과학적인  ( ○ | ✕ )
학교경영을 지원할 수 있다.

**324** 의사결정 관점 중 참여적 관점은 관료제적 조직보다는 의사결정 관련자의 능력과 자율이  ( ○ | ✕ )
인정되는 전문직 조직에 더 적합하다.

**325** [교육기획의 접근방법] 사회수요의 접근법은 사회의 교육적 수요에 부응함으로써 정  ( ○ | ✕ )
치·사회적 안정과 불만 해소를 도모할 수 있다는 장점이 있다.

**326** [교육기획의 접근방법] 사회수요의 접근법은 1960년대 인적자본론의 영향으로 특히 개  ( ○ | ✕ )
발도상국에서 유행하였던 방법으로서 교육과 취업, 경제성장을 긴밀하게 연계하려고 하
였다.

**327** [교육기획의 접근방법] 사회수요의 접근법은 목표연도의 경제성장에 필요한 인력수요  ( ○ | ✕ )
를 추정한 다음 그것을 교육자격별 인력수요 자료로 전환하는 과정을 거친다.

**328** [교육기획의 접근방법] 사회수요의 접근법은 국가나 개인이 투입한 교육비용이 얼마나  ( ○ | ✕ )
수익을 가져왔느냐를 분석할 수 있기 때문에 비용 – 수익 분석이라고도 한다.

**329** 「지방자치법」과 「지방교육자치에 관한 법률」이 충돌할 경우 전자를 우선적으로 적용한다.  ( ○ | ✕ )

**330** 「초·중등교육법」과 「초·중등교육법 시행령」이 충돌할 경우 후자를 우선적으로 적용한다.  ( ○ | ✕ )

**331** 「노동조합 및 노동관계조정법」과 「교원의 노동조합 설립 및 운영 등에 관한 법률」이 충  ( ○ | ✕ )
돌할 경우 후자를 우선적으로 적용한다.

**332** 신법과 구법이 충돌할 때에는 먼저 제정된 법을 우선적으로 적용한다.  ( ○ | ✕ )

정답

322 ✕  323 ○  324 ○  325 ○  326 ✕  327 ✕  328 ✕  329 ✕  330 ✕  331 ○  332 ✕

# 2025
# 변민재 교육학
# 핵인싸(핵심 inside)

PART

# 11

# 교육사회학

PART 11 교육사회학

제 1 절 기능론 vs 갈등론

| 구 분 | 기능론 | 갈등론 |
|---|---|---|
| 기본입장 | • 사회는 유기체처럼 다양한 부분들이 상호 의존적인 관계를 이루며 하나의 체계를 형성(사회유기체설)<br>• 사회의 안정과 질서를 위해 사회 전체의 합의가 반영된 사회규범이 존재<br>• 사회화를 통해 사회규범이 전수되면서 사회의 지속성이 확보됨<br>• 능력에 따른 차등분배 필요 | • 사회는 사회적 희소가치를 둘러싼 사회구성원들 간의 갈등과 대립의 장(場)임<br>• 지배계급과 피지배계급의 이익은 양립할 수 없음<br>• 불평등을 야기하는 불공정한 분배 |
| 구성요소 | 각 부분들은 사회 전체의 존속과 통합을 위해 맡은 기능을 수행함 | • 특정집단의 합의의 산물<br>• 지배계급이 자신들의 이익을 위해 만들어낸 것 |
| 사회안정 | 본질적으로 조화와 균형을 이루며, 일시적으로 불안정한 상태기 발생하디리도 스스로 균형을 회복힘 | 지배계급의 강요나 억압에 의해 나타난 결과임 |
| 갈 등 | 일시적이며 병리현상으로 간주 | • 필연적<br>• 갈등이 사회변동의 원동력임 |
| 사회변동 | • 부정적<br>• 원인: 외부에서 제공<br>• 일시적·점진적 | • 긍정적<br>• 원인: 내부에 존재(지배·피지배의 불평등 구조) |

제 2 절 기능주의: 뒤르켐 & 파슨스 & 드리븐

**1 뒤르켐**

| 교 육 | • 교육은 사회생활을 위한 준비를 아직 갖추지 못한 어린 세대에 대한 성인세대의 영향력 행사<br>• 비사회화 상태의 비성인을 사회화된 성인으로 성숙케하는 과정 |
|---|---|
| 교육내용 | 교육의 내용은 사회에 따라 변하고 또한 시대와 장소에 따라 다르기 때문에 어떠한 교육이 되어야 한다는 당위적이고 절대적인 가치지향의 교육내용을 정립한다는 것은 불가능 |

| 교육의 성격 | • 교육은 사회적인 것이며 사회의 목적에 대한 수단이 교육<br>• 교육은 사회에 의해 규정지어지는 것이지 교육받는 개인이나 교사나 교육행정가에 의해 규정되는 것은 아님 |
|---|---|
| 교육의 기능 | • 교육의 주된 기능은 개개인의 능력과 잠재력을 계발하는 것이 아니라 사회가 요구하는 능력과 재능을 계발하는 것<br>• 아동이 장차 소속하게 되는 특수환경이 요구하는 지적·도덕적·신체적 특성을 계발하는 것<br>• 교육의 기능은 사회의 유지존속에 있으며, 인간에게 부족한 규범체계와 지적체계를 준비시킴으로써 사회화시키고 인간화시키는 과정 |

| 사회화 | 보편적<br>사회화 | • 한 사회의 공통적 감성과 신념, 즉 집합의식을 새로운 세대에 내면화시키는 것<br>• 보편적 사회화는 한 사회가 해체되는 일 없이 존속하는 데에 있어서 뿐만 아니라 한 사회의 독특성을 변화 없이 유지하는 데에 있어서도 필수적 |
|---|---|---|
| | 특수<br>사회화 | • 개인이 속하게 되는 특수한 직업집단이 요구하는 지적·도덕적 특성을 함양하는 것<br>• 자신이 속하여 살아가게 될 직업집단의 규범과 전문지식을 학습하는 것 |

## 2 파슨스

| 기본입장 | • 파슨스는 뒤르켐과 마찬가지로 학교교육의 사회화 기능을 강조하는 동시에 산업사회에서의 인력배치 기능을 부각시킴으로써 사회적 선발기능도 강조하였음<br>• 그는 사회화와 사회적 선발을 사회체계로서의 학교의 기본 기능으로 파악하였음<br>• 개인들에게 그들이 장차 성인이 되어 담당하게 될 역할수행에 반드시 필요한 정신적 자세와 자질을 기르는 것이 사회화라고 요약하였음<br>• 학교는 이러한 정신적 자세와 자질을 길러주고 있다는 것임 |
|---|---|
| 학 교 | • 학교: 사회화 기구로서 개인의 인간성을 도야하고 성인으로서의 사회적 역할을 수행해 나갈 수 있도록 준비시키는 조직체<br>• 교육: 사회적 역할수행을 위해 필요한 개인의 능력을 도야하는 중요한 사회화 과정 |
| 선발과정 | • 학교가 이러한 사회적 선발기능을 수행하는 것은 사회와 학교가 성취지향이라는 가치를 공유하고 있기 때문임. 이는 현대 산업사회의 성취지향 가치관을 학교가 받아들인 결과임<br>• 교육기회에의 접근(access to educational opportunity)이 공정하면 성취수준의 차이에 따라 학력수준이 달라지고 학력수준에 따라 사회적 지위의 수준이 달라지므로 교육선발은 공정함 |

## 3 드리븐

| 학 교 | • 학교가 무엇보다 강조해야 할 일은 학생들을 사회인으로 만드는 것<br>• 학교는 규범을 적절한 방법을 동원하여 학생들에게 내면화시켜 사회유지를 위해 그 기능을 다하고 있음 |
|---|---|
| 선발과정 | • 독립성, 성취지향성, 보편성, 특정성이라는 네 가지의 주요 규범이 현대 산업사회의 일원으로서 살아가는 데 필수적<br>• 이들 규범은 단순히 가정이나 지역사회를 통해서 습득할 수 있지만, 학교가 학생들에게 보다 효과적으로 지도하고 있음 |

| 문화 | • 문화적 재생산론가들에 있어서 문화의 개념은 문학·과학·종교·예술 등 모든 상징체계를 포괄하는 매우 넓은 의미로 사용되고 있으나 모든 문화는 필연적으로 계급적 특권을 반영하고 있다는 점에서는 공통적으로 동의함<br>• 계급사회와 그들이 의존하는 이데올로기적 물질적 형태는 '상징적 폭력'이라는 것을 통해서 매개되고 재생산되며 계급통제는 명백한 강제력의 형태로 나타나기보다는 지배계급에 의해 부과된 '상징적 힘'이라는 보다 미묘한 행사를 통해 구성됨<br>• 교육활동을 통하여 특정의 문화가 반복·재생산됨으로써 그 문화를 소유하고 있는 집단의 이해를 체계적으로 반영하는 과정이 바로 문화적 재생산<br>• 계급사회를 재생산하는 데 있어서 문화의 매개적 역할을 분석하는 것이 이 이론의 주된 관심 |
| --- | --- |
| 문화자본 | 아비투스(habitus)적 문화자본 | 어렸을 때부터 계급적 배경에서 자연스럽게 체득된 지속적인 성향 |
| | 객관화된 상태로서의 문화자본 | 책이나 예술작품 등 |
| | 제도화된 상태로서의 문화자본 | 졸업장, 자격증 등 |
| 아비투스 | • 각각의 계급 또는 사회계급 내의 파벌들이 그들의 특징적인 문화양식이나 지배유형을 발전시켜 그 관점을 가지고 아동을 사회화시키고 그들의 세계관을 형성해 나가는 것<br>• 아비투스는 내면화된 문화자본으로서 계급적 행동유형과 가치체계를 반영<br>• 행동과 의식을 창출하고 통합하는 원리<br>• 가정의 계급적 기초에 근거하여 인지된 취미·행동·지식의 사회적 법칙을 반영하는 주관적 기준 |

| 어법 & 언어형식 | • 번스타인에 의하면 어법의 차이는 인지양식 또는 학업성취의 차이에까지 영향을 미침<br>• 노동계층의 아동은 그들이 사용하는 '제한된 언어'가 학교에서 요구하는 '정교한 언어'에 익숙하지 않으므로 지배계층의 아동이 노동계층의 아동보다 학업성취가 높은 경향이 있다고 주장<br>• 학교 내부의 불평등 문제에 접근한 번스타인은 계층의 언어사용 형태가 학업성취의 차이를 가져온다고 보았음<br>• 학교에서 사용하는 구어 형식은 중류계층이 쓰는 정련된 어법이므로 정련된 어법을 잘 쓰지 못하는 노동계층의 학생들은 중산계층의 학생들보다 학업성취가 낮을 수밖에 없음 |
| --- | --- |
| 훈육방식 | • 노동계급의 가정에서 부모가 아동을 훈육하는 방식은 자녀의 심리적 특성(인성적 통제)이 아니라, 지위에 내재한 규범(지위적 통제)을 준거로 아동의 행동을 통제<br>• 중산층 가정에서 아동을 훈육하는 방식은 아동의 지위보다는 동기, 의도, 성향 등의 개인적이고, 내재적인 특성을 고려하여 훈육 |

| 구 분 | 중류계층 이상(중산층) | 하류계층(노동계급) |
|---|---|---|
| 어 법 | 표준어<br>(정교한 언어, 정련된 언어, 정제된 언어,<br>표현이 풍부한 언어) | 대중어<br>(비정교한 언어, 비정련된 언어, 제한된 어법) |
| 언어형식 | 보편적인 언어 | 특정한 상황에 얽매여 있는 언어방식<br>(제한된 어법) |
| 훈육하는 방식 | 인성적 통제 | 지위적 통제 |

**제 5 절  갈등론: 보울스와 진티스의 경제적 재생산이론**

| | |
|---|---|
| 학교교육 | • 보울스와 진티스는 미국의 학교교육은 앞에서 파슨스가 주장한 바와 같이 보편적 가치를 가르치는 것도, 인재를 공정하게 선별하여 사회에 배치하는 것도 아니고, 오히려 자본가 층에게 이로운 태도와 가치관을 가르치고 기존의 계층 구조를 정당화하고 지속시킨다고 비판<br>• 보울스와 진티스에 의하면 학교는 학교 내의 사회관계와 경제구조의 사회관계와의 일치를 통해 경제적 생산관계를 재생산하며 또한 학생들의 계급에 기초한 성격적 특징들을 강화하여 불평등한 사회 분업구조를 재생산<br>• 학교가 자본주의 사회의 유지에 필요한 가치관과 성격적 특징을 주입<br>• 그들은 학교가 인재를 정확하게 선별함을 전제하는 능력주의(meritocracy) 교육관을 허구라고 단호히 배격<br>• 단지 학교가 능력주의에 의해 선발하고 있는 것처럼 가장하고 있는 것<br>• 사회적으로 상층부에 있는 사람들이 다른 사람들보다 재능이 더 많고 더 노력하기 때문에 그 자리를 차지하고 있는 것으로 믿게 만드는 것은 자본주의적 질서의 정당화를 위하여 필수적이기 때문 |
| 대응원리 | • 그들은 이러한 재생산이 이루어지는 과정을 대응원리로 설명<br>• 교육은 곧 경제구조나 경제현상과 대응되어 사회계급이나 자본가 집단의 이해를 반영하여 이들이 요구하는 성격적 특성을 반영한다고 보기 때문에 그들의 이론을 대응이론이라고 함<br>• 교육의 사회적 관계와 노동의 사회적 관계의 일치성, 즉 대응(correspondence)의 방식은 아래 4가지 면에서 볼 수 있음<br>① 학생은 노동자처럼 권한이 없다는 점<br>② 교육은 목적으로서가 아니라 수단으로 기능한다는 점<br>③ 분업을 통하여 노동자의 임무가 제한되고 단결이 저해되는 것처럼 지식의 전문화·단편화 및 과도한 경쟁을 통하여 학생의 임무가 제한되고 단결이 저하된다는 점<br>④ 교육수준은 직업구조에서의 수준에 그대로 대응한다는 점 |
| 재생산이론 | 학교가 자본주의의 불평등 체제를 심화시킴으로써 불평등한 계급관계가 재생산한다고 하여 직접 재생산이론 또는 경제적 재생산이론이라 명명 |

| 사회개혁 | • 보울스와 진티스는 교육의 이러한 기능은 자본주의 사회가 존속하는 한 끝없이 계속될 것이라고 주장 하면서 학교의 독자적인 기능은 불가능하기 때문에 학교교육의 개혁은 무의미<br>• 학교는 자본주의가 계속되는 한 자본주의적 생산양식을 벗어날 수 없기에 학교의 개혁은 무의미하므로 사회의 개혁만이 나아가야 할 방향이라고 주장 |
|---|---|

## 제 6 절  갈등론: 알뛰세의 이데올로기 재생산이론

| 학 교 | • 교육체제는 자본주의 사회구조 속에서 노동력과 생산관계를 재생산하는 근원<br>• 현대 사회에서 다양한 기술 노동력을 재생산해 내는 것은 학교 |
|---|---|
| 교육내용 | • 아동들은 기술, 즉 일상생활이나 여러 직업생활에서 모두 유용하게 사용될 수 있는 읽기·쓰기·셈하기 등을 학습<br>• 이러한 기술이나 지식 이외에도 학교에서 아동들은 바른 규칙을 학습 |
| 재생산 | • 알뛰세는 학교가 자본주의 사회구조에 노동력의 재생산을 위한 두 가지 중요한 기능을 제공한다고 주장<br>• 기술력의 재생산과 현재의 질서에 복종하도록 재생산시키는 것 & 노동자들이 지배적 이데올로기에 복종하도록 재생산하여 궁극적으로 지배계급의 우위성을 확보케 하려는 것 |
| 두 개의<br>상부구조 | • 알뛰세는 학교교육과 생산관계에 있어서 두 개의 상부구조의 역할에 대해 강조<br>• 상부구조의 정치적·법적 국면을 대표하는 국가 구성체는 두 개의 기관에 의해 나누어짐<br>　① 행정부·군·경찰·교도관 등과 같이 강제적 힘의 행사가 가능한 억압적 국가기구와, 이와 대별되는 것으로 자발적 동의를 창출함으로서 그 기능을 수행하는 이데올로기적 국가기구<br>　② 이데올로기적 국가기구는 종교제도·교육제도·가족제도·정치제도·문화 등으로 구성되는 광범위한 것들이 포함<br>• 알뛰세에 의하면 국가의 지배제도를 확립하려면 억압적 국가기구와 동시에 이데올로기적 국가기구의 확보가 필수적<br>• 더욱이 국가권력을 장악하려면 국가기구만의 장악으로는 불충분하며 이데올로기적 국가기구를 통하여 지배 이데올로기를 장악해야 한다는 것<br>• 절대국가에서는 교회가 이데올로기적 국가기구로서 중추적인 역할을 담당하였으나 자본주의 국가에서는 학교가 이데올로기적 국가기구로서 주도적 역할을 담당<br>• 학교는 지식·기술을 통하여 생산조건의 재생산에 기여하는 이데올로기적 국가기구 |

| | |
|---|---|
| **기본입장** | 일리치의 주장에 따르면 사회는 어떤 형태의 의무교육도 요구하지 말아야 하며, 고용주들도 학력에 기초하여 사람들을 고용하는 것을 법적으로 금지해야 함 |
| **보통교육** | • 그는 보통교육에 대한 신념을 철회할 것을 요구<br>• 후진국은 선진국에 비교해서 학교교육 격차를 줄일 수 있는 바람직한 방법이 없기 때문<br>• 아시아, 아프리카 그리고 라틴 아메리카의 여러 나라들은 모든 학생에게 5년간 의무교육을 시킬 수 있는 자원이 부족하므로 후진국이 선진국과 같은 의무교육을 실시하는 것은 따라도 못갈 뿐 아니라 오히려 열등감을 심어주게 된다는 것<br>• 보통교육이라는 이상적 목표를 설정하는 것은 하나의 환상에 불과하며 그러한 목표를 추구하는 것은 사실상 사회적 불평등을 고조시키며 후진국의 다수 국민들은 열등감만 더 갖게 되는 계기가 됨 |
| **교육목적** | • 일리치가 교육목적으로 생각하고 있는 것은 유용한 기술의 습득, 인지적 성숙, 지적인 자율성 등<br>• 학교는 이러한 목표보다는 오히려 관료적이고 기계적인 세계관, 경제적·물질적 가치에 치중하여 지도 |
| **학 교** | • 학교는 자기가 혐오하는 이념이나 가치를 전수하는 데는 매우 효율적인 제도인 반면에 자신이 좋아하는 이념이나 가치를 가르쳐 주는 데는 매우 비효율적인 제도라고 비난<br>• 학교는 서구사회의 관료적이고 기술공학적인 세계관을 지지하는 받침대 역할을 하여 대안적이고 더욱 민주적인 사회관을 억제시키는 역할 |
| **대안적<br>친목기구** | • 학교에서 읽고, 쓰고, 문제를 푸는 것 등 기초기능을 배울 필요가 없고 오히려 이러한 기술은 특수목적을 위해 설립된 특수기술센터에서 더욱 쉽고 유용하게 배워야 한다고 주장<br>• 그런 기관에서 사람들은 각자의 취미·적성·필요에 따라 집단을 구성하여 문맹퇴치, 산술공부, 특별직업 등에 대하여 배우게 됨<br>• 국가는 아동들에게 의무교육을 강조하지 말아야 하며, 진정한 교육목적을 달성하려면 대안적 친목기구(convivial institution)에서 교육이 수행되어야 함<br>• 경직화된 제도교육을 대신하여 대안적 제도의 조직을 구성하여야 하고, 각자가 자기가 선택한 교육센터에서 교수단위(unit of instruction)를 이수하는 것을 허용하는 증명서(voucher)가 발급되어야 함 |
| **학습의 망** | • 학교해체 사회는 모든 개인이 어떤 것을 배우는 방법을 찾기 위한 노력을 할 때를 전제로 함<br>• 학습은 그 목적과 결부되어 있어야만 그 성취수준이 높은 것이고, 학습자의 요구나 욕구 및 필요에 적합하여야 최대의 효과가 나는 것<br>• 학습의 망(networks of learning)은 어떤 사람이 배우기를 원하는 것을 가르칠 수 있는 사람을 찾아낼 수 있는 기능을 하도록 세워지는 것 |
| **학습의<br>기회망** | • 일리치는 실질적인 학습에 필요한 모든 자원을 갖추고 있는 통로나 학습교환 방법을 4가지로 설정<br>• 학습의 기회망(opportunity web)이라는 개념으로 4가지 자원제공의 방법을 설명<br><br>{{TBL}} |

학습의 기회망 세부 내용:

| **학습정보 및<br>자료제공** | • 정규학습에 필요한 자료나 방법에 접근하도록 하는 것<br>• 이러한 자료는 도서관, 박물관, 극장, 공장, 농장, 공항 등에 비치하여 도제로서 배우는 학생이나 방과 후에 배우는 학생들에게 제공되는 것 |
|---|---|

| | | |
|---|---|---|
| 학습의 기회망 | 기술교환 | 기술을 가지고 있는 사람들의 인명록을 비치하고 어떠한 조건하에서 이러한 기술을 제공하기를 원하는가 그리고 어떻게 하면 이들에게 접촉할 수 있는가 등을 알 수 있도록 정보를 보관하는 것 |
| | 동료 짝짓기 | 탐구를 함께 하기 위한 상대자를 찾기 위하여 그들이 소속되기를 원하는 학습활동을 기술한 것을 모아 두는 의사소통망을 형성하는 것 |
| | 교육자에 관한 정보제공 | 전문가, 준전문가, 자유기고가(freelancers) 등 학습자가 원하는 일을 도와줄 수 있는 자들의 인명록을 갖추는 것 |

## 제 8 절 교육에 대한 해석적 접근

| | |
|---|---|
| 거시적 관점 | • 기능론과 갈등론은 공통적으로 거시적 관점으로 사회를 인식하여 '사회' 또는 '경제구조'라는 거대한 실체가 그 속에 살고 있는 인간을 지배한다고 보았음<br>• 개인은 사회를 이해하는 데는 중요하지 않으며 '사회화'의 산물일 뿐<br>• 인간은 궁극적으로는 의지도 자유도 없는 사회적으로 만들어진 존재이며 구조에 따라 '움직여지는' 인형과 같은 존재<br>• 두 이론은 사회를 거시적으로 바라보기 때문에 인간의 생활세계, 각 사회집단의 내부세계에 관하여 관심을 기울이지 않았음<br>• 두 이론은 공통적으로 자연과학적인 방법론으로 사회를 연구. 사회현상도 자연현상과 마찬가지로 의식도 의지도 없는 사물이 자연법칙에 따라 움직인다고 보았기 때문에 그러한 법칙을 발견하는 것을 연구의 최대의 목표로 삼았음 |
| 미시적 관점 | • 후설(Edmund Husserl)의 현상학을 사회과학 방법론으로 발전시킨 슈츠(Alfred Schutz)는 사회과학의 대상이 생활세계라고 선언하여 사회과학의 연구대상을 인간의 구체적인 일상으로 설정<br>• 그는 사회과학의 목적은 인간이 자신이 살아가는 세계에 어떤 의미를 부여하는지를 최대한 분명히 이해하고 설명하는 것이라고 봄<br>• 행위자인 인간이 자신의 삶의 세계에서 그 삶에 부여하는 의미를 밝히는 것이 사회과학의 과업이라는 것<br>• 객관적으로 존재하는 실재가 중요한 것이 아니라 우리 각자가 부여하는 의미가 중요<br>• 일상생활에서 우리 자신의 행위와 타인의 행위가 가진 의미를 이해하는 것은 나 자신과 타인의 의미부여를 함께 고려함으로써 이루어짐 |
| 민속연구 방법 | • 슈츠가 후설의 현상학을 사회과학에 응용한 방법론을 1960년대 초에 가핑클(Harold Garfinkel)이 민속연구방법(ethnomethodology)으로 발전시킴<br>• 그는 사회구성원, 즉 행위자들이 자신의 행동방식과 생각 및 규범을 형성한다고 전제하고, 그것이 어떻게 형성되는가를 밝히려 하였음<br>• 사회학 연구의 대상을 개인 차원으로 끌어내림 |
| 교환이론 | • 교환이론(exchange theory)은 호만스(George Homans)가 발표한 이론<br>• 교환이론은 개인의 행위는 행위자 자신에 의한 '손익계산'에 근거하여 스스로 선택하는 것이라고 주장함으로써 사회연구에 있어서 사회구조보다 행위자의 판단과 계산이 중요함을 일깨워줌 |

| | |
|---|---|
| 상징적<br>상호작용론 | • 블루머(Herbert Blumer)가 상징적 상호작용이론(symbolic interactionism)을 발표<br>• 상징적 상호작용이론은 미드(George Mead)의 사회심리학적 이론으로부터 발전시킨 것으로 행위자가 부여하는 의미는 자신의 행위에 대한 타자의 반응과의 타협의 결과라고 주장함으로써 개인 간의 상호작용, 그 가운데에도 언어와 같은 상징적 상호작용에 대한 미시적 연구의 중요성을 강조 |

## 제 9 절 사회평등과 교육

| | | |
|---|---|---|
| **평등화론** | 능력주의 | • 능력주의는 계층구조를 그대로 놔두어도 개개인의 계층결정이 능력 본위로 이루어지면, 과거의 귀속주의에 의한 사회불평등이 해소된다는 것<br>• 사람들의 계층을 능력에 따라 결정하면 그만큼 평등해짐 |
| | 해비거스트 | • 미국, 브라질, 영국, 오스트레일리아의 자료를 분석한 뒤에 자녀 세대가 교육을 통해 부모의 계층보다 상향이동하게 되어 사회평등화에 이바지한다는 결론을 내림<br>• 상향이동 요인은 교육에 의하여 직·간접으로 촉진<br>• 교육이 다음 세대의 상향이동을 촉진하므로, 교육의 보편화는 평등사회에 이르는 촉진제 |
| | 블로와 던컨 | • 「미국의 직업구조」라는 책으로 발표된 이들의 보고서는 이른바 '지위획득모형(status attainment model)'으로 알려진 연구설계와 함께 대표적 연구의 하나로 꼽힘<br>• 이들은 직업지위획득을 결정하는 요인들을 추적·분석함으로써 세대 내 이동의 과정을 연구. 지위획득의 결정변수는 네 가지로 보았는데, 그것은 아버지의 교육, 아버지의 직업, 본인의 교육, 본인의 첫 번째 직업으로, 앞의 둘은 사회적 배경요인을, 뒤의 둘은 자식의 교육과 경험을 대표하는 것으로 간주하였음<br>• 블로와 던컨은 이 연구의 결과와 부수적인 다른 분석결과를 가지고 개인이 받은 교육과 초기경험은 그의 직업적 성공에 큰 영향을 미치며, 이러한 영향력은 계층배경요인보다 더 강하다는 결론을 내림<br>• 이들의 결론은 후속된 다른 연구들에 의하여 재확인되었는데, 특히 개인의 첫번째 직업지위에 미치는 학력의 영향은 어느 요인보다도 큰 것으로 나타남<br>• 한 개인의 직업지위는 부모의 계층수준의 영향은 매우 적게 받고, 본인이 받은 교육수준과 그 교육에 의한 첫 번째 직업의 영향을 크게 받음<br>• 상향이동에 교육이 가장 큰 영향력을 행사 |
| | 인간자본<br>이론 | • 경제학의 인간자본이론가들은 교육을 소득분배의 평등화를 위한 중요장치로 생각<br>• 그들은 첫째, 교육에 의한 저소득층의 생산성(productivity) 향상이 이들의 소득을 향상시키고 둘째, 교육이 보편화함에 따라 미숙련노동자의 공급이 줄어들게 되면 그들의 희소가치 때문에 소득이 향상되며 셋째, 교육받은 기술인력의 공급증가는 고액소득자의 소득증가를 둔화시킨다고 생각<br>• 결과적으로 소득분배가 평등해진다는 것 |

| | 보울스 & 진티스 | • 교육은 사회불평등을 지속시킴으로써 기득권을 지닌 계층에게 봉사함<br>• 학교교육이 능력주의로 위장함으로써 불평등구조의 존속을 정당화함 |
|---|---|---|
| 불평등<br>재생산론 | 카노이 | • 교육수익률이 높을 때, 즉 학력의 경제적 가치가 높을 때에는 상류층이 취학하면서 이득을 취하고, 하류층까지 취학할 때에는 학력의 가치가 떨어졌을 때임<br>• 교육은 '가진 자'에게 봉사하고 '못 가진 자'에게는 도움을 주지 못함 |
| | 라이트와 페론 | • 교육의 수익은 노동계급보다 관리자계급에 있어서 큼<br>• 이 결과는 평등화론자들의 주장과 대립되는 것<br>• 평등화론자들은 교육이 하층의 지위향상을 돕는 장치라고 주장하지만 이 연구결과는 하층에는 교육이 도움을 주지 못하고 오히려 교육은 상층에게 도움을 주고 있다는 것 |
| 무관계론 | | • 교육은 사회평등화나 불평등재생산과는 관련이 없거나 낮고 다른 가치를 추구<br>• 그동안 교육이 사회평등화에 기여한다는 사실을 확인하기 어렵다는 연구도 많이 발표되었음<br>• 버그(Berg)는 교육수준이 개인의 직업생산성에 영향을 준다는 근거를 찾지 못했다고 하였음<br>• 치스위크와 민서(Chiswick & Mincer)는 1950년부터 1970년대 초반까지 미국의 가구별 소득구조와 학력구조를 비교·분석하고 나서 양자 사이에는 아무런 관계가 없음을 확인<br>• 써로우(Thurow)도 비슷한 시기의 미국의 소득분배와 교육분배 상황을 분석한 뒤에 동일한 결론을 내림<br>• 젠크스(Jencks)의 연구결과도 기본적으로 같은 것. 그는 개인 간의 소득의 차이를 설명하고자 하였으나 실패 |

## 제 10 절  교육평등론

| 교육기회의<br>허용적 평등 | • 모든 사람에게 동등한 기회가 주어져야 한다는 관점<br>• 주어진 기회를 누릴 수 있느냐 여부는 개인의 역량과 형편에 달린 것이고 법이나 제도상으로 특정 집단에만 기회가 주어지고 다른 집단에는 금지되는 일은 철폐되어야 한다는 것 |
|---|---|
| 교육기회의<br>보장적 평등 | • 교육평등을 실현하기 위해서는 취학을 가로막는 경제적·지리적·사회적 제반 장애를 제거해 주어야 한다는 관점<br>• 중등교육을 보편화하는 한편 무상화하고 불우층의 자녀들에게는 의복, 점심, 학용품 등을 지급 |
| 교육조건의<br>평등 | • 학교의 시설, 교사의 자질, 교육과정 등에 있어서 학교 간의 차이가 없어야 평등이라는 관점<br>• 고교평준화 |
| 교육결과의<br>평등 | • 학업성취의 평등을 위한 적극적 조치를 취해야 한다는 관점<br>• 교육을 받는 것은 단순히 학교에 다니는 데 목적이 있지 않고 배워야 할 것을 배우는 데 목적이 있으므로 학업성취가 같지 않으면 결코 평등교육이 아님<br>• 저소득층의 취학 전 어린이들을 위한 보상교육<br>• 롤스의 정의의 원칙: 차등의 원칙(최소수혜자에게 최대의 이익) |

**롤스 「정의론(A Theory of Justice)」**

| 공정으로서의 정의 | 공정한 절차를 통해 합의된 것이라면 정의롭다고 보는 순수 절차적 정의를 내세워 '공정으로서의 정의'를 주장 |
|---|---|
| 원초적 입장 | • 정의의 원칙을 도출하기 위한 출발점으로서의 가상의 상황<br>• 원초적 입장의 사람들은 자유롭고 평등하며 합리적 존재<br>• 자신의 이익을 극대화, 상대방의 이해관계에 무관심<br>• 무지의 베일: 자신의 사회적 지위, 능력, 재능, 가치관 등을 모름(단, 심리학적·경제학적 일반적 사실은 앎)<br>• 사회적·자연적 우연성을 배제한 공정한 상황<br>• 정의의 원칙을 도출함에 있어 가장 불리한 위치에 있는 최악의 상황을 대비 ⇨ 최소수혜자의 이익을 극대화하려함 |
| 정의의 원칙 | (1) 1원칙: 평등한 자유의 원칙<br>　　　모든 사람은 평등한 자유를 최대한 누려야 함<br>　　　사회적·경제적 불평등은 다음 두 조건을 만족하도록 조정하여야 함<br>(2) 2-ⓐ: 차등의 원칙<br>　　　사회적·경제적 불평등은 최소수혜자에게 최대의 이익이 되도록 편성될 때 정당화됨<br>(3) 2-ⓑ: 공정한 기회균등의 원칙<br>　　　사회적·경제적 불평등의 계기가 되는 직위와 직책은 모든 사람에게 열려있어야 함 |
| 평 가 | • 평등주의적 자유주의자<br>• 자유주의적 전통을 중시하면서도 사회적·경제적 불평등을 최소화하려는 입장<br>• 실질적 평등을 도모하여 복지국가의 이념을 다지는 데 이바지<br>• 소득재분배 찬성<br>• 경제적 불평등 인정(단, 모두에게 이익이 되는 불평등) |

**신교육사회학(교육과정사회학)**

| 기본입장 | • 학교에서 가르치는 지식과 가르치는 과정을 사회학적으로 탐구하는 교육과정사회학은 1970년대 초 영국에서 등장한 '교육과정 교육사회학'에서 출발<br>• 교육과정 교육사회학자들은 학교가 가르치는 지식과 교육의 과정이 사회적 불평등을 매개하는 중요한 요인임을 지적하면서 과거에 교육사회학자들의 관심 밖에 있었던 교육과정을 탐구해야 한다고 주장<br>• 이런 주장의 배경은 그때까지 교육사회학을 지배해 온 기능이론과 갈등이론이 교육과 사회의 관계를 거시적 수준에서 분석하며 교육의 사회평등 또는 불평등 기능을 투입-산출 모형(input-output model)에 지나치게 의존하여 밝히려 노력하는 동안 학교교육의 내적 과정에는 무관심 하였기 때문<br>• 교육에서의 불평등은 교육제도만이 아니라 학교에서 가르치는 지식, 교사와 학생 간의 상호작용 등 학교의 교육과정과 내적인 과정요인에서도 비롯된다는 지적 |
|---|---|

| | |
|---|---|
| 영 | • 교육과정사회학의 기본적인 문제의식은 영국에서 이 분야를 개척하는 데 뚜렷하게 공헌한 영(Michael F. D. Young)에 의해서 제기<br>• 그는 기존의 교육사회학 연구가 교육내용을 주어진 것으로 받아들여 탐구대상에서 제외시켰으나 교육제도 속에서 선별처리되는 것은 사람뿐만 아니라 지식도 마찬가지이므로 사회학적 탐구의 대상으로 삼아야 한다고 주장<br>• 영은 지식을 사회적 조건의 구속을 받지 않고 절대적인 자율성을 갖는 것으로 보았고 고정적이며 불변적인 것으로 보는 전통적인 지식관에 이의를 제기<br>• 영은 학교가 어떤 지식을 선택하고 가르치며 이 선택적 지식교육의 과정이 학교 밖의 권력구조와 어떻게 관련되어 있는가를 밝히려고 함<br>• 영은 지식의 계층화와 사회적 계층화 사이의 관계를 규명하는 데 초점을 맞출 것을 강조<br>• 지식이 어떤 기준에 의해서 계층화되며, 각기 다른 지식에 부여되는 사회적 평가와 그 지식들을 소유하게 됨으로써 얻게 되는 사회적 보상이 결정되는 배경을 탐구해야 한다는 것<br>• 학문 중심적 교육내용에서 높은 성취를 나타내는 학생은 대체로 상층계급 학생들이므로, 교육과정이 사회계층의 유지와 깊이 관련되어 있음 |
| 이글스톤 | • 이글스톤에 의하면 교육사회학자들은 오랫동안 교육기회의 분배와 선발과정에만 전념하고 교육과정을 무시해 왔음<br>• 관심이 있다 하더라도 기능주의적 관점에서 교육과정을 '합의'된 것이라고 가정해 왔다고 지적<br>• 그는 이와 달리 교육과정을 사회와 학교의 권력 및 권위구조를 확립·유지하는 중심요소로 보고, 교육과정의 결정과정을 사회통제의 과정으로 간주 |
| 애 플 | • 미국과 같은 선진산업사회에서 학교는 불평등한 경제구조와 관련되어 있는 특정 유형의 문화자본에 정당성을 부여<br>• 애플은 실제로 미국의 학교에서 가르치고 있는 사회교과와 과학교과의 교육과정 내용을 분석한 결과, 겉으로 드러나는 명시적인 교과내용뿐만 아니라, 교과내용의 서술방식이나 실명 방식을 동해서도 지배적인 이데올로기와 맥을 같이하는 무언의 이념적 요소들이 학습된다는 점을 밝힘<br>• 사회 내의 갈등이나 학문공동체의 갈등이 사회진보와 과학발전의 힘이 될 수 있다는 점은 배제하고, 은연중에 갈등의 부정적인 측면을 강조하고 있다는 것 |
| 애니언 | • 애니언은 미국의 중등학교에서 사용되고 있는 역사 교과서 분석을 통해 교육내용의 선정이 편파적으로 이루어지고 있음을 보여주었음<br>• 역사 교과서가 학생들이 역사와 현실 문제를 이해하고 해석하는 데 요구되는 객관적인 지식과 정보를 편견 없이 제공하는 것으로 많은 사람들이 믿고 있으나 실제로는 특정 집단에 유리하도록 편파적인 내용을 선정하고 진술하고 있음을 지적<br>• 경제발전 과정에서 기업가들이 수행하는 역할을 강조하는 반면, 노동자들이 기울이는 노력과 공헌에 대한 언급이나 설명은 누락되었으며, 노동운동에 관한 내용은 제외되거나 왜곡 기술되어 있었음 |

| | |
|---|---|
| **반학교 문화** | • 노동계급 학생들은 학교의 권위와 지적 활동의 가치 및 중요성을 거부하는 독특한 반학교 문화를 형성<br>• 반학교 문화의 가장 기본적이고 두드러진 특징은 '권위'에 대해 집단적·개인적으로 집요하게 저항 |
| **사나이들** | • 이러한 감정은 '사나이들'(lads: 이것은 반학교 문화 학생들이 스스로 붙인 이름임)의 일상 언어에서 쉽게 드러남<br>• '사나이'들에게는 교사들 다음으로 '얌전이' 또는 '범생이'들이 표적이 되는데, 그것은 그 아이들이 교사의 권위에 너무 열성적으로 추종하기 때문<br>• '얌전이'라는 이름은 학교에 순응하는 아이들의 수동성과 어리석음을 뜻하는 것 |
| **저 항** | • 학교에 대한 저항은 제도와 규율로부터 자유로운 자신들만의 상징적·물리적 공간을 쟁취하기 위한 싸움과 학교에서 중요하게 인식되는 목적, 즉 공부시키는 것을 타파하는 데서 가장 극명하게 드러남<br>• 그들은 학교가 짜놓은 일과표를 무시하고 스스로 그리고 실질적으로 자기의 일과를 구성<br>• 이러한 '내 마음대로 하기' 원리는 모든 수업시간과 그 밖의 많은 다양한 활동 속에서 발휘되는데 그중 몇 가지는 수업시간 빼먹기, 수업시간에 딴전 피우기, 엉뚱한 반에 들어가 앉아 있기, 장난거리를 찾아 복도 배회하기, 몰래 잠자기 등이 해당 |
| **학 교** | • 반학교 문화에서는 학교를 다님으로써 얻게 되는 자격이라는 것의 가치에 대한 깊은 불신이 담겨 있는데 이는 그것을 얻기 위해 치러야 하는 희생이 너무 크다고 여기기 때문<br>• 그들이 생각하는 희생이란 대단하지도 않은 졸업장을 얻어내느라 지금 '얌전이'가 된다는 것, 그것은 어느 때라도 즉시 유쾌함을 만들어 내고 누릴 수 있는 '사나이'의 능력을 포기하는 것을 뜻함<br>• 학교를 성실하게 다녀서 얻게 되는 그 자격은 '사나이'들이 졸업 후 일자리를 선택하는 데 그다지 중요한 기준처럼 보이지 않음<br>• 공식적인 학교문화를 따르는 것은 순응주의적인 소인배의 짓이고, '얌전이'가 되어 작은 '성공'을 한다고 해보았자 별것이 아니라고 그들은 생각함 |
| **육체노동** | • '사나이'들은 학교문화에 순응하지 않고 반학교 문화를 형성하는 것이 학교생활에서의 '실패'의 길이고, 그것은 곧 졸업 후의 사무직과 노동직의 갈림길에서 노동직으로 가게 되는 것임을 알면서도, '사나이'의 길을 버리지 않는 것<br>• '사나이'들은 스스로 육체노동직을 선택하는 것<br>• 노동현장 문화에 몸담을 수 있는 자격은 반학교 문화에서와 마찬가지로 절대로 패배자의 길이 아님<br>• 그 자격에는 기술, 솜씨, 자신감 그리고 무엇보다도 어떤 살아 있는 사회적 힘을 더하는 태도 같은 것이 관련<br>• 이 힘이란 생동하는 것으로 이력서를 통해 채용하는 공식적인 제도들에 의해 보호받고 구조화되며 조직화되는 종류의 것이 아님<br>• 반학교 문화에서 발견되는 남성상과 억척스러운 기질은 노동현장 문화에서 발견되는 주요한 주제들 중 하나이며, 그것은 곧 남성우월주의의 한 형태 |

| 사회언어<br>분석 | • 연구의 주안점은 교육이 어떻게 사회구조를 유지할 수 있게 하는가라는 문제, 즉 교육제도를 통하여 경제적 재생산과 문화적 재생산이 어떻게 상호간에 영향을 주고 갈등을 일으키면서 진행되는가를 밝히는 데 있음<br>• 그는 사회언어분석(socio - linguistic analysis)에서 출발하여 교육과정의 조직형성과 사회적 지배원리의 관계에 관한 연구를 거쳐, 한 사회의 지배가 전수되는 기제를 밝히려고 시도하였음 |
|---|---|

| 교육과정 | • 그는 교육과정을 시간의 길이와 그에 담겨 있는 내용들을 조직한 원칙으로 정의<br>• 번스타인은 교육과정 분석에 "분류(classification)"와 "구조(構造, frame)"의 두 개념을 사용 |
|---|---|

| | 분 류 | • 과목 간, 전공분야 간, 학과 간의 구분<br>• 구분된 교육내용들 사이의 경계의 선명도를 의미 |
|---|---|---|
| | 구 조 | • 과목 또는 학과 내 조직의 문제로, 가르칠 내용과 가르치지 않을 내용의 구분이 뚜렷한 정도, 계열성(sequence)의 엄격성, 시간 배정의 엄격도 등을 포함하는 개념<br>• 교육내용의 선정, 조직, 진도에 대하여 교사와 학생이 소유하고 있는 통제력의 정도<br>• 구조화가 철저하면 교사나 학생의 욕구를 반영하기 어렵고 반대로 구조화가 느슨하게 되어 있으면 다양한 욕구를 반영시키기 용이 |

| | • 분류와 구조는 각각 강할 수도 있고 약할 수도 있음. 그러므로 다음의 조합이 가능함<br>① 강한 분류, 강한 구조<br>② 강한 분류, 약한 구조<br>③ 약한 분류, 강한 구조<br>④ 약한 분류, 약한 구주<br>  ▶ 번스타인은 여기에서 교육과정의 유형을 둘로 나누어 ①, ②를 "집합형(集合型, collection type)"으로, ③, ④를 "통합형(統合型, integrated type)"으로 불렀음 |
|---|---|

| 집합형<br>교육과정 | • 집합형 교육과정은 엄격히 구분된 과목 및 전공분야 또는 학과들로 구성되어 있어서 과목 간, 전공분야 간, 학과 간의 상호관련이나 교류는 찾아볼 수 없음<br>• 횡적 관계는 무시되고 종적 관계가 중시<br>• 교육이 진행됨에 따라, 즉 상급과정으로 올라감에 따라 점점 전문화되고 세분되어 학습영역이 좁아짐<br>  예 심리학 또는 교육학에서 교육심리학으로 좁아지고 다시 학습이론으로 전문화하고 더 나아가면 스키너(Skinner) 학설로 또는 피아제(Piaget) 학설로 더 좁아짐<br>• 집합형 교육과정에 있어서는 학생과 교사들이 어느 분야 또는 어느 학과에 속해 있는지가 분명하며 소속 학과에 대한 강한 충성심이 요구됨<br>• 인간관계는 횡적 관계보다 종적 관계가 훨씬 중요하며 상하 간의 위계질서는 뚜렷하고 엄격<br>• 타 분야와의 교류는 제한 |
|---|---|

| 통합형<br>교육과정 | • 통합형 교육과정은 집합형과 모든 점에서 대조적<br>• 통합형은 과목 및 학과 간의 구분이 뚜렷하지 않아서 횡적 교류가 많아짐<br>• 대체로 여러 개의 과목들이 어떤 상위개념이나 원칙에 따라 큰 덩어리로 조직<br>  예 역사, 지리, 정치, 경제가 사회생활로 통합됨. 통합된 사회생활 내에서의 역사, 지리 등의 구분은 없거나 약화됨 |
|---|---|

| | |
|---|---|
| **통합형<br>교육과정** | 예 대학에서 학과 간의 울타리가 낮아져서 강좌를 상호개방하고, 더 나아가 생화학(biochemistry), 역<br>사사회학 등 혼합학문(hybrid discipline)이 생겨남<br>• 자연히 단일학문보다 더 상위의 개념을 사용하고 점점 더 상위의 이론을 추구<br>• 통합형에서의 인간관계는 횡적 관계가 강화되고 중시됨<br>• 교사와 학생들의 재량권이 늘어나고, 교사와 교육행정가의 관계에서도 교사의 권한이 증대됨 |
| **조직원리** | • 그가 중시하는 것은 교육내용보다도 내용의 조직원리임<br>• 교육과정의 조직원리가 사회질서의 기본원리를 반영하고, 학생들에게 그 원리를 내면화시킨다는 것<br>• 그에게 있어서 교육과정은 사회적 힘의 분포와 직결되어 있을 뿐만 아니라 한 사회가 사회질서를 유지 · 재생산해 가는 방식의 한 표현<br>• 교육과정 분석을 통하여 사회의 특성을 밝힐 수가 있는 것 |
| **코 드** | ① 사회부문 간 분류(classification)가 강한 시대<br>　• 교육과 생산 간의 구분이 분명하기 때문에 교육내용 및 교수활동에 관한 결정이 많은 부분 교육담당<br>　 자들의 영향력 아래 이루어지게 됨으로써 교육의 자율성이 상당히 보장<br>　• 생산과 상징통제(symbolic control)의 분업구조가 분명히 구분되면, 교육의 목적, 내용, 방법, 학<br>　 교행정, 학생지도, 평가방식 등에 관한 원칙인 '교육의 코드(codes of education)'를 형성하고 보<br>　 급하는 일이 상당한 정도로 교육담당자들의 손에 놓이게 됨<br>　• 교육 내부의 자율적 통제력을 '통제의 원리(principles of control)'라고 표현<br>② 교육과 생산 간의 경계가 약한 시기<br>　• 교육과 생산의 관계가 밀착되었음을 암시하는 것이며 이 경우, 교육은 흔히 자율성을 잃게 됨<br>　• 이런 상황에서 교육내용의 사회적 적합성은 생산구조 혹은 생산의 코드(codes of production)에<br>　 의해 결정되고 교육은 사회 · 경제적인 하부구조에 예속당하게 되는 것<br>　• 실제 교육상황을 결정하는 힘의 본질을 설명하는 데 있어 번스타인은 외부로부터 주어지는 힘을<br>　 '사회적 통제(social control)'라고 표현 |

## 제 15 절  시험의 기능

| | |
|---|---|
| **교육적<br>기능** | • 자격부여<br>• 경쟁촉진<br>• 선발<br>• 목표와 유인(誘因)<br>• 교육과정 결정<br>• 학습성취의 확인과 미래학습의 예언 |
| **사회적<br>기능** | • 사회적 선발<br>• 지식의 공식화와 위계화<br>• 사회통제<br>• 사회질서의 정당화와 재생산<br>• 문화의 형성과 변화 |

## 제 16 절  콜만보고서

| 연구주제 | • 콜만과 동료 연구진들이 확인하고자 했던 것은 소수민족의 자녀들이 다니는 학교들의 불평등한 조건들<br>• 이러한 불평등한 조건들이 교육기회의 평등에 위배되는지<br>• 중류계층 아동들에 비해 불평등한 학교자원이 노동계층 아동들에게 불리한 영향을 미치는지에 대한 연구 |
|---|---|
| 결 론 | • 연구의 가설이었던 학교시설과 교사봉급 등 교육투자 경비의 불평등이 학생의 학업성취에 미치는 효과는 매우 미약<br>• 학력격차는 학생의 가정배경과 동료집단의 영향이 크다는 결론<br>• 특히 학생의 가정배경이 더욱 큰 영향 |
| 재정자본<br>(경제적 자본) | 가족의 소득수준에 의하여 결정되는 자녀에 대한 부모의 물질적 지원 능력 |
| 인간자본 | 부모의 교육수준에 의하여 측정될 수 있으며 자녀의 학업에 도움을 줄 수 있는 인지적 환경에 영향을 미침 |
| 사회자본 | • 사회적 자본은 아동이 가족이나 지역사회로부터 그것을 얻게될 때 교육적 성취를 제고시키는 데 도움을 받을 수 있는 사회적 자원을 가리킴<br>• 사회적 자본은 부모와 자녀 사이의 사회적 관계 속에 형성되는 자녀교육에 대한 부모의 관심 및 시간의 투입이라는 형태로 나타남 |

## 제 17 절  학력상승

| 학습욕구이론 | • 사람마다 가지고 있는 학습욕구를 충족하기 위하여 교육이 필요한데, 그 교육을 체계적으로 제공하는 곳이 학교이니 학교에 다닌다는 것<br>• 학교교육을 통하여 지적 욕구와 인격도야의 욕구를 충족시킬 수 있기 때문에 기회만 주어지면 누구나 학교를 다니게 됨<br>• 심리학자 매슬로우(Maslow)의 동기이론(motivation theory)에 따르면 인간은 누구나 자신의 타고난 가능성과 소질을 실현하려는 욕구와 사물의 뜻을 알고 이해하려는 욕구, 나아가 아름다움을 추구하려는 욕구를 가지고 있음 |
|---|---|
| 기술기능이론 | • 과학기술의 부단한 발달 때문에 직업기술의 수준이 계속 향상됨에 따라 사람들의 학력이 높아질 수밖에 없다는 것<br>• 이러한 기술기능주의적(technical functionalistic) 설명은 슐츠(Schultz), 베커(Becker) 등의 인간자본론(human capital theory)자들의 교육과 경제성장의 관계에 관한 이론과도 일맥상통<br>• 이 이론은 학교제도와 직업세계가 상호간에 긴밀한 관계를 유지하고 있음을 강조<br>• 학교는 경제체제를 지탱하는 핵심장치여서 직종수준에 알맞게 학교제도가 발달하였다는 것 |

| 마르크스이론 | • 상응이론에 의하면 자본주의 경제구조와 학교교육은 상응관계에 있기 때문에 자본주의 경제의 확대에 따라 학교교육도 확대된다는 것<br>• 보울스와 진티스(Bowles & Gintis): 미국 학교제도의 발달은 교육 그 자체를 위한 것이 아니고, 국민 전체를 위한 것도 아니라고 주장. 학교제도는 자본주의 사회인 미국의 자본가계급의 이익을 위하여 자본가계급에 의하여 발전하였다는 것 |
|---|---|
| 지위경쟁이론 | • 학력이 사회적 지위획득의 수단이기 때문에 사람들이 경쟁적으로 높은 학력을 취득하는 탓으로 학력이 계속하여 높아진다고 설명<br>• 남보다 한 단계라도 높은 학력을 가지고 있는 것이 사회적 지위의 경쟁에서 결정적으로 유리하기 때문에 모든 사람이 높은 학력, 즉 상급학교 졸업장을 받기 위하여 온갖 노력을 기울인다는 것 |
| 국민통합이론 | • 기능이론과 마르크스이론이 경제적 요인에 초점을 두어 교육 팽창을 설명하고, 지위경쟁이론이 사회적 요인에 초점을 두고 설명한 네 비해 교육팽창을 정시적 요인을 중심으로 설명하려는 이론<br>• 국민국가의 형성과 이에 따른 국민 통합의 필요성 때문에 교육이 팽창된다고 설명<br>• 교육은 국민으로서의 정체성을 형성시키는 기제<br>• 벤딕스(Bendix) |

## 학력격차

| 학교요인 | • 학급 규모와 학교 규모<br>• 학급편성과 계열편성<br>• 학교의 교육환경<br>• 교사의 기대효과: 로젠탈과 제이콥슨 – 피그말리온 효과(자기충족적 예언)<br>• 학생문화와 학교풍토<br>• 콜맨보고서: 학교의 교육조건은 학업성취의 향상에 도움을 주지 못함 |
|---|---|
| 개인요인 | • 지능, 적성, 노력<br>• 유전론자들은 학업성취도의 차이를 생득적인 지적능력차이로 설명<br>• 환경론자들은 학생들의 학습환경 차이에서 비롯된다고 봄 |
| 가정요인 | • 콜맨: 사회적 자본 ⇨ 다른 학부모들과 유대 형성, 학교운영위원회 참여 등<br>• 부르디외: 문화자본 ⇨ 고전문학지식, 예술에 대한 감수성 등<br>• 번스타인: 문화자본 ⇨ 가정이 학업성취에 미치는 영향에 부모들이 사용하는 언어의 질과 가정의 교육적 분위기가 중요 |
| 결핍모형 | • 학업성취 격차의 원인을 무언가 결핍되었다고 보는 입장<br><br>지능이론: 학업성취 격차의 원인을 지능의 결핍으로 보는 입장으로, 지적능력의 격차를 인정하는 입장<br><br>문화실조론: 문화실조란 인간발달에서 요구되는 문화적 요소의 결핍과 과잉 및 시기적 부적절성에서 일어나는 지적·사회적·인간적 발달의 부분적 상실, 지연, 왜곡현상을 의미. 학업성취 격차의 원인을 문화적 환경의 차이로 보는 입장 |

## PART 11 교육사회학 핵심지문 OX

**001** [갈등론] 사회제도와 각 집단은 서로 다른 목적과 이해관계를 추구한다. ( ○ | × )

**002** [갈등론] 사회관계는 지배와 피지배관계로 설명된다. ( ○ | × )

**003** [갈등론] 학교는 사회적 불평등을 재생산하는 제도적 장치에 불과하다. ( ○ | × )

**004** [갈등론] 사회는 유기체와 마찬가지로 각 부분이 전체의 존속을 위해 각기 기능을 수행한다. ( ○ | × )

**005** 기능론과 갈등론은 교육현상에 대해 미시적으로 접근한다. ( ○ | × )

**006** [갈등론] 학교교육의 기능을 부정적·비판적으로 본다. ( ○ | × )

**007** [갈등론] 학교교육은 기존의 사회구조를 재생산한다. ( ○ | × )

**008** [갈등론] 학교교육은 사회의 안정과 질서에 기여하는 제도이다. ( ○ | × )

**009** [갈등론] 학교교육은 계급구조와 불평등을 정당화한다. ( ○ | × )

**010** [기능주의] 사회구성원을 선발·분류하여 적재적소에 배치한다. ( ○ | × )

**011** [기능주의] 체제 적응 기능을 수행해 전체 사회의 유지에 기여한다. ( ○ | × )

**012** [기능주의] 지배집단의 신념과 가치를 보편적 가치로 내면화시킨다. ( ○ | × )

**013** [기능주의] 새로운 세대에게 기존 사회의 생활양식, 가치와 규범을 전수한다. ( ○ | × )

**014** [기능주의] 학교는 불평등한 경제적 구조를 재생산한다. ( ○ | × )

**정답**

| 01 ○ | 02 ○ | 03 ○ | 04 × | 05 × | 06 ○ | 07 ○ | 08 × | 09 ○ | 10 ○ | 11 ○ | 12 × | 13 ○ | 14 × |

**015** [기능주의] 학교의 문화전달과 사회통합적 기능을 높이 평가한다. (○ l ×)

**016** [기능주의] 학교는 능력에 맞게 인재를 사회의 적재적소에 배치하는 데 기여한다. (○ l ×)

**017** [기능주의] 학교교육의 사회화 기능을 긍정적으로 평가한다. (○ l ×)

**018** 파슨스, 뒤르켐, 드리븐은 기능주의 학자에 해당한다. (○ l ×)

**019** 뒤르켐(E. Durkheim)은 교육을 아동이 장차 소속하게 되는 특수환경이 요구하는 지 (○ l ×)
적·도덕적·신체적 특성을 계발하는 것으로 보았다.

**020** 파슨스는 사회화를 보편적 사회화와 특수 사회화로 구분하면서 도덕교육을 강조하였다. (○ l ×)

**021** 드리븐(R. Dreeben)은 학교교육을 통해 독립성, 성취성, 보편성, 특정성의 규범을 습 (○ l ×)
득할 수 있다고 주장하였다.

**022** 인간자본론은 기능주의에 해당한다. (○ l ×)

**023** 번스타인에 따르면 학교에서는 '상징적폭력'을 행사하여 지배와 종속을 강화하며, 학교 (○ l ×)
교육을 통해 자본가 계급의 '아비투스(habitus)'를 노동자 계급의 아동들에게 주입하여
기존의 질서를 유지시켜 나간다.

**024** 보울스(S. Bowls)와 진티스(H. Gintis)는 문화적 재생산론가에 해당한다. (○ l ×)

**025** 아비투스(habitus)는 특정 계급적 환경에서 내면화된 지속적 성향이나 태도를 의미한다. (○ l ×)

**026** 부르디외(P. Bourdieu)에 따르면 객관화된 상태의 자본은 졸업장, 학위 등이고, 제도 (○ l ×)
화된 상태의 자본은 책, 예술작품 등이 해당한다.

**027** 부르디외(P. Bourdieu)에 의하면 어법의 차이는 인지양식 또는 학업성취의 차이에까 (○ l ×)
지 영향을 미친다.

**028** 부르디외(P. Bourdieu)의 문화자본이론은 특정 문화에 익숙한 계층이 학업성취에 유 (○ l ×)
리하다고 설명하였다.

**정답**

| 15 ○ | 16 ○ | 17 ○ | 18 ○ | 19 ○ | 20 × | 21 ○ | 22 ○ | 23 × | 24 × | 25 ○ | 26 × | 27 × | 28 ○ |

**029** 사회자본이론은 가정환경이 지역사회 및 학교와의 사회적 관계를 통하여 학업성취에 영향을 미친다고 설명한다. (○|×)

**030** 학업성취에 대한 결과로서의 평등 측면에서 보상교육 프로그램이 실시되었다. (○|×)

**031** 일리치는 탈학교론자로 학교에서 읽고, 쓰고, 문제를 푸는 것 등 기초기능을 배울 필요가 없고 오히려 이러한 기술은 특수목적을 위해 설립된 특수기술센터에서 더욱 쉽고 유용하게 배워야 한다고 주장하였다. (○|×)

**032** 학습의 망(learning webs)은 어떤 사람이 배우기를 원하는 것을 가르칠 수 있는 사람을 찾아낼 수 있는 기능을 하도록 세워지는 것을 의미한다. (○|×)

**033** 해비거스트(Havighurst)는 학교교육이 사회 불평등을 없애거나 줄일 수 있다고 주장하였다. (○|×)

**034** 저소득층이나 장애인 등 사회적 소외계층을 위해 보상교육을 실시해야 한다는 주장은 교육조건의 평등에 해당한다. (○|×)

**035** 경제적 빈곤가정의 자녀들이 방과 후 학교프로그램에 참여할 수 있도록 교육비를 지원하는 제도는 교육결과의 평등에 해당한다. (○|×)

**036** 미국의 'Head Start Program'이나 영국의 '교육우선지역(EPA: Educational Priority Area)' 사업이 추구하는 평등의 유형은 교육결과의 평등이다. (○|×)

**037** 교육조건의 평등은 학교 시설과 교사의 질과 같은 학교 교육환경의 차이로 인해 학생의 학업성취 격차가 발생한다고 본다. (○|×)

**038** 무상교육은 교육기회의 허용적 평등에 해당한다. (○|×)

**039** 고교평준화는 교육기회의 보장적 평등에 해당한다. (○|×)

**040** 취학을 가로막는 경제적·지리적·사회적 제반 장애를 제거해 주는 취학보장대책은 교육결과의 평등에 해당한다. (○|×)

정답

29 ○   30 ○   31 ○   32 ○   33 ○   34 ×   35 ×   36 ○   37 ○   38 ×   39 ×   40 ×

**041** 롤스의 '차등의 원칙'은 교육조건의 평등에 해당한다. (○ | ✕)

**042** 해석학적 관점은 사회구성원과 행위자의 행위 및 상호작용, 학교의 내적 상황 등에 초점 (○ | ✕)
을 두는 미시적 접근이다.

**043** 갈등주의 관점은 자본주의 사회에서 학교가 지배계급에게 유리하게 작용함으로써 불신 (○ | ✕)
화와 소외, 비인간화 등을 가져오는 것에 대한 비판적 접근이다.

**044** 기능주의 관점에서 교육은 사회체계를 이루는 한 부분인 동시에 독립적으로 하나의 소사 (○ | ✕)
회인 교육체계를 형성한다.

**045** [신교육사회학] 교과과정의 효율성과 학교교육의 외적 과정에 관심을 갖는다. (○ | ✕)

**046** [신교육사회학] 학교에서 가르치는 지식의 정치학적 성격에 주목한다. (○ | ✕)

**047** [신교육사회학] 교육과정 및 교사 – 학생 간 상호작용이 주요 연구주제이다. (○ | ✕)

**048** [신교육사회학] 종전의 교육사회학이 사회구조적 문제를 도외시했던 점을 비판한다. (○ | ✕)

**049** [신교육사회학] 교육내용의 성격과 그것이 전수되는 과정을 이해하고자 하였다. (○ | ✕)

**050** [신교육사회학] 학교 교육과정 또는 교육내용에 주목한다. (○ | ✕)

**051** [신교육사회학] 불평등의 문제를 학교교육 안에서 찾는다. (○ | ✕)

**052** [신교육사회학] 학교에서 가르치는 지식의 사회적 성격을 탐구한다. (○ | ✕)

**053** [신교육사회학] 구조 기능주의에 기반하여 교육의 사회적 기능을 탐구한다. (○ | ✕)

**054** [애플(Apple)] 학교가 지배집단의 의미체계와 가치체계인 헤게모니를 주입하여 기존 (○ | ✕)
질서를 정당화한다고 주장하였다.

**055** [윌리스(P. Willis)의 저항이론] 노동자 계급의 자녀가 다시 노동자 계급이 되는 이유는 (○ | ✕)
남성우월주의적인 육체노동문화를 자신의 이상적 가치관으로 받아들이기 때문이다.

**정답**

41 ✕　42 ○　43 ○　44 ○　45 ✕　46 ○　47 ○　48 ✕　49 ○　50 ○　51 ○　52 ○　53 ✕　54 ○
55 ○

**056** [번스타인(Bernstein)] 분류(classification)는 과목 간, 학과 간 구분으로서 각 교육 내용들 간 경계의 선명도를 말한다. (○ | ×)

**057** [번스타인(Bernstein)] 구조(frame)는 교육내용의 선택, 조직, 진도에 대한 교사와 학생의 통제력 정도를 말한다. (○ | ×)

**058** [번스타인(Bernstein)] 구조화(framing)가 강하면 학생의 관심과 요구를 반영하여 교육과정을 편성하기가 용이하다. (○ | ×)

**059** 지식의 공식화와 위계화는 시험의 교육적 기능에 해당한다. (○ | ×)

**060** 교육과정 결정은 시험의 교육적 기능에 해당한다. (○ | ×)

**061** 문화의 형성과 변화는 시험의 교육적 기능에 해당한다. (○ | ×)

**062** 사회적 선발은 시험의 교육적 기능에 해당한다. (○ | ×)

**063** [콜만보고서] 학생의 가정배경은 학업성취에 미치는 영향이 매우 크다. (○ | ×)

**064** [콜만보고서] 학교의 교육 여건이 학업성취도에 큰 영향을 미치지 않는다. (○ | ×)

**065** [콜만보고서] 학생들의 친구집단은 학업성적 차이에 별다른 영향을 주지 못한다. (○ | ×)

**066** [콜만보고서] 이 연구 결과로 인해 보상교육정책이 수립되었다. (○ | ×)

**067** 사회적 자본은 사람들 사이의 사회적 관계에서 형성된다. 가정을 중심으로 사회적 자본을 정의한다면, 좁게는 가정 내 부모와 자녀의 관계이고, 넓게는 부모가 가정 밖에서 맺고 있는 사회적 관계의 전체이다. (○ | ×)

**068** [블로와 던컨(Blau & Duncan)] 경제적 불평등을 바로잡는 데 학교는 다른 어떤 요소보다 영향력이 적다. (○ | ×)

**069** [번스타인(Bernstein)] 교육은 다음 세대의 상향이동을 촉진하므로 교육의 보편화는 평등사회에 이르는 촉진제가 된다. (○ | ×)

정답

| 56 | 57 | 58 | 59 | 60 | 61 | 62 | 63 | 64 | 65 | 66 | 67 | 68 | 69 |
|----|----|----|----|----|----|----|----|----|----|----|----|----|----|
| ○ | ○ | × | × | ○ | × | × | ○ | ○ | × | ○ | ○ | × | × |

**070** [보울스와 진티스(Bowles & Gintis)] 가정에서 부모가 사용하는 언어의 질과 가정의 교육적 분위기는 자녀의 학업성취에 영향을 미친다. ( ○ | × )

**071** [콜만(Coleman)] 부모와 지역사회 간의 사회적 관계가 자녀의 학업성취에 영향을 미친다. ( ○ | × )

**072** 사회자본은 부모와 자녀 사이의 사회적 관계 속에 형성되는 자녀교육에 대한 부모의 관심 및 시간의 투입이라는 형태로 나타난다. ( ○ | × )

**073** 기술기능이론에서는 과학기술의 발달로 인한 직업기술 수준의 향상을 학력 상승의 원인으로 강조한다. ( ○ | × )

**074** 지위경쟁이론에서는 학력이 사회적 지위획득의 수단이기 때문에 사람들이 경쟁적으로 높은 학력을 취득하는 탓에 학력이 계속 높아진다고 설명한다. ( ○ | × )

**075** 국민통합이론은 정치단위인 국가의 이데올로기 통합 과정에서 교육제도가 수행하고 있는 정치적 기능을 새롭게 지적하였다는 데 의의가 있다. ( ○ | × )

정답

70 ×　71 ○　72 ○　73 ○　74 ○　75 ○

# 2025
# 변민재 교육학
# 핵인싸(핵심 inside)

PART

# 12

# 생활지도 및 상담

PART **12** 생활지도 및 상담

제 **1** 절  생활지도의 방향

| 대상 | 생활지도는 조력의 과정임. 따라서 개인에 관심을 두고 자신과 환경과의 관계에 이해를 돕고, 모든 학생을 대상으로 모든 연령층의 학생을 대상으로 함 |
|---|---|
| 목적 | 생활지도는 처벌보다 지도를, 치료보다 예방을 앞세우고, 과학적인 근거를 기초로 하며 자율성을 기본 원리로 함 |
| 자아발견 | 생활지도는 종합적인 접근이 되어야 하며 관련 인사들의 협동적인 과업이 있어야 하고, 자아발견과 자기발전을 북돋아주고 자율적인 지도능력을 기본으로 삼음 |
| 존엄성 | 생활지도는 주로 개인의 존엄성과 개성발달에 초점을 두고 참되고 진정한 사랑에 기초한 지도를 중시함 |

제 **2** 절  생활지도의 기본원리

| 개인의 존중과 수용의 원리 | 생활지도는 기본적으로 인간의 존엄성을 인정하고 모든 개인이 한 인간으로서 존중받아야 한다는 민주적 이념에서 출발함 |
|---|---|
| 자율성 존중의 원리 | • 생활지도는 모든 개인이 정상적으로 발달하도록 도움을 주는 조력의 과정임<br>• 생활지도가 조력을 제공하는 것이므로 어떤 문제를 해결하는 것은 본인 스스로 문제의 핵심을 파악하고 가능한 방안을 탐색하여 본인이 최종적인 결정을 하는 것임<br>• 자율적인 능력과 태도를 강조하는 것임 |
| 적응의 원리 | • 생활지도는 개인의 생활에 대한 적응을 도와줌<br>• 적응은 자아의 수정을 통한 현실에 순응하는 소극적인 적응보다 개인의 능력과 인성형성에 있어서 능동적이고 적극적인 면을 강조함 |
| 인간관계의 원리 | • 생활지도는 태도와 가치관의 변화나 인성적 통정과 같은 정의적인 학습과 관련이 깊음<br>• 이러한 정의적인 학습은 교사와 학생 사이의 참다운 인간관계, 즉 감정이 교류하는 관계가 성립될 때 가능해지며 학습도 촉진됨 |
| 자아실현의 원리 | • 생활지도의 궁극적인 목적이 모든 개인의 자아실현을 이루게 하는 것임<br>• 모든 동기는 전체적인 유기체의 자아실현을 위한 필요조건임 |

## 제 3 절  생활지도의 실천원리

| 계속과정의 원리 | • 생활지도는 일차로 만나서 끝나는 것이 아니라 진급, 진학, 취직 및 졸업한 후에도 계속 관심을 가져야 할 과정임<br>• 진학, 취직 및 이에 대한 정치(定置) 활동, 추수지도 그리고 새로운 학교나 직장에 잘 적응할 수 있도록 사전지도(orientation) 등이 필요함 |
|---|---|
| 전인적 원리 | 생활지도는 개인의 특수한 생활영역이나 기능 등의 일부만을 취급하는 것이 아니고, 개인의 전체적 면을 다루어 지도하는 것임 |
| 균등의 원리 | • 생활지도를 문제아나 부적응아들의 문제만 해결해 주는 활동으로 잘못 이해하고 있는 경우가 많음<br>• 생활지도는 전 아동의 가능성을 최대한으로 발전시키려고 하는 과정임 |
| 과학적 기초의 원리 | 생활지도 활동은 아동의 올바른 이해 및 행동의 구체적 · 객관적 자료에 기초를 두고 출발해야 하는 것임 |
| 적극성의 원리 | 생활지도는 소극적인 치료도 중요하지만 적극적인 예방지도에 중점을 두어야 함 |
| 협동성의 원리 | 생활지도는 담임교사나 카운슬러만의 지도가 아니라 학교 전 직원이 협력해야 함 |
| 구체적 조직의 원리 | 생활지도 담당교사들을 중심으로 구체적 조직을 갖추어야 함 |

## 제 4 절  생활지도의 과정

| 조사활동 | • 생활지도의 기초적인 단계로서 학생들을 개별적으로 이해하는 데 필요한 기초적인 자료를 조사 · 수집하는 활동<br>• 가정환경, 성적, 특별활동, 과외활동, 교외활동, 지능 · 적성 · 흥미 · 성격 · 장래희망 등의 영역 |
|---|---|
| 정보활동 | • 학생들을 둘러싸고 있는 여러 가지 환경과 문제해결에 관련된 정보를 제공해주는 활동<br>• 교육정보, 직업정보, 개인적 · 사회적 정보 등의 영역<br>• 교육정보는 교육의 과정에 관계되는 모든 정보<br>• 신입생 오리엔테이션(orientation)에서 학교, 학과, 교과, 이수학점, 장학금, 도서관 이용 등의 정보 등을 제공하는 것도 교육정보임<br>• 직업정보는 직업에 관한 정보와 직업세계의 분석 및 각종 직업에 필요한 자질 및 장래성 등 직업과 관련된 일체의 정보를 의미<br>• 개인적 · 사회적 정보는 개인의 인성적 적응과 사회적 적응을 하는 데 도움이 되는 일체의 정보를 포함 |
| 상담활동 | • 생활지도의 중핵적 활동<br>• 지도조언을 담당하는 상담자(counselor)와 지도조언을 받는 피상담자(내담자, counselee)와의 문제해결을 위한 역동적 활동으로 지시적 상담, 비지시적 상담과 절충적 상담 등이 있음 |

| | |
|---|---|
| 정치활동 | • 학생의 능력, 적성, 흥미 등에 맞는 환경에 위치시키는 활동<br>• 직장의 선택, 학과의 선택, 특별활동 또는 클럽활동의 부서배치, 상급학교나 특정한 학교에 입학하는 등의 다음 단계로 옮겨가는 데 적성에 맞도록 조력을 하는 활동<br>• 교과선택, 출석, 생활지도, 과외활동, 지역사회운동 등과도 관련시켜 생각<br>• 정치활동은 학생에 관한 충분한 자료와 정보를 토대로 학생이 스스로 희망하는 분야를 선택할 수 있도록 조력하는 데 주안점이 있음 |
| 추수활동 | • 지도를 받은 학생이 어느 정도 건전하게 적응하고 개선되었는가를 알아보고 그 결과를 환류(feedback)시켜 새로운 생활지도 계획의 자료로 삼음<br>• 여기에는 재학생, 퇴학생, 졸업생 등이 포함<br>• 추수활동은 전화, 면접, 관찰, 질문지, 방문지도 등을 통해서 이루어짐<br>• 추수활동의 결과는 반드시 새로운 생활지도 계획에 반영되어야 함 |

## 제 5 절 상담이론의 심리학적 관점

| | |
|---|---|
| 정신분석학적<br>이론 | • 정신분석학에서는 정신역동(psychodynamic)이라는 개념을 고안<br>• 정신역동은 어린 시절 부모나 기타 중요한 주변 인물들과의 관계에서 비롯됨<br>• 미해결 갈등은 어렸을 때 해결하지 못한 갈등으로 무의식에 잠재<br>• 미해결 갈등은 그의 일생을 통해 그의 행동, 인지, 감정 등에 영향을 미침 |
| 행동심리학적<br>이론 | • 행동심리학은 미국의 심리학자 왓슨에 의해 주창되고 스키너에 의해 절정<br>• 행동심리학에서 해야 할 일은 행동을 연구하는 것<br>• 행동심리학에서는 자극과 반응 간의 관계를 구명하는 데 주로 관심<br>• 행동심리학에서 연구하는 행동은 관찰 가능한 것이어야 함 |
| 인지심리학적<br>이론 | • 인지심리학은 현대 심리학의 주류<br>• 정신분석가로 교육을 받고 정신치료를 하던 치료가들 중에 일부가 심리적 문제의 원인으로 '병리적인 생각, 신념'에 주목하고 이를 체계적으로 연구<br>• 문제의 원인이 인간의 생각, 즉 사고(思考)에 있어 치료법도 그 병리적인 생각과 신념을 변화시키는 방향으로 이동<br>　예 엘리스의 합리적·정서적 행동치료(REBT) |
| 인본주의적<br>이론 | ① 정신분석과 행동심리학의 공통점<br>　• 인간을 '결정론적'으로 설정<br>　• 인간의 행동을 설명할 때 원인 – 결과의 관계로 설명<br>　• 현재의 성격이나 행동 등은 이미 과거의 학습이나 과거의 경험에 의해 형성<br>② 결정론적 입장에 반대<br>　• 인간의 '자유의지'를 중요시<br>　• 인간의 성격이나 행동은 그 개인이 선택하는 것, 어떤 원인에 의해서 결정되는 것 × |

| 인본주의적<br>이론 | • 과거의 경험이나 학습의 영향을 전혀 받지 않을 수는 없지만 인간은 자신의 의지·취향·가치관 등<br>에 의해 선택하는 측면이 강하며, 인간이 자신의 행동을 선택하는 측면이 많아질수록 자신의 인생을<br>스스로 조절하고 통제하는 인간이 됨<br>③ 현상학적 접근<br>• 어떤 사실이 객관적으로 존재한다고 보는 것이 아니라 개인이 그것을 어떻게 지각하고 해석하는지<br>에 따라서 다른 것으로 취급해야 한다는 것<br>• 사실은 개인 외부에 존재하는 것이 아니라 개인의 지각과 해석이 더 중요<br>④ 특 징<br>• 행동의 원인보다 행동의 목적에 더 주목<br>• 과거보다 미래에 더 주목<br>• 인간의 성장에 주목<br>囫 매슬로우, 로저스 |

## 제 6 절 상담기법

| 직 면 | 내담자가 상담 중 보인 사고, 행동, 감정에서 모순이나 불일치가 관찰될 때 이러한 모순이나 불일치를<br>지적하는 상담기법 |
| --- | --- |
| 명료화 | 정리되지 않은 생각과 감정으로 인해 문제에 포함되어 있는 혼돈과 갈등을 가려내어 의미를 설명하는 것 |
| 재진술 | • 내담자의 이야기를 듣고 상담가가 자기의 표현 양식으로 바꾸어 말해주는 기법<br>• 내담자의 말의 내용이나 의미를 반복하거나 부연하는 것으로 내담자가 하는 말보다 짧지만 유사한<br>단어를 사용하여 보다 구체적이고 명확하게 표현 |
| 해 석 | 내담자가 자신의 말이나 상황에 대해 명확하게 의식하지 못한 것에 대해 그것이 가지는 의미를 설명해<br>주는 일종의 가설 |
| 반 영 | 내담자의 감정에 대한 파악을 통해 내담자의 감정을 잠정적이지만 명확하게 표현하는 것 |
| 수 용 | 상담자가 내담자를 있는 그대로를 받아들여 인격적으로 존중하고 있음을 보여주는 것 |
| 즉시성 | 내담자의 사고, 감정, 행동에 대한 반응으로 상담자가 관찰한 것을 드러내는 것 |
| 요 약 | 내담자가 표현했던 주제를 상담자가 정리하여 말로 표현하는 것 |

| 기본입장 | • 프로이트(Freud)에 의해서 창시된 정신분석적 상담이론에 의하면 인간은 비합리적이고 결정론적인 존재<br>• 인간의 행동은 기본적으로 어린 시절의 경험들과 심리성적인 에너지에 의해서 결정<br>• 여러 가지 경험은 인간의 무의식 속에 잠재해 있게 되는데 무의식적인 동기와 갈등이 인간의 현재 행동에 영향을 주는 중심적인 역할을 함<br>• 인간의 행동은 기본적인 생물학적 충동과 본능을 만족시키려고 하는 욕망에 의해서 동기화<br>• 욕망은 성적이며 공격적인 충동으로서 비합리적인 강한 힘으로 인간의 행동을 주도<br>• 정신분석적 상담에서는 어린 시절의 발달 상황을 대단히 중요하게 보고 있는데 그 까닭은 뒤에 나타나는 성격적인 문제들이 그 뿌리를 찾아가 보면 결국은 억압된 어린 시절의 여러 가지 갈등으로부터 기인 |
|---|---|
| 성격발달 | • 인간의 긍정적인 측면보다는 부정적인 측면을 더욱 강조<br>• 성격의 발달은 심리성적 발달을 말하는 것으로 정상적인 성격발달이란 심리성적 발달단계를 얼마나 성공적으로 해결하고 통합했느냐에 달려 있음<br>• 잘못된 성격발달은 특정한 발달단계에서 부적절하게 해결하였기 때문에 나타난 결과<br>• 성격은 세 가지 구조, 즉 원초아(id), 자아(ego), 초자아(superego)로 구성<br>• 프로이트는 다섯 가지 보편적인 심리성적 발달의 단계, 즉 구강기, 항문기, 남근기, 잠복기, 생식기를 가정하고, 이러한 단계들을 거치면서 인간의 성격이 발달된다고 봄 |

| 성격발달 | 구강기<br>(0~18개월) | • 구강기는 출생부터 18개월까지를 지칭하며, 프로이트는 이 단계를 'I get' 단계로 표현<br>• 영아는 리비도가 입으로 집중되어 입·혀·입술을 통해 젖을 빠는 데서 쾌감을 느끼며 유아성욕을 충족<br>• 유아는 자아중심적이고 자신의 욕구중심적<br>• 유아는 욕구를 충분히 만족하지 못하거나 과잉충족을 하게 되면 성격적 결함을 나타내는데 구강기 성격적 결함은 손가락 빨기, 손톱 물어뜯기, 과식과 과음, 지나친 음주, 흡연, 약물남용 등의 특성을 나타냄<br>• 구강기 욕구가 적절히 충족되면 낙천적이고 먹는 것을 즐기는 성격이 됨 |
|---|---|---|
| | 항문기<br>(18개월~3세) | • 항문기는 18개월부터 3세까지로 리비도의 방향이 항문으로 이동하는 'I control' 단계<br>• 이 시기는 흔히 배변훈련시기이기도 한데 배설물을 참고 보유하거나 배출하는 데에서 쾌감을 얻음<br>• 유아는 본능을 충족하고 싶지만 배변훈련자(부모)에 의해 자기 본능을 마음대로 충족할 수 없음. 따라서 자신의 욕구를 통제하는 배변훈련자에 대해 적대감이 생기고 이러한 적대감과 부모의 사랑을 받으려고 하는 욕구 간의 갈등을 해결해야 함<br>• 이때 청결, 질서, 정확함, 순종적 또는 반항적 태도를 발전시킴<br>• 부모가 대소변 가리기를 엄격하게 훈련하면 이 시기에 고착현상을 보이게 되고 성인이 되어서 항문기적 성격의 소유자가 됨<br>• 항문기적 성격은 어지르고 무질서하며 물건을 낭비하는 특성을 나타내거나 지나치게 깨끗한 것과 완전한 것을 찾는 결벽성 또는 완벽주의자의 특성을 나타냄 |

| | | |
|---|---|---|
| **성격발달** | **항문기**<br>(18개월~3세) | • 배설활동을 통해 어머니를 조종하려고 하므로 다른 사람을 지배 또는 조종하려는 성격이나 규칙, 규범에 대한 맹종형 구두쇠와 같은 인색한 성격 등의 양극적인 성격의 소유자가 됨<br>• 부모가 대소변 통제를 적절하게 훈련시키면 성장해서 생산적이고 창의적인 사람으로 성장 |
| | **남근기**<br>(3~6세) | • 남근기는 3세 이후부터 5세까지를 말하며 'I am a Man' 단계<br>• 이 시기는 아동이 성기에 관심을 가지게 되는 시기로서, 아동은 순진무구하지 않다는 프로이트의 가설을 가장 단적으로 나타내는 단계<br>• 남근기에는 가족의 로맨스가 생기는데 남아는 오이디푸스 콤플렉스(Oedipus complex)를 가짐. 오이디푸스 콤플렉스는 남아가 자기 어머니에게 성적인 애정을 가지고 아버지를 애정의 경쟁자로 생각하여 적대감을 갖게 된다는 것<br>• 이러한 적대감 때문에 아버지에 대한 갈등이 야기되고 우세한 아버지가 자신의 성기를 제거할 것이라는 거세 불안을 가지게 됨. 거세 불안을 감소시키기 위해서 어머니에 대한 성적 욕망과 아버지에 대한 적대감을 억압하여 어머니의 인정을 얻게 되고 자신과 성이 같은 아버지의 남성다움을 갖기 위해서 아버지와 동일시<br>• 여아는 아버지에 대한 성적 애착을 갖게 되는데 이를 엘렉트라 콤플렉스(Electra complex)라 부름. 여아는 남근이 없기 때문에 남근을 갖고싶어 하는 남근 선망을 갖는 동시에 열등감을 갖게 됨<br>• 남근기 갈등의 성공적 해결은 동성 부모와의 동일시를 이룩하여 남성적·여성적 성격을 형성하며 자아와 초자아를 발달시키는 것. 이 시기에 고착되면 남근기적 성격 소유자로 성장<br>• 남근기적 성격은 남성다움을 가시하거나 과장하고 야심적·공격적이며 경쟁적 관계를 조절하는 능력이 부족. 성인이 되어 성불능이나 불감증 등의 성적 문제를 갖게 되기도 함 |
| | **잠재기**<br>(6~11세) | • 잠재기는 6세부터 사춘기가 시작되기 전 11세까지가 해당<br>• 이 시기는 다른 단계에 비해서 평온한 시기로 성적 욕구가 억압되어서 앞의 세 단계에서 가졌던 충동이나 상상, 욕구 등이 잠재되어 있음<br>• 사회관계를 확장하는 시기로 이성에 대한 관심은 줄어들고 동성 친구들과 어울림<br>• 성적인 에너지가 지적 탐색을 통해 발휘됨으로써 실생활을 살아가는 기본적인 기술과 사회 속에서 다른 사람과 관계맺는 것을 배움<br>• 프로이트는 이 시기에 도덕성이나 심미성이 강화된다고 보았고 이 시기가 성격발달에서는 크게 중요하지 않다고 주장<br>• 이 시기에 고착될 경우에는 과도한 성욕의 억압에서 오는 수치감, 혐오감 등이 생길 수 있음 |
| | **성기기**<br>(11세~) | • 사회성이 발달하는 사춘기에 접어들면서 잠복해 있던 성적 욕구가 활발해지기 시작<br>• 이제는 진정한 사랑의 대상을 찾아 만족을 얻기 원하므로 이성과 친밀한 관계를 형성하고, 일하는 것을 통해 사회에 기여하고자 함<br>• 남근기를 원만하게 거쳐 오지 못한 경우에는 이 시기에 생기는 성적 에너지를 적절하게 처리할 수 없어서 이성과의 성숙된 사랑을 할 수 없고 원만한 관계를 가질 수 없음 |

| | | |
|---|---|---|
| 성격발달 | 성기기<br>(11세~) | • 이성에 대한 적응 곤란 및 일반적인 권위에 대한 반항심이 생김<br>• 성기기까지 고착현상을 보이지 않고 원만한 발달을 이룬 사람은 세상에 대해 객관적인 시야를 갖게 되어 이타적이고 성숙한 성격의 소유자로 성장 |
| 불 안 | | • 불안은 기본적인 갈등을 억압한 결과<br>• 자아가 욕구충족의 과정에서 맞게 되는 여러 가지 압력을 적절히 처리하지 못할 때 불안이 생기고 이것이 무의식의 수준에서 인간의 행동에 영향을 미침<br>• 개인의 조정자(ego)가 합리적이고 직접적인 방법으로 불안을 조절할 수 없을 때 비현실적인 방법들, 즉 자아 방어기제들, 예컨대 부인, 투사, 합리화, 승화, 반동형성 외 기타 다른 여러 기제에 의존하여 조절 |

| | 방어기제 | 내 용 |
|---|---|---|
| 방어기제 | 억 압 | 억압은 다른 모든 방어기제의 기저를 이루며, 수용하기 힘든 원초적 욕구나 불쾌한 경험이 의식에 떠오르지 못하도록 무의식 속에 눌러두는 것 |
| | 부 인 | 자신의 감각이나 사고 또는 감정을 심하게 왜곡하거나 인식하지 못함으로써 고통스러운 현실을 부정하는 것 |
| | 반동형성 | 받아들이기 어려운 심리상태와 반대되는 행동을 함으로써 불안을 회피하는 것 |
| | 투 사 | 위협적 충동을 다른 곳으로 그 탓을 돌림으로써 위장하는 것 |
| | 대 치 | 자신의 감정이나 욕구를 위험한 사람이나 대상에게 표출하지 않고 재조정해 그것을 덜 위험한 대상에게 표현하여 대리적으로 충족하는 것 |
| | 합리화 | 자신의 행동에 대한 실제 이유를 숨기기 위하여 무의식적으로 자기를 정당화하는 설명을 하는 것 |
| | 퇴 행 | 현재의 성장 단계보다 더 이전의 단계로 후퇴함으로써 불안을 회피하는 것 |
| | 동일시 | 다른 사람의 특징을 자신의 것으로 여기면서 불안을 감소시키려고 하는 것 |
| | 지성화 | 정서적인 주제를 이성적인 주제로 전환하여 추상적으로 다룸으로써 불안을 회피하는 것 |
| | 승 화 | 성적·공격적 충동을 사회적으로 수용될 수 있는 건설적인 목표로 전환함으로써 불안을 해소하는 것 |

| | | |
|---|---|---|
| 상담의 목표 | | • 내담자가 가지고 있는 자기 행동의 무의식적 동기를 각성하여 의식수준에서 행동할 수 있는 성격으로 변화할 수 있도록 돕는 것<br>• 이것은 곧 지적으로 각성시킴으로써 내담자의 기본적인 성격을 재구조화하는 것 |

| | 치료기법 | 내 용 |
|---|---|---|
| 치료방법 | 자유연상 | • 내담자로 하여금 무엇이든지 자기 자신의 생각에 떠오르는 대로 말하도록 하는 방법<br>• 상담자는 자유연상 내용을 다른 자료와 통합하여 내담자의 무의식적 갈등을 이해하고 해석하는 데 활용 |
| | 꿈의 분석 | • 프로이트가 "꿈은 무의식에 이르는 왕도"라고 말한 것처럼 꿈의 분석은 내담자의 무의식적 요구를 찾아내고 내담자로 하여금 해결되지 않은 문제에 대한 통찰력을 얻게 하는 중요한 절차<br>• 이러한 꿈을 분석할 때는 꿈의 내용이 아니라 꿈에 상징적으로 나타나 있는 동기상의 갈등에 초점 |

| | | |
|---|---|---|
| **치료방법** | **전 이** | • 내담자가 과거에 중요한 타인에게 느꼈던 감정이나 환상을 무의식적으로 상담자에게 나타내는 것<br>• 상담이 효과적으로 진행되려면 전이관계가 잘 형성되어야 하며 전이분석을 통해서 내담자의 무의식적 갈등과 방어기제가 자각될 수 있음 |
| | **저 항** | • 상담의 발전을 저해하고 내담자가 무의식적 요구를 표출하는 것을 방해함<br>• 상담자는 이러한 저항을 지적해 내어야 하며 내담자는 만일 그가 실제로 갈등을 해결하기 원한다면 저항에 직면해야 함 |
| | **해 석** | • 꿈이나 자유연상, 저항, 상담관계 등에서 나타난 내담자의 행동의 의미를 상담자가 지적하고 설명하고 때로는 가르치기도 하는 것<br>• 그 목적은 자아를 새로운 자료에 동화하게 하여 더 깊은 무의식의 자료를 밝히는 과정을 촉진하는 것 |

## 제 8 절  개인심리학적 상담

| | |
|---|---|
| **아들러 치료** | • 정신분석의 결정론에 대한 반작용과 인본주의적 신념의 반영으로 아들러(Alfred Adler)가 창시한 개인심리학(individual psychology)은 아들러 치료(Adler therapy)라고도 불림<br>• 개인심리학이라는 명칭은 사람은 분리할 수 없는 통합적인 존재라는 점을 강조하기 위함<br>• 치료보다는 예방을 목적으로 하여 학생, 부모와 교사를 위한 심리교육 분야에 폭넓게 활용<br>• 아들러 상담은 개인을 재교육하고 사회를 재조성하는 데 관심을 둠 |
| **기본입장** | • 인간은 현상학적인 장 내에서 가상의 목표를 향해 움직이는 창조적인 존재<br>• 각각 인간 존재의 경험은 독특하기 때문에 각자의 관점으로부터 이해되어야 함<br>• 아들러 상담에서 인간 존재는 근본적으로 사회적이고, 목표 지향적이며, 창조적이기 때문에 개인적 실현(personal fulfillment)은 일, 우정, 사랑, 자기수용, 목적 또는 의미 그리고 회복적 여가와 관련된 생활 과업(life tasks) 완수에 기초해야 함<br>• 이러한 과업 수행의 기반이 유아기에 확립되긴 하지만 이 과업들은 청소년기 동안에 더욱 중요해지기 때문에 상담자는 행동의 목표뿐만 아니라 생활 과업을 달성해 나아가는 과정을 이해하기 위한 질문을 하기도 하고 청소년의 인생관과 동기부여의 원천에 대해 다루기도 함 |
| **열등감** | • 사람에게는 타고난 열등감이 있으며 열등감은 어린 시절 부모의 과잉보호, 무관심 또는 왜소한 신체 등 뜻대로 되지 않는 경험 때문에 발생<br>• 열등감은 삶에서 우월한 위치를 차지하고 성공하기 위해 노력하는 원동력이 되며, 열등감을 극복하고 성공적인 삶을 위한 노력은 삶의 핵심 주제<br>• 우월성의 추구가 실패하면 다른 사람에 비해 무능력하고 무가치하다는 열등 콤플렉스가 나타남<br>• 초기 아동기에는 열등감을 극복하는 과정, 즉 개인적인 방식으로 완전성이나 우월감을 획득하면서 생활양식이 형성<br>• 대부분 4~5세에 결정되고 그 이후에는 거의 변하지 않으며 삶에서 드러나는 생활양식의 표현은 어린 시절의 생활양식이 정교화된 것 |

| | | |
|---|---|---|
| 가족 | | • 아동이 자신의 생활양식을 개발하는 데에 영향을 미치는 것으로 출생 순위 및 가족구도 등이 있음<br>• 가족은 여러 면에서 사회의 축소판으로 언급되기에 출생 순위와 가족 안에서 정해진 역할은 사회와 관계 맺기, 생활양식에 영향을 미침<br>• 부모–자녀의 관계는 사회적 관계를 맺고 협력하기 위한 선천적 능력 또는 소질을 지속적으로 개발하는 데에도 영향 |
| 사회적<br>관심 | | • 사회적 관심은 타인에 대한 존중, 타인과의 협력, 타인에 대한 관심, 타인과의 관계로 특징지어짐<br>• 사회적 관심이 발달한 사람은 책임감 있고, 협력적이고, 창조적인 사람<br>• 사회적 관심이 높은 사람들은 자기 자신, 타인 그리고 삶을 즐기고 좋아함<br>• 청소년은 또래와 긍정적인 관계를 형성할 때 사회적 관심을 나타내고 경험 |
| 상담과정 | 상담관계<br>형성 | • 아들러는 상담에서 내담자와의 작업동맹(working alliance)을 강조하였으며, 상담은 상담자와 내담자가 평등한 관계를 맺는 것으로 시작<br>• 상담자와 내담자는 상호 합의된 목표를 성취하기 위한 적극적인 파트너가 되어주며 수립된 좋은 관계는 상담이 종결될 때까지 지속<br>• 상담자는 격려를 통해 내담자의 변화를 시도하며 이때 내담자의 협력이 필요 |
| | 분석 | 두 번째 단계에서 상담자는 내담자의 신념과 감정, 동기와 목표를 이해하기 위해 생활양식, 가족구도와 같은 객관적인 정보를 탐색하고 그것들이 현재 어떻게 기능하고 있는지 이해하는 데 목적을 둠 |
| | 해석 | • 세 번째 단계에서는 내담자의 가족 구도와 초기 회상을 요약하고 해석하여 자기 이해와 통찰의 과정을 거침<br>• 해석을 통해 상담자는 내담자의 거울이 되어주고, 내담자가 그릇된 행동과 지각에 변화를 이끌어 이해와 통찰을 통해 건설적인 활동으로 옮겨갈 수 있도록 함 |
| | 방향<br>재설정 | 마지막으로 이전 단계에서 얻은 통찰을 바탕으로 태도, 신념, 인식 및 목표를 변화시키고 새로운 방향을 설정하고 행동으로 실행 |

## 제 9 절  행동주의 상담

| | |
|---|---|
| 기본입장 | • 스키너(Skinner)에 의해 시작된 행동주의 상담에 따르면 인간의 행동은 학습의 결과<br>• 인간은 좋지도 나쁘지도 않은 상태로 이 세상에 태어났기 때문에 어떻게 배워 나가느냐에 따라서 인간의 행동이 결정됨<br>• 인간과 환경은 서로 영향을 주기도 하고 받기도 함<br>• 인간은 자기지도의 능력이 있음. 이 접근의 초기에는 인간이 유전과 환경에 의해 결정된다는 결정론적 입장이었으나 최근에는 인간의 능동적인 면도 강조 |
| 특 징 | • 행동주의 상담에서는 내담자의 외현적 행동, 치료의 목표를 세분화시키는 것, 상담계획을 발전시키는 것, 상담의 결과를 객관적으로 평가하는 것 등에 관심<br>• 학습원리에 의해 어떤 행동이 나타났다가 역시 학습에 의해 그 행동이 사라짐: 바람직한 행동과 바람직하지 못한 행동 모두 같은 학습의 원리에 의해서 학습 |

| 정상적인 행동 | 보상과 모방에 의해서 학습 |
|---|---|
| 이상행동 | 잘못 배운 결과 |

| | |
|---|---|
| **특 징** | • 행동주의적 접근은 과거나 미래의 행동에 관심을 갖기보다는 현재의 행동에 관심<br>• 겉으로 드러난 구체적인 현재의 행동을 강조하기 때문에 성격의 구조나 발달, 역동성보다는 행동의 변화에 더 관심 |
| **상담의 목적** | 바람직하지 못한 행동을 소거시키고 보다 바람직한 행동을 학습시키는 것 |

**상담기법**

① 부적응행동을 감소시키는 기법

| 상담기법 | 내 용 |
|---|---|
| 소 거 | • 부적응 행동이 반복되어 나타나는 것을 줄이기 위해 강화하는 요인을 제거하는 것<br>• 예를 들면, 수업 중 뒤를 돌아보고 떠드는 학생은 교사가 계속 관심을 기울여 줌으로써 강화를 받을 수 있음. 따라서 학생이 이러한 행동을 했을 때 교사가 관심을 기울여 주지 않으면 서서히 그러한 행동이 감소될 수 있음 |
| 노출법 | • 내담자가 두려워하는 자극이나 상황에 반복적으로 노출하여 직면하게 함으로써 그러한 자극상황에 대한 불안을 감소하는 방법<br>• 예를 들어, 반복적인 손 씻기 행동을 하는 강박장애 환자의 경우, 더러운 자극에 노출하되 손 씻는 행동을 하지 못하게 함. 환자는 처음에는 불안 수준이 높아지지만 시간이 지남에 따라 점차적으로 완화되어 결국에는 불안을 느끼지 않는 상태에 이르게 됨 |
| 체계적<br>둔감법 | • 공포와 불안을 일으키는 자극에서 이완상태를 끌어낸 다음 작성된 불안위계에 따라 불안이나 공포상태를 경험하게 하여 혐오자극에 의해 유발된 불안 혹은 공포자극의 영향을 감소 및 둔감시키는 방법<br>• 부적응적 증상을 제거하는 대표적 기법으로, 특히 공포증과 같은 불안장애의 치료에 효과적 |

② 적응행동을 증진하는 기법

| 상담기법 | 내 용 |
|---|---|
| 행동조성 | • 부적응행동에 대해서는 강화물을 제거하고 새로운 적응행동에 대해서는 긍정적 강화를 주는 방법<br>• 예를 들어, 수업시간에 산만한 행동을 하는 학생에 대해서 교사가 관심을 주지 않고 무시하다가 학생이 수업에 집중할 때만 칭찬을 해 주고 상을 주는 등의 방법으로 강화해 줌 |
| 모델링 | • 모델의 적응행동을 관찰하고 모방하게 함으로써 적응행동을 학습하게 하는 방법<br>• 예를 들어, 대인관계 기술이 부족한 학생에게 다른 학생이 친구에게 인사를 하고 웃는 모습으로 말을 건네는 모습을 관찰하게 하여 그와 비슷한 행동을 하도록 유도할 수 있음. 이때 본보기가 되는 사람은 호감을 줄 수 있어야 하고, 강화를 받는 모습이 함께 제시되면 효과적임 |
| 토큰경제 | • 토큰, 스티커 등이 일정한 개수가 모이면 실제적인 강화물로 교환하는 방법을 통해 바람직한 행동을 유도하는 것<br>• 예를 들어, 초등학교에서 학생들이 바람직한 행동을 할 때마다 교사가 스티커를 주며 일정 수의 스티커가 모이면 학생들이 좋아하는 것을 할 기회를 주는 방법 등 |

| | |
|---|---|
| **기본입장** | • 로저스(Rogers)에 의해서 창시된 인간중심 상담이론은 인간을 긍정적인 시각으로 바라봄<br>• 인간의 삶은 자신이 통제할 수 없는 어떤 힘에 의해 조종당하는 삶이 아니라 개인의 자유로운 능동적 선택의 결과<br>• 인간은 선천적으로 타고난 성장 가능성이 있으며 이를 실현해 나가는 과정에서 자신의 인생목표와 행동방향을 스스로 결정하고, 그에 대한 책임을 수용하는 자유로운 존재<br>• 1904년에는 비지시적 치료라고 불렸으나 1950년대에는 내담자 중심 치료로, 1970년대에는 인간중심 치료로 개칭<br>• 상담기술, 내담자의 문제 혹은 상담자가 중심이 되는 접근방법이 아니고, 상담기술보다는 인간관계가 더 중요하고, 내담자가 가진 문제보다는 내담자에 초점을 맞추고, 내담자가 상담의 중심이 되어 자기실현경향성을 추구하도록 상담자가 조력하는 이론<br>• 과거보다는 현재를 강조하고, 고백하는 문제 그 자체보다는 사람, 즉 내담자가 상담의 중심<br>• 인간은 마음껏 기능할 수 있는 경향성을 가진 존재. 인간은 자신 속에 자기를 이해할 수 있고 자아개념의 기본적인 것을 변경시킬 수 있는 방대한 자원을 가지고 있으며, 이러한 자원은 촉진적인 심리적 분위기만 제공되면 개발될 수 있음<br>• 인간은 합목적적이고, 건설적이며, 현실적인 존재인 동시에 신뢰할 만한 선한 존재 |
| **자아** | • 자아는 이러한 현상적 장에서 분화하여 발달한 것으로 자신에게 속한 것 혹은 자기의 일부와 자신이 지각하는 다른 모든 대상 사이를 구별할 수 있게 됨<br>• 정신적으로 건강하다는 것은 이상적 자아와 현실적 자아가 일치하는 것<br>• 부적응이라는 것은 되고자 하는 것과 현재 상태와의 차이로부터 기인하며, 부적응 행동의 심각성은 자아와 유기체가 경험하는 세계와의 불일치의 정도에 기인<br>• 현재 상황에서 느끼는 감정과 경험이 대단히 중요 |
| **상담의 목표** | • 상담의 목표는 내담자로 하여금 '충분히 기능하는 인간'(fully functioning person)으로 성장하도록 하는 것<br>• 내담자로 하여금 자신을 개방하고 신뢰하며 기꺼이 변화할 수 있도록 하고, 나아가서는 자발성을 증가시키고 보다 생동감 있게 살아나갈 수 있도록 도와줌<br>• 상담은 개인 속에 잠재해 있는 능력을 해방시키는 것<br>• 상담자는 특수 문제의 해결이나 특수한 행동변화를 상담의 목적으로 설정하기보다는 오히려 한 개인을 전체적이고 계속적인 성장의 방향으로 향하게 하는 데 목적이 있음 |
| **상담자** | 내담자의 성장을 돕기 위해 상담자는 진실성, 무조건적 긍정적 수용, 공감적 이해를 바탕으로 해야 함 |

<table>
<tr><td rowspan="3">상담자</td><td>진실성</td><td>상담자가 치료관계에서 경험하는 감정을 솔직히 표현하는 태도</td></tr>
<tr><td>무조건적<br>긍정적 수용</td><td>내담자를 하나의 인격체로서 있는 그대로 수용하는 것</td></tr>
<tr><td>공감적 이해</td><td>상담자가 내담자의 감정에 빠져들지 않으면서 내담자의 감정을 자신의 감정인 것처럼 느끼고 이해하며 그것을 내담자에게 전달하는 것</td></tr>
</table>

**합리적 · 정서적 행동상담(인지적 상담)**

| | |
|---|---|
| 기본입장 | • 엘리스(Ellis)에 의해서 창시된 합리적 · 정서적 행동상담 이론에서 인간은 합리적이고 올바른 사고를 할 수 있을 뿐만 아니라 비합리적이고 왜곡된 사고를 할 수도 있는 존재<br>• 비현실적, 비실제적, 비합리적 사고가 부정적인 정서의 원인이라고 믿고 그 사고방식을 합리적으로 변화시키는 데 초점<br>• 생각을 바꾸면 감정뿐만 아니라 행동에도 변화가 온다고 주장하여 행동치료 부분을 자신의 이론에 통합하여 합리적 – 정서적 행동치료라고 명명<br>• 이 이론은 인지적 영역에 중점을 둔 것으로 엘리스는 자신의 상담과 치료 경험을 통하여 정신분석의 한계점을 인식하고 인간의 사고과정 특히, 신념이 인간행동을 움직이는 가장 큰 원동력이 된다는 점에 착안<br>• 인지적 · 정서적 · 행동적 접근이론에 기초를 둔 교육과 치료에 종합적인 접근방법 |
| 신경증 | • 인간의 신경증이란 비합리적 사고와 행동<br>• 성격의 발달 중 이상 성격의 발달에 보다 관심. 이상 성격은 타고난 경향성으로서의 생득적인 면, 사회적인 면, 심리적인 면에 기초<br>• 특히 비합리적 사고와 신념체제가 자신을 계속 재교화시켜서 자기파괴적이 되도록 함<br>• 인간의 신념체제가 정서적 문제의 원인 |
| 상담의 목적 | • 상담의 목적은 내담자의 자기파괴적인 신념들을 줄이고 내담자가 보다 합리적이고 현실적이며 관대한 신념과 인생관을 갖게하여 더욱 융통성 있고 생산적인 삶을 살아가도록 내담자를 돕는 것<br>• 우선 무엇보다도 내담자 자신에게 관심을 가지고 진실하도록 하며, 내담자가 자신의 삶에 대해 책임을 지고 대부분의 자기 문제를 독자적으로 처리할 수 있는 자기지도력을 갖도록 함<br>• 내담자가 보다 관용적으로 생각하고 행동할 수 있도록 하며, 보다 융통성 있게 생각하도록 함<br>• 인간이 불확실성의 세계에 살고 있다는 사실을 내담자가 수용하도록 하고, 내담자가 과학적으로 생각할 수 있도록 함 |
| ABCDEF 모델 | • 합리적 · 정서적 행동상담이론(REBT)은 그 명칭에서도 알 수 있듯이 인간의 인지, 정서, 행동이 상호작용하는 과정에서 인지가 핵심이 되어 정서와 행동에 영향을 미친다는 점을 강조<br>• 합리적 이성에 근거하여 부적응적인 정서와 행동이 개선될 수 있음을 주장하고 있으며, 비합리적 신념을 합리적 신념으로 바꿀 수 있는 다양한 인지적 · 정서적 · 행동적 기법을 내담자에 맞게 적용<br>• Ellis는 인간의 고통은 외부 사건 자체가 아니라 그에 대한 생각으로 인해 발생한다는 가정에 근거하여 부적응행동을 이해하는 개념체계인 ABC 이론을 제시<br>• 선행사건(A)에 대한 신념(B)이 정서적 · 행동적 결과(C)를 유발한다는 설명체계를 통해 자극과 반응을 매개하는 인지적 중요성을 강조<br>• ABC 분석을 통해 파악된 비합리적 신념(B)은 논박(D)을 통해서 효과적인 것(E)으로 변화되고, 그 결과 새로운 감정(F)이 나타남<br>• 이와 같이 ABC가 부적응행동을 설명하는 모델이라면, DEF는 상담과정을 보여주는 모델 |

| 제 **12** 절 | **게슈탈트(형태주의) 상담** |

| | |
|---|---|
| **기본입장** | • 게슈탈트 상담이론은 펄스(Perls)에 의해서 창안<br>• 게슈탈트: 전체, 형태 혹은 모습을 의미하는 독일어로, 인간이 자신의 욕구나 감정을 하나로 조직화하여 자각하는 것<br>• 인간은 본질적으로 선하지도 악하지도 않은 존재<br>• 인간은 전체를 추구하는 존재로서 사고·감정·행동을 통합하고자 함<br>• 인간은 신체·정서·사고·감각·지각 등 모든 부분이 서로 관련을 갖고 있는 전체로서 완성되려는 경향이 있음<br>• 게슈탈트 상담은 인간에 대한 반결정론적 시각을 지니는데 인간은 어렸을 적의 영향이 현재 나타나는 어려움과 어떻게 관련되어 있는지를 깨달을 수 있는 능력을 가지고 있음<br>• 인간은 그가 속한 환경을 떠나서는 이해될 수 없으며 내·외적 자극에 대해 능동적으로 반응하고 그에 대해 책임을 질 수 있음<br>• 인간은 자신의 삶을 효과적으로 통제할 수 있는 능력을 가지고 있음 |
| **상담의 목적** | • 개인이 대상을 인식할 때 어느 한 순간 관심의 초점이 되는 부분을 전경, 관심 밖에 놓여있는 부분을 배경이라 함<br>• 게슈탈트 상담에서 어느 순간에 가장 중요한 욕구나 감정을 떠올려 게슈탈트를 형성하는 것을 전경이라 하고, 게슈탈트를 해소하고 나면 그것이 전경에서 사라지는 데 이를 배경이라 함<br>• 상담의 목적은 내담자가 현재의 환경에의 적응을 방해하는 요인을 제거시키고 그때 그때 일어나는 전경을 보다 더 분명하게 부각시킬 수 있도록 도와주어서 자신의 삶에 대한 책임을 질 수 있는 하나의 통합된 자아형성을 하도록 도와주는 것<br>• 통합된 자아는 개인이 사회 혹은 환경에 맞추어 가도록 하기 보다는 오히려 그러한 환경 속에서 자신을 발견하도록 도와줌으로써 가능<br>• 내담자로 하여금 순간 순간의 경험을 각성할 수 있도록 돕는 것임. 각성을 통해서 내담자는 자아상, 즉 외부에 의한 조정에 좌우되지 않고 자아를 조절함으로써 진실된 자기가 되며 그리하여 그 개인은 건강한 삶을 살 수 있음<br>• 지금 – 여기에서의 삶을 살아가도록 돕는 것<br>• 인간은 과거나 미래에 집착해서 살게 되면 자신의 삶에 대한 책임을 운명이나 다른 사람들에게 전가시키게 됨. 그러므로 지금 – 여기가 우리에게는 유일한 현실이므로 순간 순간마다 완전히 자신의 느낌에 몰두하고 그 경험에서 무엇인가 얻어낼 수 있어야 함 |
| **상담기법** | [빈 의자 기법]<br>• 게슈탈트 상담에서 가장 많이 쓰이는 기법 중 하나<br>• 현재 상담에 참여하지 않은 사람과 상호작용할 필요가 있다고 판단될 때 사용<br>• 내담자는 그 인물이 맞은 편 빈 의자에 앉아 있다고 상상을 하며 대화를 함 |

| 기본입장 | • 번(Berne)에 의해서 창시<br>• 성격의 인지적 · 합리적 · 행동적 측면을 모두 강조<br>• 인간의 모든 것은 어릴 때 결정되나 변화될 수 있음<br>• 정신분석적 접근을 기반으로 구축되었으나 인간에 대해 낙관적 입장을 취하는 반결정론 철학을 토대로 함<br>• 인간은 환경과 경험들에 의하여 과거에 이미 결정 · 형성되어 있는 자신의 행동양식들을 이해할 수 있고<br>  또 나아가서는 그러한 행동들을 새롭게 다시 선택 · 결정할 수 있는 자율적 존재<br>• 이러한 변화는 의사교류분석 상담에서 제시하는 여러 가지 조력의 방법들을 통하여 보다 쉽게 이루어질<br>  수 있음 | |
|---|---|---|
| 자 아 | • 인간의 자아상태(ego state)를 어버이(Parent), 어른(Adult), 아동(Child)의 세 가지로 분류<br>• 자아상태는 개인의 성격을 주관하게 되는데, 자아상태가 한 인간 속에 어떤 비율로 구성되어 있느냐에<br>  따라서 성격의 특성이 달라짐 | |
| | 어버이 자아 | 어린 시절 부모나 어른들의 말과 행동을 통해서 학습하고 내면화한 자아 |
| | 어른 자아 | 객관적 · 현실적 · 실용적 · 사실적인 정보를 가능한 대로 많이 보유하고 문제해결을 위해<br>자료를 분석 · 평가하고 바람직한 행동을 선택하는 컴퓨터와 같은 역할을 하는 가장 원숙<br>하고 바람직한 자아 |
| | 어린이 자아 | 다시 천진이, 꾀돌이, 순응하는 아이 등 셋으로 구분 |
| 상담의 목적 | • 상담의 궁극적 목적은 자율성의 성취<br>• 자율성은 자신의 세계에 대한 현실적 이해와 정서를 표현할 수 있는 능력 그리고 다른 사람들과 사랑을<br>  나누고 친교할 수 있는 수용능력의 회복을 통하여 실현될 수 있음<br>• 내담자로 하여금 이미 결정한 것을 다시금 살펴보고 현실적 이해에 근거하여 새로운 결정을 할 수 있도록<br>  도와줌<br>• 부모, 어른, 어린이 자아 사이에 혼합과 배타가 없도록 자아상태를 바꾸어서 필요에 따라 모든 자아를<br>  적절히 사용할 수 있는 능력, 특히 어른 자아를 충분히 활용할 수 있는 능력을 갖게 하는 것 | |
| 상담기법 | 허 용 | 내담자의 부모가 '하지마라'하고 한 것에 대해 허용해 주는 것 |
| | 보 호 | 어버이 자아를 포기하는 것을 허가하는 것으로 인한 내담자 속의 어린이 자아의 두려움<br>을 상담자가 지지해 주는 것 |
| | 잠재력 | 적절한 시기에 적절한 상담기술을 사용할 수 있는 상담자의 능력 |
| | 조 작 | 질의, 명료화, 직면, 설명, 예증, 확인, 해석, 결정화 등 |

# 제 14 절 현실치료 상담

<table>
<tr><td>기본입장</td><td>

• 글래이저(Glasser)에 의해 개발<br>
• 현실치료는 현재의 행동에 초점을 맞추고 개인적인 책임을 강조<br>
• 인간 본성에 대한 결정론적 철학에 의존하지 않고 인간은 궁극적으로 자기결정을 하고 자기 삶에 책임을 갖고 있음<br>
• 인간은 자유롭고 자신의 목표를 스스로 선택하고자 하는 욕구를 지님<br>
• 내담자로 하여금 다른 사람의 자유를 침해하지 않고 다른 사람에게 고통을 주지 않으면서 자신의 자유를 성취할 수 있는 방법을 배우도록 하는 것이 필수적

</td></tr>
<tr><td>인간의 욕구</td><td>

• 인간에게는 다섯 가지의 기본적 욕구, 즉 소속의 욕구, 힘의 욕구, 자유의 욕구, 즐거움의 욕구, 생존의 욕구가 있음

<table>
<tr><td>소속의 욕구</td><td>소속감을 느끼는 것뿐 아니라 사랑하고 협동하는 것을 포함하며, 인간이 살아남는 데 중요한 역할을 함</td></tr>
<tr><td>힘의 욕구</td><td>자신의 삶을 효과적으로 통제할 수 있다고 지각하는 것을 말하며 경쟁하고, 성취하고, 중요한 존재이고 싶어하는 속성</td></tr>
<tr><td>자유의 욕구</td><td>자기의 행동을 스스로 선택하고자 하는 욕구이며 선택하는 것을 마음대로 하고 싶어 하는 속성</td></tr>
<tr><td>즐거움의 욕구</td><td>새로운 것을 배우고 놀이를 통해 즐기고자 하는 속성</td></tr>
<tr><td>생존의 욕구</td><td>살고자 하고 생식을 통한 자기확장을 하고자 하는 속성</td></tr>
</table>

• 인간은 이상의 다섯 가지 기본적 욕구를 추구하고자 할 때 우선순위를 결정하는 데 있어서 끊임없이 갈등하고 그것을 해소하려는 과정에서 충족과 좌절을 경험

</td></tr>
<tr><td>상담의 목적</td><td>

• 현실치료의 목표는 내담자가 자신의 현재 행동을 평가하고, 만약 행동이 자신의 욕구를 충족시키지 못하고 있으면 더 효과적인 행동을 할 수 있도록 심리적인 힘을 개발할 수 있는 조건을 제공하는 것<br>
• 소속감, 힘, 자유, 즐거움과 같은 욕구를 충족시켜 주는 좀 더 효율적인 방법을 찾게 하는 것<br>
• 글래이저는 상담이란 내담자가 생활의 통제를 다시 획득하고 좀 더 효율적으로 살아가는 방법을 배우도록 도와주는 것이라고 강조

</td></tr>
<tr><td>상담절차</td><td>

<table>
<tr><th>절 차</th><th>내 용</th></tr>
<tr><td>Want</td><td>• 바람, 욕구와 지각의 탐색으로서 내담자에게 그들의 '바람'과 관련된 질문들을 던지는 것<br>• 상담자의 질문을 통해서 내담자는 자신의 욕구를 만족시킬 수 있는 방법을 인식하고, 정의하고, 세련되게 만듦</td></tr>
<tr><td>Doing</td><td>• 현재 행동에 관심을 두고 과거 사건은 내담자가 현재 행동하는 데 영향을 미치는 경우에만 관심을 둠<br>• 현실치료는 단순히 태도나 감정만을 바꾸려는 것이 아니라 현재의 전체 행동을 변화시키려는 것임</td></tr>
</table>

</td></tr>
</table>

| 상담절차 | Evaluation | • 내담자가 자신의 전체 행동의 각 요소를 스스로 평가하도록 함<br>• 이처럼 스스로 평가함으로써 자신이 원하는 것과 행동 사이의 거리를 스스로 돌아볼 수 있도록 도와줌 |
|---|---|---|
| | Plan | • 상담자와 내담자의 공동 노력으로 계획이 수립되면 그 계획이 수행되도록 실천에 대한 계약을 체결<br>• 내담자를 돕는 일은 대부분 그들의 욕구를 충족시켜 줄 구체적 방법을 찾는 것 |

## 제 15 절  해결중심 상담

| 기본입장 | • 해결중심 상담은 가족치료에서부터 시작한 이론으로 지금은 부부와 가족뿐만 아니라 다양한 내담자를 대상으로 개인상담을 위해 다양한 장면에서 광범위하게 활용<br>• 해결중심 상담은 인간본성에 대해 종합적인 관점을 갖지 않음<br>• 인간은 자신 안에 자신의 문제를 해결할 수 있는 능력과 자원을 지니고 있음<br>• 인간은 본질적으로 구성주의자, 현실은 관찰과 경험의 반영<br>• 인간은 진정으로 변화를 원하고 그 변화는 불가피하다는 가정에 기초 |
|---|---|
| 상담의 목적 | • 해결중심 상담의 주요 목표는 내담자로 하여금 내적 자원을 개발하고 그들이 스트레스를 경험하는 때에 대한 예외사항을 알도록 돕는 것<br>• 상담의 목표는 이미 예외 속에 존재하는 것, 즉 문제를 해결하는 쪽으로 지향하도록 하는 것<br>• 상담회기와 내담자에게 주어지는 과제는 긍정적인 것과 현재 혹은 장래에 대한 가능성에 초점<br>• 해결중심 상담은 상담자와 내담자 간에 협동적인 과정 |
| 상담기법 | ① 기적질문<br>  • 기본적으로 문제가 사라진 가설적인 상황에 집중하는 것<br>  • 만약 문제가 해결되거나 더 나아진다면, 내담자가 자신의 삶이 그렇게 될 것이라는 것을 가능한 한 분명하고 명확히 기술하도록 도와주는 미래지향적인 질문<br>② 척도화<br>  • 이것은 1점(낮음)에서 10점(높음)까지 해당하는 점수에 현재의 문제를 평가하도록 함으로써 문제가 얼마나 심각한지를 평가하기 위한 것<br>  • 척도화는 내담자로 하여금 그 문제와 관련하여 어디쯤 있고 또 목표를 달성하기 위하여 현실적으로 어떻게 해야 하는지를 이해하도록 해줌<br>  • 척도화의 목적은 내담자들이 확인할 수 있는 작은 목표를 세우고, 진전을 측정하고, 또 행동의 우선순위를 설정하도록 함<br>  • 척도화를 통하여 내담자의 동기와 확신을 평가<br>③ 칭 찬<br>  • 칭찬은 내담자가 가지고 있는 강점을 칭찬하기 위해 고안된 메시지로서 내담자들에게 '긍정적 사고 (yes set)'를 만들어줌<br>  • 칭찬의 시기는 보통 내담자에게 과제를 내기 직전<br>  ➥ 그 외에도 단서(clues)와 만능열쇠(skeleton keys) 등이 있음 |

## 1 특성요인이론

| 기본입장 | • 특성요인이론은 개인적 흥미나 능력이 바로 직업의 특성과 일치하기 때문에 직업을 선택한다는 이론<br>• 이 이론은 개인차 심리학과 응용심리학에 근거를 두고 있으며, 개인이 인생의 어느 특정한 시기에 직업<br>  선택과 관련된 의사결정을 할 때 도움을 줄 수 있는 이론<br>• 대표적인 학자로는 Parsons, Williamson, Hull 등 |
|---|---|
| 특 징 | • 고도로 개별적이고 과학적인 방법으로 개인과 직업을 연결시켜 주는 이론으로서 과학적인 측정방법을<br>  통해 개인의 제 특성을 식별하여 직업특성에 연결시키는 것이 핵심<br>• 이러한 특성요인이론에 뿌리를 둔 진로지도와 상담전략은 개인이 가지고 있는 흥미와 적성을 심리검사<br>  등의 객관적 수단을 통해 밝혀내고, 각각의 직업에서 요구하는 요인이 무엇인지 직무분석을 통하여 알아<br>  낸 후, 개인의 특성에 가장 적합한 직업을 선택하도록 조언하는 것<br>• 이 이론은 개인의 특성과 직업에서 필요로 하는 독특한 특징이 밀접히 연결될수록 조직의 직업적 생산성<br>  과 개인의 직업만족가능성이 커진다는 것을 전제로 하고 있음 |

## 2 성격이론

| 기본입장 | • 성격에 관한 홀랜드(Holland)의 연구는 유형론에 초점<br>• 각 개인은 여섯 가지 기본 성격유형 중의 하나와 유사하다고 주장<br>• 여섯 가지 성격유형이 있듯이 여섯 가지 환경유형이 있는데, 이것도 성격과 같이 확실한 속성과 특성에<br>  따라 설명될 수 있음<br>• 환경은 환경에 속해 있는 사람들로부터 그 특징이 나타남. 예컨대 학교에서 근무하는 사람의 성격유형은<br>  일반 사무실에서 근무하는 사람의 성격유형과 다름 |
|---|---|
| 가 정 | • 대부분의 사람은 실재적(realistic), 탐구적(investigative), 예술적(artistic), 사회적(social), 설득적<br>  (enterprising), 관습적(conventional)인 여섯 가지 유형 중의 하나로 분류될 수 있음<br>• 실재적, 탐구적, 예술적, 사회적, 설득적, 관습적인 여섯 가지 종류의 환경이 있음<br>• 사람들은 자신의 능력과 기술을 발휘하고 태도와 가치를 표현하며 자신에게 맞는 역할을 수행할 수 있는<br>  환경을 찾음<br>• 개인의 행동은 성격과 환경의 상호작용에 의해서 결정<br><br>◉ 홀랜드의 육각형 모형<br>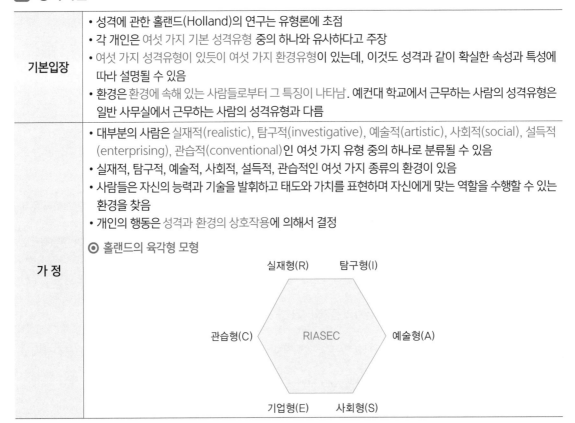 |

| 직업적 성격 | 성격 특징 | 대표적인 직업 |
|---|---|---|
| **실재적 유형**<br>(realistic type) | 남성적이고, 솔직하며, 성실하고, 검소하며, 지구력이 있고, 신체적으로 건강하며, 소박하고, 말이 적으며, 고집이 있고, 직선적이며, 단순함 | 기술자, 자동차 및 항공기 조종사, 정비사, 농부, 엔지니어, 전기·기계기사, 운동선수 등 |
| **탐구적 유형**<br>(investigative type) | 탐구심이 많고, 논리적·분석적·합리적이며, 정확하고, 지적 호기심이 많으며, 비판적·내성적이고, 수줍음을 잘 타며, 신중함 | 과학자, 생물학자, 화학자, 물리학자, 인류학자, 지질학자, 의료기술자, 의사 등 |
| **예술적 유형**<br>(artistic type) | 상상력이 풍부하고, 감수성이 강하며, 자유분방하고, 개방적임. 또한 감정이 풍부하고, 독창적이며, 개성이 강한 반면, 협동적이지는 않음 | 예술가, 작곡가, 음악가, 무대감독, 작가, 배우, 소설가, 미술가, 무용가, 디자이너 등 |
| **사회적 유형**<br>(social type) | 사람들과 어울리기 좋아하고, 친절하며, 이해심이 많고, 남을 잘 도와주며, 봉사적·감정적·이상주의적임 | 사회복지사, 교육자, 간호사, 유치원교사, 종교지도자, 상담가, 임상심리사, 언어치료사 등 |
| **기업적/<br>설득적 유형**<br>(enterprising type) | 지배적이고, 통솔력·지도력이 있으며, 말을 잘하고, 설득적·경쟁적·야심적·외향적·낙관적·열성적임 | 기업경영인, 정치가, 판사, 영업사원, 보험설계사, 판매원, 관리자, 연출가 등 |
| **관습적 유형**<br>(conventional type) | 정확하고, 빈틈이 없으며, 조심성이 있고, 세밀하며, 계획성이 있고, 변화를 좋아하지 않으며, 완고하고, 책임감이 강함 | 공인회계사, 경제분석가, 은행원, 세무사, 경리사원, 컴퓨터 프로그래머, 안전관리사, 사서, 법무사 |

(왼쪽 머리글: **여섯 가지 직업적 성격의 특성**)

## 3 사회이론

| | |
|---|---|
| **기본입장** | • 이 이론은 개인을 둘러싼 사회·문화적 환경이 개인의 행동에 영향을 미친다는 사회학적 지식을 바탕으로 발전되었음<br>• Blau, Hollingshead, Miller 등에 의해서 대표되고 있으며, 기본적인 입장은 가정, 학교, 지역사회 등의 사회적 요인이 직업선택과 발달에 영향을 미친다는 것 |
| **특 징** | • 이 이론에 따르면 문화나 인종의 차이는 개인의 직업적 야망에 별로 큰 영향을 미치지 않는 데 반해, 개인이 속해 있는 사회계층은 지대한 영향을 미침<br>• 이러한 현상은 사회계층 자체에 의한 것이 아니라 사회계층에 따라 그 속에서 생활하고 있는 대다수 사람의 사회적 반응, 교육받은 정도, 직업적 야망, 일반 지능수준 등을 결정하는 독특한 심리적 환경이 조성되는데 이것이 결과적으로 직업선택 및 발달에 영향을 미치게 된다는 것<br>• 저소득층 가정의 자녀들이 열망하는 직업과 그들이 실제로 가질 수 있을 거라고 예상하는 직업 간에는 상당한 차이가 나타남 |

| 특 징 | • 이러한 현상은 그들의 빈약한 교육수준이나 무능력에 기인하는 수도 있지만 보다 근본적인 이유는 자신이 원하는 직업에 접근하는 것을 주위 환경이 허용하지 않을 것이라는 생각 때문임. 즉, 환경을 의식해서 자신의 열망을 추구해 보지도 않고 체념해 버림으로써 충분히 발전할 수 있는 능력이 있음에도 불구하고 자신의 능력에 비해 보잘 것 없는 일에 머물러 버리는 것임<br>• 그렇다고 해서 저소득층 가정의 자녀가 모두 그렇게 된다는 것은 아님. 부모가 어떠한 가정환경을 조성하느냐에 따라 자녀의 직업적 야망의 성취 여부는 얼마든지 달라질 수 있음 |
|---|---|

## 4 발달이론

| 기본입장 | • Super의 진로발달이론은 기본적으로 직업에 관심을 갖는 개인차에 관한 심리학과 평생에 관심을 갖는 발달심리학 그리고 사회계급의 기능으로서 직업적 이동에 초점을 둔 직업사회학 및 직업경험의 조직원으로 개인을 보는 성격이론 등의 다양한 학문을 기초로 발전<br>• Super는 개인의 전 생애라는 공간 속에서 통합적이고 포괄적인 접근방식으로 아동·학생·여가인(餘暇人)·일반 시민·근로자·가정 관리자와 같은 생애 역할과 진로성숙(career maturity)의 경로와 같은 성장기·탐색기·확립기·유지기·쇠퇴기를 통합하여 생애진로무지개(life-career rainbow)를 그려내었음 |
|---|---|
| 특 징 | • Super의 이론에서는 진로성숙이라는 개념을 개인의 연령수준에 적합한 발달과업의 수행 준비도로 정의<br>• 진로성숙은 개인의 진로계획, 진로탐색, 진로결정의 원칙, 직업에 대한 지식 등을 평가하는 주요 영향변인<br>• 생애 단계를 통한 발달은 부분적으로 능력과 흥미의 자극 및 현실이해와 자아개념의 개발을 함께 도와줌으로써 지도된다고 강조 |

## 5 사회인지 진로이론

| 기본입장 | • 사회인지 진로이론은 개인의 행동(behavior)이 환경(environment)과 개인(person)요인의 상호작용에 의해 결정된다는 반두라(Bandura)의 사회인지이론에 그 뿌리를 두고 있음<br>• Brown, Lent 등에 의해 대표되는 사회인지 진로이론에서 개인의 직업 흥미, 진로 선택, 진로 수행, 직업 및 삶의 만족도 등은 효능감, 결과기대, 목표로 대표되는 개인 인지적 요인, 환경적 지지와 장벽, 개인의 기질과 성, 인종 및 민족과 같은 맥락적 요인의 영향을 받음 |
|---|---|
| 특 징 | • 특성요인이론, Holland의 성격유형이론에서 흥미·능력 등 개인요인은 유전과 초기 학습경험에 의해 형성되는 비교적 안정적인 특성을 가지는 것으로 간주되는 반면, 사회인지 진로이론에서 개인의 인지적·행동적 요인은 일반적이라기보다는 구체적이며 영역 특수적인 개념<br>• 예를 들어, 효능감, 결과기대, 목표는 각각 특정 행동에 대한 신념을 반영하는 인지적 측면이 강조됨<br>• 환경적 요인을 이론의 구조 안으로 개념화하여 상호작용을 강조한 점도 사회인지 진로이론의 특징 |

| 아노미이론 | 뒤르켐 | • 전통적 규범과 기준을 대체하는 새로운 규범과 기준이 없어 전통적인 규범과 기준이 약화됨<br>• 행위를 인도하는 분명한 기준이 없을 때 아노미가 존재(무규범 상태) |
|---|---|---|
| | 머 튼 | • 사회적 가치와 그것을 성취하는 제한된 수단의 불일치<br>• 이러한 긴장상태에서 벗어나기 위해 비행이 발생 |
| 사회통제이론 | | • 인간은 근본적으로 이기적 존재, 사회와의 결속이 약하면 비행과 일탈이 일어남<br>• 가정의 중요한 인물들과의 의미 있는 애착관계 및 학교 등 소속기관의 일상적인 활동에 적극적으로 참여하는 것, 사회의 전통적 가치 및 목표와 수단을 존중하고 수용하는 것 등 아동 청소년이 가정 및 사회기관과 가지는 유대가 사회의 법과 규범을 지키도록 통제해주기 때문에 비행을 범하지 않도록 지켜줌<br>• 청소년과 가정·학교·사회와의 유대가 약하면 가정·학교·사회가 청소년에게 긍정적 통제력을 가지지 못하게 되어 비행할 가능성이 높아짐 |
| 낙인이론 | | 청소년이 비행을 범했을 때 학교나 지역사회의 인물들이 비행청소년이라고 낙인을 찍음으로 인해 비행이 지속 |
| 차별적 접촉이론 | | • 어떤 주변 인물들 특히 또래들을 차별적으로 접촉하는지, 이런 접촉이 얼마나 오래, 강하게, 자주 이루어지는가에 따라 비행을 범하는 정도가 달라짐<br>• 특정 또래집단을 차별적으로 접촉함으로써 그 집단의 하위문화 특성과 가치를 습득하고 표현하게 되는 상호작용이 일어남 |
| 사회학습이론 | | • 청소년의 비행이 관찰학습에 의해 일어난다고 보는 관점<br>• 또래와 부모를 포함한 주변 인물들뿐만 아니라 대중매체, 만화, 인터넷, 게임 등에서 폭력·외설물·음주·흡연 등의 일탈적 행동을 관찰하고 모방학습이 일어난 결과 비행이 발생 |

# PART 12 생활지도 및 상담 핵심지문 OX

**001** [생활지도] 치료나 교정보다 예방에 중점을 두고 있다. (○ | ×)

**002** [생활지도] 학교 교육과정과 통합될 필요가 있다. (○ | ×)

**003** [생활지도] 문제유발 가능성이 없는 학생은 대상에 포함되지 않는다. (○ | ×)

**004** [생활지도] 개인의 권리와 존엄성 및 가치의 인정을 기초로 한다. (○ | ×)

**005** [정치(定置)활동] 학생의 희망 및 능력에 맞추어 동아리를 선택하도록 도와주고 배정하 (○ | ×)
는 활동이다.

**006** [정치(定置)활동] 학생을 이해하고 지도하는 데 필요한 가정환경, 교우관계, 심리적 특 (○ | ×)
성 등에 관한 기초 자료를 수집하는 활동이다.

**007** [정치(定置)활동] 학생이 진로를 현명하게 선택할 수 있도록 학생의 적성과 흥미 등을 (○ | ×)
고려하여 도와주거나 안내하는 활동이다.

**008** [정치(定置)활동] 생활지도를 일차 완료한 후 학생의 적응 상태와 변화 정도를 점검하 (○ | ×)
고, 필요하면 추가로 도움을 제공하는 활동이다.

**009** [학생조사 활동] 진로 탐색을 위한 학생 맞춤형 프로그램을 실시하였다. (○ | ×)

**010** [정보제공 활동] 신입생에게 학교의 교육과정 및 특별활동에 관한 안내 자료를 배부하였다. (○ | ×)

**011** [배치(placement) 활동] 학생들의 수업 적응 정도를 점검하고 부적응 학생을 상담하였다. (○ | ×)

**정답**

| 01 ○ | 02 ○ | 03 × | 04 ○ | 05 ○ | 06 × | 07 ○ | 08 × | 09 × | 10 ○ | 11 × |
|------|------|------|------|------|------|------|------|------|------|------|

**012** [추수(follow-up) 활동] 학기 초에 학생에 관한 신체적·지적 특성과 가정환경 등 기초  ( ○ | × )
적인 정보를 수집하였다.

**013** 프로이드(S. Freud)의 자아방어기제 중 합리화는 자신의 행동에 대한 실제 이유를 숨기  ( ○ | × )
기 위하여 무의식적으로 자기를 정당화하는 설명을 하는 것을 의미한다.

**014** 프로이드(S. Freud)의 자아방어기제 중 승화는 성적·공격적 충동을 사회적으로 수용  ( ○ | × )
될 수 있는 건설적인 목표로 전환함으로써 불안을 해소하는 것을 의미한다.

**015** 프로이드(S. Freud)의 자아방어기제 중 대치는 자신의 용납할 수 없는 충동, 생각 혹은  ( ○ | × )
행동들을 무의식적으로 다른 사람에게 귀속시킴으로써 자신을 방어하는 것이다.

**016** [정신분석상담] '무조건적 긍정적 수용'은 정신분석 상담기법에 해당한다.  ( ○ | × )

**017** [정신분석상담] 내담자는 합리적으로 불안을 조절할 수 없을 때 자아방어기제에 의존한다.  ( ○ | × )

**018** [정신분석상담] 상담자는 내담자의 불안을 초래한 행동자극을 분석하고 체계적 둔감법  ( ○ | × )
을 활용한다.

**019** [정신분석상담] 상담자는 내담자의 저항과 전이 감정을 분석하여 무의식적 갈등을 해결  ( ○ | × )
하도록 돕는다.

**020** [정신분석상담] 내담자의 행동은 무의식 속에 억압된 과거의 경험과 심리성적인 에너지  ( ○ | × )
에 의해서 결정된다.

**021** 사회적으로 용인될 수 없는 충동을 정반대의 말이나 행동으로 표출하는 과정은 퇴행에  ( ○ | × )
해당한다.

**022** 체계적 둔감법은 근육을 이완시킨 상태에서 불안을 유발하는 상황을 약한 것에서 부터  ( ○ | × )
강한 것까지 차례로 경험시킴으로써 특정 사태에 대한 불안을 제거하는 방법이다.

**023** [내담자 중심 상담] 인간에 대한 결정론적 관점에 반대하고 인간의 자유의지를 중요시  ( ○ | × )
한다.

---

정답

**12** ×   **13** ○   **14** ○   **15** ×   **16** ×   **17** ○   **18** ×   **19** ○   **20** ○   **21** ×   **22** ○   **23** ○

**024** [내담자 중심 상담] 인간주의 심리학을 기반으로 하고 있으며, 대표적인 학자로는 매슬로우(Maslow), 로저스(Rogers) 등이 있다. ( O | X )

**025** [내담자 중심 상담] 자아실현을 강조하고, 인간행동을 설명할 때 원인보다는 목적, 과거보다는 미래에 관심을 갖는다. ( O | X )

**026** [내담자 중심 상담] 초기의 명칭은 비지시적 상담이었으며, 대표적인 학자는 칼 로저스(C. Rogers)이다. ( O | X )

**027** [내담자 중심 상담] 상담의 과정에서 내담자에게 위협적이지 않은 수용적인 환경을 제공한다. ( O | X )

**028** [내담자 중심 상담] 인간의 정서적 문제의 원인은 비현실적이고 비합리적인 신념 때문이라고 가정한다. ( O | X )

**029** [내담자 중심 상담] 내담자가 주도적으로 상담의 과정에 참여할 때 문제해결이 효과적이다. ( O | X )

**030** [내담자 중심 상담] 인간에게는 선천적으로 자아실현의 경향이 있다고 본다. ( O | X )

**031** [내담자 중심 상담] 내면의 경험을 자각하고 수용할 수 있도록 하기 위해 지금 – 여기보다 과거에 더 주목한다. ( O | X )

**032** [내담자 중심 상담] 상담자가 갖추어야 할 중요한 태도로 진솔성, 무조건적 긍정적 존중, 공감적 이해를 제안하였다. ( O | X )

**033** [내담자 중심 상담] 내담자의 사고 과정을 수정 또는 변화시켜 정서적 장애와 행동적 장애를 극복하게 하는 데 상담의 중점을 둔다. ( O | X )

**034** [정신분석상담] 무의식 세계를 의식화하여 자아의 문제해결 기능을 강화하는 것이 목표이다. ( O | X )

**035** [행동적 상담] 부적응 행동을 약화·제거하고 적응 행동을 형성·강화하는 체계화된 학습이론을 적용한다. ( O | X )

정답

| 24 ○ | 25 ○ | 26 ○ | 27 ○ | 28 × | 29 ○ | 30 ○ | 31 × | 32 ○ | 33 × | 34 ○ | 35 ○ |

**036** [형태주의 상담] 지금 상황에서 무엇을 경험하는지를 중시하며 내적 욕구와 외적 욕구에 따라 전경과 배경이 바뀐다는 것에 주목한다. (○ㅣ×)

**037** [합리적·정서적 상담] 내담자의 이상적 자아와 현실적 자아의 일치를 정신건강의 지표로 간주한다. (○ㅣ×)

**038** [합리적·정서적 상담] 주요 상담기법으로 자유연상, 꿈의 분석, 전이의 분석, 저항의 해석이 있다. (○ㅣ×)

**039** [합리적·정서적 상담] 상담자는 내담자로 하여금 자신의 문제가 왜곡된 지각과 신념에 기인한 것임을 깨닫도록 논박한다. (○ㅣ×)

**040** [합리적·정서적 상담] 내담자는 부모, 어른, 아이의 세 가지 자아를 필요에 따라 적절하게 사용할 수 있는 능력을 갖추는 것이 중요하다. (○ㅣ×)

**041** [합리적·정서적 상담] 엘리스(A. Ellis)가 창시자이다. (○ㅣ×)

**042** [합리적·정서적 상담] 상담과정은 A(Activating events, 선행사건) ⇨ B(Beliefs, 신념) ⇨ C(Consequences, 결과) ⇨ D(Disputing, 논박) ⇨ E(Effects, 효과) 과정으로 진행된다. (○ㅣ×)

**043** [게슈탈트 상담] 상담은 내담자가 알아차림(awareness)을 통해 '지금−여기'의 감정에 충실하거나 미해결 과제를 자각하고 표현하게 하여 비효율적인 감정의 고리에서 벗어나도록 돕는 것을 목표로 삼는다. (○ㅣ×)

**044** [게슈탈트 상담] 미해결사태를 해결하기 위해 전경과 배경의 자연스러운 교체를 강조한다. (○ㅣ×)

**045** [게슈탈트 상담] 개인의 사회적 관심과 생활양식에 초점을 두고, 열등감의 극복을 강조한다. (○ㅣ×)

**046** [게슈탈트 상담] 자아 상태를 부모 자아, 성인 자아, 어린이 자아로 나누고, 세 가지 자아 상태의 균형을 강조한다. (○ㅣ×)

정답

36 ○  37 ×  38 ×  39 ○  40 ×  41 ○  42 ○  43 ○  44 ○  45 ×  46 ×

**047** [합리적·정서적 행동치료(REBT)] 정서적 문제를 유발하는 원인이 사건 자체가 아니라 그 사건에 대한 비합리적인 신념때문이라고 본다.　(○ㅣ×)

**048** [인간중심 상담이론] 성장을 위한 적절한 조건이 갖추어지면 누구나 자아실현을 이룰 수 있다고 본다.　(○ㅣ×)

**049** [정신분석 상담이론] '지금 – 여기'에 초점을 두며 접촉을 통한 자각으로 통합을 이루게 된다고 본다.　(○ㅣ×)

**050** [내담자 중심 상담] 미해결 갈등을 이해하는 것이 개인의 정신역동을 이해하는 방법이다.　(○ㅣ×)

**051** [행동주의 상담] 인간의 행동을 개인이 선택한 것으로 바라보며 행동의 원인보다는 목적에 더 주목하면서 자아실현을 강조한다.　(○ㅣ×)

**052** [의사교류분석] 가족치료에서 시작된 이론으로 내담자의 욕구를 파악한 후 현실과 맞서도록 심리적인 힘을 개발할 수 있도록 돕는다.　(○ㅣ×)

**053** [합리적·정서적 행동 상담] 인간의 감정, 즉 정서적 문제의 원인이 비합리적 신념임을 가정하고 이를 합리적 신념으로 변화시키기 위한 치료기법을 개발하였다.　(○ㅣ×)

**054** [현실치료 상담] 상담절차는 Want(욕구 파악) – Doing(현재행동 탐색) – Evaluation (행동 평가) – Plan(행동 계획)으로 이루어진다.　(○ㅣ×)

**055** [현실치료 상담] 상담자는 내담자에게 '원하는 게 무엇인지를 확인한 후 지금부터 계획을 세우자'고 유도함으로써 내담자가 변명이나 구실을 찾지 못하게 하고 자신의 감정이나 행동에 책임을 지도록 도와준다.　(○ㅣ×)

**056** [현실치료 상담] 글래이저(Glasser)가 창시하였다.　(○ㅣ×)

**057** [현실치료 상담] 상담기법에는 척도화와 기적질문 등이 해당된다.　(○ㅣ×)

**058** [홀랜드(Holland)의 진로이론] 대부분의 사람들은 실재적, 탐구적, 예술적, 사회적, 기업가적인 다섯 가지 유형 중의 하나로 분류될 수 있다.　(○ㅣ×)

정답

| 47 ○ | 48 ○ | 49 × | 50 × | 51 × | 52 × | 53 ○ | 54 ○ | 55 ○ | 56 ○ | 57 × | 58 × |

**059** [홀랜드(Holland)의 진로이론] 실재적 유형은 기계, 전기 등과 같이 옥외에서 하는 육체노동에 관련된 직업을 선택하는 경향이 높다. ( ○ I × )

**060** [홀랜드(Holland)의 진로이론] 사회적 유형과 예술적 유형은 매우 높은 상관이 있다. ( ○ I × )

**061** [홀랜드(Holland)의 진로이론] 진로의식의 핵심요소로 직업흥미를 중시한다. ( ○ I × )

**062** [홀랜드(Holland)의 진로이론] 직업적 행동은 성격과 환경의 상호작용의 결과이다. ( ○ I × )

**063** [홀랜드(Holland)의 진로이론] 직업을 선택할 때 자신의 태도와 가치관에 맞는 직업 환경을 선호한다. ( ○ I × )

**064** [홀랜드(Holland)의 진로이론] 직업적 성격유형 중 실재형(realistic type)에 해당하는 사람이 선택하는 대표적인 직업으로는 정치가, 판사, 관리자 등이 있다. ( ○ I × )

**065** [홀랜드(Holland)의 진로이론] 직업환경을 실재적(realistic), 탐구적(investigative), 예술적(artistic), 사회적(social), 설득적(enterprising), 관습적(conventional) 환경으로 분류한다. ( ○ I × )

**066** [홀랜드(Holland)의 진로이론] 개인은 일반적으로 6가지 성격(흥미) 영역 중 일부는 더 발달시키고 일부는 덜 발달시킨다. ( ○ I × )

**067** 반영은 내담자의 감정에 대한 파악을 통해 내담자의 감정을 잠정적이지만 명확하게 표현하는 것을 의미한다. ( ○ I × )

**068** 명료화는 상담자가 상담시간, 약속, 상담자와 내담자의 행동, 역할 등 상담 체계와 방향에 대해 알려주는 것이다. ( ○ I × )

**069** 수용은 '음', '네', '이해가 갑니다' 등의 긍정적인 언어와 비언어적 표현으로 이루어진다. ( ○ I × )

**070** 해석은 내담자로 하여금 자기 문제를 새로운 각도에서 이해하도록 행동이나 말의 의미를 설명해 주는 것이다. ( ○ I × )

정답

59 ○   60 ○   61 ○   62 ○   63 ○   64 ×   65 ○   66 ○   67 ○   68 ×   69 ○   70 ○

**071** 직면(confrontation)이란 내담자의 말과 행동이 불일치하거나 말에 모순이 있을 경우    ( ○ | X )
그것을 상담자가 지적해 주는 것을 의미한다.

**072** 사회통제이론에 따르면 청소년과 가정·학교·사회와의 유대가 약하면 가정·학교·사회    ( ○ | X )
가 청소년에게 긍정적 통제력을 가지지 못하게 되어 비행을 할 가능성이 높아진다.

**073** 뒤르켐의 아노미 이론에 따르면 문화적 가치와 사회적 수단 간의 괴리로 인해 비행이 발    ( ○ | X )
생한다.

MEMO

2025
변민재 교육학
핵인싸(핵심 inside)

# 평생교육

# PART 13 평생교육

## 제1절 평생교육의 개념

| 특징 | <ul><li>교육은 학교에서만 이루어지지는 않음. 학교 이외에 가정 또는 사회에서도 교육은 이루어짐</li><li>교육은 청소년기에만 이루어지는 것도 아님. 청소년기를 포함하여 유아기, 장년기, 노년기 등 인간의 일생 동안에 걸쳐서 교육은 이루어짐</li><li>교육은 인간의 평생 동안에 걸쳐서 모든 장소에서 이루어짐. 이것이 교육의 형태에 관한 가장 넓은 개념이며 최근에 활발히 논의되고 있는 평생교육의 개념임</li><li>평생 동안에 걸쳐서 이루어지는 교육은 크게 둘로 나눌 수 있는데 그 하나는 학교교육이며, 다른 하나는 학교 외 교육임. 사람에 따라서는 전자를 형식교육(formal education), 후자를 비형식교육(nonformal education)이라고도 함</li><li>학교교육은 유치원부터 대학원에 이르기까지 '사다리식' 제도를 유지하고 있음. 그러나 학교 외의 교육은 이러한 체계를 이루고 있지 않으며 가정교육, 사회교육이 모두 학교 외 교육에 속함</li><li>학교교육에서는 비교적 장기간에 걸쳐서 체계적인 교육과정이 제공되지만 학교 외 교육은 대부분의 경우 단기간에 걸쳐서 피교육자의 필요나 흥미를 최대한으로 반영시키는 교육과정이 제공됨</li><li>여기에 무형식 학습(informal learning)환경에 의한 우빌적 학습(incidental learning)까지도 포함하는 경우도 있음</li></ul> |
|---|---|
| **정의** 렝그랑 | 평생교육은 "개인의 출생부터 죽을 때까지의 생애의 걸친 교육(수직적 차원)과 개인 및 사회전체의 교육(수평적 차원)의 통합"이라고 말함으로써 교육의 통합성과 종합적 교육체계를 강조 |
| 다베 (Dave) | "평생교육은 개인과 집단 모두의 생활의 질을 향상시키기 위하여 개인의 평생을 통한 개인적·사회적·직업적 발달을 성취시키는 과정이다. (중략) 평생교육은 개인적인 성장과 사회적 발전을 함께 관련시키고 있다."라고 말함으로써 '생활', '자아실현', '사회발전'의 개념을 강조 |
| 유네스코 한국위원회 | 평생교육이란 문자 그대로 평생을 통한 계속적인 교육을 의미하며 급변하는 현대사회에 있어서 한편으로는 일정 연령층을 대상으로 하는 한정된 기간의 교육으로서의 학교교육과 다른 한편으로는 조직화되지 못한 비효율적 상태로 방치되어 있는 사회교육의 기능을 다 같이 개편·강화하고 한 사회가 가지고 있는 교육자원을 효율화함으로써 교육역량의 극대화를 지향하려는 노력을 의미 |

| 정 의 | 김종서 | 평생교육은 인간의 삶의 질 향상이라는 이념 추구를 위하여 태교에서부터 시작하여 유아교육, 아동교육, 청년교육, 성인전기교육, 성인후기교육, 노인교육을 수직적으로 통합한 교육과정과 가정교육, 사회교육, 학교교육을 수평적으로 통합한 교육을 총칭하여 말하며 그것은 개인의 잠재능력의 최대한의 신장과 사회 발전에 참여하는 능력의 개발을 목적으로 함 |
|---|---|---|

## 제 2 절 다양한 개념

| 사회교육<br>(social<br>education) | • 평생교육과 가장 혼동되기 쉬운 개념이나, 양자의 개념은 엄격히 구분되어야 함<br>• 평생교육은 사회교육을 포섭하는 상위개념<br>• 사회교육도 광의와 협의로 볼 수 있는데 광의에서는 학교교육을 제외한 모든 형태의 조직적인 교육활동으로 정의하고 있음. 이 정의에 따르면 유아교육도 사회교육에 포함됨<br>• 협의에서는 유아교육을 제외한 학교 외 교육을 말함. 즉, "사회교육은 학교교육에 의한 교육활동을 제외한 청소년 및 성인에 대한 모든 형태의 조직적인 교육활동을 말한다."라고 정의함 |
|---|---|
| 비정규교육<br>또는 비형식교육<br>(nonformal<br>education) | • 비형식교육은 콤스(Combs)가 형식교육(formal education), 무형식교육(informal education)과 함께 분류한 교육형식 중의 하나로서 주로 형식교육체제 (주로 학교) 바깥에서 이루어지는 보다 조직적인 교육형태를 말함<br>• 비형식교육은 주로 제3세계의 문제와 연결되어서 등장하며 농촌확장교육, 성인문해교육, 직업기술훈련 등과 연결되어서 나디남 |
| 추가교육<br>(further<br>education) | • 의무교육을 마친 연령층을 대상으로 하는 전일제 또는 시간제의 교육<br>• 여기에는 여가시간을 이용한 모든 조직적인 문화적 · 창조적 활동이 포함됨<br>• 국민은 누구나 희망에 따라 이 교육프로그램에 참여할 수 있음<br>• 국가 및 지방교육당국은 이 모든 다양한 형태의 교육을 실시하기 위한 시설과 운영의 책임을 맡아야 함<br>• 추가교육은 의무교육을 마친 청소년에 대한 비교적 장기간에 걸친 학교 외의 조직적인 교육활동을 말한다고 볼 수 있음 |
| 순환교육<br>(recurrent<br>education) | • 순환교육(recurrent education)이라는 개념은 1973년 OECD 유럽회의 때 발의되었던 것으로서 산업사회의 생동적인 갱신을 위한 반복적인 교육을 의미<br>• 그들이 말하는 재교육이란 학교교육을 마치고 각자 직업생활에 종사하고 있는 성인들에게 수시로 적절한 시기를 택하여 계속적인 재교육을 반복케 하는 것이 필요하다는 견해에서 비롯된 개념이었음<br>• 이러한 교육에는 비단 기업 내 교육 또는 사내연수교육 등의 형태를 통해 실시되는 직업훈련 교육뿐만 아니라 직업인에게 일정기간 유급휴가를 주어 대학 기타의 정규교육 기관이나 연구기관 등에 파견하는 형식의 교육프로그램도 포함<br>• 최근 OECD는 이 개념을 평생학습(lifelong learning)이라는 개념으로 대체하여 사용하는 경향이 있음 |

| | |
|---|---|
| **생애진로교육**<br>(career<br>education) | • 모든 청소년들의 직업선택을 위한 기초를 개선함<br>• 직업상의 기능 획득을 촉진시켜줌<br>• 정해진 교육의 목표 달성을 충족시켜줌과 동시에 그들의 장래에 비추어 교육을 보다 뜻깊은 것이 되게 함<br>• 훈련기회의 폭을 넓혀줌<br>• 이와 같이 생애진로교육은 평생 동안에 걸친 학교 및 학교 외에서의 직업교육을 말함 |
| **지역사회교육**<br>(community<br>education) | • 지역사회교육은 처음에 푸에르토리코나 다른 저개발국에서 정식으로 공식용어로 사용한 것으로 지역사회의 종합적인 생활향상을 위한 주민들의 집단적인 사회교육 과정을 말함<br>• 지역사회교육은 종종 지역사회개발(community development), 지역사회운동(community action) 등의 개념과 함께 등장함. 이는 지역사회교육이 지역사회의 발전을 도모하는 여러 가지 실천 활동을 벌여내는 가운데 실시되는 교육이기 때문임<br>• 이러한 개발적 성격의 제3세계 지역사회교육과는 달리 영국에서 시작된 지역사회교육은 지역사회 학교(community school)에서 유래되었음. 이는 학교가 지역사회 주민의 교육적 요구를 충족시 켜주기 위하여 학교의 물적·인적 자원을 지역사회 주민에게 제공하는 형태의 교육을 일컫는 것이 었음 |
| **안드라고지**<br>(Andragogy) | • 성인교육론으로 성인들의 학습을 돕기 위하여 성인교육의 이론, 과정, 기법을 연구하는 학문분야<br>• 「교육론」을 의미하는 「페다고지」(pedagogy)가 그리스 어원으로 해석하면 「아동교육」의 뜻이 되는 것에 대하여 「성인」을 의미하는 그리스어 안드로스(andros)와 「이끌다」 또는 「가르치다」 를 뜻하는 아게인(agein)의 합성어로 성인을 교육하는 활동을 의미<br>• 안드라고지는 기존의 교육학이 아동의 교육학이었다는 점을 역설함으로써 성인의 교육학의 필요 성과 차별성을 강조함<br>• 아동과 성인의 차이를 뚜렷이 밝히고 성인학습자의 학습이론과 성인학습자를 위한 교육방법을 개 발하는 것이 중요한 연구과제가 됨<br><br><div style="border:1px solid">노울즈(Malcolm Knowles)의 성인학습자의 특성<br>① 인간이 성숙함에 따라 자아개념이 의존적인 것에서 자기주도적인 것으로 바뀐다.<br>② 학습함에 따라 경험이 축적된다.<br>③ 학습준비도는 점점 더 사회적 역할에 대한 발달과업을 지향하게 된다.<br>④ 시간에 대한 관점은 지식의 적용을 연기하는 것에서 즉각적인 적용으로 변하게 되고, 학습 에 대한 지향성은 교과중심에서 문제중심으로 옮겨간다.<br>⑤ 성인은 외재적 요인보다는 내재적 요인에 의해 학습하려는 동기가 유발된다.</div> |

| | |
|---|---|
| 렝그랑 | • 현재의 교육체제는 교육을 일생의 한정된 시기, 즉 청소년기에 한정시키고 있는 것에 비해 평생교육은 전 생애에 걸친 것으로 봄<br>• 현재의 교육체제는 교육지식의 습득에 중심을 둔 추상적인 것임에 비해 평생교육은 지적 · 정서적 · 심미적 · 직업적 · 정치적 · 신체적인 면을 모두 다루고 있음<br>• 현재의 교육체제는 직업교육과 일반교육, 형식교육과 비형식 교육, 학교교육과 학교 외 교육 등 여러 가지 교육활동을 분리하고 있음. 그러나 평생교육은 인격의 전체적 · 유기적인 발달을 고려하여 여러가지 교육 간의 연결 내지 결합을 시도하고 있음<br>• 현재의 교육체제에서는 지금까지 집적된 정보를 다음 세대에 전달하는 것을 교육의 목석으로 보는 지식관을 가진 데 비해 평생교육은 지식이나 지성이나 인격은 형성되는 것이라는 변증법적인 견해를 가지고 있음. 따라서 평생교육에서는 인간을 지속적으로 탐구하며 교육활동을 전개하고 있는 존재로 봄<br>• 현재의 교육체제는 교육적인 규제 및 외부에서의 강제에 의해 기성의 문화가치를 습득시키는 데 중점을 두고 있음. 이에 대해 평생교육은 한 사람 한 사람이 가지고 있는 개성이나 독자성, 자기 자신이 가진 특성에 따라 자발적 · 자주적으로 성장 · 발달해 가는 것에 중점을 둠<br>• 현재의 교육체제는 교육을 문화유산을 전달하는 수단으로 보고 있는 것에 비해 평생교육의 관점에서는 교육을 끊임없는 자기발전의 과정으로 보며, 중요한 성장의 수단으로 간주함<br>• 현재의 교육체제는 교육이 선별의 도구가 되어 있으나 평생교육은 미숙한 시기의 1회에 한한 선별은 무익할 뿐만 아니라 유해하다고 봄. 따라서 평생교육에서는 인간이 가지고 있는 자질을 일생에 걸쳐 발달단계에 따라 발휘하는 것을 중요시 함<br>• 현재의 교육체제는 교육이라는 것을 초등학교, 대학, 기술전문학교 등 임의로 분리시킨 분야에 한정하고 있음. 평생교육은 교육이라는 것을 친구 관계, 가족, 직장, 교회, 정당, 노동조합, 클럽 등 사람들의 실제 생활에 관련된 여러 가지 환경이나 상황에까지 확대시키는 것으로 생각함<br>• 현재의 교육체제는 도서, 강연, 학교, 대학제도 등 교육의 매체가 되는 것이나 훈련에 일정한 절차를 두고 있으나 평생교육은 교육의 기회를 선택할 때 부여된 환경 중에서 이용 가능한 매체의 여부, 혹은 개인이나 사회의 능력에 그것이 적용될지 안 될지를 유일한 결정 방법으로 봄<br>• 현재의 교육체제는 교육은 사회의 극히 일부의 사람, 다시 말하면 교사에 의해 행해지는 것으로 생각하고 있으나 평생교육은 때와 상황에 따라 사회 전체가 교육의 기회를 제공하는 것으로 봄 |
| 옴 멘 | • 평생교육은 모든 사람을 위한 것임<br>• 평생교육의 목적은 구속으로부터 해방하는 데 있음<br>• 평생교육의 목적은 한 사람 한 사람의 창조성을 높이는 것임<br>• 평생교육은 목표를 달성하기 위하여 교육공학을 활용함<br>• 평생교육은 학교제도의 민주화를 촉진함<br>• 평생교육은 학습자가 있는 곳에서 이루어짐<br>• 평생교육은 교육체계 전체를 조정하고 통합하려 함<br>• 평생교육은 사회행동의 동인이 될 수 있음 |

| | |
|---|---|
| 다베<br>(Dave) | • 평생교육 개념의 의미가 기초하고 있는 3가지 기본 술어는 lie, lifelong, education으로 이 세 가지 술어에 부여된 의미와 그 해석은 평생교육의 범위와 의미를 결정함<br>• 교육은 형식적인 학교교육이 끝남과 동시에 종결되는 것이 아니고 평생을 통하여 계속되는 과정임<br>• 평생교육은 성인교육에 국한되는 것이 아니라 학령 전 교육, 초등교육, 중등교육과 그 이후의 교육을 망라하고 통합함. 그러므로 평생교육은 교육을 전체로서 보는 관점을 취한다고 할 수 있음<br>• 평생교육은 형식교육, 비형식교육, 계획적인 학습과 부수적인 학습을 모두 포함함<br>• 가정은 평생교육의 과정을 시작함에 있어서 가장 예민하고 결정적인 역할을 함. 가정학습은 개인의 전 생애에 걸쳐 계속됨<br>• 지역사회도 또한 어린이가 그 지역사회와 교섭하기 시작하는 바로 그 시간부터 평생교육 체제에 중요한 역할을 하며 전문적인 영역에 있어서나 일반적인 영역에 있어서나 일생을 통하여 그 교육적 기능을 행사함<br>• 학교와 대학 및 훈련센터 등의 교육기관도 물론 중요함. 그러나 그것은 다만 평생교육을 위한 하나의 기관으로서 중요성을 갖는 것임. 그러한 기관들은 사람들을 교육함에 있어서 더 이상 전매 특권을 누릴 수 없으며 사회의 다른 교육기관으로부터 더 이상 고립해서 존재할 수 없음<br>• 평생교육은 또한 수직적 혹은 종적 차원에서의 계속성과 접합성을 추구함<br>• 평생교육은 그 수직적 혹은 수평적 또는 깊이의 차원에서 인생의 모든 단계에서 통합성을 추구함<br>• 교육의 수월성 및 형식성과는 대조적으로 평생교육은 성격상 보편성을 추구함. 그리고 이는 교육의 민주화를 표방함<br>• 평생교육은 내용, 학습도구, 학습기술, 학습시간에 있어서 융통성과 다양성으로 특징지어짐<br>• 평생교육은 학습에 있어서의 자료와 매체의 적용과 새로운 발전을 허용하는 역동적인 접근방법임<br>• 평생교육은 교육을 받는 유형이나 형태에 있어서 선택을 허용함<br>• 평생교육은 일반과 전문의 두 가지 넓은 요소를 포함함. 이 두 가지 요소들은 서로가 완전히 다른 것이 아니라 성질상 서로 관련되고 상호작용함<br>• 개인이나 사회의 적응적·혁신적 기능은 평생교육을 통하여 달성됨<br>• 평생교육은 기존 교육체제의 결점을 보완하는 교정적 기능을 함<br>• 평생교육의 궁극적 목적은 생활의 질을 향상·유지시키는 것임<br>• 평생교육을 위해서는 이른바 기회, 동기유발, 교육가능성의 3가지 중요한 전제 조건이 필요함<br>• 조작적 수준에서 평생교육은 모든 교육의 전체 체계를 마련해 줌 |
| 공통된<br>견해 | • 평생교육을 통한 계속적인 학습과 교육<br>• 변화하는 사회에의 적응과 생활의 질적 향상을 추구하는 교육<br>• 모든 교육체제와 교육적 노력의 수직적·수평적 통합<br>• 교육과정, 교수 – 학습방법, 학습자료의 융통성과 다양성<br>• 기존 교육체제에 대한 교정적 기능과 점진적인 개선 등 |
| 우리나라 | 유네스코 한국위원회에서는 '평생교육의 기본방향'이라는 항목으로 평생교육의 특성을 다음과 같이 열거하고 있음<br>• 모든 개인은 그가 가진 잠재적 가능성을 평생동안 계속적으로 개발시킬 수 있는 균등한 교육기회를 가질 수 있어야 함<br>• 평생교육의 궁극적 목적은 개인의 행복과 생활의 향상을 도모함과 동시에 사회의 공동선이나 공동목표를 조화롭게 달성할 수 있는 민주복지사회의 건설을 지향하도록 하는 것임<br>• 평생교육은 개인으로 하여금 직업생활을 준비시키기 위한 과학·기술교육 또는 직업교육과 아울러 일반적 인간가치와 심미적 가치를 전달하는 가치교육 및 인간교육도 조화롭게 실시하도록 하는 것임 |

| | |
|---|---|
| **우리나라** | • 민주사회의 안정과 발전을 동시에 이룩하기 위한 인간을 기르는 일뿐만 아니라, 창의적이며 비판적인 인간을 기르는 데도 노력을 경주하여야 함<br>• 일생동안의 각 인간발달단계에 따른 **발달과업**, 역할, 필요 및 문제와 밀접한 관련을 맺고 계획·실시되어야 함<br>• 이와 같은 평생교육의 이념과 목적을 구현하기 위하여 학교뿐만 아니라 사회의 모든 교육적 자원, 수단 또는 환경을 최대한으로 동원하고 활용해야 함<br>• 그러므로 평생교육의 일부로서의 학교교육은 개인으로 하여금 일생동안 학습하려는 동기를 자극하고 학습하는 능력을 학습할 수 있도록 계획되어야 함<br>• 이를 달성하기 위하여 형식교육 뿐만 아니라 학교 외 교육을 보다 강화·확충 그리고 개편토록 해야 함<br>• 학교는 물론 평생교육을 수행하는 여러 사회집단 혹은 조직은 보다 체계적이며 능률적으로 상호 밀접한 연계성을 갖도록 해야 함 |

## 제 4 절  평생교육의 발전

| | |
|---|---|
| **유네스코<br>(UNESCO)** | ① 제1차 세계 성인교육대회<br>• 유네스코는 대략 10년 간격으로 성인교육의 목적과 기능을 명확히 하기 위하여 국제회의를 개최<br>• 1949년 덴마크의 엘시노어(Elsinore)에서 제1차 세계 성인교육대회가 개최되었는데 참가자는 주로 북미의 노동자 교육 및 운동을 담당하고 있는 사회단체의 인사들<br>• 이 회의 결과에 따라 종전에 발간된 성인교육 전문지「Fundamental Education」을「Fundamental and Adult Education」으로 바꾸었음<br>② 제2차 세계 성인교육대회<br>• 1960년 캐나다 몬트리올의 제2차 세계 성인교육대회는 제1차 회의와 달리 선진국과 개발도상국이 함께 참여<br>• 사회교육을 학교교육에서 분리가 아닌 전체교육체제 속에서 통합되는 것으로 정의를 내렸음<br>• 이러한 두 차례의 성인교육에 관한 국제회의는 사회교육과 학교교육은 급속한 사회변화 속에서 분리된 것이 아닌 전체의 교육체제 속에서 통합된 것을 분명히 하였음<br>③ 렝그랑:「평생교육 입문(Introduction To Life-long Education)」<br>• 유네스코 사무국에서 렝그랑의 평생교육 원리를 채택하여 1970년 세계 교육의 해(International Year of Education)의 기본이념으로 평생교육을 제창하게 되었고 1970년 이후의 유네스코 주관 교육사업의 기본정책이 되었음<br>• 렝그랑의「평생교육 입문(Introduction To Life-long Education)」이 1970년에 출간되어 평생교육의 개념을 전파하였음<br>④ 제3차 세계 성인교육대회<br>  1972년 일본 동경에서의 제3차 세계 성인교육대회에서는 1960년에서 1970년 초까지의 10여년간의 사회교육의 동향을 다음 5가지로 요약하였음<br>• 가속적 산업화가 비인간화를 가져왔음 |

- 산업화에 따른 청소년 문제에 대하여 사회교육이 관심을 갖게 되었음
- 렝그랑의 평생교육 이념에 따라 전체 교육체제의 재편성을 가져왔음
- 지역사회 개발과 사회교육을 재편성함에 따라 더 긴밀성을 갖게 되었음
- 사회교육의 필요성에 따른 개발의 효과로 자기 갱신을 가져왔음

⑤ 포르 보고서: 「존재하기 위한 학습(Learning to be)」

1973년에 포르(Fauré) 등에 의하여 발표된 연구보고서 「존재하기 위한 학습(Learning to be)」은 평생교육의 개념을 발전시키는 데 크게 공헌을 하였으며 주된 내용은 다음과 같음

- 본 연구보고서는 현대 사회변동을 면밀히 검토·분석하여 사회 전반에 걸친 폭넓은 변동양상 속에서 교육의 위치를 현실적으로 밝혀 놓은 점에서 현대교육의 한계상황을 잘 지적하고 있음
- 현대 사회변동과 교육의 현상 사이의 간격은 심각한 상태에 이르고 있음
- 새로운 교육의 방향을 보다 광역으로 다양화시키고, 융통성 있는 평생의 삶과 연결시켜 제시한 점은 전통적 교육 형태·개념·제도의 획기적 재검토를 요구하고 있음
- 교육의 새로운 가능성으로서 제시한 평생교육의 성격을 학습사회(learning society)란 말로 집약시키고 있음
- 현대사회 속에서 소외되어 가는 인간의 문제가 평생교육의 중심과제로서 크게 제기되고 있음
- 이 보고서에서 새로운 교육의 방향과 교육개혁의 원리가 제시되고 있으나, 모든 교육이 그 전통과 기초 위에서 발전되고 개혁되어 온 만큼 평생교육도 이러한 전통적 조명에서 그 위치를 부각시키지 못한 점이 있음
- 평생교육의 이념이 실제 교육개혁에 구체화되기 위해서는 현실적으로 많은 문제에 부딪치게 될 것임

⑥ 21세기 세계교육위원회 – 학습: 감추어진 보물(Learning: The Treasure Within)

- 유네스코 21세기 세계교육위원회가 「Learning: The Treasure Within」 보고서를 발표하였음
- 21세기 위원회는 이 보고서를 통하여 21세기를 준비하는 네 개의 학습을 제시하였는데, 이는 알기 위한 학습(learning to know), 행동하기 위한 학습(learning to do), 존재하기 위한 학습(learning to be) 그리고 함께 살기 위한 학습(learning to live together)임

| 알기 위한 학습 | 충분하고 광범위한 일반지식을 소수의 주제까지 깊이 있게 적용할 수 있도록 조합하는 데 쓰임. 이는 또한 학습하기 위한 학습이라고 할 수 있으며 전 생애를 거쳐 교육의 혜택을 받을 수 있게 함 |
|---|---|
| 행동하기 위한 학습 | 직업기술을 습득할 뿐 아니라 보다 넓게는 여러 상황에 대처하고 팀을 이루어 일할 수 있는 능력을 얻는 데 쓰임 |
| 존재하기 위한 학습 | 개인의 인성을 보다 잘 성장시키고 항상 보다 큰 자율성, 판단력, 책임감을 가지고 행동할 수 있게 해줌. 따라서 교육은 기억력, 추리력, 미적 감각, 체력, 의사소통기술 등 다양한 잠재력을 중요시해야 함 |
| 함께 살기 위한 학습 | 타인을 이해하고 상호의존성을 인정하면서 이루어짐. 이는 다원주의, 상호이해, 평화의 가치를 존중하는 정신으로 타인들과 함께 공동과업을 수행하고 갈등을 관리하는 법을 배우면서 얻어짐 |

유네스코
(UNESCO)

| | |
|---|---|
| **OECD** | **① 순환교육**<br>• 신자유주의적 입장에서 OECD 등은 유네스코의 평생교육 운동과 때를 맞추어 순환교육(recurrent education)이라는 개념을 슬로건화하기 시작하였음<br>• OECD의 순환교육은 정규학교를 졸업하고 직업을 가진 성인들에게 직업과 관계되는 새로운 지식과 기술을 교육하는 것으로 산업사회의 직업기술 갱신을 위한 교육을 의미함<br>• OECD는 1990년대로 넘어오면서 '정규교육 시스템의 유연화'로서의 순환교육이라는 용어를 폐기하고 본격적으로 평생학습이라는 용어를 사용함. 그 분기점이 된 것은 1996년에 발표된 '모든 이를 위한 평생학습(Lifelong Learning for All)'이라는 문건임<br>• OECD 순환교육의 원리<br>  ㉠ 진로 선택을 위한 교육과정 설치<br>  ㉡ 의무교육 이후의 교육기회 부여<br>  ㉢ 시간과 장소에 구애받지 않을 교육시설의 확충<br>  ㉣ 일과 사회적 경험의 중시<br>  ㉤ 학업과 직업의 병행을 위한 생애과정 구성<br>  ㉥ 교육에서 학습자 집단의 특성 고려<br>  ㉦ 학위나 증서보다 평생교육의 과정 지도와 인격 발달을 중시<br>  ㉧ 학습휴가의 권리<br>**② 학습사회**<br>• 지식경제의 확산과 신자유주의의 물결 속에서 노동문제에 관한 핵심 주제는 '어떻게 완전고용을 달성할 것인가'에서 '어떻게 고용과 해고가 반복됨에도 불구하고 여전히 고용 상태를 유지할 수 있는 고용 가능성(employability)을 확보할 것인가'로 전환되었음<br>• 여기서의 중심 주제는 어떻게 '유연한 일자리'와 '유연한 고용'이 만들어 내는 사회적 불안정성과 기존의 튼튼한 사회 안전망이 틈새 없이 서로 결합할 수 있는 새로운 사회체제가 가능할 것인가라는 질문으로 나타나게 되었음. 이러한 문제에 대해 OECD가 찾아낸 대답이 바로 '학습사회(learning society)'였음 |
| **유럽연합<br>(EU)** | **① 「교수와 학습: 학습사회를 향하여(Teaching and Learning: Toward the Learning Society)」**<br>• 1995년 유럽연합의 백서인 「교수와 학습: 학습사회를 향하여(Teaching and Learning: Toward the Learning Society)」가 출간<br>• 평생학습의 중요성은 1996년을 유럽 평생학습의 해(European Year of Lifelong Learning)로 선포하고 이에 대한 다양한 실천전략들을 2000년 리스본 유럽연합 정상회의에서 구체화<br>**② 평생학습각서(Memorandum on lifelong learning)**<br>• 평생학습각서(Memorandum on lifelong learning)를 발표하여 평생학습을 보편적 교육체제로 구축하기 위한 초석을 마련하였음<br>• 이후 유럽연합은 유럽 국가 전체의 교육과 노동훈련 시스템을 재구조화하기 위해 '유럽 평생학습실현화 전략(Making a European Area of Lifelong Learning a Reality)'과 '평생학습 결의(resolution on lifelong learning)'를 2001년과 2002년에 잇달아 발표하면서 체계적 이정표를 마련하였음 |

# PART 13 평생교육 핵심지문 OX

**001** [비형식 교육] 정규 학교교육 체제 밖에서 이루어지는 조직적 교육 활동이다. ( O I X )

**002** [비형식 교육] 교수자의 자격 요건이나 교육 방법이 프로그램의 상황과 조건에 따라 유동적인 경우가 많다. ( O I X )

**003** [전환학습] 메지로우(Mezirow, J.)가 주창한 개념으로 지식을 습득·축적하는 전통적 학습과는 달리 개인이 가진 많은 기본적인 가치와 가정들이 학습을 통해 변화하는 하나의 과정을 의미한다. ( O I X )

**004** [성인교육] 학습자의 경험을 유용한 교육자원으로 활용한다. ( O I X )

**005** [성인교육] 학습자가 자기 주도적이라는 것을 전제로 한다. ( O I X )

**006** [성인교육] 현재의 실생활에 적용할 수 있도록 학습하게 하므로 성과 지향적이다. ( O I X )

**007** [성인교육] 분세중심학습보다는 과목중심학습을 추구한다. ( O I X )

**008** [성인교육] 학습동기는 내재적인 요인보다 외재적인 요인에 의해 유발된다. ( O I X )

**009** 노울즈(M. Knowles)는 평생교육 분야에 대표적인 학자로 안드라고지(andragogy)가 핵심개념이다. ( O I X )

**010** [렝그랑] 계획적·의도적인 학습뿐만 아니라 우발적인 학습도 중시한다. ( O I X )

**011** [렝그랑] 교사의 권위에 의존하기보다는 학생의 주도성을 중시한다. ( O I X )

**012** [렝그랑] 전통문화의 전달보다는 끊임없는 자기발전을 중시한다. ( O I X )

**정답**

01 O  02 O  03 O  04 O  05 O  06 O  07 X  08 X  09 O  10 O  11 O  12 O

**013** [렝그랑] 학교교육과는 분리된 형태의 성인교육을 중시한다. (○|×)

**014** [평생교육] 개인적 차원 및 사회공동체 차원에서 인간의 '삶의 질' 향상을 목적으로 하고 (○|×)
있다.

**015** [평생교육] 계획적인 학습과 우발적인 학습을 모두 포함한다. (○|×)

**016** [평생교육] 발달과업의 학습을 중시한다. (○|×)

**017** [평생교육] 학교가 교육을 독점하는 것은 인정하나, 학교교육이 지니는 의미를 평생교육 (○|×)
의 관점에서 찾으려 한다.

**018** [평생교육] 교육은 문화유산의 전달 수단이 되고, 인재선별의 기능을 한다. (○|×)

**019** [순환교육] OECD가 1973년에 제안하였고 핵심개념은 교육기회가 일생 전체에 걸쳐 (○|×)
있어야 함을 강조하였다.

**020** [렝그랑(P. Lengrand)] 「평생교육(L'éducation permanente)」(1965)을 통해 (○|×)
평생교육은 학습자가 필요로 할 때 언제든지 접근할 수 있어야 한다고 주장하였다.

**021** [포르(E. Faure)] 「존재를 위한 학습(Learning To Be)」(1972)을 통해 새 시대 교육 (○|×)
제도의 개혁방향으로 '학습사회 건설'을 제안하였다.

**022** [들로어(J. Delors)] 「학습: 그 안에 담긴 보물(Learning: The Treasure Within)」 (○|×)
(1996)을 통해 21세기를 준비하는 네 개의 학습 기둥을 제시했다.

**023** [안드라고지(andragogy)] 노울즈(M. Knowles)가 제안한 개념으로, 아동·청소년을 (○|×)
대상으로 하는 교육과 대비된다. 이것은 학습자의 자율성 및 자기 주도성, 학습에서의 경
험, 현장 중심의 학습 등을 중시한다.

**024** [학습: 감추어진 보물] 알기 위한 학습(learning to know)이 해당된다. (○|×)

**025** [학습: 감추어진 보물] 즐기기 위한 학습(learning to enjoy)이 해당된다. (○|×)

정답

13 × 14 ○ 15 ○ 16 ○ 17 × 18 × 19 ○ 20 ○ 21 ○ 22 ○ 23 ○ 24 ○ 25 ×

**026** [학습: 감추어진 보물] 존재하기 위한 학습(learning to be)이 해당된다. ( ○ | × )

**027** [학습: 감추어진 보물] 함께 살기 위한 학습(learning to live together)이 해당된다. ( ○ | × )

**028** [순환교육] 의무교육과 같은 정규교육 영역을 중심으로 제안한 전략이다. ( ○ | × )

**029** [순환교육] 사적 영역에서 이루어지고 있는 직무교육을 포함한다. ( ○ | × )

**030** [순환교육] 교육은 개인의 전 생애 동안 순환적인 방법으로 배분될 수 있다고 가정한다. ( ○ | × )

**031** [순환교육] 교육과 일, 자발적 비고용 기간, 은퇴가 서로 교차할 수 있다는 것을 기본 원 ( ○ | × )
리로 삼는다.

**032** 렝그랑(Lengrand)의 「평생교육에 대한 입문」은 국제교육의 해와 개발연대를 맞아서 ( ○ | × )
전 세계적으로 보급되었고 평생교육 개념 확산에 크게 기여하였다.

정답

26 ○   27 ○   28 ×   29 ○   30 ○   31 ○   32 ○

MEMO

MEMO

MEMO

MEMO

MEMO

MEMO

MEMO

MEMO

MEMO